Als Mensch unter Menschen · Band 1

Als Mensch
unter Menschen
*Vincent van Gogh
in seinen Briefen
an den Bruder Theo*

Langen Müller

Auswahl, Vorwort und Kommentare von Fritz Erpel
Aus dem Holländischen, Französischen und Englischen übertragen
von Eva Schumann

© 1959 Henschelverlag Kunst und Gesellschaft, DDR — Berlin
Lizenzausgabe des Albert Langen · Georg Müller Verlages GmbH,
München · Wien,
für die Bundesrepublik Deutschland, Berlin-West und alle
nichtsozialistischen Länder mit Genehmigung
des Henschelverlages Kunst und Gesellschaft, DDR—Berlin
Gestaltung: Henry Götzelmann
Printed in the German Democratic Republic 1980
Lichtsatz: INTERDRUCK Graphischer Großbetrieb Leipzig
Druck und buchbinderische Verarbeitung: Graphische Werke
Zwickau
ISBN 3-7844-1050-2

Vorwort

Einer, während er lebt, schreibt sein Leben auf, von Katastrophe zu Katastrophe. Einer lebt und arbeitet bis zur Selbstvernichtung, während er schreibend um Leben und Arbeit kämpft. »*Es ist ein Wettlauf und ein Kampf um mein Leben.*« Oder: »Es ist ein Sichdurcharbeiten durch eine unsichtbare eiserne Wand, die zwischen dem, was man *fühlt*, und dem, was man *kann*, zu stehen scheint.« Und: »Mich hat es weiter nichts gekostet als einen ruinierten Kadaver, mein angeknackstes Gehirn, um so zu leben, wie ich es konnte und mußte, als Menschenfreund.«

In Mitteilungen solcher Art ist, aus unterschiedlichem Anlaß, von unterschiedlichen Gegenständen die Rede — in Wahrheit aber nur von der einen und einzigen Sache: vom Leben dessen, der schreibt. Von seinem Recht auf Leben, vom Recht, ein Mensch zu sein. »Ich glaube«, so der Dreißigjährige, vielfach gescheitert und als notorischer Versager erkannt, »ich habe après tout nichts getan und werde auch nichts tun, wodurch ich das Recht verwirkt hätte oder verwirken werde, mich als Mensch unter den Menschen zu fühlen.«

Hier wird der heillos dauernde, der rebellische Schmerzenston eines Lebens laut, das aller Überwältigung zum Trotz sich dennoch friedvoll und frei behaupten will: nicht bloß in Fleisch und Blut, genauso in Anteilnahme und Mitteilung, in Wort und Bild, Farbe und Schrift. Hier enthüllt sich das höchst verletzliche Zentrum einer Selbstverteidigung, die im konfliktgeladenen Widerspiel von Geschichtsgewalt und Welterfahrung allein die Waffe der Selbstaussprache, der Selbstdarstellung zu wählen imstande ist. Selbstverteidigung im besonderen, die dem, der hier schreibt, keinen Fluchtraum läßt, keine Distanz zwischen Ich und Welt, Erlebnis und Aussage, die vielmehr, immer auf Atemnähe zum »wahren Leben«, der schäbigen Mühsal, der rauschhaften Hochstimmung des Augenblicks augenblicklich auch Antwort gibt und die nicht anders betrieben wird als mit der unbegreiflichen Anstrengung eines Mannes, der durch eiserne Wände hindurch will.

Mit nur zu begreiflicher Anstrengung — denn um Mensch unter Menschen zu sein, in der Gelassenheit gleicher, unveräußerlicher Rechte, bedarf es der Überwindung aller auferlegten Gewalt und Gefangenschaft, sichtbarer wie unsichtbarer, bedarf es eines menschlichen Zusammenhalts, aus dessen produktivem Einvernehmen der einzelne erst sein Maß und seinen Wert gewinnt. »Wenn man mit anderen zusammenlebt und durch ein Gefühl der Zuneigung verbunden ist, dann ist man sich bewußt, daß man eine Daseinsberechtigung hat, daß man vielleicht nicht ganz und gar wertlos und überflüssig ist, sondern vielleicht zu diesem oder jenem taugt, da man ja einander nötig hat.« Das heißt im speziellen Fall, dem Fall des gescheiterten Sonderlings, dieser unrettbar traurigen, seltsam halsstarrigen Null: »... dann möchte ich durch meine Arbeit einmal zeigen, was im Herzen eines solchen Sonderlings, eines solchen Niemands steckt. Das ist mein Streben — das beruht, malgré tout, weniger auf Groll als auf Liebe, mehr auf einem Gefühl heiterer Gelassenheit als auf Leidenschaft. Wenn ich auch oft elend dran bin, ist doch in mir eine ruhige, reine Harmonie und Musik...«

So und immer wieder ähnlich spricht Vincent van Gogh, der Maler »mit dem exemplarischen Leben« (Pablo Picasso), der Dichter seiner selbst »mit der Überempfindlichkeit einer hysterischen Frau« (Albert Aurier), der tief in sich selbst gefangene, menschheitsfromme Träumer, von dem bewegenden Widerspruch seiner Existenz. Und er liefert damit ebenso das Leitmotiv seines Lebens wie den Schlüssel, um dessen Niederschrift vorurteilslos zu lesen.

Sich als Mensch unter den Menschen zu fühlen, Verbundenheit durch ein Gefühl von Zuneigung, also Liebe, Harmonie aus dem Bewußtsein einer Mission — derart gibt sich ein unabweisbar frühgereiftes Verlangen nach Einverständnis und Übereinstimmung zu erkennen; dessen Sprachbilder, im Anfang geprägt vom Ersten Korintherbrief des Apostels Paulus, denkerisch dauerhaft befestigt durch den national-pädagogischen Traktat »Die Liebe« des Historikers Jules Michelet, gehen bis zu hochstilisierten Wunschbildern von Idyllischem, bis zur schlicht gesagten Wahrheit durch die Texte dieser Briefe. Aber andererseits: die Harmonie, die heitere Gelassenheit, die der Schreibende als real empfunden behauptet und deren Metapher er lebenslang wie ein Bekenntniswort handhabt, sie bezeichnet doch tatsächlich nur das Ziel, das ihm unerreicht vor Augen steht und zu dem er, über alle inneren und äußeren Widerstände hinweg, endlich hinwill. Man soll darum diese Briefe nicht Satz für Satz wörtlich nehmen wollen, man muß sie nur beim Wort nehmen: wo immer nämlich aus dem über die Jahre hin erneuerten oder verwandelten Selbstporträt ein Menschenbild Kontur und Glanz gewinnt. Und hier erweist sich, daß der von recht unterschiedlichem Elend, von Glaube, Liebe und Hoffnung befeuerte Briefeschreiber, der sein Lebens- und Menschenrecht, sein Recht auf Künstlerschaft fordert, bis an sein Ende und immer im selben Atemzug auch sein humanitäres Hochgefühl verteidigt: Verteidigung seiner selbst und Verteidigung von Humanität bleiben für ihn dauernd eins.

Bereits der gefährlich umgetriebene Missionar und Menschenfreund in den Kohlengruben des Borinage, auf wahrhaft selbstzerstörerischer Suche nach dem eigenen Ich, hatte inmitten der himmelschreienden Wirklichkeit einer durchaus gesellschaftlich organisierten Unmenschlichkeit am bedingungslosen Anspruch auf Humanität, Humanität in Aktion, scheitern müssen. Angesichts so katastrophaler Nichtübereinstimmung aber zwischen individueller Idealität und sozialer Realität sah er sich zugleich konfrontiert mit dem, was in ihm selber sich von seinem Idealismus als real bewies: ihm blieb der übermächtige Drang zu Anteilnahme und Mitteilung. Eines schloß hier das andere ein; beides aber, sich mitteilende Teilnahme, teilnehmendes Sich-Mitteilen, führt in das Zentrum der Humanität, beides führt auch ins Zentrum der Kunst. Und eben als Künstler entdeckte sich der gescheiterte Jünger der Humanität, und als Künstler wollte er von nun an am Werk sein im Namen der Menschlichkeit, einer menschheitlich gesinnten Liebe. Seine Künstlerschaft stand derart von Anfang an unter ihrem eigenen Stern, folgte ihrer eigenen Spur – direkter und tendenziöser in ihrem Verhältnis zur Humanität als jedes andere Künstlertum dieser Zeit. Im Bildwerk van Goghs etablierte sich Menschheitsliebe, mit der Absicht auf Wirkung, als ebenso existenzbegründende wie gemeinschaftsbeschwörende Macht.

Nicht anders auch in den Briefen. Die durch schriftliche Zwiesprache mit dem Bruder Theo provozierten, ins Unberechenbare schweifenden Monologe, so ganz und gar nicht in edler Einfalt und stiller Größe befangen, zuzeiten viel eher von wucherndem Mißtrauen oder hochfahrender Hysterie entfesselt, voll zudringlicher Selbsttäuschung oder böser Rücksichtslosigkeit gegenüber Familie und Bruder (der doch den arbeitslosen Zeichner und Maler am Leben erhält), diese Beschwörungen und Bekenntnisse umkreisen in endlosem Selbstgespräch die immer gleichen »schönen Utopien« – wie das, noch zu Lebzeiten van Goghs und unter seinen Augen, der Kritiker Albert Aurier umschrieb.

Schöne Utopien: es sind die ältesten der Menschheit. Und es ist ein und dasselbe zukunftsträchtige Denken, das sich hier, unbeirrt vorwärtsträumend, von jener Urerfahrung des jungen, früh auf sich selbst gestellten Vincent, den das »freundliche Licht« der Häuser im Abenddunkel heimatlich ergreift, bis zu der visionären Allempfindung einer humanen Solidarität voll »Gelassenheit, Aktivität und Lebensmut« spannt, zu der ersehnten Gemeinsamkeit von Menschen, »die wissen, daß wir sind, was andere sind, und daß andere sind, was wir sind«, zu der treuherzigen Proklamation einer neuen Unschuld: »Ich wünschte nur, man könnte uns etwas zeigen, was uns Ruhe und Trost brächte, damit wir uns nicht länger schuldig oder unglücklich fühlten, damit wir, so wie wir sind, loswandern könnten, ohne uns in die Einsamkeit oder ins Nichts zu verirren und ohne daß wir uns bei jedem Schritt ängstlich zu überlegen brauchten, ob wir auch nicht, ohne es zu wollen, anderen Böses zufügen.« Das freilich ist hehrste Einfalt, ist das paradiesisch getönte Traumbild vom Menschen unter den Menschen — es ist dennoch von anderer Art als die bloß wohlfeilen Kalendersprüche einer schönen Seele. Denn hier erhebt sich aus Leben und Werk und voll einer zu spät begriffenen Wahrheit die Stimme der Humanität, der bald willfährig verratenen, gegen die doktrinäre Verklärung, das diktatorische Wahnbild jenes »Willens zur Macht«, dem Friedrich Nietzsche, ein Unzeitgemäßer auch er (und aus doch ähnlich empörten Hochgefühlen), in diesen Jahren die zeitgemäßen Worte, den schauerlich falschen Prophetenton lieh: »Mit euren Werten und Worten von Gut und Böse übt ihr Gewalt, ihr Wertschätzenden... Aber eine stärkere Gewalt wächst aus euren Werten und eine neue Überwindung... Und wer ein Schöpfer sein muß im Guten und Bösen: wahrlich, der muß ein Vernichter erst sein und Werte zerbrechen. Also gehört das höchste Böse zur höchsten Güte: diese aber ist die schöpferische.« Nun, diese ist es, die in der schnöden Wirklichkeit der Epoche nie zu faustischer Größe geraten will, sondern allein und buchstäblich zum »frohlockenden Ungeheuer«, das, ein trübseliger Bastard so verführerisch strenger Denkart, »von der scheußlichen Abfolge von Mord, Niederbrennung, Schändung, Folter mit Übermut heimkommt wie von einem Studentenstreich«.

Van Goghs humanitäres Manifest, ursprünglich vorgedacht und zur Sprache gebracht im Bildraum der Kunst, sollte eben als Kunst, als sichtbare Lebenswahrheit »aus dem Volk für das Volk«, zur Wirkung kommen. Einer Zeit entgegengesetzt, die »das Materielle an Stelle des Sittlichen« zur Herrschaft brachte, einer namenlosen Mitwelt zugedacht, die jener stärkeren Gewalt, welche »die Schwachen nicht schont, sondern mit Füßen tritt«, als Opfer unterlag, findet diese einsame Selbstbehauptung ihre tiefste Rechtfertigung im Vorgriff auf kommende Zeit, auf eine Nachwelt: »In der Zukunft wird es eine Kunst geben, die muß so schön, so jung sein, daß wir, auch wenn wir jetzt unsere eigene Jugend opfern, nur an heiterer Ruhe gewinnen können.« Aus dem für ihn unaufhebbaren Widerspruch zwischen dem, was ist, und dem, was sein soll, wendet der Maler, der sich bekennt, sich zur Zukunft hin. Sein gestaltender Wille bringt darum die Zeiten des helleren Himmels nicht näher, aber der Mann und das Werk rücken näher an Kommendes heran, leuchten ihm heller voraus. Von daher rührt der eigentümlich hohe Sehnsuchtston, der die schwierigen Konfessionen seiner Briefe deutlich übersteigt; und der Schreibende, wo er von Kunst der Zukunft redet, hat zuletzt immer die Zukunft selber im Sinn. »Gauguin, Bernard und ich, wir alle werden vielleicht uns nicht durchsetzen und nicht siegen, aber ebensowenig werden wir besiegt werden; wir sind vielleicht weder für das eine noch das andere geschaffen, sondern um zu trösten oder eine trostreichere Malerei vorzubereiten.« Heiterkeit, Ruhe und Trost: warum denn werden sie, immer neu, beschworen, wenn nicht im heftig bewegten »Ausblick auf das Unendliche«, wenn nicht im Hinblick auf eine Welt, die nicht böse ist und nicht böse macht, eine Welt ohne Schuld, ohne Verstrickung?

Van Gogh als Maler reiht sich ein in jene erlauchte Schar von Giotto bis Millet, jene Kette der Künstler, in deren Werk »das Bildnis eines Menschenwesens sich irgendwie in etwas Leuchtendes und Tröstliches verwandelt«. Dieses Tröstliche nämlich bezeichnet bei ihm das zu neuer Geltung gebrachte Vorbild menschlichen Einverständnisses, menschheitlicher Harmonie; es schimmert im Glanz einer bildgewordenen Utopie. »Und in einem Bild möchte ich etwas Tröstliches sagen, wie Musik. Ich möchte Männer und Frauen mit diesem gewissen Ewigen malen, wofür früher der Heiligenschein das Symbol war, und das wir durch das Leuchten, durch das Zittern und Schwingen unserer Farben zu geben suchen.« Das gewisse Ewige hier gibt sich zu erkennen als die bildnerische Beschwörung, der zukunftsgewisse Blick voraus eines Malers, den auf der Höhe seiner Lebensbahn ein zentrales Problem erregend in Anspruch nimmt: die gestalterische Vereinigung »einer *ganz* weit zurückliegenden antiken Welt und der *ungeschminkten* Moderne«, der Porträt-Entwurf eines Wesensbildes, in dem die Züge »heutiger Bürgersleute« mit denen von »ersten Christen« zusammenschmelzen sollen — es ist das Problem eines Mannes, der sich, denkend und malend, im schöngestimmten Bild um ein erneuertes Menschentum »reinen Herzens« bemüht.

Er hat das, andeutungsvoll und doch unmißverständlich, in Worte gefaßt angesichts eines Bildes, einer monumentalen Allegorie, seines bewunderten Zeitgenossen Puvis de Chavannes: »Blaue Ferne mit einer weißen Stadt und einem Fluß. Die ganze Menschheit, die ganze Natur vereinfacht, aber wie sie sein könnte, wenn sie es nicht ist. Diese Beschreibung besagt nichts — aber wenn man das Bild sieht, wenn man es lange betrachtet, glaubt man einer schicksalhaften, beglückenden

Wiedergeburt all der Dinge beizuwohnen, an die man geglaubt, die man ersehnt hat, eine seltsame, glückliche Verschmelzung einer weit zurückliegenden Vorzeit mit dem ungeschminkten Heute.« Solche Vorzeit deutet auf kommende Zeit; derart Alterhofftes, Langersehntes ist nur das Wunschbild von Künftigem, das die Kunst, die beglückende Wiedergeburt, vorauserinnernd vergegenwärtigt — das van Gogh selber heraufrufen will. Das Bild einer Welt, die endlich »die ›Menschheit‹ im Menschen« respektiert.

»Mein lieber Bruder — ich schreibe Dir immer zwischen der Arbeit«: ein anderes Leitmotiv dieser Briefe, was deren Zustandekommen, was ihre Textgestalt betrifft. Da ist das Ausschweifende, Ungeheuerliche der dialogisch inspirierten Monologe, die ständige, drängende Wiederkehr gewisser bohrender Gedanken, das jähe, schroffe Springen von Satz zu Satz, von Einfall zu Einfall, die überbordende Diskussion von Gründen und Gegengründen, der oft zwanghafte Wechsel vom Schreiben zur Zeichnung, der unstillbare Hang zum Postskriptum, das dann nicht enden will; da ist die Zeit, ist die malerische Arbeit, die zwischen Anfang und Ende eines Briefes liegt. Ein solches Schreiben »ist ein wahrhaftes lautes Denken. Die Reihen der Vorstellungen und ihrer Bezeichnungen gehen nebeneinander fort, und die Gemütsakten, für eins und das andere, kongruieren. Die Sprache ist alsdann keine Fessel, etwa wie ein Hemmschuh an dem Rade des Geistes, sondern wie ein zweites, mit ihm parallel fortlaufendes, Rad an seiner Achse«: Heinrich von Kleists Erkenntnis über die »allmähliche Verfertigung der Gedanken beim Reden« kennzeichnet auch die naturwüchsige Kunstfigur der Briefe van Goghs. In diesen Texten zu kürzen, scheint ein Akt der Barbarei. Es sei denn, man bleibt sich dessen bewußt, daß eine jede Anthologie einer Willkür unterliegt, daß aber jede auf Werktreue und Konsequenz bedachte Auswahl den Zugang zum ganzen Werk erleichtert. Hier gilt vielleicht, sinngemäß, ein Ratschlag des Schreibenden an den Bruder, als er ihm einmal ein Buch seiner Wahl zum Geschenk macht: »... auch wenn Du keine Zeit hast, es von Anfang bis Ende zu lesen, durchblättere es dann von Anfang bis zu Ende, dann werden Dir die schönsten Stellen von selbst ins Auge fallen.«

Vorliegende Auswahl, die van Goghs Briefe, mit jeweils deutlich markierten Auslassungen, in Art eines Tagebuchs konzentriert, hat weit über die Suche nach »schönsten Stellen« hinaus die unverfälschte Wahrheit von Leben, Denken und Schreiben dieses Mannes zum Ziel. Jene Wahrheit, die er uns mitteilt — im trostlosen Kampf um die Freiheit, ein Mensch zu sein, um einen rettenden »Glauben an das

Wahre«: daß im Grunde nichts »wirklich künstlerischer wäre, als die Menschen zu lieben«, daß es besser sei am Ende, Prometheus zu sein als Jupiter, besser Abel als Kain, daß aber der Mensch, der lebt, sich nur mit dem Unendlichen zufriedengeben soll. Ein Wille, jenseits von Selbstverleugnung, von Selbstüberhebung, zu neu erkannter, heiter in Kraft gesetzter Humanität. Leuchtende Wahrheit, die der Maler, der Briefeschreiber als unauslöschlich bezeugt. Unter Aufopferung noch des eigenen Bruders: »durch eine brüderliche Freundschaft, die mehr wert ist als alles Geld.« Dies war die entschiedene Überzeugung Vincent van Goghs, hier sind es die Worte des jüngeren Theo. Er ist es auch, der den Bruder, tröstlich auf andere Art, der elementaren Wahrheit versichert: »Wie viele gibt es, die froh wären, die Arbeit gemacht zu haben, die Du geleistet hast! Was willst Du mehr – war es nicht Dein Wunsch, etwas zu schaffen?«

Den Haag · August 1872 bis Mai 1873

Seit drei Jahren arbeitet der neunzehnjährige Vincent als Angestellter in der von H. C. Tersteeg geleiteten Haager Niederlassung der Pariser Kunsthandlung Goupil & Cie, zu deren Teilhabern auch Vincent van Gogh, ein Bruder des Vaters, zählt. Dem Rat dieses Onkels folgend will Vincent Kunsthändler werden. Er wohnt bei der Familie Roos am Beestmarkt. Nach einem Besuch Theos, der noch in Oisterwijk zur Schule geht, schreibt er im August 1872 den ersten Brief an den um vier Jahre jüngeren Bruder, der bald darauf, zu Beginn des Jahres 1873, in die Brüsseler Goupil-Filiale eintritt.

1 (August 1872)

Du hast mir in den ersten Tagen sehr gefehlt, und es war mir ganz seltsam, daß Du nicht da warst, wenn ich mittags nach Hause kam.

Wir haben wunderschöne Tage zusammen gehabt, und zwischendurch sind wir doch noch ein paarmal spazieren gewesen und haben allerlei gesehen.

So ein gräßliches Wetter, da sind Deine Gänge nach Oisterwijk gewiß schrecklich für Dich. Gestern war Pferderennen anläßlich der Ausstellung, aber Illumination und Feuerwerk sind wegen des schlechten Wetters verschoben worden; es ist nur gut, daß Du deswegen nicht noch dageblieben bist.

3 18. Januar 1873

Was waren das für schöne Tage zu Weihnachten, ich denke noch so oft daran; sie werden auch Dir lange in Erinnerung bleiben, denn es waren ja die letzten Tage, die Du zu Hause warst. Schreib mir nur ja, was Du alles an Bildern siehst und was Du schön findest.

Ich habe jetzt zu Anfang des Jahres sehr viel zu tun.

Für mich hat das neue Jahr gut angefangen, ich habe zehn Gulden Zulage im Monat gekriegt, so daß ich nun fünfzig Gulden im Monat verdiene, und außerdem habe ich noch fünfzig Gulden extra bekommen. Ist es nicht schön, ich hoffe, nun kann ich ganz selbständig für mich sorgen.

Ich bin doch sehr froh, daß Du auch in diesem Geschäft bist. Es ist ein so schönes Geschäft, je länger man darin ist, um so mehr möchte man darin leisten.

Der Anfang ist vielleicht schwerer als bei etwas anderem, aber halte nur durch, dann kommst Du auch ans Ziel.

4   28. Januar 1873
Du hast gewiß sehr viel zu tun, aber das ist ja schön. Hier ist es kalt, und auf den überschwemmten Wiesen wird schon Schlittschuh gelaufen, ich gehe so viel wie möglich spazieren. Ich bin gespannt, ob Du noch Gelegenheit zum Schlittschuhlaufen haben wirst. Anbei eine Photographie von mir, aber sage nichts davon, wenn Du nach Hause schreibst, wie Du weißt, ist sie für Pa's Geburtstag bestimmt. Dazu gratuliere ich Dir schon im voraus.

5   17. März 1873
Du hast gewiß schon gehört, daß ich nach London gehe, und wahrscheinlich schon sehr bald. Ich hoffe sehr, daß wir uns vorher noch einmal sehen ...

Es wird für mich in London ein ganz anderes Leben sein, denn ich muß doch wahrscheinlich allein in einem möblierten Zimmer wohnen und also für vieles selber sorgen, worum ich mich jetzt nicht zu kümmern brauche. Ich freue mich sehr darauf, London kennenzulernen, wie Du Dir wohl denken kannst, aber es tut mir doch leid, von hier wegzuziehen; nun es entschieden ist, daß ich fort muß, merke ich erst, wie sehr ich am Haag hänge. Aber das ist nun mal nicht anders, und ich habe die Absicht, die Dinge nicht allzuschwer zu nehmen. Meinem Englisch wird es sehr zunutze kommen, verstehen kann ich es zwar gut, aber das Sprechen geht doch längst nicht so, wie ich möchte ...

Das Wetter ist jetzt wunderschön; ich nütze es aus, soviel ich kann, vorigen Sonntag bin ich schon mit Willem[1] rudern gewesen.

Wie gern wäre ich diesen Sommer noch hiergeblieben, aber wir müssen es nehmen, wie es ist. Und nun adieu, laß es Dir gut gehen und schreib mir mal.

1 Willem Valkis, Neffe und Hausgenosse der Familie Roos

1 *Der Lange Vijverberg im Haag. Frühjahr 1873*

London · Juni 1873 bis Mai 1875

Im Juni 1873 nimmt Vincent seinen Dienst in London auf, wo Goupils Großhandel mit Reproduktionen konzentriert ist. Vincent berichtet einer Cousine im Haag: »Manchmal möchte ich glauben, daß ich allmählich dahin komme, ein wahrer Kosmopolit zu werden, das heißt kein Holländer, Engländer oder Franzose, sondern einfach ein Mann. Und als Vaterland die Welt — das heißt ein kleines Fleckchen auf der Welt, wo wir hingesetzt werden.« Ab August 1873 wohnt er bei einer Mrs. Loyer, in deren heimlich schon verlobte Tochter Ursula er sich hoffnungslos verliebt: sein Werben bleibt augenscheinlich unerwidert. Niedergeschlagen, »ein anderer Mensch« (so die Erinnerung der Familie), reist er im Juni 1874 zu den Eltern nach Helvoirt. Bei seiner Rückkehr nach England begleitet ihn die Schwester Anna; er wechselt die Wohnung. Mit Nachdruck wirft er sich auf das Studium der Bibel; er schreibt an den Bruder: »Ich glaube, das Leben ist noch ziemlich lang, und die Zeit kommt von selbst, da ein anderer ›Dich gürten wird und führen, wo Du nicht hinwillst‹.« Im Oktober 1874 vorübergehend nach Paris versetzt (aus Zorn, heißt es, schreibt er nicht nach Hause), kehrt er im Dezember nach London zurück.

9   13. Juni 1873

Es geht mir den Umständen nach sehr gut.

Ich habe eine Pension gefunden, in der es mir vorläufig sehr gefällt. Außer mir wohnen noch drei Deutsche hier, die sehr musikalisch sind und selbst Klavier spielen und singen, was die Abende sehr gemütlich macht. Ich habe hier nicht so viel zu tun wie im Haag, da ich nur von früh neun bis abends sechs im Geschäft zu sein brauche und sonnabends schon um vier fertig bin.

Ich wohne in einer der Vorstädte von London, wo es ziemlich still ist. Es hat etwas von Tilburg oder so.

In Paris habe ich wunderschöne Tage gehabt und, wie Du Dir denken kannst, in all den schönen Dingen geschwelgt, die ich in der Ausstellung und im Louvre und im Luxembourg gesehen habe. Das Geschäft in Paris ist prachtvoll und viel größer, als ich es mir vorgestellt hatte, vor allem das an der Place de l'Opéra.

Das Leben hier ist sehr teuer, in meiner Pension zahle ich achtzehn Schilling Miete wöchentlich, ohne Wäsche, und da muß ich noch in der Stadt essen.

Vorigen Sonntag bin ich mit meinem Chef, Mr. Obach, auf dem Lande gewesen, in Box Hill; das ist ein Berg (etwa sechs Stunden von London), teilweise Kreide und mit Buchsbaum bewachsen, und auf der einen Seite ein Wald von hohen Eichen. Das Land ist hier wunderbar schön, ganz etwas anderes als Holland oder Belgien. Überall gibt es herrliche Parks mit hohen Bäumen und Gebüsch. Man darf darin spazierengehen. Zu Pfingsten habe ich auch mit den Deutschen, von denen ich Dir schrieb, einen schönen Ausflug gemacht, aber diese Herren geben sehr viel Geld aus, und in Zukunft werde ich nicht mehr mit ihnen ausgehen.

10   *20. Juli 1873*

Die englische Kunst hat mich anfangs nicht sehr gefesselt, man muß sich daran gewöhnen. Es gibt aber tüchtige Maler hier, so Millais, der den »Hugenotten«, »Ophelia« usw. gemacht hat, Du kennst gewiß Stiche danach; das ist sehr schön. Dann Boughton, von dem Du die »Puritains allant à l'église« in unserer Galerie photographique kennst, von dem habe ich sehr schöne Sachen gesehen. Ferner unter den alten Malern Constable, das ist ein Landschafter, der vor etwa dreißig Jahren gelebt hat; das ist wundervoll, es hat etwas von Diaz und Daubigny; und Reynolds und Gainsborough, die vor allem sehr schöne Frauenbildnisse gemalt haben, und dann Turner, nach dem Du wohl schon Stiche gesehen hast ...

Wie gerne möchte ich Dich einmal hier haben; was für schöne Tage haben wir doch im Haag zusammen verlebt, so oft denke ich noch an unseren Spaziergang auf der Rijswijkschen Straße, wo wir bei der Mühle nach dem Regen Milch getrunken haben ...

Diese Rijswijksche Straße hat Erinnerungen für mich, die vielleicht die allerschönsten sind, die ich überhaupt habe. Wenn wir uns einmal wiedersehen, sprechen wir da vielleicht noch einmal drüber.

11   *13. September 1873*

Ach Junge, ich würde Dich so gern einmal hier haben, um Dir meine neue Wohnung zu zeigen, von der Du gewiß schon gehört hast. Ich habe jetzt ein Zimmer, wie ich es mir seit langem gewünscht habe, ohne schräge Balken und ohne blaue Tapete mit grüner Borte. Es ist eine sehr lustige Häuslichkeit, wo ich jetzt bin, sie haben eine Schule für »little boys«[1].

Neulich bin ich mal sonnabends mit zwei Engländern auf der Themse rudern gewesen. Das war wunderbar schön.

1 kleine Jungen

Gestern habe ich eine Ausstellung belgischer Bilder gesehen, auch einige alte Bekannte von der letzten Brüsseler Ausstellung waren dabei.

12 19. November 1873

Sehr gespannt bin ich, wie der erste Eindruck von Deiner neuen Stellung und Wohnung ist. Wie ich hörte, hast Du von Herrn Schmidt[2] so ein schönes Andenken bekommen. Das beweist, daß Du Dich ausgezeichnet bewährt hast. Ich bin froh, daß wir nun beide in demselben Geschäft sind. In letzter Zeit haben wir hier ziemlich viele Bilder und Zeichnungen gehabt und tüchtig verkauft, aber es ist doch noch lange nicht so, wie es sein soll, es muß etwas Gediegeneres, Bleibenderes, Solideres werden.

Ich glaube, hier in England wäre noch sehr viel zu machen, aber das wird nicht auf einmal gehen, und natürlich müssen wir erst mal gute Bilder usw. haben, und das wird schwerhalten.

Nun, wir müssen eben mal sehen, wie es geht, und uns nach der Decke strecken. Wie gehen die nouveautés in Holland? Hier ist mit den gewöhnlichen Stichen nach Brochart usw. buchstäblich beinah nichts zu machen. Die guten Kupferstiche verkaufen sich bei uns ziemlich gut, wir haben u. a. von der »Venus Anadyomene« nach Ingres schon ungefähr zwanzig épreuves d'artiste verkauft. Aber es ist eine wahre Freude, wie die Photographien sich verkaufen, vor allem die kolorierten, und an denen wird am meisten verdient...

Du mußt mir mal schreiben, welche Maler Dir die liebsten sind, die alten und auch die neuen, das mußt Du auf jeden Fall tun, ich möchte es unbedingt hören.

Du mußt recht oft ins Museum gehen; es ist gut, daß Du auch die alten Maler kennst, und wenn Du Gelegenheit hast, so lies auch über Kunst, und vor allem lies die Kunstzeitschriften »Gazette des Beaux-Arts« usw. Gelegentlich schicke ich Dir ein Buch von Bürger über die Museen im Haag und in Amsterdam, wenn Du es aus hast, findet sich schon eine Gelegenheit, es mir zurückzuschicken.

13 Januar 1874

Aus Deinem Brief sehe ich, daß Kunst Dir eine Herzenssache ist, und das ist gut, mein Junge. Ich bin froh, daß Du Millet, Jacque, Schreyer, Lambinet, Frans Hals usw. liebst, denn, wie Mauve[3] sagt, »das ist das Wahre«.

2 *Leiter der Goupil-Filiale in Brüssel*
3 *Der Maler Anton Mauve im Haag, durch spätere Heirat ein Vetter Vincents und Theos*

Ja, das Bild von Millet, »L'Angélus du soir«, das ist das Wahre, das ist herrlich, das ist Poesie. — Wie gern würde ich mal wieder mit Dir über Kunst sprechen, aber nun müssen wir einander recht oft darüber schreiben; *finde nur schön,* soviel Du kannst, die meisten *finden nicht genug schön* ...

Bleib nur dabei, recht viel spazierenzugehen und die Natur zu lieben, denn das ist der richtige Weg, die Kunst immer besser zu begreifen.

Die Maler begreifen die Natur und lieben sie und *lehren uns sehen.* Und dann gibt es Maler, die nur lauter gute Sachen machen, die nichts Schlechtes machen *können,* wie es auch gewöhnliche Menschen gibt, bei denen alles, was sie tun, gut ist.

Mir geht es hier gut, ich habe ein schönes Zuhause, und es macht mir viel Freude, London und die englische Lebensweise und die Engländer selbst kennenzulernen, und dann habe ich die Natur und die Kunst und die Dichtung, und wenn das noch nicht genug ist, was sollte dann wohl genug sein?

Doch vergesse ich Holland und vor allem den Haag und Brabant nicht.

16   30. April 1874

Es ist hier wunderbar schön (obwohl es in der Stadt ist). In allen Gärten blühen Flieder und Rotdorn und Goldregen, und die Kastanien sind herrlich.

Wenn man die Natur wahrhaft liebt, so findet man es überall schön. Und doch sehne ich mich manchmal sehr nach Holland und vor allem nach Helvoirt.

Ich arbeite tüchtig im Garten und habe unser Gärtchen mit Feuerbohnen, Mohn und Reseda vollgesät, nun müssen wir abwarten, was draus wird.

Es macht mir viel Freude, von zu Hause zum Geschäft und abends vom Geschäft nach Hause zu laufen, ungefähr dreiviertel Stunde zu Fuß.

Es ist wunderbar, daß man hier so früh fertig ist; um sechs schließen wir, und doch wird deshalb nicht weniger gearbeitet.

17   16. Juni 1874

Ich denke Donnerstag den 25. oder Sonnabend den 27. hier wegzufahren, wenn nichts dazwischenkommt. Ich sehne mich so nach allen und nach Holland. Ich sehne mich auch danach, einmal gründlich mit Dir über Kunst zu sprechen, überlege Dir mal, ob Du mich dies oder jenes zu fragen hast.

20 31. Juli 1874

Ich freue mich, daß Du im Michelet gelesen hast und daß Du es so gut verstehst. So ein Buch lehrt einen wenigstens einsehen, daß sehr viel mehr in der Liebe steckt, als die Menschen gewöhnlich dahinter suchen.

Das Buch ist für mich eine Offenbarung gewesen und zugleich ein Evangelium. »Il n'y a pas de vieille femme.«[4] (Das heißt nicht, daß es keine alten Frauen gibt, sondern daß eine Frau nicht alt wird, solange sie liebt und geliebt wird.)

Und dann so ein Kapitel wie »Les Aspirations de l'Automne«[5], wie schön ist das! Daß eine Frau »ein ganz anderes Wesen« ist als der Mann (und ein Wesen, das wir noch nicht kennen, wenigstens nur sehr oberflächlich), wie Du sagst, ja, das glaube ich bestimmt.

Und daß ein Mann und ein Weib eins werden können, wirklich ein Ganzes und nicht zwei Hälften, das glaube ich auch.

Anna hält sich tapfer, wir machen herrliche Spaziergänge zusammen. Es ist hier so schön, wenn man nur ein gutes, einfältiges Auge hat ohne viel Balken drin. Aber wenn man das hat, ist es überall schön ...

Meine Zeichenlust hat hier in England wieder ausgesetzt, aber vielleicht kriege ich plötzlich mal wieder einen Anfall davon. Ich lese jetzt wieder viel.

21 10. August 1874

»Ihr richtet nach dem Fleisch, ich richte niemand.«

»Wer unter euch ohne Sünde ist, der werfe den ersten Stein auf sie.«

Halte also an Deinen eigenen Ideen fest, und wenn Du zweifelst, ob sie richtig sind, prüfe sie an denen von Ihm, der zu sagen wagte: »Ich bin die Wahrheit«, oder an denen irgendeines anderen humanen Menschen, zum Beispiel Michelets.

Virginité de l'âme et impurité du corps[6] können vereint sein. Du kennst die »Marguerite à la fontaine« von Ary Scheffer, kann man sich ein reineres Wesen denken als dieses Mädchen, »das viel geliebet hat«?

22 Februar 1875

Es ist hier eine schöne Ausstellung alter Kunst; u. a. eine große »Kreuzabnahme« von Rembrandt, fünf große Figuren in der Däm-

---

4 *Es gibt keine alte Frau*
5 *Herbstliches Sehnen*
6 *Jungfräulichkeit der Seele und Unreinheit des Körpers*

merung, Du kannst Dir denken, welch starke Empfindung; fünf Ruysdaels, ein Frans Hals, van Dyck, eine Landschaft mit Figuren von Rubens, eine Landschaft »Herbstabend« von Tizian, zwei Bildnisse von Tintoretto und schöne alte englische Kunst, Reynolds, Romney und *Old Crome*, Landschaft, wunderbar schön.

25   *18. April 1875*
Anbei schicke ich Dir eine kleine Zeichnung. Ich habe sie vorigen Sonntag gemacht, an dem Vormittag, an dem ein Töchterchen (13 Jahre) meiner Wirtin starb.

Es ist ein Blick auf Streatham Common, eine große, mit Gras bewachsene Fläche mit Eichen und Ginster.

In der Nacht hatte es geregnet, und der Boden war hier und da morastig und das junge Frühlingsgras frisch und grün.

Wie Du siehst, habe ich es auf das Titelblatt der »Poésies d'Edmond Roche« skizziert.

26   *8. Mai 1875*
C. M.[7] und Herr Tersteeg sind hier gewesen und vorigen Sonnabend wieder abgereist. Mir scheint, sie waren ein bißchen zu viel im Crystal Palace und an anderen Orten, wo sie nichts zu suchen hatten. Sie hätten, finde ich, auch mal zu mir kommen können und sehen, wo ich wohne. Ich hoffe und glaube, daß ich nicht bin, was mancher im Augenblick von mir denkt, nous verrons,[8] es muß Zeit darüber hingehen; wahrscheinlich sagt man nach ein paar Jahren dasselbe von Dir, wenigstens wenn Du bleibst, was Du bist: mein Bruder in doppeltem Sinn.

»Um in der Welt tätig zu wirken, muß man sich selbst absterben; das Volk, das sich zum Verbreiter eines religiösen Gedankens macht, hat kein anderes Vaterland mehr als diesen Gedanken. Der Mensch ist nicht auf Erden, nur um glücklich zu sein, er ist nicht einmal hier, um schlechthin anständig zu sein. Er ist hier, um für die Gesellschaft große Dinge zu verwirklichen, um Seelengröße zu erlangen und die Gemeinheit hinter sich zu lassen, in der sich das Dasein fast aller Menschen hinschleppt.« Renan

7 *Der Onkel Cornelis Marinus van Gogh, Kunsthändler in Amsterdam, auch Onkel Cor genannt*
8 *wir werden sehen*

Paris · Mai 1875 bis März 1876

Gegen seinen Willen wird Vincent in das Pariser Stammhaus von Goupil & Co zurückversetzt. Der Dienst im Kunsthandel, der den Konventionen eines bürgerlichen Wohlstandspublikums zu entsprechen hat, ist ihm schnell zur Last geworden – zugleich aber sammelt er Reproduktionen alter und neuer Kunst und empfängt prägende Eindrücke auf Ausstellungen und in Museen. Anfang 1876 legt man ihm nahe, zum 1. April, nach bald sieben Dienstjahren im Hause Goupil, um seine Entlassung nachzusuchen. Im April weilt er für zwei Wochen im elterlichen Pfarrhaus von Etten.

27 31. Mai 1875
Gestern habe ich die Ausstellung von Corot gesehen. Da war u. a. ein Bild »Le jardin des oliviers«, ich bin froh, daß er das gemalt hat.

Rechts eine Gruppe von Ölbäumen, dunkel gegen den dämmrig blauen Himmel; im Hintergrund Berge, bewachsen mit Gebüsch und ein paar großen Bäumen, darüber der Abendstern.

29 29. Juni 1875
Es ist hier eine Versteigerung Milletscher Zeichnungen gewesen, ich weiß nicht, ob ich Dir schon davon schrieb.

Als ich in den Saal des Hôtel Drouot kam, wo sie ausgestellt waren, hatte ich so ein Gefühl wie: Ziehe die Schuhe aus von deinen Füßen, denn die Stätte, da du stehest, ist heiliges Land.

30 6. Juli 1875
Ich habe ein Zimmerchen in Montmartre gemietet, das Dir gefallen würde. Es ist klein, aber man sieht auf ein Gärtchen voll Efeu und wildem Wein.

32 24. Juli 1875
Vor ein paar Tagen haben wir ein Bild von de Nittis bekommen – ein Blick auf London an einem Regentag, Westminster Bridge und das House of Parliament. Ich bin jeden Morgen und jeden Abend über Westminster Bridge gegangen und weiß, wie es dort aussieht, wenn die Sonne hinter der Westminster-Abbey und dem House of Parliament untergeht, und wie es am frühen Morgen ist und im Winter bei Schnee und bei Nebel.

Als ich dieses Bild sah, fühlte ich, wie sehr ich London liebe. Doch ich glaube, es ist gut für mich, daß ich von dort weg bin. Dies als Antwort auf Deine Frage.
Daß Du nach London kommst, glaube ich bestimmt nicht.
Besten Dank für »Aus der Jugendzeit« und »Um Mitternacht«[1] von Rückert. Es ist ergreifend schön, das letzte erinnerte mich an »La nuit de décembre« von Musset. Ich wollte, ich könnte es Dir schicken, aber ich habe es nicht.

33 13. August 1875
Ich gebe mir große Mühe, noch einen Stich von Rembrandts »Lecture de la bible« für Dich zu finden, wenn möglich, schicke ich ihn Dir in der nächsten Bilderkiste.

35 2. September 1875
Vorigen Sonntag war ich im Louvre (sonntags gehe ich öfter hin oder ins Luxembourg), ich wollte, du könntest mal den v. Ostade sehen, seine eigene Familie, er selbst, seine Frau und — ich glaube — acht Kinder, alle in Schwarz, die Frau und die Mädchen mit weißen Hauben und Halstüchern, in einer behäbigen altholländischen Stube mit großem Kamin, Wände und Decke mit Eichenholz getäfelt, weißgetünchte Wände mit Bildern in schwarzen Rahmen. In der Ecke des Zimmers ein großes Bett mit blauen Vorhängen und blauer Decke.

37 12. September 1875

»Flügel, Flügel übers Leben!
Flügel über Grab und Tod!«[2]

Die haben wir nötig, und allmählich sehe ich, daß wir sie kriegen können. Sollte etwa Pa keine haben? Und wie er die bekommen hat, weißt Du, durch das Gebet und dessen Frucht — Geduld und Glauben, und durch die Bibel, die ein Licht auf seinem Wege und seines Fußes Leuchte gewesen ist.

38 17. September 1875
Gefühl, selbst feines Gefühl, für die Schönheiten der Natur ist nicht dasselbe wie religiöses Gefühl, obwohl ich glaube, daß diese beiden in enger Verbindung miteinander stehen.

1 *Im Original deutsch*
2 *Im Original deutsch*

Fast jeder hat Gefühl für die Natur, der eine mehr, der andere minder, aber nur wenige gibt es, die fühlen: Gott ist ein Geist, und die ihn anbeten, die müssen ihn im Geist und in der Wahrheit anbeten.

Erhalte Dir vor allem auch Liebe zum Geschäft und zu Deiner Arbeit und Achtung vor Herrn Tersteeg. Du wirst später, besser als jetzt, sehen, daß er sie verdient.
Du brauchst das aber nicht zu übertreiben.
Du ißt doch gut? Iß vor allem soviel Brot, wie Du Lust hast. Schlaf wohl, ich muß jetzt meine Stiefel für morgen putzen.

39   25. September 1875
Laß uns unsere tägliche Arbeit, was uns vor die Hände kommt, mit unserer ganzen Kraft tun und laß uns glauben, daß Gott gute Gaben denen gibt, die Ihn darum bitten — ein Teil, das nicht von uns genommen werden kann.
Si donc quelqu'un est en Christ, il est une nouvelle créature, les choses vieilles sont passées, voici toutes choses sont devenues nouvelles. 2. Kor. 5, 18.[3]
Ich will alle meine Bücher von Michelet usw. usw. wegtun, tu Du das auch.
Wie sehne ich Weihnachten herbei, aber wir wollen uns in Geduld üben, die Zeit wird bald genug dasein.

39 a   29. September 1875
Junge, gib acht, daß Du Deine Spannkraft nicht verlierst.
Sieh die Dinge so, wie sie sind, und sei, für Dich selbst, nicht mit allem einverstanden. Man kann abweichen, sowohl nach links wie nach rechts.
Denke auch daran, was Pa auch Dir wohl mal gesagt haben wird: *Verstand* und Gefühl müssen Hand in Hand gehen.

Nimm Dir Dinge, die Dich eigentlich nicht so nah berühren, nicht *all*zusehr zu Herzen und nimm sie nicht *all*zuschwer.
Wie steht es mit dem Brotessen, hast Du das schon mal versucht? Eilig drücke ich Dir in Gedanken die Hand.

---

3 *Darum, ist jemand in Christo, so ist er eine neue Kreatur; das Alte ist vergangen, siehe, es ist alles neu geworden*

42   11. Oktober 1875

Diesmal will ich Dir einmal schreiben, wie ich das nicht oft tue; ich will Dir nämlich mal ausführlich berichten, wie ich es hier habe.

Wie Du weißt, wohne ich in Montmartre. Da wohnt auch ein junger Engländer[4], Angestellter im Geschäft, achtzehn Jahre alt, Sohn eines Kunsthändlers in London, wahrscheinlich wird er später mal in das väterliche Geschäft eintreten. Er war noch nie von zu Hause fort, und besonders in den ersten Wochen hier war er gewaltig ungeschliffen: aß z. B. morgens, mittags und abends für vier bis sechs Sous Brot (wohlgemerkt, Brot ist hier billig) und ergänzte das noch durch Äpfel und Birnen usw. pfundweise. Trotz alledem klapperdürr, mit zwei Reihen starker Zähne, dicken roten Lippen, leuchtenden Augen, einem Paar großer, meist roter, abstehender Ohren, kahlgeschorenem Kopf (schwarzes Haar) usw. usw ... Dieser junge Mensch wurde viel verlacht, anfangs sogar auch von mir. Aber allmählich bin ich ihm doch gut geworden; und jetzt, versichere ich Dir, bin ich sehr froh, daß ich ihn abends zur Gesellschaft habe.

Er hat ein ganz kindliches und unverdorbenes Herz und ist sehr tüchtig im Geschäft. Jeden Abend gehen wir zusammen nach Hause, essen irgend etwas auf meinem Zimmer, und den Rest des Abends lese ich vor, meistens aus der Bibel, wir haben uns vorgenommen, sie ganz durchzulesen. Früh, meist schon zwischen fünf und sechs, kommt er und weckt mich; wir frühstücken dann auf meinem Zimmer und gehen gegen acht ins Geschäft. In letzter Zeit beginnt er sich im Essen etwas zu mäßigen, und jetzt hat er angefangen, Bilder zu sammeln, dabei helfe ich ihm.

Gestern sind wir zusammen im Luxembourg gewesen; ich habe ihm die Bilder gezeigt, die mir am besten gefallen, und in der Tat, die Einfältigen wissen viel, was die Verständigen nicht wissen ...

Im Geschäft tue ich eben, was mir vor die Hände kommt, das ist unsere Arbeit unser Leben lang, mein Junge, möge ich es nur mit meiner ganzen Kraft tun.

44   9. November 1875

Wie herbstlich ist es! Du wirst noch manchmal spazierengehen, stehst Du zeitig auf? Ich tue das regelmäßig, es ist gut, sich daran zu gewöhnen; diese morgendliche Dämmerstunde ist wertvoll und mir schon sehr lieb. Meist gehe ich abends zeitig zu Bett. Morgens kocht mein lieber Engländer Hafergrütze, wie gern hätte ich Dich mal morgens hier.

4 *Harry Gladwell*

48 10. Dezember 1875

Wir haben jetzt »Le dimanche matin« von Emile Breton hier. Das kennst Du ja? Es ist eine Dorfstraße mit Bauernhäusern und Scheunen, und am Ende die Kirche, von Pappeln umgeben. Alles verschneit, und kleine schwarze Gestalten, die zur Kirche gehen. Es sagt uns, daß der Winter kalt ist, aber daß es warme Menschenherzen gibt.

49 13. Dezember 1875

Ich sehne Weihnachten herbei, mein Junge, aber jetzt sind wir ja bald soweit. Wahrscheinlich fahre ich Sonnabend in acht Tagen abends hier weg.

Tu doch, was Du irgend kannst, um möglichst lange freizubekommen. Doch nun noch etwas, nimm es mir nicht übel. Du hast, ebenso wie ich, die Gedichte von Heine und Uhland schön gefunden, aber, mein Junge, aufgepaßt: es ist ziemlich gefährliches Zeug, die Illusion dauert nicht lange, gib Dich dem nicht hin.

Ob Du wohl die Büchelchen wegtust, die ich für Dich abgeschrieben habe? Später werden Dir die Bücher von Heine und Uhland vielleicht wieder mal in die Hände kommen, und dann wirst Du sie mit anderen Gefühlen lesen und mit ruhigerem Herzen.

Erckmann-Chatrian schätze ich sehr das weißt Du ja. Kennst Du »L'ami Fritz«? Um noch einmal auf Heine zurückzukommen.

Nimm Dir mal das Bild von unserem Vater und unserer Mutter und nimm mal »Les adieux« von Brion und lies dann einmal Heine mit diesen dreien vor Augen, dann wirst Du gleich sehen, was ich meine. Aber Junge, Du weißt ja ganz genau, daß ich Dir keine guten Lehren gebe und keine Moralpredigten halte, ich weiß, daß Du das im Herzen hast, was ich in meinem habe, darum rede ich auch manchmal ein ernstes Wort mit Dir. Aber mache jedenfalls mal diese Probe.

50 10. Januar 1876

Seit wir uns gesehen haben, habe ich Dir noch nicht geschrieben; inzwischen ist etwas vorgefallen, was mir nicht ganz unerwartet kam.

Bei meinem Wiedersehen mit Herrn Boussod fragte ich ihn, ob er damit einverstanden sei, daß ich auch dieses Jahr weiter in seiner Firma tätig wäre, und daß er doch wohl nichts sehr Ernstliches gegen mich einzuwenden hätte.

Das letztere war aber doch der Fall, und er holte mir sozusagen die Worte aus dem Mund, daß ich am 1. April gehen würde unter Danksagungen an die Herren für alles, was ich in ihrem Hause etwa gelernt habe.

Wenn der Apfel reif ist, genügt ein leiser Wind, daß er vom Baume fällt; so ist es auch hier; ich habe wohl allerlei getan, was in gewissem Sinne sehr verkehrt war, und habe darum nur wenig zu sagen.

Und was ich nun anfangen soll, mein Junge, ist mir bis jetzt noch recht unklar, aber wir wollen Hoffnung und Mut nicht aufgeben.

52 *(Januar 1876)*

Wir fühlen uns wohl mal einsam und sehnen uns nach Freunden und denken, wir wären ganz anders und viel glücklicher, wenn wir »das Wahre« fänden, einen Freund, von dem wir sagen könnten, »das ist der richtige«. Aber Du wirst auch schon allmählich gemerkt haben, daß da viel Selbsttäuschung dahintersteckt und daß diese Sehnsucht, wenn wir ihr zu sehr nachgeben, uns vom Wege abbringt.

Es gibt ein Wort, das mich dieser Tage verfolgt, es ist der Spruch für den heutigen Tag: »Seine Kinder werden suchen, den Armen zu behagen.«

Und nun noch eine Neuigkeit, nämlich: mein Freund Gladwell wird umziehen; einer von den Angestellten in der Druckerei hat ihn überredet, bei ihm zu wohnen; schon früher hatte er sich darum bemüht.

Ich glaube, Gladwell hat zugesagt, ohne viel nachzudenken; mir tut es furchtbar leid, daß er weggeht; es wird schon bald sein, Ende dieses Monats wahrscheinlich. Wir haben seit kurzem eine Maus in unserer »cabin«[5], Du weißt, so nennen wir unser Zimmer. Jeden Abend legen wir ihr Brot hin, und sie versteht sich schon ganz gut darauf, es zu finden.

53 *2. Februar 1876*

Bisher habe ich noch keine Antwort auf verschiedene Briefe, die ich auf Anzeigen hin geschrieben habe. Auch Onkel Vincent hat mir nicht geantwortet.

55 *19. Februar 1876*

Dieser Tage habe ich ein schönes Buch von Eliot gelesen, drei Erzählungen, »Scenes from Clerical Life«.

Vor allem die letzte Geschichte, »Janet's Repentance«, hat mich ergriffen. Es ist das Leben eines Pfarrers, der ganz mit den Bewohnern der schmutzigen Straßen einer Stadt lebt. Von seinem Arbeitszimmer sieht er auf Gärten mit Kohlstrünken und auf rote Dächer und die rauchenden Schornsteine armseliger Häuser. Als Mittagessen be-

5 Hütte

kommt er meist schlecht gekochtes Hammelfleisch und wässerige Kartoffeln. Mit etwa vierunddreißig Jahren stirbt er und wird in seiner langen Krankheit von einer Frau gepflegt, die früher getrunken hat, aber durch seine Worte und mit seiner Hilfe sich selbst besiegt und Ruhe für ihre Seele gefunden hat. Und bei seinem Begräbnis wurde das Kapitel gelesen, in dem vorkommt: »Ich bin die Auferstehung und das Leben, wer an mich glaubet, der wird leben, ob er gleich stürbe.«

58 28. März 1876

Noch ein paar Worte, wahrscheinlich die letzten, die ich Dir hier in Paris schreiben werde. Freitag abend fahre ich wahrscheinlich hier weg und bin Sonnabend vormittag zu Hause, um die gleiche Zeit wie zu Weihnachten.

Gestern habe ich etwa sechs Bilder von Michel gesehen, wie gern hätte ich Dich dabei gehabt; Hohlwege durch sandigen Boden, die auf eine Mühle zulaufen, oder ein Mann, der über die Heide oder sandiges Land nach Hause geht, grauer Himmel darüber, so einfach und schön. Ich glaube, die Jünger von Emmaus haben die Natur wie Michel gesehen, ich muß immer an sie denken, wenn ich eines seiner Bilder sehe...

Diese Bilder sah ich bei Durand Ruel; es sind dort etwa fünfundzwanzig Radierungen nach Millet und ebensoviele nach Michel und eine Menge nach Dupré und Corot und allen anderen Künstlern für 1 Franc das Stück zu haben; das ist verführerisch, einigen nach Millet konnte ich nicht widerstehen, ich kaufte die drei letzten, die vom »Angélus« noch da waren, und mein Bruder bekommt natürlich bei Gelegenheit eine davon.

59 Etten, 4. April 1876

Am Morgen vor meiner Abreise aus Paris erhielt ich einen Brief von einem Lehrer in Ramsgate, der mir vorschlägt, einen Monat zu ihm zu kommen (ohne Gehalt); nach Ablauf dieser Zeit will er dann sehen, ob er mich gebrauchen kann. Du kannst Dir denken, wie froh ich bin, daß ich etwas gefunden habe. Kost und Wohnung habe ich jedenfalls frei.

Gestern bin ich mit Pa in Brüssel gewesen... In der Bahn haben Pa und ich allerlei über Bilder gesprochen, unter anderem über die Rembrandts im Louvre und das Bildnis von Bürgermeister Six und besonders auch über Michel...

Ramsgate ist, wie Du weißt, ein Badeort; es hat 12 000 Einwohner, wie ich aus einem Buch ersehe, aber mehr weiß ich nicht davon.

Ramsgate und Isleworth · April 1876 bis Dezember 1876

Mitte April 1876 tritt Vincent seinen Dienst als unbezahlter Hilfslehrer im Internat des Reverend Stokes in der englischen Küstenstadt Ramsgate, Grafschaft Kent, an; zwei Monate später wird die Schule nach Isleworth an der Themse, im Westen von London, verlegt. Bei seinen Fußmärschen in die Hauptstadt, wo er in den ärmeren Vierteln ausstehende Schulgelder eintreiben soll, lernt er im East End großstädtisches Elend kennen. In urchristlicher Ergriffenheit treibt ihn sein missionarischer Dienstwille zu einer »Stellung in Verbindung mit der Kirche«; er schreibt an die Eltern: »Herr, ach wolle mich doch gleichsam zu meines Vaters Bruder machen, zu einem Christen und Christen-Arbeiter.« Anfang Juli wechselt er zur Schule des Methodistenpfarrers Jones in Isleworth über, bei dem er zugleich als Hilfsprediger wirkt. Die Weihnachtstage verbringt er in Etten; es wird beschlossen, daß er nicht nach England zurückgeht.

61   Ramsgate, 17. April 1876

Gestern mittag um ein Uhr bin ich wohlbehalten hier angekommen, und einer meiner ersten Eindrücke war, daß das Fenster der nicht sehr großen Schule auf das Meer geht.

Es ist ein Internat mit vierundzwanzig Jungen von zehn bis vierzehn Jahren.

Mr. Stokes ist auf ein paar Tage verreist, und so habe ich ihn noch nicht gesehen, aber er wird heute abend zurückerwartet. Es ist noch ein siebzehnjähriger Hilfslehrer da.

Gestern abend und heute vormittag haben wir alle einen Spaziergang am Strand gemacht. Anbei ein Zweiglein Seetang.

Die Häuser am Meer sind meist aus gelben Ziegeln erbaut im Stil der Nassaulaan im Haag, aber höher, und sie haben Gärten mit Zedern und anderen dunklen, immergrünen Sträuchern. Es gibt einen Hafen voll allerlei Schiffen, umschlossen von steinernen Dämmen, auf denen man spazierengehen kann. Gestern war alles grau.

Dann will ich gleich meine Koffer auspacken, die eben gekommen sind, und ein paar Bilder in mein Zimmer hängen.

Jetzt sind Ferien, deshalb brauchte ich noch keine Stunden zu geben.

62   21. April 1876

Erst heute ist Mr. Stokes zurückgekommen; er ist ein ziemlich großer Mann mit kahlem Kopf und Backenbart, die Jungen scheinen Respekt vor ihm zu haben und ihn doch gern zu mögen; ein paar Stunden nach seiner Rückkehr war er bereits mit ihnen beim Murmelspiel.

Wir gehen oft an den Strand, heute vormittag habe ich den Jungen geholfen, eine Burg aus Sand zu bauen, wie wir das in Zundert oft im Garten getan haben.

Ich wollte nur, Du könntest mal durch das Schulfenster sehen. Das Haus steht an einem Platz (alle Häuser an diesem Platz sind ganz gleich, das ist hier oft so); in der Mitte eine große Rasenfläche, durch Eisengitter abgeschlossen und von Fliederbüschen umsäumt; hier spielen die Jungen in der Mittagsstunde. Das Haus, in dem mein Zimmer ist, liegt an demselben Platz...

Den Abschied von daheim am Karfreitag werde ich wohl nicht vergessen.

64   1. Mai 1876

Und nun fragst Du, was ich den Jungen so alles beibringen muß.

Vor allem Französisch, die Anfangsgründe – einer hat mit Deutsch angefangen; und sonst alles mögliche, wie Rechnen, Aufgaben überhören, Diktat usw. Vorläufig ist es also nicht weiter schwierig, diese Lektionen zu geben, aber zu erreichen, daß die Jungen sie lernen, wird schwieriger sein.

Und nun ist heute Dein Geburtstag, in Gedanken drücke ich Dir die Hand, und von Herzen wünsche ich Dir nochmals Segen und alles Gute.

Natürlich muß ich auch außerhalb der Schulstunden Aufsicht über die Jungen führen; so ist meine Zeit ziemlich besetzt und wird es wohl noch mehr werden. Vorigen Sonnabend abend habe ich etwa sechs Stück der jungen Herren gewaschen; aber mehr aus Spaß und weil es gerade so paßte, damit wir pünktlich fertig würden, als daß ich es hätte tun müssen.

Auch habe ich versucht, sie zum Lesen zu kriegen, ich habe noch allerlei, was für sie geeignet ist: »The Wide, Wide World« usw. usw.

65   6. Mai 1876

Es sind wirklich glückliche Tage, die ich hier verlebe, einen Tag nach dem anderen, aber trotzdem *ist es ein Glück und eine Ruhe, denen ich nicht recht traue,* aber aus dem einen kann das andere entspringen. Es ist dem Menschen nicht leicht recht zu machen, einmal findet er, es geht ihm fast zu gut, dann wieder ist er nicht zufrieden genug. Aber dies nur in Parenthese, da wollen wir besser nicht drüber reden, sondern lieber schön still weiter unseres Weges gehen.

66   12. Mai 1876

Es ist ein solches Verlangen nach Religion unter den einfachen Leuten in den großen Städten. So mancher Arbeiter in einer Fabrik oder einem Laden hat eine eigenartig schöne, fromme Jugendzeit. Das Stadtleben nimmt »the early dew of morning«[1] wohl zuweilen weg, aber es bleibt doch die Sehnsucht nach »the old, old story«[2] zurück; was der Grund des Herzens ist, bleibt der Grund des Herzens. Eliot beschreibt in einem ihrer Bücher das Leben von Fabrikarbeitern usw., die sich zu einer kleinen Gemeinde zusammengeschlossen haben und in einer Kapelle in »Lantern Yard« Gottesdienste abhalten, und sie sagt davon, »es ist das Reich Gottes auf Erden, nicht mehr und nicht weniger«. —

Und es hat etwas Bewegendes, jetzt die Tausende von Menschen zu diesen Missionaren strömen zu sehen.

67   31. Mai 1876

Habe ich Dir schon von dem Sturm geschrieben, den ich neulich erlebt habe?

Das Meer war gelblich, vor allem nah am Strand; am Horizont ein heller Streifen und darüber ungeheuer große, dunkle, graue Wolken, aus denen man den Regen in schrägen Streifen niederstürzen sah. Der Wind fegte den Staub des weißen Felsenpfades ins Meer und wühlte in den blühenden Dornbüschen und Goldlackstauden, die auf den Felsen wachsen.

Rechts Felder mit jungem, grünem Korn und in der Ferne die Stadt — mit ihren Türmen, Mühlen, Schieferdächern und im gotischen Stil erbauten Häusern und mit dem Hafen zwischen den zwei ins Meer vorspringenden Dämmen glich sie den Städten, die Albrecht Dürer manchmal radiert hat. Auch hab ich das Meer vorigen Sonntag in der Nacht gesehen, alles war dunkel, grau, doch am Horizont begann es zu tagen.

Es war noch sehr früh, aber die Lerche sang bereits. Und die Nachtigallen in den Gärten am Meer. In der Ferne das Licht des Leuchtturms, das Wachtschiff usw.

In derselben Nacht sah ich aus meinem Fenster auf die Dächer, die

---

1 *den frühen Tau des Morgens*
2 *der uralten Geschichte*

man von da aus sieht, und auf die Ulmenwipfel, dunkel gegen den Nachthimmel. Über den Dächern ein einzelner Stern, aber ein schöner, großer, freundlicher. Und ich dachte an uns alle, und ich dachte an meine schon verflogenen Jahre und an unser Zuhause, und die Worte und das Gefühl stiegen in mir auf: »Bewahre mich davor, daß meine Eltern sich meiner schämen müssen, gib mir Deinen Segen, nicht weil ich ihn verdiene, sondern um meiner Mutter willen. Du bist die Liebe, decke alle Dinge zu. Ohne Deinen dauernden Segen gelingt uns nichts.«

Anbei eine kleine Zeichnung von dem Blick aus dem Fenster der Schule, durch das die Jungen ihren Eltern nachsehen, wenn die sie besucht haben und wieder zum Bahnhof gehen. Mancher wird den Blick aus diesem Fenster wohl nie vergessen. Du hättest es diese Woche, als wir regnerische Tage hatten, einmal sehen sollen, vor allem in der Dämmerung, wenn die Laternen angezündet werden und ihr Licht sich in den nassen Straßen spiegelt.

In jenen Tagen war Mr. Stokes manchmal schlecht gelaunt, und wenn die Jungen ein bißchen mehr Lärm machten, als ihm lieb war, konnte es wohl geschehen, daß sie abends ihren Tee und ihr Brot nicht bekamen.

Da hättest Du mal sehen sollen, wie sie an diesem Fenster standen und hinaussahen, es hatte geradezu etwas Schwermutiges; sie haben so wenig anderes als ihr Essen und Trinken, worauf sie sich freuen und womit sie von einem Tag zum andern weitermachen. Auch solltest Du sie mal über die dunkle Treppe und durch den dunklen Gang zu Tische gehen sehen. Danach scheint aber die freundliche Sonne wieder.

Ein anderer eigenartiger Ort ist auch das Zimmer mit dem verfaulten Fußboden, wo die sechs Waschbecken stehen, in denen sie sich waschen müssen; ein fahles Licht fällt durch das Fenster mit den zerbrochenen Scheiben auf den Waschtisch, das ist ein recht trübseliger Anblick. Gerne würde ich mit ihnen einen Winter verbringen oder verbracht haben, um mal zu erfahren, wie das ist.

68   Juni 1876
Sonnabend früh um zehn hoffe ich, zu Fuß nach London zu gehen, um Gladwell und sonst noch ein paar Leute zu besuchen.
Ich wollte, Du könntest mit mir wandern.

69   Welwyn, 17. Juni 1876
Vorigen Montag habe ich mich von Ramsgate nach London aufgemacht. Das ist zu Fuß ein ganz tüchtiger Weg; als ich wegging, war

es schrecklich heiß, und so blieb es bis abends, als ich in Canterbury ankam. Am gleichen Abend bin ich noch ein Stück weitergegangen, bis ich an einen kleinen Teich mit ein paar großen Buchen und Ulmen kam, dort habe ich mich etwas ausgeruht. Früh um halb vier fingen schon die Vögel an zu singen, weil es zu dämmern begann, und ich machte mich wieder auf den Weg. Um diese Zeit wanderte es sich gut.

Mittags kam ich nach Chatham, wo man in der Ferne, im teilweise überschwemmten flachen Wiesengelände — hier und da ein paar Ulmen —, die Themse mit den vielen Schiffen sieht; das Wetter ist da, glaube ich, immer trübe und grau.

Dort traf ich auch auf einen Karren, der mich etwa eine Meile mitnahm, aber dann ging der Fuhrmann in eine Schenke, und ich dachte, er würde wohl lange drinbleiben, da bin ich lieber weitergewandert und kam gegen Abend in die so wohlbekannten Vorstädte von London und ging dann in die Stadt hinein durch die langen, langen »Roads«[3].

Zwei Tage bin ich in London geblieben und noch mal von einem Ende der Stadt zum anderen getrabt, um verschiedene Leute zu besuchen, unter anderem einen Pfarrer, an den ich geschrieben hatte.

Anbei eine Übersetzung des Briefes, ich schicke sie Dir, damit Du weißt, daß ich mit dem Gefühl anfange »Vater, ich bin nicht wert« und »Vater, sei mir gnädig«.

Sollte ich etwas finden, so wäre es wahrscheinlich eine Stellung so zwischen Prediger und Missionar unter Arbeitern in den Vorstädten von London. Sprich vorläufig noch mit niemandem davon, Theo...

Ich wollte abends noch nach Welwyn, doch buchstäblich mit Gewalt hielten sie[4] mich wegen des starken Regens zurück. Als der aber gegen vier Uhr früh etwas nachließ, habe ich mich nach Welwyn auf den Weg gemacht.

Erst ein tüchtiger Marsch von einem Ende der Stadt zum anderen, etwa zehn Meilen (je Meile 20 Minuten zu Fuß). Nachmittags um fünf war ich bei der Schwester und freute mich, sie zu sehen.

70   *Isleworth, 5. Juli 1876*

Es könnten wohl einmal Zeiten kommen, da ich mit einer gewissen Wehmut an die »Fleischtöpfe Ägyptens« zurückdenken werde und an frühere Stellungen, nämlich an das bessere Gehalt und das in mancher Hinsicht größere Ansehen in der Welt — das sehe ich voraus.

3 *Straßen*
4 *Die Familie Gladwell*

Wohl ist »Brots genug« in den Häusern, in die ich kommen werde, wenn ich auf dem Weg weitergehe, den ich eingeschlagen habe; aber nicht »Gelds genug«.

Und doch sehe ich so deutlich Licht in der Ferne, und wenn dies Licht ab und zu verschwindet, so meist durch meine eigene Schuld.

Sehr die Frage ist, ob ich es in diesem Beruf weit bringen werde, ob die sechs Jahre, die ich im Hause der Messrs. Goupil & Cie zugebracht habe, in denen ich mich für *diese* Stellung hätte vorbereiten müssen, mir nicht zeitlebens sozusagen schwer im Magen liegen werden. Ich glaube aber, daß ich keinesfalls mehr zurücktreten kann, sogar wenn ein Teil meines Ichs *(später, jetzt ist das noch nicht der Fall)* das wollen sollte.

Es ist mir dieser Tage zumute, als ob es auf der ganzen Welt keinen anderen Beruf mehr gäbe als den des Schulmeisters oder Pfarrers, mit allem, was dazwischen liegt: Missionar, London missionary usw. London missionary ist, glaube ich, ein recht eigenartiger Beruf; man muß bei den Arbeitern und den Armen herumgehen und die Bibel verbreiten und, wenn man etwas Erfahrung hat, mit ihnen reden; arbeitssuchende Ausländer ausfindig machen oder andere Personen, die irgendwie in Verlegenheit sind, und ihnen zu helfen suchen usw. usw.

Vorige Woche bin ich ein paarmal in London gewesen, weil ich herausfinden wollte, ob für mich die Möglichkeit besteht, das zu werden.

Weil ich mehrere Sprachen spreche und ziemlich viel mit Menschen aus den ärmeren Ständen und mit Ausländern umgegangen bin, vor allem in Paris und London, und auch selbst ein Ausländer war, wäre ich vielleicht geeignet dazu und könnte es im Laufe der Zeit immer mehr werden.

Man muß dazu aber mindestens vierundzwanzig Jahre alt sein, in jedem Fall habe ich also noch ein Jahr vor mir.

Mr. Stokes sagt, er könne mir bestimmt kein Gehalt geben, denn er bekäme genug andere nur für Kost und Wohnung, und das ist auch so. Aber wird sich das durchführen lassen? Ich fürchte nein, es wird sich bald genug entscheiden. —

Aber, Junge, wie dem auch sei, ich kann Dir nur wiederholen: diese paar Monate haben mich so an die Lebenssphäre gebunden, die vom Schulmeister bis zum Prediger reicht, sowohl durch ihre Freuden als auch durch die Dornen, die mich gestochen haben, daß ich nicht mehr zurück kann.

Also vorwärts! Schon jetzt zeigen sich sehr eigentümliche Schwierigkeiten, andere werden in der Ferne sichtbar, und man ist wie in einem anderen Element als in dem Geschäft der Messrs. Goupil & Cie, das versichere ich Dir ...

Vorige Woche war ich in Hampton Court und habe die herrlichen Gärten und langen Kastanien- und Lindenalleen gesehen, in denen Scharen von Krähen ihre Nester haben, Saatkrähen und Nebelkrähen; auch das Schloß und die Bilder habe ich angesehen.

71 *Isleworth, 8. Juli 1876 — c/o Jones Esq./Holme Court*

Nun habe ich eine Bitte an Dich. Seinerzeit bin ich im Haag öfter bei einem Katecheten Hille gewesen, der damals in der Bagijnestraat wohnte. Dieser Mann hat sich viel Mühe mit mir gegeben, und obwohl ich es ihm nicht gezeigt habe, hat, was er sagte, Eindruck auf mich gemacht, und ich möchte ihm von Herzen gern noch mal ein paar Worte sagen und ihm womöglich eine Freude machen.

Besuche ihn doch mal, wenn Du einen Augenblick Zeit hast und seine Adresse ausfindig machen kannst, und erzähle ihm, daß ich Schulmeister geworden bin und, wer weiß, später vielleicht in irgendeine Stellung in Verbindung mit der Kirche komme. Er ist ein sehr schlichter Mensch, der, glaube ich, viel hat kämpfen müssen; unwillkürlich habe ich manchmal gedacht, wenn ich bei ihm war und ihn ansah: diesem Manne wird es zuletzt wohlgehen.

Und gib ihm die beiliegende kleine Zeichnung von mir.

72 *2. August 1876*

Gestern ist Mr. Jones mit Familie heimgekommen. Ich hatte den Eßraum der Jungen grün ausgeschmückt mit »Welcome home«[5] an der Wand aus Stechpalmen und Efeu und mit großen Sträußen auf dem Tisch. Es gibt hier viele Stechpalmen im Garten und von einigen alten Bäumen hat man alle Zweige abgeschnitten. Die sind nun voll junger Zweige und ganz weiß oder gelblich mit einem rosa Blättchen hier und da, das ist wunderbar schön; ich habe einen großen Busch davon gepflückt und auf den Tisch gestellt.

Herr Jones hat mich gefragt, ob ich in Erfahrung bringen könnte, wieviel fünfzig Pfund Butter in Holland kosten würden; wenn es nicht allzu teuer ist, erwägt er, die Butter immer aus Holland kommen zu lassen. — Frage Frau Roos mal danach und schreibe es mir so bald wie möglich. —

Die Jungen werden nun wohl auch bald kommen.

Hast Du je die Geschichte von Elias und Elisa aufmerksam gelesen? Dieser Tage las ich sie noch einmal, und beiliegend schicke ich Dir,

5 *Willkommen daheim*

was ich davon abgeschrieben habe. Es ist so schön und bewegend. So las ich auch noch in der Apostelgeschichte das von Paulus, wie er am Strande stand und sie ihm um den Hals fielen und ihn küßten, und jenes Wort des Paulus ergriff mich: »Gott tröstet die Einfältigen.« Gott ist es, der Männer macht und das Leben reich machen kann an Augenblicken und Zeiten höheren Lebens und höherer Stimmung. Hat auch das Meer sich selbst gemacht oder der Eichbaum sich selbst? Aber Männer wie Pa sind schöner als das Meer.

Doch ist das Meer schön; es gab viele Wanzen bei Mr. Stokes, aber die Aussicht vom Schulfenster ließ sie einen vergessen.

73 *18. August 1876*

Gestern bin ich bei Gladwell gewesen, der auf ein paar Tage zu Hause ist; in seiner Familie hat sich etwas sehr Trauriges zugetragen: seine Schwester, ein lebensvolles Mädchen mit dunklen Augen und dunklem Haar, siebzehn Jahre alt, ist beim Reiten auf Blackheath gestürzt; sie war besinnungslos, als man sie aufhob, und ist fünf Stunden später gestorben, ohne das Bewußtsein wiedererlangt zu haben.

Sobald ich hörte, was geschehen war und daß Gladwell zu Hause sei, bin ich hingegangen. Gestern vormittag um elf bin ich hier fort; es war eine lange Wanderung bis Lewisham, der Weg ging von einem Ende Londons bis zum anderen, um fünf Uhr war ich bei Gladwell.

Alle waren gerade vom Begräbnis zurück, es war ein wahres Trauerhaus, und es war mir recht, daß ich dabei war.

Ich empfand ein Gefühl von Verlegenheit und Scham angesichts dieses großen, ehrfurchtgebietenden Schmerzes ... Ich sprach lange mit Harry, bis zum Abend und über viele Dinge — über das Reich Gottes und über seine Bibel, und so redeten wir auch noch, als wir auf dem Bahnhof hin und her gingen; diese Augenblicke bis zum Abschied werden wir wohl nie vergessen.

Wir kennen einander so gut, seine Arbeit war meine Arbeit, die Menschen dort, die er kennt, kenne ich auch, sein Leben war mein Leben, und so tief war es mir vergönnt, in die Geschichte dieser Familie zu blicken, weil ich sie liebhabe; weniger weil ich mit den Besonderheiten dieser Geschichte vertraut bin, als weil ich den Ton und die Stimmung ihres Seins und Lebens fühle.

Wir gingen also in dieser alltäglichen Welt auf dem Bahnhof auf und ab, aber mit einem Gefühl in uns, das nicht alltäglich war. Sie dauern nicht lange, solche Augenblicke, und bald mußten wir voneinander Abschied nehmen.

Aus dem Zug hatte ich einen schönen Blick über London, das im Dunkel lag, St. Paul's und andere Kirchen in der Ferne. Ich fuhr bis Richmond und ging dann an der Themse entlang bis Isleworth; das war eine schöne Wanderung, links die Parks mit ihren großen Pappeln, Eichen und Ulmen, rechts der Fluß, in dem die hohen Bäume sich spiegelten. Es war ein schöner, beinah feierlicher Abend, viertel nach zehn war ich zu Hause.

74   26. August 1876
Habe ich Dir je von dem Bild von Boughton erzählt, »The Pilgrim's Progress«? Es ist gegen Abend. Eine bröckelige, sandige Straße führt über Hügel zu einem Berg, auf dem man die Heilige Stadt liegen sieht, beleuchtet von der Sonne, die rot hinter grauen Abendwolken untergeht. Auf der Straße ein Pilger, auf dem Wege zur Stadt; er ist schon müde und fragt eine schwarzgekleidete Frau, die am Weg steht und deren Name »Traurig, aber allezeit fröhlich« ist:

Does the road go uphill all the way?
»Yes, to the very end.«
And will the journey take all day long?
»From morn till night, my friend.«[6]

Die Landschaft, durch die der Weg führt, ist so schön, brauner Heideboden, hier und da Birken und Kiefern und Flecken von gelbem Sand, und in der Ferne, gegen die Sonne, Berge.
Eigentlich ist es kein Bild, sondern eine Inspiration.

Noch ein paar Worte. Eben habe ich von Johannes und Theogenes erzählt, erst in dem Zimmer, in dem die meisten Jungen schlafen, und dann in dem Zimmer oben, wo noch vier untergebracht sind; ich habe im Dunkeln erzählt, aber als ich zu Ende war, waren alle unvermerkt eingeschlafen. Das ist kein Wunder, denn sie haben sich heute tüchtig auf dem Spielplatz getummelt, und dann fällt mir das Sprechen nicht leicht, und wie das in englischen Ohren klingt, weiß ich nicht, aber dabei lerne ich ja. Ich glaube, der Herr hat mich angenommen, wie ich bin, mit all meinen Fehlern, obwohl es noch eine innigere Annahme gibt, auf die ich hoffe.
Morgen abend muß ich die gleiche Geschichte dem Hilfslehrer und

6 *Geht denn die Straße immer bergauf?*
  »Gewiß, bis ans Ende, gib acht.«
  Und dauert die Reise den ganzen Tag?
  »Vom Morgen, Freund, bis in die Nacht.«

den beiden ältesten Jungen erzählen, die länger aufbleiben dürfen. Diese drei und ich essen immer zusammen Abendbrot. Während ich erzählte, hörte ich einen von ihnen unten auf dem Klavier spielen »Tell me the old, old story«.[7]

Es ist schon spät, und eigentlich darf ich nach den Schulregeln nicht so lange aufbleiben; eben habe ich auf dem Spielplatz meine Pfeife geraucht, es war so schön im Freien draußen, selbst auf dem kleinen Hof, wo einen großen Teil des Jahres über das Schwein haust; jetzt ist es aber nicht da. Abends so mal überall herumzubummeln von oben nach unten, das ist sehr nett.

Und nun gute Nacht; schlaf gut, und wenn Du abends betest, denke dann auch an mich wie ich an Dich.

75 *3. Oktober 1876*

Sonnabend vor acht Tagen habe ich einen langen Ausflug nach London gemacht und dort von einer Stellung gehört, die vielleicht für später etwas sein könnte. Die Pastoren in Seestädten, wie z. B. Liverpool und Hull, brauchen oft Hilfsprediger, die verschiedene Sprachen beherrschen und unter Seeleuten und Ausländern arbeiten und Kranke besuchen können. In einer solchen Stellung bekäme man auch Gehalt.

An jenem Morgen bin ich zeitig hier fortgegangen, um vier, die Nacht war schön hier im Park mit den dunklen Ulmenalleen und der nassen Straße und dem grauen Regenhimmel darüber, und in der Ferne gewitterte es.

Als es hell wurde, war ich im Hyde Park, dort fielen schon die Blätter von den Bäumen, und der wilde Wein war so wunderbar rot an den Häusern, und es nebelte. Um sieben Uhr war ich in Kensington und ruhte mich dort ein wenig aus in der Kirche, wo ich früher so manchen Sonntag gewesen bin. In London bin ich bei verschiedenen Leuten gewesen, auch im Geschäft der Messrs. Goupil & Cie; dort sah ich die Zeichnungen, die van Iterson[8] mitgebracht hat, und es war eine Freude, auf diese Art wieder einmal holländische Städte und Wiesen zu sehen.

76 *7. Oktober 1876*

Gerade als ich dabei war, Dir zu schreiben, wurde ich zu Mr. Jones gerufen, und er fragte mich, ob ich Lust hätte, für ihn nach London zu gehen, um Geld für ihn einzukassieren ...

7 *Erzähl mir die uralte Geschichte*
8 *Kollege Theos im Haag*

Als ich in die Gegend der Stadt kam, wo die meisten Kunsthandlungen sind, in die Gegend vom Strand, begegnete ich vielen Bekannten; es war gerade Tischzeit, und so waren viele unterwegs, vom oder zum Geschäft...

Und von der City ans andere Ende von London, dort besuchte ich einen Jungen, der seinerzeit krankheitshalber aus Mr. Stokes' Schule ausgeschieden war, und ich fand ihn, viel gesünder, auf der Straße. Dann an die Stelle, wo ich das Geld für Mr. Jones abholen mußte. Die Londoner Vorstädte haben eine eigenartige Schönheit; zwischen den kleinen Häuschen und Gärten sind freie Grasflächen, meist mit einer Kirche oder einer Schule oder einem Armenhaus in der Mitte zwischen den Bäumen und Sträuchern, und es kann da so schön sein, wenn die Sonne im feinen Abendnebel rot untergeht.

Gestern abend war es so, und später hätte ich gewünscht, Du hättest einmal die Londoner Straßen gesehen, als es zu dämmern anfing und die Laternen angezündet wurden und alle und alles nach Hause ging; an allem merkte man, daß es Sonnabend abend war, und in all dem Gewühl war Friede, man fühlte so recht, daß die Menschen die Freude über den nahenden Sonntag nötig hatten. O diese Sonntage, und was getan und gearbeitet wird an diesen Sonntagen, es ist eine solche Erholung für diese armseligen Gegenden mit ihren lauten, belebten Straßen...

Sage Ma, wie herrlich es war, nach diesem Marsch nach London ein Paar von ihr gestrickte Socken anzuziehen.

Heute früh ist die Sonne auch wieder so schön aufgegangen, ich sehe das jeden Morgen, wenn ich die Jungen wecke.

78

Die Akazien auf dem Spielplatz haben schon viel Laub verloren, man sieht sie durch das Fenster vor meinem Pult, manchmal zeichnen sie sich dunkel gegen den Himmel ab, manchmal sieht man die Sonne rot im Nebel dahinter aufgehen.

Wie bald wird es Winter sein, es ist doch ein Glück, daß Weihnachten im Winter ist, darum ist mir der Winter lieber als jede andere Zeit des Jahres.

79

Theo, Dein Bruder hat vorigen Sonntag zum ersten Mal in Gottes Haus gesprochen, an dem Ort, wovon geschrieben steht: »Ich will Frieden geben an diesem Ort.« Beiliegend die Abschrift meiner Predigt. Möge sie der Erstling von vielen sein. —

Es war ein klarer Herbsttag und ein schönes Wandern von hier nach

Richmond an der Themse entlang, in der die großen Kastanienbäume mit ihrer Last von gelben Blättern und der klare blaue Himmel darüber sich spiegelten, und zwischen den Baumwipfeln der Teil von Richmond, der auf dem Berge liegt, die Häuser mit ihren roten Dächern und Fenstern ohne Vorhänge, und grüne Gärten, und darüber emporragend der graue Turm, und unten die große graue Brücke, über die man die Menschen wie kleine schwarze Figürchen gehen sah, mit den hohen Pappeln an beiden Ufern.

Ich hatte ein Gefühl wie jemand, der aus einem dunklen, unterirdischen Gewölbe wieder ins freundliche Tageslicht kommt, als ich auf der Kanzel stand, und es ist mir ein herrlicher Gedanke, daß ich fortan das Evangelium predigen werde, wohin ich auch kommen mag; um das *gut* zu tun, muß man das Evangelium in seinem Herzen haben, möge Er es darin schaffen.

82   25. November 1876

Vorigen Sonntag war ich abends in einem Dorf an der Themse, Petersham... Es wurde schnell dunkel, und ich wußte den Weg nicht recht, es war eine unglaublich schmutzige Straße über eine Art Deich oder Anhöhe, am Abhang mit knorrigen Ulmen und Sträuchern bewachsen. Endlich sah ich am Fuß der Anhöhe ein Licht in einem kleinen Haus und kletterte und watete darauf zu, und dort zeigte man mir den Weg. Aber, mein Junge, am Ende dieses dunklen Weges lag ein schönes Holzkirchlein mit freundlichem Licht...

Am Tage vorher hatte ich einen weiten Weg nach London gemacht; früh um vier ging ich hier weg, war um halb sieben im Hyde Park; da lag Nebel auf den Wiesen, und die Blätter fielen von den Bäumen, in der Ferne sah man die Lichter der Laternen schimmern, die noch nicht ausgelöscht waren, und die Türme von Westminster Abbey und der Houses of Parliament, und die Sonne ging rot im Morgennebel auf – von da nach Whitechapel, dem Armenviertel von London, dann nach Chancery Lane und Westminster, dann nach Clapham, um Mrs. Loyer mal zu besuchen, die am Tage vorher Geburtstag gehabt hatte. Auch habe ich noch einen Besuch bei Mr. Obach gemacht, um seine Frau und die Kinder mal wiederzusehen.

Dann von dort nach Lewisham, wo ich halb vier bei der Familie Gladwell ankam...

Abends halb elf war ich wieder hier, zum Teil fuhr ich mit der underground railway[9] zurück. Glücklicherweise habe ich etwas Geld für Mr. Jones hereinbekommen.

9 *Untergrundbahn*

82 a

Sollten Dir zuweilen Dinge widerfahren, mit denen Du nicht gerechnet hast, stärke dann in Dir die göttliche Traurigkeit und die Stimme »Abba, lieber Vater«.

Es war ein Herbsttag, und ich stand auf der Vortreppe von Herrn Provily's Schule und sah dem Wagen nach, in dem Pa und Ma nach Hause fuhren.

Dies gelbe Wägelchen sah man in der Ferne auf der langen Straße — naß vom Regen, dünne Bäume zu beiden Seiten, läuft sie durch die Wiesen hin.

Der graue Himmel über allem spiegelte sich in den Pfützen.

Und etwa vierzehn Tage später stand ich eines Abends in einer Ecke vom Spielplatz; da sagte man mir, es sei jemand da, der nach mir gefragt habe, und ich wußte, wer es war, und einen Augenblick später fiel ich meinem Vater um den Hals...

»Stärke deine Liebe.« Was ist denn diese Liebe, von der Paulus spricht? Was sind doch diese wunderbaren Worte, die auch Du kennst, 1. Kor. XIII, diese Liebe ist das Leben in Christo, diese Liebe ist unsere Mutter, alles Gute auf Erden gehört ihr an, denn alles ist gut, das mit Danksagung empfangen wird; aber sie erstreckt sich viel weiter als auf das Gute der Erde. Es gehört dazu ein Trank aus dem Bach auf einer Wanderung oder aus einem Brunnen in den heißen Straßen von London und Paris, es gehört auch dazu »Ich will dich erquicken auf deinem Siechenbette«, »Wie einen seine Mutter tröstet, will ich euch trösten«, es gehört dazu »die Treue bis in den Tod in Christo, die uns Kraft gibt zu allem«. Da ist ein Freund, der Dir fester beisteht denn ein Bruder...

Ich freue mich schon auf Weihnachten; vor zwei Jahren machten wir abends einen Spaziergang im Schnee, weißt Du das noch, als wir den Mond über Marienhof aufsteigen sahen? An den Abend, als ich jenes Weihnachten in einem offenen Wägelchen vom Bosch nach Helvoirt fuhr, erinnere ich mich noch so gut; es war tüchtig kalt, und die Straße war glatt; wie schön sah der Bosch aus, der Marktplatz und die Straßen voll Schnee, und die Häuser dunkel mit Schnee auf den Dächern. Brabant ist eben Brabant, und das Vaterland ist eben das Vaterland, und die Fremde ist eben die Fremde. Und wie freundlich sah an jenem Abend Helvoirt aus und die Lichter im Dorf und der Kirchturm zwischen den beschneiten Pappeln, als ich es von weitem von der Straße nach dem Bosch erblickte! Aber es ist die Liebe, die dem allen so viel Schönheit und Leben verleiht.

83 Etten, 31. Dezember 1876

Vor ein paar Tagen war Herr Braat aus Dordrecht bei Onkel Vincent zu Besuch, und sie haben über mich gesprochen; Onkel hat Herrn Braat gefragt, ob bei ihm Platz für mich wäre, falls ich das wollte. Herr Braat meinte, daß sich das vielleicht machen ließe, und sagte, ich solle nur mal zu ihm kommen und mit ihm darüber sprechen. Also bin ich gestern morgen zeitig dort gewesen, ich fand, so etwas dürfte ich nicht vorbeigehen lassen, ohne zu sehen, was es sei. Ich habe mit ihm abgemacht, daß ich nach Neujahr auf eine Woche zu ihm komme, und nach Verlauf dieser Zeit werden wir ja weitersehen.

Es gibt viele Gründe, die es wünschenswert machen, daß ich wieder nach Holland komme, in die Nähe von Pa und Ma und auch näher zu Dir und den anderen. Dann wird dort sicher auch das Gehalt etwas besser sein als bei Mr. Jones, und vor allem im Hinblick auf später, wenn der Mensch mehr Bedürfnisse hat, ist man verpflichtet, daran zu denken. Was nun das andere betrifft, das gebe ich darum nicht auf. Pa's Geist ist so großzügig und so vielseitig und umfassend, und unter allen Umständen hoffe ich, daß sich etwas davon auch in mir entwickeln wird. Die Veränderung wird also darauf hinauslaufen, daß ich, statt die Jungen hier zu unterrichten, in einer Buchhandlung tätig sein werde.

Dordrecht · Januar 1877 bis Mai 1877

Durch eine letzte Vermittlung des Onkels Vincent van Gogh erhält Vincent eine Anstellung in der Dordrechter Buchhandlung Blussé & van Braam, die Herr Braat, der Vater von Theos Pariser Kollegen Frans Braat, leitet. Vincent freilich fühlt sich »durch die Enttäuschung und den diesmal beträchtlichen Mißerfolg« seiner Hilfslehrerzeit nur um so inniger seiner Berufung zum Predigeramt verbunden. »Und als er dann mit diesem Rappel anfing, Pastor zu werden, sagte Pa: ›Junge, wenn Du glaubst, das wäre das Rechte für Dich, da mußt Du eben gehen‹,« berichtet später die Tochter des Buchhändlers.

84   21. Januar 1877

Schon früher wirst Du einen Brief von mir erwartet haben; im Geschäft geht es einigermaßen, und es ist viel zu tun, so daß ich früh um acht hin- und nachts um eins weggehe, aber darüber bin ich ganz froh ...

Vom Fenster meines Zimmers sieht man auf Gärten mit Kiefern und Pappeln. Und auf die Rückseite alter Häuser, unter anderem auf eine mit Efeu bewachsene Dachtraufe. »A strange old plant is the ivygreen«[1], heißt es bei Dickens. — Es kann dieser Anblick so etwas Ernstes und beinah Düsteres haben, aber Du solltest es nur mal sehen, wenn die Morgensonne darauf scheint. Wenn ich das ansehe, muß ich manchmal an einen Brief von Dir denken, in dem Du von so einem efeubewachsenen Haus sprichst, weißt Du noch?

Wenn Du es Dir leisten kannst — wenn ich es kann, tu ich es auch —, so abonniere doch dieses Jahr auf die »Katholische Illustrierte«; da sind die Bilder aus London von Doré drin — die Werften an der Themse, Westminster, Whitechapel, die underground railway usw. usw.

Bei den Leuten, wo ich wohne, wohnt auch noch ein Lehrer.[2] Vorigen Sonntag und auch heute haben wir einen schönen Spaziergang an den Grachten hier gemacht und auch über die Stadt hinaus an der Merwe entlang; wir kamen auch an der Stelle vorbei, wo Du auf das Schiff gewartet hast. Als heute abend die Sonne unterging und sich im Wasser und in den Fenstern spiegelte und eine starke goldene Glut über alles ausgoß, da war es genau wie ein Bild von Cuyp.

1 *Eine sonderbare alte Pflanze ist der grüne Efeu*
2 *P. C. Görlitz*

85

Vorige Woche hatten wir hier eine Überschwemmung. Als ich nachts zwischen zwölf und eins aus dem Laden kam, ging ich noch einmal um die Große Kirche, der Sturm wühlte in den Ulmen, die um die Kirche stehen, und der Mond schien durch die Regenwolken und spiegelte sich in den Grachten, die schon zum Überlaufen voll waren. Nachts um drei Uhr waren wir bei Rijken — das ist der Krämer, bei dem ich wohne — alle auf den Beinen, um die Sachen aus dem Laden ins obere Stockwerk zu bringen, denn im Haus stand das Wasser schon eine Elle hoch. Da gab es viel Leben und Lärm. In allen unteren Zimmern waren die Leute dabei, alles, was sie nur konnten, nach oben zu schaffen, und die Straße herauf kam ein kleines Boot gefahren.

Früh, als es hell wurde, sah man am Ende der Straße eine Gruppe von Männern, die einer nach dem anderen zu ihren Lagerhäusern wateten. Es ist viel Schaden entstanden; auch in das Haus, wo Herr Braat sein Papier und anderes verwahrt, ist Wasser eingedrungen, nicht durch die Überschwemmung, sondern durch den starken Druck des Grundwassers von unten.

Herr Braat sagt, das koste ihn einen tüchtigen Batzen Geld. Wir haben anderthalb Tage gebraucht, um alles in ein höheres Stockwerk zu bringen. — So mal einen Tag mit den Händen arbeiten, ist eine ganz angenehme Abwechslung, nur schade, daß es aus diesem Grunde geschah ...

Nach der Kirche habe ich allein einen schönen Spaziergang gemacht, auf einem Deich an den Windmühlen entlang, es war ein herrlicher Himmel über den Wiesen, der sich in den Wassergräben spiegelte.

Es gibt in anderen Ländern wohl eigenartige Dinge, so die französische Küste, die ich bei Dieppe sah — die falaises[3] mit dem grünen Gras darauf —, das Meer und der Himmel, der Hafen mit den alten Booten, wie Daubigny sie malt, mit braunen Netzen und Segeln, die kleinen Häuschen; darunter ein paar Gasthäuser mit weißen Vorhängen und grünen Kiefernzweigen im Fenster — die Karren mit weißen Pferden, mit blauen großen Halftern und roten Troddeln angeschirrt, die Fuhrleute mit ihren blauen Kitteln, die Fischer mit ihren Bärten und geölten Kleidern, und die französischen Frauen mit bleichem Gesicht, dunklen, oft etwas tiefliegenden Augen, schwarzem Kleid und weißer Haube, und z. B. die Londoner Straßen im Regen mit den Laternen, und eine Nacht, auf den Stufen einer alten grauen Kirche dort verbracht, wie ich es diesen Sommer nach jener Fußwanderung von Ramsgate erlebte — es gibt in anderen Ländern auch

3 *felsigen Steilküsten*

2 *Bachstelze im Nest. Um 1873/74*

wohl eigenartige Dinge —, aber als ich vorigen Sonntag allein auf dem Deich dahinwanderte, da dachte ich, wie gut doch der holländische Boden ist, und ich fühlte etwas von dem »nun habe ich es im Sinn, einen Bund zu machen mit dem Herrn«, denn die Erinnerung an früher stieg in mir auf, wie oft wir so in den letzten Februartagen mit Pa nach Rijsbergen gegangen sind usw. und die Lerchen gehört haben über den schwarzen Äckern mit der jungen grünen Saat, darüber der leuchtende blaue Himmel mit den weißen Wolken — und dann die gepflasterte Straße mit den Buchen — o Jerusalem, Jerusalem! oder richtiger o Zundert, o Zundert!

87 28. Februar 1877

Gestern nacht kam ich um ein Uhr aus dem Geschäft und ging noch einmal um die Große Kirche herum und dann an den Grachten entlang und an dem alten Tor vorbei zur Neuen Kirche und dann nach Hause. Es hatte geschneit, und es war alles so still, nur hier und da sah man noch ein Licht in einem oberen Zimmer, und im Schnee die schwarze Gestalt des Nachtwächters. Das Wasser stand hoch, und durch den Schnee schienen Grachten und Schiffe dunkel. Es kann dort bei den Kirchen so schön sein. Der Himmel war grau und neblig, und der Mond schien matt hindurch.

88 16. März 1877

Was für ein mühseliges Leben haben doch die Bauern in Brabant, Aerssen[4] zum Beispiel; wo nehmen sie ihre Kraft her? Und diese armen Frauen, was ist die Stütze ihres Lebens? Ob es nicht das ist, was der Maler in seinem »Light of the World« gemalt hat?

Ich kann Dir nicht sagen, wie sehr es mich manchmal nach der Bibel verlangt; zwar lese ich jeden Tag darin, aber ich möchte sie so gerne im Kopf haben und das Leben sehen beim Licht jenes Wortes, wovon geschrieben steht »Dein Wort ist meines Fußes Leuchte, und ein Licht auf meinem Wege«.

89 22. März 1877

Ich schreibe Dir so allerhand über meine Pläne, dabei klären und festigen sich mir die Gedanken...

In unserer Familie, die doch eine Christenfamilie im vollen Sinne des Wortes ist, hat es, soweit man das überblicken kann, von Generation zu Generation immer einen gegeben, der Diener des Evangeliums war. Warum sollte diese Stimme nicht auch in unserer und in den späteren

4 Tagelöhner in Zundert, der im elterlichen Pfarrgarten gearbeitet hatte

Generationen gehört werden? Warum sollte nicht auch jetzt ein Mitglied unserer Familie sich zu diesem Amt berufen fühlen und mit einigem Grund annehmen dürfen, daß er sich erklären dürfe und müsse und nach den Mitteln suchen, um dieses Ziel zu erreichen? Es ist mein Gebet und mein inniges Verlangen, daß der Geist meines Vaters und Großvaters auch auf mir ruhen möge und daß es mir vergönnt sei, ein Christ und ein Christen-Arbeiter zu sein, daß mein Leben immer mehr dem der beiden Genannten gleichen möge – denn siehe, der alte Wein ist gut, und ich begehre keinen neuen.

Theo, Junge, Bruder, den ich liebe – es verlangt mich so sehr danach, aber wie komme ich ans Ziel? Ich wünschte so sehr, ich hätte die viele mühsame Arbeit schon hinter mir, die nötig ist, um ein Diener des Evangeliums zu werden.

91 Etten, 3. April 1877

Gestern früh erhielt ich einen Brief von zu Hause, in dem Pa schrieb, daß Aerssen im Sterben liege und daß Pa noch einmal bei ihm gewesen sei, da er Pa so gerne noch einmal habe sehen und sprechen wollen. Als ich das hörte, zog es mein Herz so stark nach Zundert, daß ich unbedingt auch hin wollte ...

Sonnabend abend bin ich mit dem letzten Zug von Dordrecht nach Oudenbosch gefahren und von dort zu Fuß nach Zundert gegangen. Auf der Heide war es so schön, trotz der Dunkelheit konnte man erkennen, wie die Heidefläche und Kiefernwälder und Sümpfe sich weit nach allen Seiten erstrecken; ich mußte an das Bild von Bodmer denken, das in Pa's Arbeitszimmer hängt. Der Himmel war grau, aber der Abendstern schien durch die Wolken, und hier und da sah man auch andere Sterne. – Es war noch sehr früh, als ich nach Zundert auf den Kirchhof kam, dort war es so still, ich sah mir noch mal all die alten Stellen und Pfade an und wartete den Sonnenaufgang ab. Du kennst die Geschichte von der Auferstehung, alles erinnerte mich daran an diesem Morgen, auf diesem stillen Friedhof. –

Bei Aerssen und Mientje hörte ich, sobald sie aufgestanden waren, daß ihr Vater in der Nacht gestorben sei, ach, sie waren so betrübt, und allen war das Herz so voll, denn auch Hein kam schon zeitig. Es tat mir wohl, dort zu sein, und ich fühlte mit ihnen, denn ich habe den Mann auch sehr liebgehabt.

92 16. April 1877

Es ist schon spät; heute nachmittag habe ich mal einen Spaziergang gemacht, weil ich so stark das Bedürfnis danach hatte: erst um die

Große Kirche herum, dann um die Neue Kirche, und dann am Deich entlang, wo alle die Windmühlen stehen, die man vom Weg an der Eisenbahn in der Ferne sieht. Es ist in dieser eigenartigen Landschaft und Umgebung so vieles, das spricht und das zu sagen scheint, »sei guten Mutes, fürchte dich nicht«...

O Theo, Theo, Junge, wenn es mir einst beschieden wäre, wenn diese tiefe Niedergeschlagenheit über allerlei, was ich unternahm und was mir mißglückte, dieser Strom von Vorwürfen, die ich gehört und gefühlt habe, wenn das einst von mir genommen würde und wenn mir die Gelegenheit und auch die nötige Kraft gegeben würden, mich zu entfalten, durchzuhalten und zu beharren in dem, wofür mein Vater und ich dem Herrn so innig danken würden!

93   23. April 1877
Onkel Jan[5] ist in Etten gewesen und hat gesagt, mein Stübchen wäre schon bereit – Herr Braat steht mit jemandem in Unterhandlung; also im Mai werde ich wahrscheinlich die Hand an den Pflug legen.

In jenem Stübchen will ich die Stiche aufhängen, die ich von Dir habe, die sollen mich täglich an Dich erinnern...

Für einen »Sämann des Wortes«, wie ich einer zu werden hoffe, ebenso wie für den Sämann des Kornes auf dem Feld, wird wohl auch weiterhin jeder Tag eigene Mühsal genug haben – und die Erde vielerlei Dornen und Disteln hervorbringen – laß uns nur einander eine Stütze bleiben und laß uns nach Bruderliebe trachten.

Heute regnet es hier, und man könnte sich einbilden, in London zu sein. Wenn ich dies zur Post bringe, will ich noch einmal den kleinen Weg hinterm Bahnhof gehen, wo wir zusammen gegangen sind.

94   30. April 1877
So zwischendurch habe ich aus einem Katechetik-Buch von Onkel Stricker[6] die ganze Geschichte Christi noch einmal durchgearbeitet und die Bibeltexte herausgeschrieben; dabei sind mir so viele Bilder von Rembrandt und anderen in den Sinn gekommen – ich glaube und vertraue, daß ich die Wahl, die ich getroffen habe, nicht bereuen werde: ein Christ und ein Christen-Arbeiter zu werden. Ja, alle Dinge aus der Vergangenheit können zum Besten dienen; durch die Bekanntschaft mit Städten wie London und Paris und mit dem Leben

---

5 Der Onkel Johannes (Jan) van Gogh in Amsterdam
6 J. P. Stricker, Pfarrer in Amsterdam, verheiratet mit der ältesten Schwester von Vincents Mutter

in Schulen wie in Ramsgate und Isleworth wird man von vielen Dingen und Büchern aus der Bibel stärker angezogen und gefesselt, z. B. von der Apostelgeschichte. Auch daß man Werk und Leben von Männern wie Jules Breton, Millet, Jacque, Rembrandt, Bosboom und so vielen anderen kennt und liebt, kann zur Quelle von Gedanken werden. Wie sehr ähnelt doch Pa's Wirken und Leben dem solcher Männer; aber das von Pa schätze ich noch höher ein.

Amsterdam · Mai 1877 bis Juli 1878

Unterstützt und gefördert von der Familie, bereitet sich Vincent in ebenso hartnäckigen wie hoffnungslosen Studien auf die Aufnahmeprüfung vor, die ihm die Zulassung zum Studium der Theologie ermöglichen soll. Sein Onkel Johannes (Jan) van Gogh, Konteradmiral und Kommandant der Marinewerft von Amsterdam, gewährt ihm Unterkunft; die Aufsicht über die Lernarbeit übernimmt der Onkel J. P. Stricker, Pfarrer in Amsterdam, der für ihn auch den jungen Dr. Mendes da Costa als Lehrer der alten Sprachen gewinnt. Dieser erinnert sich: »Ein knappes Jahr hat unser Verkehr gedauert. Dann kam ich zu der Überzeugung, daß er die angestrebte Prüfung nie werde bestehen können« — Vincent gibt das geplante Studium auf und geht im Juli 1878 nach Etten zurück.

95   19. Mai 1877

Ich hatte Gelegenheit, bei einem Bücherjuden, der mir lateinische und griechische Bücher besorgt, die ich brauche, aus einem großen Posten mir Lithographien auszusuchen, und nicht teuer, dreizehn Stück für siebzig Cent. Ich dachte, ich wollte noch ein paar für meine Stube mitnehmen, dann kommt ein wenig Stimmung hinein, und das ist nötig, damit einem Gedanken kommen, neue Gedanken.

Gestern sah ich ein Bildnis von Michelet und betrachtete es mir noch mal gründlich und dachte an »sa vie d'encre et de papier«[1]. Abends bin ich müde, und ich kann nicht so zeitig aufstehen, wie ich möchte, aber das wird schon wieder in Ordnung kommen, hoffentlich kann ich mich dazu zwingen.

97   28. Mai 1877

Heute war ein stürmischer Tag; als ich heute am Morgen zur Stunde ging und von der Brücke aus zur Zuiderzee hinübersah, war da am Horizont ein weißer Streifen (dagegen zeichnete sich die lange Häuserreihe mit der Ostkirche ab), darüber dunkle graue Wolken, aus denen in der Ferne der Regen in schrägen Bahnen niederfiel ...

Die Arbeit und das Schreiben geht noch nicht so schnell und leicht, wie ich möchte, doch Übung macht den Meister, hoffe ich; aber Junge, wenn es möglich wäre, würde ich gern über einige Jahre wegfliegen.

1 *sein Tinten- und Papierleben*

Man wird erst ein wenig Ruhe bekommen, wenn man schon ein paar Jahre Arbeit hinter sich hat und fühlt, daß man auf dem rechten Wege ist...

Vorige Woche war ich bis 1. Mose 23 gekommen, bis zum Begräbnis Sarahs in dem Acker, den Abraham kaufte, um sie dort in der Höhle von Machpela zu begraben, und ganz unwillkürlich habe ich eine kleine Zeichnung gemacht, wie ich mir den Ort vorstelle; es ist nichts Besonderes, aber ich lege es doch bei.

Eben gehen alle die Arbeiter von der Werft nach Hause, das ist so nett, frühmorgens hört man sie schon zeitig, ich glaube, es sind so an die dreitausend, das Geräusch ihrer Schritte ist fast wie Meeresrauschen. Heute vormittag habe ich von einem Juden »Tobias« nach Rembrandt gekauft, einen kleinen Stich für sechs Cent.

98   30. Mai 1877
Da war ein Wort in Deinem Brief, das mich betroffen gemacht hat: »Ich möchte am liebsten von allem weg, ich bin die Ursache von allem und mache anderen nur Kummer, ich allein habe dieses Elend über mich und andere gebracht.« Es hat mich darum besonders betroffen gemacht, weil dasselbe Gefühl, genau dasselbe, nicht mehr und nicht weniger, auch in meinem Innern ist.

Wenn ich an das Vergangene denke — wenn ich an die Zukunft denke, an die beinah unüberwindlichen Schwierigkeiten, an viele und mühsame Arbeit, zu der ich keine Lust habe, die ich, nämlich das böse Ich, gerne umgehen möchte, wenn ich denke an die Augen so vieler, die auf mich gerichtet sind — die wissen werden, woran es liegt, wenn ich keinen Erfolg habe, die mir nicht die üblichen Vorwürfe machen werden, aber die, weil sie geprüft und geübt sind in allem, was gut und brav und Feingold ist, durch ihre Mienen sagen werden: wir haben dir geholfen und sind dir ein Licht gewesen — wir haben für dich getan, was wir konnten; hast du aufrichtig gewollt, was ist nun unser Lohn und die Frucht unserer Arbeit? Sieh, wenn ich an all das denke und an noch soviel anderes mehr — zuviel, um es aufzuzählen, an die Schwierigkeiten und Sorgen, die im Laufe des Lebens nicht geringer werden, an Leiden und Enttäuschungen, an die Gefahr des Mißerfolgs, ja, der Schande —, dann ist auch mir das Verlangen nicht fremd — ich möchte weg von allem!

Und doch — ich gehe weiter meinen Weg, aber mit Vorsicht und in der Hoffnung, daß es mir gelingen möge, all diese Dinge zu bekämpfen, so daß ich eine Antwort habe auf die Vorwürfe, die mir drohen, und in dem Vertrauen, daß ich trotz alledem, was mir entgegen zu sein scheint, das erstrebte Ziel erreichen und, so Gott will, Gnade finden werde in den Augen einiger Menschen, die ich liebe, und in den Augen derer, die nach mir kommen werden ...

Als ich an Aerssens Leiche stand, da waren die Ruhe und der Ernst und die feierliche Stille des Todes ein solcher Gegensatz zu uns, den Lebenden, daß wir alle empfanden, was seine Tochter in ihrer schlichten Art sagte: »Er ist erlöst von der Last des Lebens, die wir noch tragen müssen.« Und doch hängen wir so sehr an dem alten Leben, weil der mutlosen Stimmung die Fröhlichkeit gegenübersteht und unser Herz und unsere Seele sich freuen wie die Lerche, die das Singen am Morgen nicht lassen kann, wenn auch unsere Seele manchmal bedrückt ist und sich ängstigt. Und die Erinnerung an alles, was wir geliebt haben, bleibt und kommt am Abend unseres Lebens zurück. Es ist nicht gestorben, sondern es schläft, und sich davon einen Schatz zu sammeln, ist gut.

100   4. Juni 1877
Heute kam ich am Blumenmarkt auf dem Singel vorbei, da habe ich etwas sehr Nettes gesehen. Ein Blumenhändler stand da mit Unmengen von Töpfen und Kübeln, allerlei Blumen und Sträuchern, ganz hinten stand der Efeu, und dazwischen saß ein Mädelchen, ein Kind, wie Maris es malen würde, so einfach mit ihrem schwarzen Häubchen auf dem Kopf und einem Paar so lebendigen und doch so freundlichen Augen; sie saß da und strickte; der Mann pries seine Ware an, und wenn ich nur gekonnt hätte, so hätte ich gern etwas davon gekauft. Und er sagte und zeigte dabei unwillkürlich auch auf sein Töchterchen: »Sieht es nicht gut aus?«

101   12. Juni 1877
Was ich hoffe, ist jetzt nur dies eine – daß Du nach London gehst, *ehe* Du auch Paris kennenlernst. Aber wir müssen abwarten, wie es kommt. So vieles in diesen beiden Städten habe ich geliebt, mit einem Gefühl von Wehmut denke ich daran zurück, und fast möchte ich wieder mit Dir hin; wenn ich einmal soweit bin und eine kleine Stellung in der großen Holländischen Kirche bekleiden darf, dann werden diese Erinnerungen wohl mancherlei Gesprächsstoff abgeben, also vorwärts im Glauben und mit der alten Zuversicht, Du und ich; wer weiß, ob wir einander nicht mal die Hand drücken, so wie es mir von Pa und Onkel Jan in Erinnerung ist, einst in dem Kirchlein zu Zundert, als Onkel von der Reise heimkam und sich in ihrer beider Leben viel ereignet hatte und sie nun sozusagen festen Grund unter den Füßen fühlten ...

Die Tage fliegen dahin, ich bin vier Jahre älter als Du, und sie vergehen mir wahrscheinlich schneller als Dir, aber ich kämpfe dagegen an, indem ich sie morgens und abends ein bißchen ausrecke. Schreibst Du bald wieder?...

Jetzt muß ich an die Arbeit, ich habe heute keine Stunde, aber dafür morgen vormittag zwei Stunden hintereinander und also noch ziemlich viel zu tun. Die Geschichte des Alten Testaments habe ich bis einschließlich Samuel durchgearbeitet, nun fange ich heute abend mit den Königen an; wenn ich damit fertig bin, ist das ein bleibender Besitz.

Wenn ich so beim Schreiben sitze, mache ich ganz unwillkürlich ab und zu eine kleine Zeichnung, wie ich Dir neulich eine geschickt habe, heute früh zum Beispiel Elias in der Wüste mit stürmischem Wolkenhimmel, im Vordergrund ein paar Dornensträucher; es ist weiter nichts Besonderes, aber ich sehe es manchmal alles so deutlich vor Augen, ich glaube, in solchen Augenblicken könnte ich voll Begeisterung darüber sprechen — möge es mir später vergönnt sein, das zu tun.

102 Sonntag, 15. Juli 1877

Heute morgen bin ich zum Frühgottesdienst gewesen... Danach hörte ich den guten Onkel Stricker in der Oudezijds-Kapelle über die Worte: »Hütet euch vor dem Sauerteig der Pharisäer«, nämlich eine Warnung vor dem allzu starren Festhalten an äußerlichen Formen und Feierlichkeiten, wenn dabei das Herz ohne aufrichtiges religiöses Gefühl bleibt, und andererseits vor einem Leben ohne Glauben an die Dinge, die höher stehen als die Dinge dieses Lebens. — Es waren nur sehr wenige Leute in der Kirche, außer den Waisenjungen und Waisenmädchen in ihren rot-und-schwarzen Kleidern, die füllten aber einen großen Teil des alten Kirchleins...

Mendes hat mir vorige Woche von einem sehr interessanten Stadtteil berichtet, nämlich von der Vorstadt, die sich vom Leidener Tor, also nah am Vondel-Park, bis zum Bahnhof der Holländischen Eisenbahn hinzieht. Ich bin gestern dort gewesen, einen Teil kannte ich schon, und Du kennst ihn, glaube ich, auch, nämlich die Gegend am Bahnhof. Es gibt da sehr viele Windmühlen, Sägewerke, Arbeiterwohnungen mit kleinen Gärten, auch alte Häuser, von allerhand Menschen sehr dicht bevölkert; das Viertel wird von vielen kleinen Grachten und Kanälen durchschnitten, mit Schiffen und allerlei malerischen Brücken usw. Es müßte herrlich sein, als Pastor in einem solchen Stadtviertel zu wirken.

103   27. Juli 1877

Neulich habe ich mit einem jungen Mann gesprochen, der eben seine Aufnahmeprüfung für die Universität Leiden gemacht hat, mit gutem Erfolg – leicht ist es nicht, er erzählte mir, was er gefragt worden ist; aber ich habe doch guten Mut, mit Gottes Hilfe werde ich schon durchkommen, und durch die späteren Prüfungen auch. Mendes hat mir viel Hoffnung gemacht, daß wir nach drei Monaten so weit kommen, wie er sich gedacht hat, wenn es gut ginge. Doch sind griechische Stunden mitten in Amsterdam, mitten im Judenviertel, an einem heißen, drückenden Sommernachmittag, mit dem Gefühl, daß einem viele schwere Prüfungen bevorstehen, die von sehr gelehrten und schlauen Herren Professoren abgenommen werden, wesentlich beklemmender als die Brabanter Kornfelder, die an einem solchen Tag wie heute gewiß sehr schön sind. – Aber wir müssen eben durch alles »weiterstreben«, wie Onkel Jan sagt.

Vor einigen Tagen sind bei der Kattenburger Brücke ein paar Kinder ins Wasser gefallen. Onkel bemerkte es und kommandierte die Schaluppe der »Makassar« hin, die im Dock liegt. Ein kleiner Junge wurde aufgefischt; mit zwei Schiffsärzten, die Onkel hinschickte, bin ich mit den Männern, die den Jungen trugen, in einer Apotheke gewesen, und es wurden alle Versuche gemacht, das Kind wieder zum Bewußtsein zu bringen, doch es ist nicht gelungen. Inzwischen wurde das Kind von seinem Vater erkannt, der auf der Werft Heizer ist, und man hat die kleine Leiche in einer wollenen Decke nach Hause gebracht... Abends bin ich noch einmal zu den Leuten gegangen, es war schon dunkel im Haus, die kleine Leiche lag so still in einem Nebenzimmerchen auf einem Bett, es war ein so lieber kleiner Junge. Große Traurigkeit herrschte da, das Kind war sozusagen das Licht des Hauses, und dieses Licht war nun ausgelöscht. Wenn sich auch der Schmerz bei groben Menschen grob und ohne Würde äußert, wie bei der Mutter, so fühlt man doch viel in solch einem Trauerhaus, und der Eindruck ließ mich den ganzen Abend, als ich noch einen Spaziergang machte, nicht los.

104   3. August 1877

Tag für Tag tue ich, was ich irgend kann, um mich einzuarbeiten, besonders in Latein und Griechisch, und ich habe schon eine ganze Menge Übersetzungen gemacht, bestehend aus Sätzen, die mich an die alten Schultage erinnern, wie z. B. »Welchen sehr hervorragenden Philosophen haben die Athener zum Tode verurteilt? Den sehr redlichen und weisen Sokrates. Unser Leben gleicht einer Reise und ist sehr vielen und sehr großen Gefahren und Unbilden ausgesetzt. Der Charakter des Odysseus und die Trauben des Weinbergs.«

Heute morgen bin ich zeitig aufgestanden; nachts hat es tüchtig geregnet, aber sehr früh brach die Sonne durch die Wolken. Der Boden und die Balken- und Holzstapel auf der Werft waren pitschnaß, in den Pfützen spiegelte sich der Himmel ganz golden von der aufgehenden Sonne, und um fünf Uhr sah man die vielen Hunderte von Arbeitern wie kleine schwarze Figürchen nach allen Seiten sich zerstreuen. Ziemlich oft besuche ich Onkel Stricker in seinem Arbeitszimmer.

105   5. August 1877
Dank für Deinen gestrigen Brief, das war ein guter, von dem man was hat, er war mir ein wahres Labsal.

Ich fand ein paar Briefmarken beigelegt, für die ich Dir herzlich danke, ferner schreibst Du, Du würdest mir eine Postanweisung schicken, damit ich in den Haag fahren kann, um mir die Ausstellung der Zeichnungen anzusehen. Diese Postanweisung ist heute, Sonntag früh, ebenfalls angekommen, ich danke Dir dafür und für Dein freundliches Anerbieten, aber ich schicke Dir das Geld zurück und komme nicht, so gerne ich auch die schönen und interessanten Dinge sehen würde, von denen Du schreibst.

Ich habe schon abgeschlagen, nach Baarn zu fahren, erstens weil ich meinen Sonntag lieber dazu verwende, hier einige Male zur Kirche zu gehen und noch etwas zu schreiben und zu lernen, zweitens, weil ich das Geld für die Fahrt von Onkel Stricker erbitten müßte, der Geld von Pa hat, über das ich nötigenfalls verfügen kann – aber hoffentlich werde ich das auch weiterhin nur so selten wie möglich tun.

106   18. August 1877
Am Donnerstagmorgen hatte ich es sehr nett; Onkel war nach Utrecht gefahren, und um sieben sollte ich bei Strickers sein, weil Jan nach Paris fuhr und ich versprochen hatte, ihn zur Bahn zu bringen. Ich war also zeitig aufgestanden und sah die Arbeiter auf die Werft kommen, bei herrlichem Sonnenschein. Das würde Dir gefallen, dieser eigenartige Anblick: ein Strom schwarzer Gestalten, groß und klein, erst in der engen Straße, wo die Sonne gerade nur hineinscheint, und dann später auf der Werft. Dann habe ich gefrühstückt, ein Stück trockenes Brot und ein Glas Bier, das ist nach Dickens ein geeignetes Mittel, Selbstmordkandidaten wenigstens für einige Zeit von ihrem Vorhaben abzubringen. Und auch wenn man nun nicht gerade in solcher Stimmung ist, so ist es doch ganz gut, es ab und zu mal zu tun,

und dabei z. B. an Rembrandts »Jünger von Emmaus« zu denken. Ehe ich zu Strickers ging, machte ich noch einen Spaziergang durch das Judenviertel und die Buitenkant, die alten Teergärten, Zeedijk, Warmoesstraat, vorbei an der Oudezijds-Kapelle und der Alten und der Süd-Kirche, durch allerlei alte Straßen mit Schmieden und Böttchereien usw. und durch alte Gäßchen, wie die Niezel, und Grachten mit alten schmalen Brücken wie die, auf der wir an jenem Abend in Dordrecht standen. Es war hübsch zu sehen, wie dort in der Morgenfrühe alles in Bewegung kam.

Ich habe eine Arbeit geschrieben, in der alle Gleichnisse und Wunder usw. der Reihe nach angeführt sind, und bin dabei, dasselbe auch in Englisch und Französisch zu machen, in der Hoffnung, daß später auch Latein und Griechisch dazukommen.

108   4. September 1877

Ich bin jetzt dabei, die ganze »Imitation de Jésus Christ« abzuschreiben, eine französische Ausgabe, die Onkel Cor mir geliehen hat; das ist ein erhabenes Buch, und der es geschrieben hat, muß wohl ein Mann nach Gottes Sinn gewesen sein; vor einigen Tagen, vielleicht weil ich die Lithographie nach Ruyperez so oft ansehe, bekam ich ein so unwiderstehliches Verlangen nach diesem Buch, daß ich Onkel Cor bat, es mir zu leihen; nun schreibe ich jeden Abend daran, es ist eine tüchtige Arbeit, aber ein gut Teil steht schon da, und ich weiß mir keine bessere Art, etwas davon in den Kopf zu kriegen. Auch habe ich mir mal Bossuets »Oraisons funèbres« gekauft (für 40 Cents habe ich sie erstanden); es drängt mich, die Sache mit aller Kraft anzupacken, ich denke manchmal an das Wort »denn es ist eine böse Zeit«, und man muß sich wappnen und danach trachten, soweit möglich etwas Gutes in sich zu haben, um vorbereitet zu sein und widerstehen zu können. Dies ist, wie Du weißt, kein kleines Unternehmen, und wie es ausgehen wird, wissen wir alle nicht, aber in jedem Fall will ich versuchen, einen guten Kampf zu kämpfen.

Es ist ein eigenartiges Buch, das von Thomas a Kempis; Worte stehen darin, so tief und ernst, daß man sie nicht ohne Bewegung, ja fast Angst, lesen kann, wenigstens wenn man sie mit aufrichtigem Verlangen nach Licht und nach Wahrheit liest; diese Sprache ist die Beredsamkeit, die Herzen gewinnt, weil sie aus dem Herzen kommt.

Du hast es doch auch? ...

Wie gern würde ich Dir hier allerlei zeigen, so oft denke ich im Judenviertel und auch in anderen Gegenden an de Groux; da gibt es Interieurs mit Holzhackern, Zimmerleuten, Kaufmannsläden,

Schmieden, Apotheken usw., die ihn begeistert hätten; so sah ich heute morgen einen großen dunklen Weinkeller und Lagerhaus offenstehen, da kam mir einen Augenblick ein Schreckgespenst in den Sinn, Du weiß wohl, welches — in dem dunklen Gewölbe liefen Männer mit Licht hin und her; das ist ja nun etwas, was man täglich sehen kann, aber es gibt Augenblicke, wo die alltäglichen, gewohnten Dinge einen außergewöhnlichen Eindruck machen, eine tiefe Bedeutung und ein anderes Aussehen zu haben scheinen.

110   *18. September 1877*

Montag abend war ich bei Vos und Kee[2], die haben einander sehr lieb, und daß der Herr seinen Segen gibt, wo Liebe wohnt, kann man wohl merken. Es ist dort bei ihnen sehr nett, nur furchtbar schade, daß er nicht Pastor hat bleiben können. Wenn man sie abends bei dem freundlichen Licht ihrer Lampe in dem kleinen Wohnzimmer zusammensitzen sieht, gleich neben dem Schlafzimmer ihres Jungen, der von Zeit zu Zeit aufwacht und irgend etwas von seiner Mutter will, dann ist es ein Idyll; aber sie kennen auch schlimme Tage und schlaflose Nächte und Angst und Sorge ...

Es fängt schon an zu dämmern, »blessed twilight«[3] nannte es Dickens, und wie recht hatte er! Vor allem, wenn zwei oder drei einträchtig beisammen sind und gleich den Schriftgelehrten aus ihrem Schatz Neues und Altes hervortragen. Gesegnetes Zwielicht, wenn zwei oder drei versammelt sind in Seinem Namen, und Er ist mitten unter ihnen. Und selig der, der diese Dinge weiß und sie auch tut. Rembrandt wußte das ...

Aber es ist nicht immer blessed twilight, wie Du an der Schrift siehst; ich sitze oben bei der Lampe, denn unten ist Besuch, und ich kann da nicht mit meinen Büchern sitzen. Onkel Jan läßt Dich grüßen.

112   *30. Oktober 1877*

Ich beneide Dich ein bißchen, daß Du Carlyles »French Revolution« gelesen hast, es ist mir nicht unbekannt, aber ich habe es nicht ganz gelesen, sondern in einem anderen Buch, nämlich von Taine, Stücke daraus gefunden.

Ich bin dabei, Auszüge aus Motley zu machen, u. a. Einnahme von Briel und Belagerung von Haarlem, Alkmaar, Leiden; ich habe eine kleine Karte dazu gezeichnet, um so ein Ganzes daraus zu machen.

---

2 *Pfarrer Vos, Schwiegersohn des Onkels Stricker, und dessen Ehefrau Kee Vos, geb. Stricker, Vincents Cousine*

3 *gesegnetes Zwielicht*

Ich konzentriere mich ganz auf meine Arbeit, immer das Ziel dabei im Auge, die Prüfungen zu bestehen; ich frage Mendes in allen Dingen um Rat und richte mich mit dem Lernen nach dem, wie er es gemacht hat, denn so möchte ich es auch gern machen. Die Geschichte des achtzigjährigen Krieges ist doch wunderbar, wer sein Leben zu einem so guten Kampf machen könnte, der hätte wohlgetan. Wirklich, das Leben ist ein Kampf, und man muß sich verteidigen und zur Wehr setzen, muß lebhaften, wachen Geistes planen und berechnen, um dadurch vorwärtszukommen. Es wird nicht leichter, je weiter man kommt im Leben, und mit Recht heißt es:

Does the road go uphill all the way?
»Yes, to the very end.«
And will the journey take all day long?
»From morn till night, my friend.«[4] ...

Ach Junge, Latein und Griechisch lernen ist schwer, aber ich fühle mich doch sehr glücklich dabei, ich befasse mich mit den Dingen, nach denen ich verlangt habe. Ich darf nachts nicht mehr so lange aufbleiben, Onkel hat es mir streng verboten, doch bleibt mir das Wort im Gedächtnis, das unter der Radierung von Rembrandt steht: In medio noctis vim suam lux exerit (mitten in der Nacht verbreitet das Licht seine Kraft); ich sorge dafür, daß die ganze Nacht über ein kleines Gasflämmchen brennen bleibt, und wenn ich so daliege, sehe ich in medio noctis oft danach hin und überlege mir dabei meinen Arbeitsplan für den nächsten Tag, und wie ich das Lernen möglichst gut einrichte. Hoffentlich kann ich im Winter früh Feuer machen, die Wintermorgen haben etwas Eigenartiges an sich, das hat Frère in seinem Arbeiter »Un tonnelier« wiedergegeben (Die Radierung hängt, glaube ich, in Deinem Zimmer) ...

Eines Mittags habe ich bei Onkel Stricker Möhreneintopf gegessen, und bei dieser Gelegenheit bin ich darauf gekommen, diesen Auszug aus Motley zu machen, zu Weihnachten zeige ich ihn Dir. Weil ich hier in der Stadt so furchtbar viele steinerne Türschwellen und Kirchen-Fußböden und Vortreppen von Häusern unter den Augen und Füßen gehabt habe, ist mir der Gedanke gekommen, diese Karten von dem felsigen Schottland zu machen, und beim Kolorieren (grün und rot) habe ich an jenes saure Zeug gedacht, für das Onkel eine solche Vorliebe hat, die ich nun auch übernommen habe. Die Seele des Menschen ist eine eigenartige, seltsame Angelegenheit, und ich glaube,

---

4 Vgl. S. 37

es ist gut, eine zu haben, die wie eine liebevoll gezeichnete Karte von England ist, und darin so viel wie möglich von dieser Liebe zu haben, die heilig ist in allem und alles glaubet und alles hoffet und alles duldet und nimmermehr aufhöret...

Ich habe bei Onkel Cor noch jenes Buch eingesehen, »L'œuvre gravé de Ch. Daubigny«. Von da ging ich zu Onkel Stricker und hatte ein langes Gespräch mit ihm und Tante, denn vor ein paar Tagen war Mendes bei ihnen gewesen (man darf das Wort Genie nicht zu leicht in den Mund nehmen, auch wenn man glaubt, daß es davon mehr in der Welt gibt, als viele denken, aber eine sehr merkwürdige Persönlichkeit ist Mendes ganz sicher, und ich bin und bleibe dankbar, daß ich mit ihm in Berührung bin) und hatte glücklicherweise keinen schlechten Bericht erstattet; Onkel fragte mich jedoch, ob es nicht schwierig sei, und ich habe gestanden, daß es sehr schwierig ist und ich alles tue, was ich irgend kann, um es tapfer durchzustehen und mich auf allerlei Art wachzuhalten. Doch er hat mich ermutigt. Aber nun noch diese schreckliche Algebra und Geometrie, nun, wir werden ja sehen – nach Weihnachten muß ich auch darin Stunden nehmen, es geht nicht anders. Ich klammere mich an die Kirche und an die Bücherläden, und wenn ich mir da irgend etwas zu schaffen machen kann, dann tue ich es; so war ich heute bei Schalekamp und bei Brinkman in der Hartestraat (das Geschäft von Schalekamp ist wirklich interessant) und habe ein paar Karten des Lehrer-Vereins gekauft; es gibt davon etwa hundert, zu einem Groschen das Stück, unter anderem Niederland in allen möglichen Geschichtsperioden (auch früher hat oft ein Besuch in einer Buchhandlung mich aufgemuntert und mich daran erinnert, daß es gute Dinge auf der Welt gibt).

113 *19. November 1877*
Nun, die dunklen Tage vor Weihnachten stehen schon nahe bevor, und dahinter liegt Weihnachten, ebenso wie das freundliche Licht der Häuser hinter den Felsen und dem Wasser, das an dunklen Abenden dagegenschlägt.

Ein Lichtpunkt war das Christfest immer für uns, möge es das bleiben. An der Universität hier ist zum erstenmal die Aufnahmeprüfung abgehalten worden – auch ich muß mein Examen hier in der Stadt machen. Außer den vier üblichen Fächern, Latein, Griechisch, Algebra und Geometrie, wird auch Geschichte, Geographie und Holländisch verlangt. Ich habe mich bemüht, einen Lehrer für Algebra und Geometrie zu finden, und es ist mir auch gelungen, nämlich einen Vetter von Mendes, Teixeira de Mattos, Lehrer an der israelitischen

Armenschule. Er macht mir Hoffnung, daß wir ungefähr im Oktober nächsten Jahres das Verlangte durchgearbeitet haben.

Sollte mir die Prüfung dann glücken, so wäre es schnell gegangen, denn als ich anfing, hieß es, zwei Jahre würde ich für die vier erstgenannten Fächer brauchen, während ich, wenn ich im Oktober durchkäme, in noch kürzerer Zeit mehr geleistet hätte. — Möge Gott mir die Weisheit schenken, deren ich bedarf, und mir meinen Herzenswunsch erfüllen, nämlich das Studium so schnell wie möglich hinter mich zu bringen und in dem Amt und der praktischen Arbeit eines Geistlichen bestätigt zu werden.

Die vorbereitenden Studien (die nämlich, welche dem eigentlichen theologischen Studium und der Übung im Predigen und Vortragen vorausgehen) umfassen so ungefähr Geschichte, Sprache und Geographie von Griechenland, Kleinasien und Italien. Das muß ich also auch noch lernen, mit demselben Eifer, mit dem ein Hund einen Knochen abnagt, und ebenso würde ich gern die Sprache, Geschichte und Geographie der nördlichen Länder kennenlernen, der Länder nämlich, die so an der Nordsee und am Kanal liegen.

Endlich ist es mir geglückt, eine Karte von Kleinasien, Griechenland und Italien zu machen, eine ziemlich große (auf der jetzt auch die Reisen des Paulus eingezeichnet sind), und auch eine von England, die endlich etwas von dem zeigt, was ich darin zeigen wollte; Mendes wenigstens findet es darin: nämlich, daß sie nicht ohne Gefühl und Liebe gezeichnet ist. Die Namen setze ich nach einer Karte im Atlas Antiquus von Sprüner-Menke hinein, den Mendes besitzt, denn es ist eine geschichtliche dabei.

Sieh doch zu, daß Du diesen Atlas mal in die Hände bekommst, ebenso auch den von Stieler, denn das ist *Künstler*arbeit.

114 *25. November 1877*

Ich muß nun noch arbeiten, lateinische Übersetzungen für morgen früh und noch alles mögliche andere. Schreib doch recht bald wieder, wenn Du kannst, und laß es Dir in jeder Hinsicht so gut wie möglich gehen. Vor Weihnachten hoffe ich noch einige von den Stielerschen Karten zu kopieren; ich bin nun fleißig am Studieren, und wenn es auch etwas mehr kostet, es muß *gut* werden, und ich will versuchen, es so zu machen, wie ich es bei anderen sehe, die es ernst nehmen — *es ist ein Wettlauf und ein Kampf um mein Leben* — nicht mehr und nicht weniger. Wer das Kunststück dieses Studiums auf sich nimmt und bis zum Ende durchhält, der vergißt das sein Leben lang nicht, und das getan zu haben, ist ein großer Gewinn.

115 4. Dezember 1877

Es fängt schon an zu dämmern, und der Blick aus dem Fenster neben mir auf die Werft ist unbeschreiblich schön, mit der Pappelallee, deren schlanke Formen und dünne Zweige sich so fein gegen den grauen Abendhimmel abzeichnen, und dann das alte Lagerhausgebäude im Wasser, das so still ist wie »das Wasser des alten Teichs«, wovon bei Jesaja die Rede ist; die Mauern des Lagerhauses sind unten am Wasser ganz grün und verwittert. Dann weiter unten das Gärtchen, und drum herum der Zaun mit den Rosensträuchern, und überall auf der Werft die kleinen schwarzen Arbeitergestalten und auch das Hündchen. Eben auch die Gestalt von Onkel Jan mit seinem langen grauen Haar, wahrscheinlich hat er einmal die Runde gemacht. In der Ferne die Masten der Schiffe im Dock, vorne ganz schwarz die »Atjeh«, und die grauen und roten Panzerschiffe – eben werden hier und da Laternen angezündet. Und eben geht die Glocke, und alle Arbeiter strömen auf das Tor zu, und da kommt auch der Laternenanzünder, um die Laterne auf dem Platz hinterm Haus anzustecken.

116 9. Dezember 1877

Es tut einem gut zu fühlen, daß man noch einen Bruder hat, der auf der Welt herumgeht und lebt; wenn man an vielerlei denken muß und viel zu tun hat, dann überkommt einen manchmal so ein Gefühl: wo bin ich, was mache ich, wohin gehe ich? – und es fängt einen an zu schwindeln – aber dann so eine wohlbekannte Stimme oder richtiger eine wohlbekannte Schrift, das macht, daß man sozusagen wieder festen Boden unter den Füßen fühlt ...

Diese Woche hatte ich ein Gespräch mit Mendes über »Wer nicht hasset auch sein eigen Leben, der kann nicht mein Jünger sein«. Er behauptete, dieser Ausdruck sei zu stark, aber ich blieb dabei, daß es die einfache Wahrheit sei; sagt das nicht auch Thomas a Kempis, wenn er über das Sich-selbst-Kennen und Sich-selbst-Verachten spricht? Wenn wir auf andere blicken, die mehr geleistet haben und besser sind als wir, dann kommen wir bald dahin, unser eigenes Leben zu hassen, weil es nicht so gut ist wie das Leben anderer. Sieh Dir nur einen Mann wie Thomas a Kempis an, der dieses Büchlein schreibt, so aufrichtig und einfach und wahr, wie nicht viele vor oder nach ihm es getan haben; oder auf anderem Gebiet, sieh Dir mal Millets Werk an oder »Les grandes chênes« von Jules Dupré. Die haben »das Wahre« verwirklicht.

116 a   Etten, 30. Dezember 1877

Heute habe ich eine Liste von allem gemacht, was ich noch über die Französische Revolution im Kopfe habe, das will ich auf die Rückseite der Karte von Frankreich schreiben; diese Arbeit hoffe ich allmählich auszudehnen, z. B. will ich mir das Wichtigste über das Mittelalter oder über die Zeit des achtzigjährigen Krieges aufschreiben usw. Man muß festhalten, was man gesehen hat oder was man weiß, denn das kommt einem immer zupaß.

117   Amsterdam, 9. Januar 1878
Montagabend wohlbehalten hier angekommen.

Dienstag früh wieder mit Stundennehmen angefangen; ich habe mir vorgenommen, alle Übersetzungen, die ich gemacht habe, noch einmal zu machen, wenigstens so weit meine andere Arbeit mir Zeit dazu läßt; das hat Pa mir geraten ...

C.? fragte mich heute, ob ich die »Phryne« von Gérôme nicht schön fände, und ich sagte, daß mir eine häßliche Frau von Israels oder Millet oder ein altes Weiblein von Ed. Frère lieber wäre, denn was bedeutet eigentlich so ein schöner Körper wie diese Phryne, das haben die Tiere auch, vielleicht mehr noch als die Menschen; aber eine Seele, wie sie in den Menschen lebt, die Israels oder Millet oder Frère malen, haben die Tiere nicht, und ist uns nicht das Leben gegeben, damit wir reich werden in unserem Herzen, auch wenn das Äußere darunter leidet?

Für diese Figur von Gérôme kann ich wenigstens nur bitter wenig Sympathie empfinden, denn ich sehe kein einziges Merkmal von Geist daran, und zwei Hände, denen man ansieht, daß sie gearbeitet haben, sind schöner als solche, wie man sie an dieser Figur sieht.

Und noch viel größer ist der Unterschied zwischen so einem schönen Mädchen und einem Mann wie Parker oder Thomas a Kempis, oder wie Meissonier sie gemalt hat, und so wenig wie man zwei Herren dienen kann, kann man so sehr verschiedenartige Dinge lieben und für beide Sympathie empfinden. Und dann fragte C. M. mich, ob ich denn kein Gefühl für eine Frau oder ein Mädchen hätte, die schön wären – doch ich sagte, ich hätte mehr Gefühl für jemand und hätte es lieber zu tun mit einer, die häßlich oder alt oder verarmt oder irgendwie unglücklich wäre und durch Lebenserfahrung oder Kummer Verstand und Seele bekommen hätte.

118   10. Februar 1878
Die schönste Erinnerung an Pa's Besuch ist ein Vormittag, den wir zusammen in meinem Arbeitszimmer mit der Durchsicht meiner

Arbeiten und mit Gesprächen über allerlei geschäftliche Dinge verbrachten.

Du kannst Dir denken, daß diese Tage nur so dahingeflogen sind; nachdem ich Pa zur Bahn gebracht und dem Zug nachgesehen hatte, solange er oder auch nur der Rauch noch zu sehen war, und dann wieder in mein Zimmer kam, und Pa's Stuhl noch am Tisch stand, auf dem noch die Bücher und Hefte vom Tag vorher lagen, da wurde mir so jämmerlich zumute wie einem Kind, und dabei weiß ich doch, daß wir einander bald wiedersehen werden.

119   18. Februar 1878

Mit Onkel Jan war ich am Sonntag den ganzen Nachmittag und Abend bei Onkel Cor. Es war für mich ein sehr guter Tag, ich war ziemlich zeitig aufgestanden und bin früh in der französischen Kirche gewesen, wo ein Pfarrer aus der Gegend von Lyon predigte; er kam wegen einer mission évangélique, um eine Kollekte zu halten; der größte Teil seiner Predigt waren Geschichten aus dem Leben der dortigen Fabrikarbeiter, und obwohl er nicht sonderlich beredt war und man sogar merken konnte, daß es ihm schwerfiel und er beinah ungeschickt war, vermochten seine Worte doch zu ergreifen, weil sie ihm aus dem Herzen kamen, und das allein hat die Macht, auf andere Herzen zu wirken. Um ein Uhr mußte ich dann in die Sonntagsschule eines englischen Pfarrers Adler auf dem Barndesteeg; er hat dort eine kleine, aber sehr hübsche alte Kirche. Die Sonntagsschule wurde aber in einem kleinen Zimmer abgehalten, wo auch um diese Zeit, also mitten am Tage, Licht gebrannt werden mußte. Es waren ungefähr zwanzig Kinder aus der armen Gegend dort da. Obwohl er Ausländer ist, predigt er holländisch (aber nach der englischen Gottesdienst-Ordnung) und lehrt auch den Katechismus auf holländisch, doch sehr geschickt und nett; ich hatte ihm die Skizze zu der Karte des Heiligen Landes mitgenommen, die ich Pa zum Geburtstag gemacht habe, mit Rotstift und auf starkem braunem Papier; die habe ich ihm geschenkt, denn ich fand, sie paßte gut in den kleinen Raum dort, und ich bin froh, daß sie da an der Wand hängt. Ich hatte ihn bei Mr. MacFarlane kennengelernt, dem Pfarrer an der kleinen Englischen Kirche im Beginenhof, wo ich gewagt hatte, ihn zu besuchen; ich wurde freundlich empfangen und hoffe, ich kann einmal wieder hingehen. Außer dem englischen Pastor habe ich auch Pastor Gagnebin zu besuchen gewagt. Er nahm es gut auf und sagte, ich sollte einmal abends kommen, und hat dafür heute festgesetzt; also muß ich gleich nachher hin und hoffe Dir noch zu schreiben, wie es dort war.

Pa riet mir auch, ich solle doch versuchen, den einen oder anderen kennenzulernen. Ich fand es sehr nett, wieder einmal französisch und englisch zu sprechen; wenn man das eine Zeitlang nicht getan hat, ist es eine merkwürdige Empfindung.

An zwei Tagen bin ich zeitig aufgestanden und habe an der Skizze zur Karte mit Pauli Reisen gearbeitet, die ich noch hatte; ich habe sie weiter ausgeführt, so daß sie jetzt gut aussieht (mit den Namen auf französisch), besser sogar als die, die ich für Pa und für mein Arbeitszimmer gemacht habe, in der Absicht, sie Pastor Gagnebin zu schenken, denn ich möchte, wenn möglich, etwas Nachdruck auf den Besuch legen, da er ein sehr gescheiter Mensch ist, bei dem ich mir später vielleicht mal einen guten Rat holen kann, wenn er aus diesem oder jenem merkt, daß es mir ernst ist. –

Eben bin ich bei Pastor Gagnebin gewesen, aber es hieß, er sei zu sehr beschäftigt, um mich zu empfangen (doch hatte er selbst diese Zeit und diesen Tag für mein Kommen festgesetzt). Ich hörte Musik im Haus, offenbar war also irgend etwas los. Was ich für ihn gemacht hatte, habe ich dort gelassen, mit der Bitte, es ihm zu übergeben. Es ist mir ein Bedürfnis, ab und zu etwas dergleichen zu tun, denn es ist sehr zweifelhaft, ob ich es schaffe, nämlich alles das, was verlangt wird. Fünf Jahre als das mindeste ist eine lange Zeit; wenn man jünger anfängt, dann erreicht man es wohl ganz bequem. Ich kann zwar mehr arbeiten und vermag mich leichter von Ablenkung frei zu halten, und was mancher andere begehrt, danach trage ich kein Verlangen, aber trotzdem fällt mir das Arbeiten schwer. Und auch für den Fall, daß ich es nicht schaffe, will ich dafür sorgen, daß ich hier und da ein Lebenszeichen hinterlasse.

Es ist erstaunlich viel, was man wissen muß, und obwohl man mich zu beruhigen sucht, so erregt mich doch dauernd ein unsagbar starkes Angstgefühl, und da hilft weiter nichts, als wieder an die Arbeit zu gehen, denn es ist ja klar, daß ich das tun *muß*, koste es, was es wolle.

Also vorwärts, denn an Stillstehen oder Zurückgehen will ich lieber gar nicht denken.

121 *3. April 1878*
Wir haben ziemlich viel darüber gesprochen, was unsere Pflicht ist und wie wir etwas Gutes erreichen können, und wir kamen überein, daß es zunächst unser Ziel sein müsse, eine bestimmte Stellung zu finden und einen Beruf, dem wir uns völlig hingeben können.

Und ich glaube, wir waren uns auch einig über folgenden Punkt, nämlich daß man vor allem das Ende im Auge behalten muß und daß

3 Vincent van Gogh als Achtzehnjähriger. Photographie um 1871

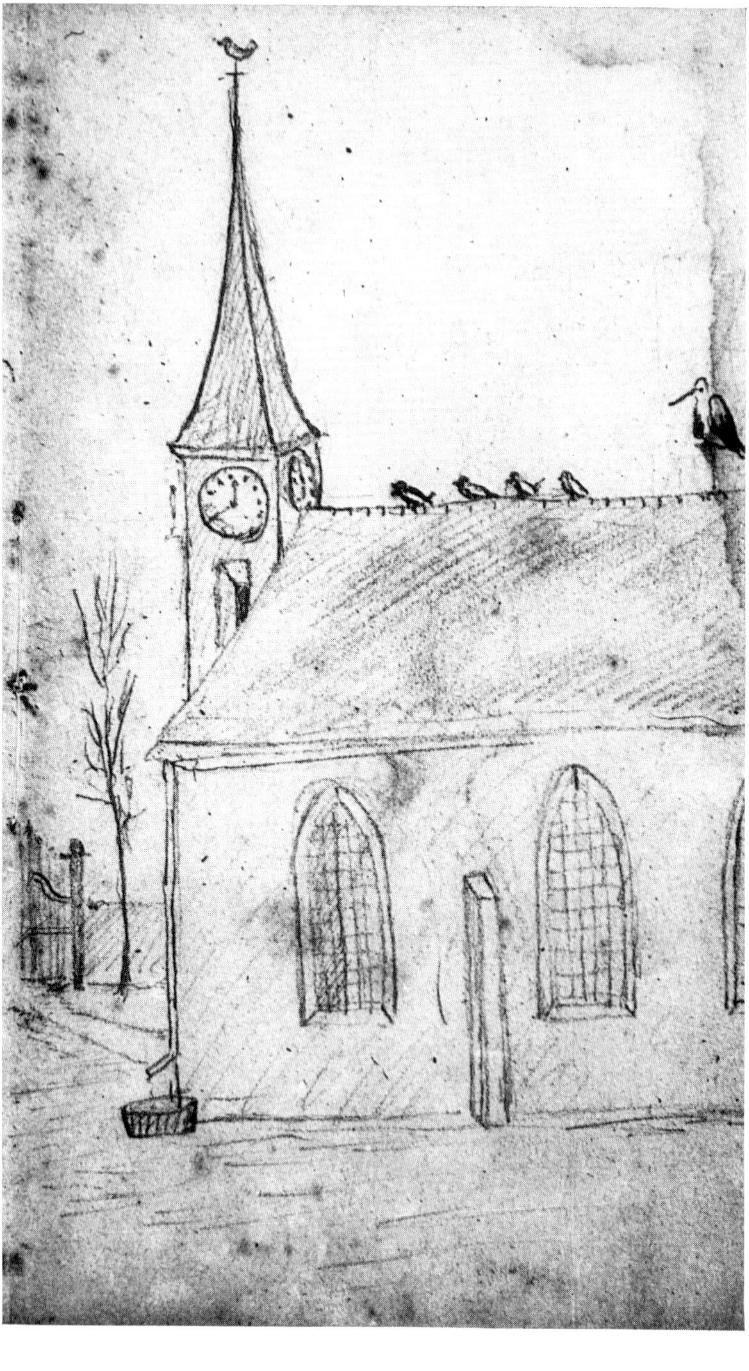

5 Am Kanal. Frühjahr 1873

4 Eine Kirche. 1873/74

6 »Au Charbonnage«. November 1878

7 Bergleute. Februar 1881

8 Grabende Männer (nach Millet). Oktober/November 1880

9 Der Sämann (nach Millet). August 1880

10 Grubenarbeiterinnen. April 1881

11 Abendgebet (nach Millet). August/September 1880

12 Der Bruder Theo. Photographie um 1887/88

ein Sieg, den man nach einem ganzen Leben voll Arbeit und Anstrengung erringen würde, besser ist als einer, der schon früher errungen wird.

Wer aufrichtig lebt und wahre Mühsal und Enttäuschung erfährt und sich dadurch doch nicht unterkriegen läßt, der ist mehr wert als einer, dem alles glückt und nach Wunsch geht...

Je eher man sich in einem bestimmten Arbeitskreis und einem bestimmten Beruf zu bewähren sucht und eine verhältnismäßig selbständige Denk- und Handlungsweise annimmt und je mehr man sich an feste Regeln hält, um so mehr wird der Charakter sich festigen; deshalb braucht man noch lange nicht beschränkt zu werden. Es ist weise, sich so zu verhalten, denn das Leben ist kurz und die Zeit geht schnell vorbei; wenn man in *einer* Sache tüchtig ist und sich auf *eine* Arbeit gut versteht, dann wird einem gleichzeitig Einsicht und Kenntnis vieler anderer Dinge zuteil.

Manchmal ist es gut, viel in die Welt zu gehen und mit Menschen zu verkehren, und zuweilen ist man wohl dazu verpflichtet und berufen; aber wer lieber still und für sich bei seiner Arbeit bleibt und nur sehr wenige Freunde hat, der bewegt sich am sichersten unter den Menschen und in der Welt.

Man darf sich nie darauf verlassen, wenn man frei von Sorgen und Schwierigkeiten und Hindernissen ist, sondern darf es sich nicht zu leicht machen. Und auch in gebildeten Kreisen und der besten Umgebung und den günstigsten Umständen muß man sich etwas von der ursprünglichen Art eines Robinson Crusoe oder eines Naturmenschen bewahren, denn sonst hat man keinen Halt in sich selbst, und nie soll man das Feuer in seiner Seele ausgehen lassen, sondern es nähren. Wer für sich selbst an der Armut festhält und sie liebt, der besitzt einen großen Schatz und wird die Stimme des Gewissens stets deutlich sprechen hören; wer diese innere Stimme, die Gottes beste Gabe ist, hört und ihr folgt, der findet schließlich einen Freund in ihr und ist nie mehr allein...

Denn was könnte man Besseres lernen als das, was Gott von Natur in jede Menschenseele gelegt hat, was im Tiefsten jeder Seele lebt und liebt, hofft und glaubt, wenn es nicht mutwillig vernichtet wird?

Nichts Geringeres tut uns not als das Unendliche und das Wunderbare, und der Mensch tut gut daran, sich mit nichts Geringerem zufriedenzugeben und sich nicht geborgen zu fühlen, solange er das nicht erlangt hat.

Das ist das Bekenntnis, das alle guten Menschen in ihren Werken ausgedrückt haben, alle, die ein wenig weiter gedacht und ein wenig mehr gesucht und gearbeitet und geliebt haben als andere, und die hinausgefahren sind auf die Höhe des Lebensmeeres ...

Laß uns also still und ruhig weitergehen, jeder auf seinem Wege, stets auf das Licht »sursum corda« zu, als Menschen, die wissen, daß wir sind, was andere sind, und daß andere sind, was wir sind, und daß es gut ist, einander zu lieben mit Liebe von der besten Art, die alles glaubet und alles hoffet und alles duldet und nimmer aufhöret. Und nicht allzu bekümmert zu sein, wenn wir Fehler haben, denn wer keinen hat, der hat doch einen Fehler, nämlich den, daß er keinen hat, und wer vollkommen weise zu sein glaubt, der täte gut daran, wieder von Anfang an töricht zu werden.

122 *Mai 1878*

Es ist eine hübsche Gegend, in der Du wohnst ... Es tut zuweilen gut, solche Dinge zu sehen, die einfach sind, wenn man sonst eine Menge Menschen sieht, die aus verschiedenen Gründen ein ganzes Stück von allem Natürlichen abgeirrt sind und ihr eigentliches, inneres Leben dabei verspielt haben, und auch viele, die im Elend und im Abscheulichen verwurzelt sind, denn abends und nachts sieht man manche dieser dunklen Gestalten ihr Wesen treiben, Männer und auch Frauen, in denen sich das Grauen der Nacht verkörpert und deren Elend man zu den Dingen rechnen muß, die in keiner Sprache einen Namen haben ...

Ich hoffe, heute mal einen großen Spaziergang zu machen durch eine Gegend, wo ich noch nicht oft gewesen bin. Das Haus in der Breestraat, wo Rembrandt gewohnt hat, habe ich noch gefunden, Du weißt, wir sprachen davon, als Du hier warst.

Denk an das bewußte Bild im Luxembourg, »Wer euch aufnimmt, der nimmt mich auf; und wer mich aufnimmt, der nimmt auf den, der mich gesandt hat«, und schreibe gelegentlich, von wem es ist.

Es kann im Herbst so wunderbar schön sein in Paris; nun, da siehst Du Ende September auch schon etwas davon.

Etten/Brüssel · Juli 1878 bis November 1878

Festen Willens, als schlichter Prediger denen das Evangelium zu verkünden, »die es nötig haben und für die es so ungemein geeignet ist«, findet Vincent dank der Hilfe des Vaters im August 1878 in der vom belgischen Synodal-Komitee für Evangelisation gegründeten Vorbereitungsschule in Brüssel Aufnahme. »Sich unterwerfen gab es für ihn nicht«, erinnert sich einer der drei Mitschüler – nach dreimonatiger Probezeit erhält er im November nicht die erhoffte Anstellung. Mit Zustimmung seines Vaters geht er nun auf eigene Faust in das Gebiet der südbelgischen Kohlengruben, in das Borinage.

123   Etten, 22. Juli 1878

Wie Pa Dir gewiß auch schon geschrieben hat, sind wir vorige Woche in Brüssel gewesen in Begleitung von Pastor Jones aus Isleworth, der einen Sonntag über hierblieb.

Der Eindruck, den wir von dieser Reise mit nach Hause brachten, war insofern befriedigend, als wir glauben, daß dort mit der Zeit eine Stellung und ein Arbeitskreis zu finden sein werden – daß dort ganz bestimmt der Weg kürzer und auch weniger kostspielig ist als in Holland, so daß es also geraten ist, Belgien im Auge zu behalten und dort weiter zu suchen, bis wir etwas finden.

Wir haben die flämische Ausbildungsanstalt gesehen; sie hat einen dreijährigen Kursus, während in Holland, wie Du weißt, im allergünstigsten Fall das Studium jetzt noch sechs Jahre dauern müßte. Und es wird nicht einmal verlangt, daß man diese Schule durchgemacht hat, ehe man sich um eine Stellung als Evangelist bewerben kann. Was man verlangt, ist die Gabe, ohne viel Aufwand allgemeinverständliche und zu Herzen gehende Vorträge und Ansprachen an schlichte Menschen zu halten, lieber kurz und kräftig als gelehrt und lang. So gibt man weniger auf umfassende Kenntnis der alten Sprachen und ein ausgedehntes theologisches Studium (obwohl alles, was man davon weiß, eine gute Empfehlung ist), sondern legt mehr Wert auf den natürlichen Glauben und auf die Eignung zur praktischen Arbeit.

Nun sind wir aber deshalb noch nicht am Ziel; erst mal hat man nicht plötzlich und erwirbt man nicht ohne viel Übung die Gabe, zu schlichten Menschen mit Ernst und Gefühl ohne Steifheit und Zwang zu sprechen, und zweitens muß, was man zu sagen hat, bedeutsam und zielgerichtet sein und beseelt von dem heißen Wunsch, in den Hörern ein Verlangen zu wecken, daß ihr Streben und Lieben Wurzel schlage in der Wahrheit. Mit einem Wort, man muß ein Volksprediger sein, um dort Erfolg zu haben.

Ces messieurs[1] in Brüssel wollten, ich solle erst einmal auf drei Monate hinkommen, damit wir einander besser kennenlernen, doch auf die Dauer würde das auch wieder kostspielig werden, und das müssen wir nach Möglichkeit vermeiden. Das ist der Grund, weshalb ich augenblicklich noch eine Weile hier in Etten arbeite und mich vorbereite. Von hier aus will ich dann von Zeit zu Zeit einen Besuch dort machen, entweder bei Pastor Pietersen in Mechelen oder bei Pastor de Jonge in Brüssel, damit wir auf diese Art näher miteinander bekannt werden. Für wie lange das so bleiben muß, hängt ganz davon ab, was man dort weiter entscheiden wird ...

Da ist doch neulich ein hervorragend schöner Holzstich in »L'Illustration« gewesen, »Un jeune citoyen de l'an V« von Jules Goupil, ist der Dir unter die Augen gekommen? Ich habe ihn mir beschaffen können, und er hängt jetzt hier an der Wand in dem Zimmer, in dem ich mich niederlassen und arbeiten darf, nämlich im Schulzimmer, das auf den Garten hinausgeht, wo der Efeu an der Mauer wächst. Folgendes stand über das bewußte Bild in der Zeitschrift: »Ein Blick, der das Schauspiel der furchtbaren Guillotine mit angesehen, ein Geist, der alle Geschehnisse der Revolution überlebt hat. Fast ist er erstaunt, daß er nach so vielen schrecklichen Ereignissen noch am Leben ist.« ...

Als wir abends von Zundert über die Heide zurückfuhren, sind Pa und ich ein Stück zu Fuß gegangen, hinterm Kiefernwald ging rot die Sonne unter, und der Abendhimmel spiegelte sich im feuchten Sumpf; die Heide und der gelbe und weiße und graue Sand waren voller Töne und Stimmung – sieh, es gibt manchmal Augenblicke im Leben, da alles, auch in unserem Innern, Friede und Stimmung ist; da ist uns zumute, als sei das ganze Leben ein Weg durch die Heide, aber das ist nicht immer so.

124 Anfang August 1878

Dieser Tage habe ich nach »Un dimanche matin« von Emile Breton eine kleine Zeichnung mit Feder und Tinte und Bleistift gemacht. Wie schön ist doch diese Arbeit von ihm – hat er dieses Jahr etwas Besonderes, oder siehst Du viel von ihm? Gestern und heute habe ich einen Aufsatz über das Gleichnis vom Senfkorn geschrieben, der

---

1 *Diese Herren*

siebenundzwanzig Seiten lang geworden ist, hoffentlich ist etwas Gutes dabei herausgekommen. Wie Du Dir denken kannst, gehen Pa und ich oft in der Gemeinde herum oder nach de Hoeve oder de Leur, und mit Cor[2] habe ich auch öfter Spaziergänge in die Heide gemacht.

Daß ich sehr gespannt bin, wie es dort in Brüssel sein wird, kannst Du Dir vorstellen. Möge die Arbeit gut vorangehen und gesegnet sein.

Die Felder sind hier jetzt schön, das Korn wird hereingeholt, die Kartoffeln werden reif, und ihr Kraut fängt an zu verdorren, und der Buchweizen steht herrlich weiß in Blüte.

Ich schreibe Dir beim Licht einer kleinen Laterne, und die Kerze wird schon sehr kurz, adieu, mein Junge, laß es Dir gut gehen, schreibe wenn möglich mal ein paar Worte, auch über die Maler, und wenn Du von diesem oder jenem mal was Interessantes hörst, aber am liebsten doch Deine eigenen Eindrücke von allem und jedem.

126   *Laeken, 15. November 1878*

Es war mir eine große Freude, Dich wieder einmal zu sehen und zu sprechen, und es ist ein Glück, daß so ein Tag, der im Fluge vergeht, und eine Freude, die nur von so kurzer Dauer ist, doch in unseren Gedanken weiterleben und daß die Erinnerung daran unvergessen bleibt. Als wir Abschied genommen hatten, ging ich zurück, nicht den kürzesten Weg, sondern auf dem Leinpfad. Dort sind Werkstätten aller Art, die besonders abends bei Licht recht schön aussehen und zu uns, die wir doch auch Arbeiter und Werkleute sind, jeder in dem Kreis und in der Arbeit, zu der er berufen ist, auf ihre Art sprechen, wenn wir nur darauf hören wollen, denn sie sagen: wirke, solange es Tag ist, ehe die Nacht kommt, da niemand wirken kann.

Es war gerade die Zeit, da die Straßenkehrer ihre Karren mit den alten weißen Pferden nach Hause fuhren; eine Reihe dieser Karren stand bei der sogenannten »Terme des boues«[3] am Anfang des Leinpfads. Manche dieser alten Schimmel sehen aus wie auf einer alten Aquatinta, die Du vielleicht auch kennst — einem Stich, der wohl keinen sehr großen Kunstwert hat, der mich aber doch sehr bewegte und beeindruckte. Ich meine den letzten aus der Bilderfolge, die »La vie d'un cheval« betitelt ist. Dies Blatt stellt ein altes weißes Pferd dar, abgemagert und ausgemergelt und zu Tode erschöpft durch ein langes Leben voll schwerer Arbeit, voll unaufhörlicher Plackerei. Das arme Tier steht auf einem unsagbar einsamen, öden Platz, einer mit

2 *Der jüngste Bruder Cornelis*
3 *Schlammsäule*

dürftigem, verdorrtem Gras bewachsenen Fläche, hier und da ein verkrümmter, vom Sturmwind gebeugter und geknickter Baum. Auf dem Boden liegt ein Pferdeschädel und weiter hinten, im Hintergrund, das verblichene Gerippe eines Pferdes, und das liegt neben einer Hütte, in der ein Mann wohnt, der die Pferde schlachtet. Über dem Ganzen ein sturmbewegter Himmel, es ist ein rauher, naßkalter Tag, düsteres, dunkles Wetter.

Es ist ein trauriges Bild voll tiefer Schwermut, das jeden fesseln muß, der weiß und fühlt, daß auch wir einmal hindurchgehen müssen durch das, was wir »sterben« nennen, und »que la fin de la vie humaine, ce sont des larmes ou des cheveux blancs«[4]. Was dann noch dahinter liegt, ist ein großes Geheimnis, das allein Gott weiß, doch daß es eine Auferstehung der Toten gibt, hat er uns in Seinem Wort unwiderleglich offenbart.

Das arme Pferd, der treue alte Veteran, steht geduldig und ergeben da, aber mutig und doch gewissermaßen entschlosen, wie die alte Garde, die sagte: »La garde meurt mais elle se ne rend pas«[5], wartet es seine letzte Stunde ab. An dieses Bild mußte ich unwillkürlich denken, als ich heute abend die Pferde vor den Müllkarren sah.

Und gar die Fuhrleute selbst in ihren schmutzigen, grauslichen Kleidern, die schienen fast noch tiefer in Armut gesunken und verwurzelt als jene lange Reihe oder richtiger jene Gruppe von Armen, die Meister de Groux auf seiner »Banc des pauvres« gezeichnet hat. Sieh, es bewegt mich immer, und es ist etwas Eigenartiges, wenn wir das Bild unaussprechlicher, unbeschreiblicher Verlassenheit sehen — das Bild der Einsamkeit, der Armut und des Elends, das Ende der Dinge oder ihr Äußerstes — dann steigt in unserm Geist der Gedanke an Gott auf...

Ich würde so gern mal versuchen, grobe Skizzen von diesem und jenem zu machen, von zahllosen Dingen, die man so auf seinem Wege antrifft, aber vielleicht würde es mich von meiner eigentlichen Arbeit abhalten, und da fange ich lieber gar nicht erst damit an. Sobald ich wieder zu Hause war, habe ich eine Predigt über »Den unfruchtbaren Feigenbaum« angefangen, Lukas 13, 6—9.

Die kleine Zeichnung »Au charbonnage« ist wirklich nichts Besonderes, aber ich habe sie ganz unwillkürlich gemacht, weil man hier so häufig diese Leute sieht, die im Kohlenbergbau arbeiten — das ist ein eigenartiger Menschenschlag. Das Häuschen steht nicht weit vom Leinpfad, eigentlich ist es ein kleines, an die große Werkstatt an-

4 *daß das Ende des Menschenlebens Tränen sind oder weiße Haare*
5 *Die Garde stirbt, aber sie ergibt sich nicht*

gebautes estaminet[6], in dem die Arbeiter in der Mittagspause ihr Brot essen und ein Glas Bier trinken.

Schon früher in England habe ich mich um eine Stellung als Evangelist unter den Bergarbeitern in den Steinkohlengruben beworben, aber damals schlug man meine Anfrage in den Wind und sagte, ich müßte mindestens fünfundzwanzig Jahre alt sein. Du weißt doch, daß eine der Wurzeln oder Grundwahrheiten nicht nur des Evangeliums, sondern auch der ganzen Bibel ist: »Licht, das scheint in der Finsternis«. *Durch Finsternis zum Licht.* Nun, wer hat das gewiß sehr nötig, wer wird Ohren dafür haben? Die Erfahrung hat gelehrt, daß diejenigen, die im Dunkeln im Innern der Erde arbeiten wie die Bergleute in den schwarzen Kohlengruben u. a., vom Wort des Evangeliums stark ergriffen werden und auch daran glauben. Nun liegt im Süden von Belgien, im Hennegau, in der Gegend von Mons bis an die französische Grenze, ja noch weit darüber hinaus, ein Gebiet, Le Borinage genannt, wo eine eigenartige Arbeiterbevölkerung lebt, die in den zahlreichen Steinkohlengruben arbeitet. Folgendes fand ich unter anderem in einem kleinen Geographiebuch über sie: »Die Borins (Einwohner des Borinage, einer Gegend westlich von Mons) beschäftigen sich ausschließlich mit der Gewinnung der Kohle. Es ist ein eindrucksvoller Anblick, diese Steinkohlenbergwerke, die 300 Meter unter der Erde liegen; da hinunter steigt Tag für Tag eine Arbeiterbevölkerung, die unsere Achtung und unsere Sympathie verdient. Der Bergmann ist ein besonderer Menschenschlag des Borinage; das Tageslicht existiert für ihn nicht, und außer am Sonntag erfreut er sich kaum je der Sonnenhelle. Beim Schein einer Lampe, die ein bleiches, fahles Licht verbreitet, arbeitet er in einem engen Stollen, in gekrümmter Haltung, manchmal kriechend, um dem Schoße der Erde dieses Mineral zu entreißen, das uns, wie allbekannt, so großen Nutzen bringt, und er arbeitet inmitten von tausend ständig sich erneuernden Gefahren; aber der belgische Bergmann hat einen glücklichen Charakter, er ist an diese Lebensweise gewöhnt, und wenn er in die Grube einfährt, auf dem Hut die kleine Lampe, die ihn in der Finsternis leiten soll, vertraut er sich seinem Gott an, der seine Arbeit sieht und ihn beschützt, ihn, seine Frau und seine Kinder.«

Das Borinage liegt also südlich von Lessines, wo die Steinbrüche sind.

Gern würde ich dorthin als Evangelist gehen. Die von den Herren de Jonge und Pastor Pietersen ausbedungene dreimonatige Probezeit ist beinah verstrichen. Paulus ist, ehe er als Prediger auftrat und seine

6 *Schankkneipe*

großen Missionsreisen und die eigentliche Arbeit unter den Heiden begann, drei Jahre in Arabien gewesen. Wenn ich etwa drei Jahre lang in einer solchen Gegend in aller Stille tätig sein könnte, immer lernend und beobachtend, so würde ich nicht wiederkommen, ohne etwas zu sagen zu haben, das in der Tat wert wäre, gehört zu werden; das sage ich mit aller Bescheidenheit, aber ganz freimütig...

Es gibt hier Orte, wie übrigens Gott sei Dank überall, wo man sich mehr als anderswo zu Hause fühlt, wo man ein eigenartiges altes Gefühl wie Heimweh bekommt, das zwar etwas bitter Wehmütiges hat, aber doch den Geist stärkt und anregt und uns aufrüttelt und neue Kraft und Lust zur Arbeit gibt — wieso und warum wissen wir selber nicht.

Ich habe diesen Brief ein paar Tage zurückgehalten; der 15. November ist vorbei, die drei Monate sind also verstrichen. Ich habe mit Pastor de Jonge und mit Lehrer Bokma gesprochen; sie sagen, es sei nicht angängig, daß ich unter denselben Bedingungen wie ein geborener Flame in die Schule aufgenommen würde; ich kann dem Unterricht beiwohnen, notfalls kostenlos — aber das ist auch das einzige Vorrecht; ich würde also, um auf die Dauer bleiben zu können, mehr Geldmittel benötigen als die, worüber ich verfügen kann, denn die sind gleich Null. Also werde ich vielleicht schon bald den Plan mit dem Borinage versuchen. Bin ich einmal aus der Stadt heraus, werde ich so leicht nicht wieder in eine große Stadt gehen.

Borinage   Dezember 1878 bis Oktober 1880

Als Prediger und Fürsorger wirkt Vincent zunächst auf eigene Hand in Pâturages; im Januar 1879 setzt ihn das Synodal-Komitee für sechs Monate als Evangelisten in Wasmes ein. »Er fühlte sich gehalten, den ersten Christen nachzueifern, alles zu opfern, was er entbehren konnte; er wollte ärmer sein als die meisten der Bergarbeiter«, bezeugt der dortige Pfarrer; im Frühjahr bewährt sich sein Opferwille zudem inmitten folgenschwerer Grubenkatastrophen. Mehrfach für sein praktiziertes »Ideal der Entsagung« (so Pastor Bonte) gerügt, wird Vincent nach Ablauf der Probezeit im Juli 1879 aus dem Dienst entlassen. Er unternimmt Ende Juli eine Fußwanderung nach Brüssel und wechselt anschließend auf eigene Rechnung nach Cuesmes. Nach einem Besuch Theos im Oktober verharrt er hier für neun Monate in Schweigen. Im einsamen Winter von 1879/80 erringt er endlich das Bewußtsein seiner eigenen künstlerischen Produktivität. Nach einem Frühjahrsbesuch im Elternhaus von Etten richtet er aus Cuesmes im Juli 1880 einen ersten Brief an den Bruder, der ihn finanziell bereits unterstützt. Übend und lernend zeichnet er hier bis zum Frühherbst.

127   Petites Wasmes, 26. Dezember 1878

Jetzt in den dunklen Tagen vor Weihnachten lag Schnee. Alles erinnerte da an die mittelalterlichen Bilder vom Bauern-Bruegel und von so vielen anderen, die es verstanden haben, die eigenartige Wirkung von rot und grün, schwarz und weiß so treffend wiederzugeben. Was man hier sieht, erinnert mich immer wieder an die Werke von Thijs Maris oder Albrecht Dürer. Es gibt hier Hohlwege, bewachsen mit Dornsträuchern und alten verkrümmten Bäumen mit ihrem wunderlichen Wurzelwerk, die genau so aussehen wie jener Weg auf der Dürerschen Radierung »Le chevalier et la mort«.

So war es dieser Tage ein merkwürdiger Anblick bei dem weißen Schnee, abends gegen die Dämmerstunde, die Arbeiter aus den Gruben heimgehen zu sehen. Die Leute sind völlig schwarz, wenn sie aus den dunklen Gruben wieder ans Tageslicht kommen, wie Schornsteinfeger sehen sie aus. Ihre Häuser, an den Hohlwegen, im Wald und an den Berghängen verstreut, sind meist sehr klein und wären eher Hütten zu nennen. Hier und da sieht man noch bemooste Dächer, und freundlich scheint abends das Licht durch die kleinen Fensterscheiben...

Schon öfter habe ich hier gesprochen, manchmal in einem ziemlich großen, für religiöse Versammlungen eigens hergerichteten Raum, manchmal auch bei Zusammenkünften, die man abends in Arbeiterwohnungen abzuhalten pflegt, am besten wären sie wohl als Bibelstunden zu bezeichnen. Ich habe unter anderem über das Gleichnis vom Senfkorn gesprochen, über den unfruchtbaren Feigenbaum, über den Blindgeborenen. Zu Weihnachten natürlich über den Stall von Bethlehem und »Friede auf Erden«...

Bei einer Zusammenkunft sprach ich diese Woche über den Text Apostelgeschichte 16,9: »Und Paulus erschien ein Gesicht bei der Nacht; das war ein Mann aus Mazedonien, der stand und bat ihn und sprach: Komm herüber nach Mazedonien, und hilf uns.«

Und die Leute hörten aufmerksam zu, als ich zu beschreiben versuchte, wie dieser Mazedonier war, der Verlangen nach dem Trost des Evangeliums trug und den einzigen wahrhaften Gott kennenlernen wollte. Wie wir ihn uns vorstellen müssen als einen Arbeiter mit Spuren von Schmerz und Leiden und Müdigkeit im Gesicht, unansehnlich und gar nicht großartig, doch mit einer unsterblichen Seele, hungrig nach der Speise, die nicht vergeht, nämlich nach dem Wort Gottes... Und wie Gott will, daß in der Nachfolge Christi der Mensch bescheiden auf Erden lebe und wandle und nicht nach Höherem trachte, sondern sich in das Niedere füge, und durch das Evangelium lerne, sanftmütig zu sein und von Herzen demütig...

Heute nacht hat es getaut, ich kann Dir nicht sagen, wie malerisch das hügelige Land jetzt bei Tauwetter ist, nun der Schnee allmählich schmilzt und die schwarzen Äcker mit dem Grün der Wintersaat wieder zum Vorschein kommen. Für einen Fremden sind die Dörfer hier ein wahrer Irrgarten, mit den unzähligen engen Straßen und Gassen und mit den Arbeiterhäuschen unten am Fuß der Berge und an den Hängen und auf den Höhen.

128 *März 1879*

Sehr froh bin ich, daß Pa hier gewesen ist. Wir haben zusammen die drei Geistlichen des Borinage besucht, sind durch den Schnee gewandert und haben eine Bergarbeiterfamilie aufgesucht; auch sahen wir, wie aus einem Schacht, Les trois Diefs (die drei Erdhaufen) genannt, die Kohlen heraufgeholt wurden, und Pa hat zwei Bibelstunden mitgemacht, so daß wir in den paar Tagen eine ganze Menge unternommen haben...

Dieser Tage fand ich bei einem schon älteren Mann, der viele Jahre im Bergwerk gearbeitet hat, ein Verzeichnis aller Steinkohlenadern südlich von Mons, hundertfünfundfünfzig im ganzen. Täglich ziehen mich Land und Volk mehr an, man hat hier ein heimatliches Gefühl wie auf der Heide oder in den Dünen, die Menschen haben etwas Einfaches und Gutherziges ...

Schreib bald mal ein paar Worte, und vergiß nicht, daß ich doch noch was davon verstehe, wenn Du etwas über die Maler berichtest, auch wenn es schon lange her ist, daß ich viele Bilder gesehen habe.

Ich habe ein kleines Häuschen gemietet, wo ich am liebsten ganz wohnen möchte, aber Pa und auch ich selber halten es für richtiger, daß ich bei Denis[1] wohne, und so dient es nur als Werkstätte oder Arbeitszimmer. Dort habe ich Bilder an den Wänden und sonst noch allerlei.

Ich muß jetzt weg und Kranke und auch Gesunde besuchen. Schreibe bald mal und laß es Dir so gut wie möglich gehen.

129 *Wasmes, April 1879*

Kürzlich habe ich etwas sehr Interessantes erlebt, ich bin nämlich sechs Stunden lang in einem Bergwerk gewesen.

Und zwar in einer der ältesten und gefährlichsten Gruben der ganzen Gegend, Marcasse genannt. Diese Grube steht in schlechtem Ruf, weil viele Bergleute darin umkommen, sei es beim Ein- oder Ausfahren oder durch Luftmangel oder durch schlagende Wetter oder durch das Grundwasser oder durch den Einsturz veralteter Stollen usw. Es ist ein düsterer Ort, und beim ersten Anblick hat alles in der Umgebung etwas Ödes und Unheimliches.

Die Arbeiter dort sind meistens vom Fieber abgezehrt und bleich und sehen müde und ausgemergelt aus, verwittert und frühzeitig gealtert, die Frauen im allgemeinen fahl und verwelkt. Rings um die Grube ärmliche Bergarbeiterhäuschen mit ein paar toten, ganz schwarzverrußten Bäumen und Dornhecken, Mist- und Aschenhaufen, Abraumhalden usw. Maris würde ein prachtvolles Bild daraus machen.

Nächstens versuche ich mal, eine Skizze davon zu zeichnen, damit Du eine Vorstellung davon bekommst...

Diese Grube hat fünf Stockwerke, drei davon, die obersten, sind erschöpft und verlassen, dort wird nicht mehr gearbeitet, weil es da keine Steinkohle mehr gibt. Wenn jemand versuchen würde, ein Bild von den »maintenages« zu machen, so würde das etwas Neues sein, etwas Unerhörtes oder richtiger Ungesehenes. Stelle Dir eine Reihe von Zellen in einem ziemlich engen und niederen Gang vor, durch rohes Holzwerk gestützt. In jeder dieser Zellen hackt ein Arbeiter im groben

1 Der Landwirt Jean-Baptiste Denis in Wasmes und dessen Familie

Leinenanzug, schwarz und schmutzig wie ein Schornsteinfeger, beim matten Licht eines Lämpchens die Kohle los.

In einigen dieser Zellen steht der Arbeiter aufrecht, in anderen (veine tailles à plat) liegt er auf dem Boden. (☐☐☐☐ tailles à droit ☐☐☐ tailles à plat.) Die ganze Einrichtung ähnelt den Zellen in einem Bienenkorb oder einem dunklen, düsteren Gang in einem unterirdischen Gefängnis oder einer Reihe kleiner Webstühle, oder eigentlich sehen sie aus wie eine Reihe Backöfen, wie man sie bei den Bauern sieht, oder wie Nischen in einem Grabgewölbe. Die Stollen selbst sind wie die großen Kamine bei den Brabanter Bauern.

In einigen sickert überall Wasser durch; das Licht der Bergarbeiterlampen ruft eine eigenartige Wirkung hervor und spiegelt sich wie in einer Tropfsteinhöhle. Ein Teil der Bergleute arbeitet in den maintenages, andere laden die losgehackte Kohle in kleine Wagen, die auf Schienen wie eine Straßenbahn befördert werden, das besorgen vor allem Kinder, Jungen und auch Mädchen. Auch einen Pferdestall gibt es da, 700 Meter unter dem Erdboden, mit etwa sieben alten Pferden, die große Mengen fortschaffen und zum sogenannten »accrochage« bringen, das ist die Stelle, von wo die Kohle nach oben befördert wird. Andere Arbeiter sind damit beschäftigt, die verfallenen Stollen auszubessern, um das Einstürzen zu verhindern, oder neue Stollen in die Flöze zu graben. Genau so, wie Seeleute an Land Heimweh nach dem Meere haben, trotz all der Gefahren und Mühsalen, die sie bedrohen, so auch der Bergarbeiter: er ist lieber unter als über dem Erdboden.

Die Dörfer hier haben etwas Verlassenes und Stilles und Ausgestorbenes an sich, weil sich das Leben unter statt über dem Erdboden abspielt; man könnte jahrelang hier sein, aber wenn man nicht unten in den Gruben gewesen ist, kann man sich keine richtige Vorstellung von den Zuständen machen.

Die Leute hier sind sehr ungebildet und unwissend, können meistens nicht lesen, doch dabei sind sie gescheit, tüchtig und flink bei ihrer schweren Arbeit, und mutig und frei; klein von Gestalt, aber breit in den Schultern, mit düsteren, tiefliegenden Augen. Sie sind geschickt in vielen Dingen und arbeiten erstaunlich viel. Sehr nervös von Konstitution, ich meine nicht schwach, sondern empfindlich. Sie haben einen eingefleischten, tiefwurzelnden Haß und ein inbrünstiges Mißtrauen gegen einen jeden, der sich als Herr über sie aufspielen will. Bei den Kohlenarbeitern muß man Kohlenarbeiterart und -charakter haben und sich frei halten von Prätentionen, Stolz und hochfahrendem Wesen, sonst kann man nicht mit ihnen auskommen und wird niemals ihr Vertrauen gewinnen.

Habe ich Dir seinerzeit von dem Bergarbeiter erzählt, der durch eine Explosion schwere Verbrennungen erlitten hatte? Gott sei Dank ist er jetzt wiederhergestellt und geht aus und fängt an, zur Übung ein Stückchen zu laufen; seine Hände sind noch schwach, und es wird eine Weile dauern, bis er sie wieder zur Arbeit gebrauchen kann, doch er ist außer Gefahr. Aber es sind seitdem noch Fälle von Typhus und einem bösartigen Fieber vorgekommen, das man »la sotte fièvre«[2] nennt, davon bekommt man scheußliche Träume wie Albdrücken und redet irre. Daher gibt es jetzt wieder viele kränkelnde und bettlägerige Leute; ausgemergelt liegen sie im Bett, schwach und elend. In dem einen Haus haben alle das Fieber, und dabei haben sie nur wenig Hilfe oder gar keine, so daß da die Kranken die anderen versorgen müssen, »ici c'est les malades qui soignent les malades«[3], sagte die Frau, wie »le pauvre est l'ami du pauvre«[4].

Hast Du in letzter Zeit was Schönes gesehen? Ich habe große Sehnsucht nach einem Brief von Dir. Hat Israels in letzter Zeit viel gearbeitet, und Maris und Mauve? Vor ein paar Tagen ist hier im Stall ein Fohlen zur Welt gekommen, ein nettes kleines Tier, das gleich ganz fest auf seinen Beinen stand.

Die Arbeiter hier halten viel Ziegen, und überall sind junge in den Häusern, und auch Kaninchen gibt es viel in den Bergarbeiterwohnungen.

Das Einfahren in ein Bergwerk hat etwas Unheimliches, in so einer Art Korb oder Käfig, wie ein Eimer im Brunnen, aber in einem Brunnen von 500–700 Metern Tiefe, so daß man, wenn man vom Boden nach oben blickt, das Tageslicht ungefähr so groß wie einen Stern am Himmel sieht.

130 Wasmes, Juni 1879

Wir haben hier vor ein paar Tagen gegen elf Uhr nachts ein schweres Gewitter gehabt; ganz hier in der Nähe ist eine Stelle, von wo man unter sich weithin einen großen Teil des Borinage sehen kann, mit den Schornsteinen, den Kohlenhalden, den kleinen Arbeiterhäuschen, bei Tage die Bewegung der kleinen schwarzen Gestalten wie das Gewimmel in einem Ameisenhaufen, ganz in der Ferne dunkle Fichtenwälder, dagegen kleine weiße Arbeiterhäuser, noch weiter weg ein paar Türmchen, eine alte Windmühle usw. Meist hängt eine Art Nebel

2 *das dumme Fieber*
3 *hier pflegen die Kranken die Kranken*
4 *der Arme ist der Freund des Armen*

darüber, oder Wolkenschatten bringen eine wunderliche Wirkung von Hell und Dunkel hervor, die an Bilder von Rembrandt oder Michel oder Ruysdael erinnert.

Bei diesem Gewitter in der stockfinsteren Nacht, wenn beim Licht der Blitze ab und zu alles einen Augenblick sichtbar wurde, ergab sich eine merkwürdig starke Wirkung: ganz nahe die großen, düsteren Gebäude der Grube Marcasse, für sich und abgesondert auf freiem Felde, die einen in dieser Nacht wahrlich an den Koloß der Arche Noah denken ließen, wie die bei dem gewaltigen Platzregen und in der Finsternis der Sintflut sich beim Licht des Blitzstrahls ausgenommen haben mag. Dieses Gewitter habe ich zum Anlaß genommen, heute abend in der Bibelstunde einen Schiffbruch zu beschreiben. Ich lese jetzt viel in »Onkel Toms Hütte« – es gibt noch soviel Sklaverei in der Welt; in diesem wunderbar schönen Buch wird diese so äußerst wichtige Sache mit einer Weisheit behandelt, mit einer Liebe und einem Eifer und Interesse für das wahre Wohl der armen Unterdrückten, daß man unwillkürlich immer wieder darauf zurückkommt und jedesmal mehr darin findet.

Ich kenne noch keine bessere Definition für das Wort Kunst als diese: L'art c'est l'homme ajouté à la nature[5] – zur Natur, zur Wirklichkeit, zur Wahrheit, doch mit einer Bedeutung, mit einer Auffassung, mit einem Charakter, welche der Künstler daraus herausschält, denen er Ausdruck gibt, qu'il dégage, die er entwirrt, frei macht, erhellt.

Ein Bild von Mauve oder Maris oder Israels spricht mehr und deutlicher als die Natur selbst. So ist es auch mit Büchern, und ganz besonders in »Onkel Toms Hütte« werden die Dinge von der Verfasserin in ein neues Licht gerückt, und so sind in diesem Buch – obwohl es, vor Jahren geschrieben, allmählich schon ein altes Buch wird – alle Dinge neu geworden ...

Neulich habe ich jemanden kennengelernt, der jahrelang Aufseher über die Arbeiter gewesen ist. Er ist von niederer Herkunft, hat sich aber heraufgearbeitet. Jetzt hat er ein Brustleiden recht ernster Art und kann die furchtbare, aufreibende Tätigkeit unten in der Grube nicht mehr aushalten. Sehr interessant ist es, ihn über all diese Dinge sprechen zu hören. Er ist stets der Freund des Arbeiters geblieben (im Gegensatz zu so vielen anderen, die sich auch heraufarbeiten, doch um des Geldes willen und nicht um des wahren Ansehens willen, getrieben von weniger edlen, sondern oft sehr niedrigen Beweggründen). Er hat das Herz eines Arbeiters, treu und ehrlich und mutig, aber

5 Kunst – das ist der Mensch, zur Natur hinzugefügt

den meisten von ihnen ist er weit überlegen, was Verstandesbildung betrifft. Mehr als einmal war er bei Gelegenheit eines Streiks der einzige, der Einfluß auf die Arbeiter auszuüben vermochte. Keinen wollten sie anhören, auf keinen wollten sie horchen, und keinem wurde im kritischen Augenblick gehorcht als ihm allein. Als ich ihm zum erstenmal begegnete, kam mir die Dir wohlbekannte Radierung nach Meissonier in den Sinn, »Le Liseur« ...

Und wenn Du kannst, unterbrich hier die Fahrt auf dem Weg nach Paris. Jedenfalls laß mich nach Möglichkeit wissen, mit welchem Zug Du an dem oder jenem Bahnhof in der Umgegend von Wasmes durchfährst, dann komme ich wenn irgend möglich hin.

131   Cuesmes, 5. August 1879

Ich könnte Dir noch ein paar Zeichnungen zeigen, hiesige Typen; nicht, als ob die allein es verlohnten, daß Du deswegen die Fahrt unterbrichst, aber Du würdest in der Natur und in der ganzen Eigenart hier wahrscheinlich manches finden, was Dir gefallen würde, denn in dieser Gegend ist alles so malerisch ...

Ach Junge, wenn Du es einrichten kannst, so komm her und überschlage einen Zug.

Kürzlich war ich auch in einem Atelier, nämlich bei Pastor Pietersen[6]; er malt in der Art von Schelfhout oder Hoppenbrouwers und hat wirkliches Kunstverständnis. Er bat mich um eine meiner Skizzen, einen Bergmannstyp. Ich zeichne oft bis spät in die Nacht, um ein paar Erinnerungen festzuhalten und Gedanken zu klären, die sich mir beim Sehen der Dinge unwillkürlich aufdrängen.

Aber Junge, ich habe keine Zeit, ich muß unbedingt noch an Herrn Tersteeg schreiben, um ihm für den Malkasten zu danken, den er geschickt hat, und für das Skizzenbuch, das schon halb voll ist.

Ich habe in Brüssel bei einem Bücherjuden noch ein großes Skizzenbuch mit altem holländischem Papier gekauft.

132   15. Oktober 1879

Als ich Dich wiedersah und mit Dir spazierenging, hatte ich dasselbe Gefühl, das ich früher öfter hatte als jetzt, als wäre das Leben etwas Gutes und Kostbares, das man schätzen müsse, und ich fühlte mich heiterer und lebendiger, als ich seit langem gewesen war, denn unwillkürlich ist mir das Leben allmählich viel weniger kostbar, viel belangloser und gleichgültiger geworden oder erschienen. Wenn man mit anderen zusammenlebt und durch ein Gefühl der Zuneigung verbunden ist, dann ist man sich bewußt, daß man eine Daseins-

6 *Nun in Brüssel wohnhaft*

berechtigung hat, daß man vielleicht nicht ganz und gar wertlos und überflüssig ist, sondern vielleicht zu diesem oder jenem taugt, da man ja einander nötig hat, und als compagnons de voyage[7] dieselbe Reise macht; das Gefühl des eigenen Wertes ist auch sehr von den Beziehungen zu anderen abhängig.

Ein Gefangener, der zur Einsamkeit verurteilt ist, den man daran hindern würde zu arbeiten usw., würde auf die Dauer, zumal wenn es zu lange dauerte, die Folgen davon spüren, ebenso gewiß wie einer, der zu lange Hunger gelitten hat. Genau wie jeder andere Mensch habe ich das Bedürfnis nach Banden der Freundschaft oder Liebe und nach vertrautem Umgang, und ich bin nicht wie eine Straßenpumpe oder ein Laternenpfahl aus Stein oder Eisen, so daß ich das entbehren könnte, ohne wie jeder andere gebildete und anständige Mensch eine Leere zu gewahren, einen Mangel zu empfinden, und ich sage Dir das alles, weil Du wissen sollst, welche Wohltat Du mir mit Deinem Besuch erwiesen hast.

Und genauso, wie ich wünschte, daß Du und ich uns nicht entfremden, geht mir das auch mit allen zu Hause.

Doch im Augenblick scheue ich mich sehr davor heimzufahren, und ich möchte viel lieber hierbleiben. Es kann freilich auch an mir liegen, und Du kannst recht haben, daß ich die Dinge nicht richtig sehe; darum kann es sein, daß ich trotz meinem starken Widerwillen und obwohl es ein schwerer Gang für mich ist, wenigstens auf ein paar Tage nach Etten fahre.

Wenn ich voll Dankbarkeit an Deinen Besuch zurückdenke, dann kommen mir natürlich auch unsere Gespräche in den Sinn. Ich habe Ähnliches sogar viel und oft gehört. Gute Ratschläge zur Verbesserung und Veränderung meiner Lage, Aufmunterung zu Tatkraft — und doch, laß es Dich nicht verdrießen, habe ich ein bißchen Angst davor — auch weil ich sie früher befolgt habe und schließlich der mehr oder weniger Betrogene dabei war. Wieviel Gutes wird lang und breit besprochen, das nicht durchführbar ist!

Noch so frisch ist die in Amsterdam verbrachte Zeit in meiner Erinnerung. Du warst selbst dabei und weißt daher, was alles hin und her überlegt, erwogen und beraten, weise beredet worden ist, wie gut es gemeint war — und doch, wie jämmerlich war das Ergebnis, wie verrückt das ganze Unternehmen, wie unsagbar töricht. — Noch schaudert's mich, wenn ich daran denke. Es ist die schlimmste Zeit, die ich erlebt habe. Wie begehrenswert und anziehend erscheinen mir die recht mühseligen und leidvollen Tage hier in diesem armen Land,

7 *Reisegefährten*

in dieser ungebildeten Umgebung im Vergleich zu damals. Ich befürchte etwas Ähnliches vom Befolgen weiser Ratschläge, die in bester Absicht gegeben werden ...

Wenn Du anderseits glaubst, ich hielte es für richtig, Deinen Rat wörtlich zu befolgen und Lithograph von Briefköpfen und Visitenkarten oder Buchhalter oder Lehrjunge zu werden — oder den Rat, mich dem Bäckerfach zu widmen — oder sonst allerhand ähnlichen Berufen (merkwürdig verschiedenen und schwer vereinbaren Berufen), die mir vorgeschlagen wurden, so würdest Du Dich sehr irren. Aber, sagst Du, ich gebe Dir diesen Rat auch nicht, damit du ihn wörtlich befolgst, sondern weil ich dachte, du hättest Geschmack am Rentnerdasein gefunden, und weil du meiner Meinung nach damit Schluß machen solltest.

Darf ich Dich darauf aufmerksam machen, daß dieses Rentnerdasein doch wohl eine etwas seltsame Art von Rentnerdasein ist. Es fällt mir zwar einigermaßen schwer, mich in dieser Hinsicht zu verteidigen, aber es täte mir sehr leid, wenn Du das früher oder später nicht in einem anderen Licht sehen könntest. Ich weiß auch nicht, ob ich gut daran täte, diese Beschuldigung dadurch zu widerlegen, daß ich den Rat befolgte und beispielsweise Bäcker würde. Das wäre wohl eine schlagende Antwort (vorausgesetzt, daß es uns möglich wäre, mit Blitzesschnelle die Gestalt eines Bäckers oder Haarschneiders oder Bibliothekars anzunehmen), und doch eigentlich eine unvernünftige Antwort, ähnlich der Handlungsweise des Mannes, der, als man ihm Hartherzigkeit vorwarf, weil er auf einem Esel ritt, sofort abstieg und mit dem Esel auf den Schultern seinen Weg fortsetzte.

Und nun mal allen Spaß beiseite; ich möchte aufrichtig glauben, es wäre besser, wenn das Verhältnis zwischen uns von beiden Seiten vertrauensvoller wäre. Wenn ich im Ernst spüren muß, daß ich Dir oder denen zu Hause hinderlich oder zur Last bin, zu nichts zu gebrauchen, wenn ich dauernd genötigt wäre, mich Euch gegenüber als ein Eindringling oder Überflüssiger zu fühlen, so daß es besser wäre, ich existierte überhaupt nicht, und wenn ich dauernd danach trachten müßte, den andern immer mehr aus dem Wege zu gehen — wenn ich denke, daß es wirklich so wäre und nicht anders, dann überwältigt mich ein Gefühl von Traurigkeit, dann muß ich gegen Verzweiflung ankämpfen.

Es fällt mir schwer, diesen Gedanken zu ertragen, und noch viel schwerer, den Gedanken zu ertragen, daß soviel Uneinigkeit, Elend und Kummer in unserer Mitte und in unserem Zuhause durch mich verursacht worden ist.

Wäre es in der Tat so, dann wünschte ich freilich, es wäre mir beschieden, nicht allzu lange mehr leben zu müssen. Doch wenn mich das manchmal über die Maßen und allzu tief bedrückt, dann steigt nach langer Zeit zuweilen der Gedanke in mir auf: vielleicht ist es nur ein banger, schrecklicher Traum, möglicherweise lernen wir es später besser einsehen und begreifen. Aber ist es nicht vielmehr Wirklichkeit, und wird es denn jemals besser und nicht viel eher schlimmer werden? Vielen würde es zweifelsohne töricht und abergläubisch vorkommen, noch an eine Wendung zum Besseren zu glauben. — Es ist im Winter manchmal furchtbar kalt, so daß man sagt: die Kälte ist zu arg, was kümmert's mich, ob ein Sommer kommt, das Böse ist mächtiger als das Gute; aber mit oder ohne unsere Zustimmung geht es schließlich mit dem strengen Frost zu Ende, und eines schönen Tages springt der Wind um, und wir haben Tauwetter. Wenn ich die natürliche Wetterbeschaffenheit mit unserer Gemütsbeschaffenheit und unserer Lage vergleiche, die der Wandlung und Veränderlichkeit unterworfen sind wie das Wetter, so habe ich doch noch einige Hoffnung, daß es besser werden kann ...

Abends nach Deiner Abreise bin ich noch nach Wasmes gegangen. Habe seither noch ein Bildnis gezeichnet.

à Dieu, ich drücke Dir in Gedanken die Hand.

133 *Juli 1880*

Mit einigem Widerstreben schreibe ich Dir, denn ich habe es so lange nicht getan, und zwar aus mancherlei Gründen.

Bis zu einem gewissen Grade bist Du mir ein Fremder geworden, und auch ich bin es Dir vielleicht mehr als Du denkst, vielleicht wäre es besser für uns, gar nicht wieder anzufangen. Möglicherweise hätte ich Dir auch jetzt nicht geschrieben, wenn ich nicht verpflichtet, ja gezwungen wäre, Dir zu schreiben, wenn, sage ich, Du selbst mich nicht dazu gezwungen hättest. Ich habe in Etten erfahren, daß Du fünfzig Francs für mich geschickt hattest, nun wohl, ich habe sie angenommen. Gewiß nur widerstrebend, gewiß mit recht melancholischen Gefühlen, aber ich befand mich in einer Art Sackgasse, in einem Schlamassel — was sollte ich anderes tun? Also um Dir dafür zu danken, schreibe ich Dir.

Ich bin, wie Du vielleicht weißt, ins Borinage zurückgekehrt; Vater redete mir zu, lieber in der Nähe von Etten zu bleiben, ich habe nein gesagt, und ich glaube, ich habe recht daran getan. Gegen meinen Willen bin ich in der Familie mehr oder weniger zu einer Art unmöglichem und verdächtigem Menschen geworden — wie dem auch sei, jemand, dem man kein Vertrauen schenkt, und wie könnte ich da irgendwie und irgendwem nützen?...

Was die Mauser für die Vögel ist, die Zeit, da sie das Gefieder wechseln, das sind Mißgeschick und Unglück und schwierige Zeiten für uns Menschen. Man kann in dieser Mauserzeit verharren, man kann auch wie neugeboren daraus hervorgehen, aber jedenfalls geschieht das nicht in der Öffentlichkeit; es ist durchaus kein Spaß, und deshalb tut man besser daran, zu verschwinden. Gut, sei's...

Ich muß Dich jetzt mit gewissen allgemeinen Dingen langweilen, doch hätte ich gern, daß Du sie geduldig anhörst. Ich bin ein leidenschaftlicher Mensch, dazu imstande und geneigt, mehr oder weniger unsinnige Dinge zu tun, die ich zuweilen mehr oder weniger bereue. Es passiert mir oft, daß ich ein wenig zu schnell spreche und handle, wenn es besser wäre, mit mehr Geduld zu warten. Ich glaube, auch andere Menschen begehen manchmal solche Unklugheiten.

Da nun die Dinge mal so liegen, was ist da zu tun? Soll man sich für einen gefährlichen Menschen halten, der zu nichts taugt? Ich glaube nicht. Vielmehr geht es darum, mit allen Mitteln zu versuchen, gerade aus diesen Leidenschaften Nutzen zu ziehen. Zum Beispiel, um nur eine von vielen Leidenschaften zu nennen: ich habe eine beinahe unwiderstehliche Leidenschaft für Bücher, ich habe das Bedürfnis, mich ständig weiterzubilden, zu studieren, wenn Du es so nennen willst, genau so wie ich das Bedürfnis habe, Brot zu essen. Gerade Du wirst das verstehen können. Als ich in einer anderen Umgebung war, in einer Umgebung von Bildern und Kunstwerken, hat mich, das weißt Du sehr wohl, für diese Umgebung eine heftige Leidenschaft erfaßt, die bis zum Überschwang ging. Und ich bereue das nicht, und jetzt, *fern der Heimat, habe ich oft Heimweh nach der Heimat der Bilder*...

Jetzt bin ich schon seit etwa fünf Jahren, genau weiß ich es nicht, mehr oder weniger ohne festen Wohnort, irre in der Welt herum; Ihr sagt jetzt: seit der und der Zeit bist du heruntergekommen, bist erschlafft, hast nichts getan. Ist das ganz wahr? Es ist wahr, daß ich mir manchmal meinen Kanten Brot selbst verdient habe, daß ein andermal irgendein Freund es mir aus Gnade gegeben hat, ich habe gelebt, wie es eben ging, wohl oder übel; es ist wahr, daß manche kein Vertrauen mehr zu mir haben, es ist wahr, daß meine Geldangelegenheiten in einem traurigen Zustand sind, es ist wahr, daß die Zukunft nicht wenig düster ist, es ist wahr, daß ich mehr hätte leisten können, es ist wahr, daß ich, bloß um mein Brot zu verdienen, Zeit verloren habe, es ist wahr, daß selbst meine Studien in einem ziemlich traurigen und verzweifelten Zustand sind und daß mir mehr, unendlich viel mehr fehlt, als ich habe. Aber heißt das herunterkommen, und heißt das nichts tun?

Du wirst vielleicht sagen: aber warum bist du nicht den Weg des Universitätsstudiums weitergegangen, wie man es gern gesehen hätte? Darauf antworte ich nur das eine: es ist zu teuer; und die Aussichten, die das Studium bot, waren auch nicht besser als die Zukunft, die sich mir auf dem Wege bietet, den ich jetzt gehe.

Aber den Weg, den ich gehe, muß ich einhalten; wenn ich nichts tue, wenn ich nicht arbeite, wenn ich nicht mehr suche, dann bin ich verloren. Dann wehe mir ...

Nun ist einer der Gründe, warum ich jetzt ohne Stellung bin, warum ich jahrelang ohne Stellung gewesen bin, ganz einfach die Tatsache, daß ich andere Ansichten habe als die Herren, welche die Stellungen an Subjekte vergeben, die wie sie denken. Hier geht es nicht bloß um mein Äußeres, wie man mir heuchlerischerweise vorgeworfen hat, hier geht es um ernstere Dinge, das versichere ich Dir.

Warum sage ich Dir das alles? Nicht, um mich zu beklagen, nicht um mich zu entschuldigen wegen Sachen, in denen ich mehr oder weniger unrecht haben kann, sondern ganz einfach, um Dir folgendes zu sagen: bei Deinem letzten Besuch im vorigen Sommer, als wir in der Nähe der aufgelassenen Grube La Sorcière spazierengingen, hast Du mich daran erinnert, daß es eine Zeit gab, da wir am alten Kanal und an der Rijswijker Mühle zusammen spazierengingen, »und damals«, sagtest Du, »waren wir uns über vieles einig, aber« – fügtest Du hinzu – »seitdem hast du dich sehr verändert, du bist nicht mehr derselbe«. Nun, ganz so verhält es sich nicht; was sich verändert hat, ist, daß damals mein Leben nicht so schwierig war und meine Zukunft anscheinend nicht so düster, aber in meinem Inneren, in meiner Art zu sehen und zu denken, da hat sich nichts geändert, höchstens, wenn wirklich eine Veränderung eingetreten wäre, daß ich jetzt ernstlicher denke und glaube und liebe, was ich schon damals gedacht und geglaubt und geliebt habe... Mein Gott, wie schön ist Shakespeare! Wer ist geheimnisvoll wie er? Seine Sprache und seine Schreibart gleicht einem vor fieberhafter Erregung zitternden Malerpinsel. Aber man muß lesen lernen, wie man sehen lernen und leben lernen muß ...

Gut, was soll man machen – was im Innern vorgeht, zeigt sich das auch nach außen? Mancher trägt ein großes Feuer in seiner Seele, und nie kommt jemand, um sich daran zu wärmen; die Vorübergehenden bemerken nichts weiter davon als ein kleines bißchen Rauch, der oben aus dem Schornstein quillt, und dann gehen sie ihres Weges.

Was soll man da tun? Das Feuer im Innern erhalten, das Salz der Erde in sich tragen, geduldig — und doch wie ungeduldig! — warten, warten auf die Stunde, da irgendwer kommt und sich niederläßt — dableibt, was weiß ich? Möge jeder, der an Gott glaubt, die Stunde abwarten, die früher oder später kommen wird ...

Ich schreibe Dir ein wenig aufs Geratewohl, was mir in die Feder kommt, ich wäre sehr froh, wenn Du irgendwie in mir etwas anderes sehen könntest als eine Art Nichtstuer.

Denn es gibt Nichtstuer und Nichtstuer, von denen der eine das Gegenteil des anderen ist.

Es gibt Nichtstuer aus Faulheit und Charakterschwäche, aus niedriger Veranlagung — Du kannst, wenn Du meinst, mich für so einen halten.

Dann gibt es den anderen Nichtstuer, den Nichtstuer wider Willen, der innerlich von einem heftigen Wunsch nach Tätigkeit verzehrt wird, der nichts tut, weil es ihm völlig unmöglich ist, etwas zu tun, weil er wie in einem Gefängnis sitzt, weil er nicht hat, was er braucht, um produktiv zu sein, weil es sein Mißgeschick so gefügt hat, daß es mit ihm soweit gekommen ist; ein solcher Mensch weiß manchmal selbst nicht, was er tun könnte, aber er fühlt instinktiv: ich bin doch zu irgend etwas gut, ich habe eine Daseinsberechtigung! Ich weiß, daß ich ein ganz anderer Mensch sein könnte! Wozu nur könnte ich taugen, wozu könnte ich dienen! Es ist etwas in mir, was ist es nur!

Das ist ein ganz anderer Nichtstuer — Du kannst, wenn Du meinst, mich für so einen halten!

Ein Vogel im Käfig weiß im Frühling sehr wohl, daß es etwas gibt, wozu er taugt, weiß sehr wohl, daß er etwas zu tun hat, aber er kann es nicht tun, was ist es doch? Er kann sich nicht recht erinnern, dann kommen ihm unbestimmte Vorstellungen, er sagt sich, »die anderen bauen Nester und zeugen Junge und ziehen die Brut groß«, dann prallt er mit dem Kopf an die Stäbe des Käfigs. Und der Käfig bleibt, und der Vogel ist wahnsinnig vor Schmerz.

»Seht den Nichtstuer«, sagt ein anderer Vogel, der vorüberfliegt, »der ist eine Art Rentner.« Aber der Gefangene lebt weiter und stirbt nicht; nichts von dem, was in seinem Innern vorgeht, ist äußerlich bemerkbar; es geht ihm gut, und bei Sonnenschein ist er mehr oder minder fröhlich. Aber dann kommt die Zeit, da die Zugvögel davonziehen. Ein Schwermutsanfall — aber er hat doch alles, was er braucht, sagen die Kinder, die ihn in seinem Käfig versorgen — doch er sieht den gewitterschweren Himmel draußen, und in seinem Innern fühlt er die Empörung gegen das Unglück. »Ich bin im Käfig, ich bin im Käfig, und es fehlt mir ja nichts, ihr Dummköpfe! Ich habe alles, was ich brauche! Ach, um Gottes willen, die Freiheit, ein Vogel sein wie andere Vögel!«...

Ist das alles Einbildung, Phantasie? Ich glaube nicht. Und dann fragt man sich: mein Gott, ist es für lange, ist es für immer, ist es für alle Ewigkeit?

Weißt Du, was das Gefängnis zum Verschwinden bringt? Jede tiefe, ernste Zuneigung. Freund sein, Bruder sein, lieben — das öffnet das Gefängnis mit Herrschermacht, durch einen mächtigen Zauber. Wer aber das nicht hat, der bleibt im Tod.

Aber da, wo Liebe neu geboren wird, wird das Leben neu geboren.

134 *Cuesmes, 20. August 1880*

Wenn ich nicht irre, mußt Du noch »Die Feldarbeiten« von Millet haben. Würdest Du so gut sein, sie mir auf kurze Zeit zu leihen und sie mir mit der Post zu schicken?

Du mußt wissen, daß ich dabei bin, große Zeichnungen nach Millet hinzuschmieren: die »Stunden des Tages« wie auch den »Sämann« habe ich schon gemacht...

Schicke mir, was Du kannst, und sorge Dich nicht um mich. Wenn ich nur weiterarbeiten kann, so komme ich schon irgendwie wieder obenauf. Aber wenn Du das tust, hilfst Du mir sehr. Wenn Du wieder einmal nach Holland reist, so fährst Du hoffentlich nicht vorbei, ohne Dir meine Schmierereien anzusehen.

Ich habe mein Zeichnen unterbrochen, um Dir zu schreiben, und brenne darauf, weiterzuarbeiten, also guten Abend, und schicke die Blätter so bald wie möglich.

Ich habe eine Zeichnung gemacht, die Bergleute darstellt, Kohlenarbeiter und -arbeiterinnen, wie sie frühmorgens im Schnee zur Grube gehen, auf einem Pfad an den Hecken hin, kaum wahrnehmbare Schatten in der Morgendämmerung. Im Hintergrund undeutlich gegen den Himmel die großen Grubengebäude und das Fördergerüst. Ich schicke Dir die Skizze dazu, damit Du Dir eine Vorstellung davon machen kannst. Aber ich müßte Figurenzeichnen üben nach Meistern wie Millet, Breton, Brion oder Boughton oder anderen. Was sagst Du zu der Skizze, scheint Dir die Idee gut?...

Ich würde die fragliche Zeichnung sehr gern besser ausführen, als ich es getan habe. So, wie ich sie gemacht habe, sind die Figuren etwa zehn Zentimeter hoch. Das Gegenstück stellt die Heimkehr der Bergarbeiter dar, aber bis jetzt ist es weniger gut gelungen; es ist sehr schwer, denn es geht darum, die Wirkung dunkler, vom Licht umrissener Silhouetten gegen einen geflammten Sonnenuntergangshimmel herauszubekommen.

Schicke mir die »Feldarbeiten« postwendend, wenn Du kannst und wenn Du willst. Ich habe ein paar Zeilen an Herrn Tersteeg geschrieben und ihn gebeten, ob es vielleicht möglich wäre, daß er mir für einige Zeit die »Kohlestudien« von Bargue überließe, d. h. die Aktstudien, die Du kennst.

135 *7. September 1880*

Ich möchte Dir berichten, daß ich die zehn Blätter »Feldarbeiten« nach Millet skizziert habe (ungefähr in der Größe eines Blattes aus dem »Zeichenkurs« von Bargue) und daß ich mit einem davon ganz fertig bin.

Ich wäre schon weiter damit, aber ich wollte erst die »Kohlestudien« von Bargue machen, die Herr Tersteeg so freundlich war mir zu leihen; ich habe jetzt die sechzig Blätter beendet.

Außerdem habe ich »Das Abendgebet« gezeichnet nach der Radierung, die Du mir geschickt hast ...

Ich habe ziemlich lange Zeit Zeichnungen hingeschmiert, ohne groß vorwärtszukommen, aber in letzter Zeit geht es besser, wie mir scheint, und ich habe gute Hoffnung, daß es noch besser gehen wird. Vor allem, weil Herr Tersteeg und auch Du mir mit guten Vorlagen zu Hilfe gekommen seid, denn ich glaube, es ist besser, wenn ich jetzt erst einmal einige gute Sachen kopiere, als wenn ich ohne diese Grundlage arbeitete. Freilich habe ich es nicht unterlassen können, die Zeichnung von den Bergarbeitern auf dem Weg zur Grube, von der ich Dir den Entwurf schickte, in ziemlich großem Format zu skizzieren, wobei ich die Anordnung der Figuren ein wenig geändert habe. Wenn ich noch die beiden anderen Serien von Bargue kopiert haben werde, bin ich hoffentlich soweit, daß ich einen Bergmann oder eine Grubenarbeiterin einigermaßen anständig zeichnen kann, wenn es mir möglich ist, ein Modell mit einigem Charakter zu finden, und die gibt es hier eine ganze Menge ...

Ich hoffe, Du bist mit den Zeichnungen nach Millet nicht gar zu unzufrieden, wenn Du sie siehst, diese kleinen Holzstiche sind wunderschön. Da ich im ganzen schon zwanzig Blätter nach Millet habe, kannst Du Dir denken, daß ich auch noch die anderen mit großem Eifer machen würde, wenn Du sie mir verschaffen könntest, denn ich möchte diesen Meister gründlich studieren ... Den »Sämann« habe ich schon fünfmal gezeichnet, zweimal klein, dreimal groß, und doch will ich ihn noch einmal vornehmen, so stark beschäftigt mich diese Figur.

136   24. September 1880
Ich kann Herrn Tersteeg gar nicht dankbar genug sein, daß er mir die Blätter so großzügig geliehen hat. Diese Vorlagen sind ausgezeichnet. Dazwischen befasse ich mich damit, ein Buch über Anatomie und ein anderes über Perspektive zu lesen, das Herr T. mir ebenfalls geschickt hat. Es ist ein dornenreiches Studium, und manchmal können einen diese Bücher schrecklich irritieren, aber ich halte es doch für gut, sie durchzunehmen. Du siehst also, daß ich tüchtig an der Arbeit bin, aber im Augenblick kommt dabei nicht viel Gescheites heraus. Ich hoffe jedoch, daß diese Dornen zur gegebenen Zeit weiße Blüten tragen werden, und daß dieser anscheinend unfruchtbare Kampf nichts anderes bedeutet als Geburtswehen...
Was Du in Deinem Brief über Barbizon schreibst, ist sehr richtig, und ich will Dir einiges sagen, was Dir zeigen wird, daß dies auch *meine* Art zu sehen ist. Ich kenne Barbizon nicht, aber wenn ich es auch nicht gesehen habe, so habe ich vorigen Winter doch Courrières gesehen. Ich hatte eine Fußwanderung unternommen, hauptsächlich ins Pas de Calais – ich meine nicht den Ärmelkanal, sondern das Departement oder die Provinz. Ich hatte diese Reise unternommen in der Hoffnung, vielleicht irgendwelche Arbeit zu finden, ich hätte alles angenommen. Aber schließlich ein bißchen unfreiwillig, ich könnte eigentlich nicht recht sagen, warum. Doch ich hatte mir gesagt: du mußt Courrières sehen. Ich hatte nur zehn Francs in der Tasche, und weil ich zuerst mit der Bahn gefahren bin, war diese Quelle bald erschöpft, und da ich eine Woche unterwegs war, bin ich ziemlich mühselig zu Fuß gegangen. Immerhin bin ich in Courrières gewesen und habe das Atelier von M. Jules Breton von außen gesehen. Das Äußere dieses Ateliers hat mich etwas enttäuscht, denn es ist ein ganz neues Atelier, ein neuer Ziegelbau, so regelmäßig, als hätten ihn Methodisten hingesetzt, ungastlich und frostig und ärgerniserregend. Hätte ich das Innere sehen können, so hätte ich das Äußere darüber vergessen, möchte ich glauben, ja ich bin dessen sogar sicher, aber was soll man tun – das Innere habe ich nicht sehen können.
Denn ich habe nicht gewagt, vorzusprechen und um Einlaß zu bitten...
Aber ich habe doch immerhin die Landschaft von Courrières gesehen, die Heuschober, die braune Erde, den beinah kaffeebraunen Mergelboden mit weißlichen Flecken, da wo der Mergel zutage liegt,

was uns, die wir an schwärzlichen Boden gewöhnt sind, recht sonderbar vorkommt.

Der französische Himmel schien mir übrigens viel zarter und durchsichtiger als der verräucherte, neblige Himmel des Borinage. Außerdem gab es Bauernhäuser und Schuppen, die noch – Gott sei Lob und Dank – ihre bemoosten Strohdächer hatten, auch sah ich Schwärme von Raben, wie sie durch Daubignys und Millets Bilder berühmt geworden sind; aber eigentlich hätte es sich gehört, daß ich zuerst die charakteristischen und malerischen Gestalten der verschiedenen Arbeiter genannt hätte: Grabende, Holzhauer, einen Fuhrmann mit seinem Gespann und die Silhouette einer Frau mit weißer Haube. Selbst in Courrières gab es noch ein Kohlenbergwerk oder eine Grube, ich sah die Bergleute von der Tagesschicht in der Abenddämmerung ausfahren; aber es gab keine Arbeiterinnen in Männerkleidung wie im Borinage, nur Bergarbeiter mit müden, elenden Gesichtern, schwarz von Kohlenstaub, in ihren Arbeitslumpen, einer von ihnen in einem alten Soldatenmantel.

Obwohl dieser Ausflug mich bis zum äußersten angestrengt hat und ich vor Müdigkeit völlig erschöpft, mit wunden Füßen und in einem recht trübseligen Zustand nach Hause kam, bedaure ich ihn nicht, denn ich habe interessante Dinge gesehen, und man lernt gerade, wenn man am elendesten dran ist, mit anderen Augen sehen. Unterwegs habe ich hie und da ein paar Stücke Brot im Tausch gegen einige Zeichnungen erworben, die ich in meiner Reisetasche hatte. Aber als ich mit meinen zehn Francs zu Ende war, mußte ich die letzten Nächte auf freiem Felde schlafen, einmal in einem stehengebliebenen Wagen, der am Morgen ganz weiß von Reif war – ein ziemlich schlechtes Nachtlager; ein andermal in einem Reisighaufen, und einmal – das war ein bißchen besser – in einem angebrochenen Heuschober, wo ich mir eine etwas bequemere Höhlung zurechtmachen konnte, aber ein feiner Regen trug nicht gerade zum Wohlbefinden bei. Und doch fühlte ich gerade in diesem großen Elend meine Willenskraft zurückkehren, und ich habe mir gesagt: wie dem auch sei, ich komme schon wieder hoch, ich nehme den Bleistift wieder zur Hand, den ich in meiner großen Mutlosigkeit weggelegt habe, und ich mache mich wieder ans Zeichnen; und seitdem hat sich, wie mir scheint, alles gewandelt, ich bin auf gutem Wege, und mein Stift ist etwas folgsamer geworden und scheint es von Tag zu Tag mehr zu werden.

Das allzulang andauernde, allzu große Elend hatte mich dermaßen entmutigt, daß ich nichts mehr tun konnte.

Noch etwas habe ich auf jenem Ausflug gesehen: die Weberdörfer.

13 Landschaft mit Bergmann. Frühjahr 1880

Bergleute und Weber sind ein Menschenschlag für sich, anders als andere Arbeiter und Handwerker; ich empfinde große Sympathie für sie und würde mich glücklich schätzen, wenn ich eines Tages diese noch unbekannten oder fast unbekannten Typen so zeichnen könnte, daß sie bekannt würden.

Der Mann aus der tiefsten Tiefe, »de profundis«[8], ist der Bergmann; der andere mit der grübelnden, beinah träumerischen, beinah nachtwandlerischen Miene ist der Weber. Nun lebe ich schon bald zwei Jahre unter ihnen und habe ihre eigentümliche Wesensart kennengelernt, wenigstens die der Grubenarbeiter. Und mehr und mehr finde ich etwas Herzbewegendes, ja sogar Herzzerreißendes in diesen armen, ungekannten Arbeitern, den Letzten von allen sozusagen, den Verachtetsten, die man sich gewöhnlich kraft einer vielleicht lebhaften, aber fehlgehenden und ungerechten Phantasie wie eine Schar von Bösewichtern und Briganten vorstellt. Bösewichter, Säufer, Briganten gibt es hier wie anderswo, aber das ist durchaus nicht der wahre Typus.

In Deinem Brief sprichst Du andeutungsweise davon, daß ich früher oder später nach Paris oder irgendwo dorthin in die Nähe kommen könnte, wenn es sich machen ließe und ich Lust dazu hätte. Gewiß, es wäre mein großer, heißer Wunsch, nach Paris oder nach Barbizon

8 *aus der Tiefe*

oder anderswohin zu gehen. Aber wie könnte ich das, ich verdiene keinen Pfennig ...

Im Augenblick sehe ich nicht, wie die Sache durchführbar wäre, und es ist besser, ich bleibe hier und arbeite, so gut ich kann, und schließlich ist das Leben hier billiger. Jedoch werde ich nicht viel länger in dem kleinen Zimmer bleiben können, wo ich jetzt bin.[9] Es ist an sich schon sehr klein, dann stehen zwei Betten drin, das Bett der Kinder und meines. Und jetzt, da ich die Bargues mache, ziemlich große Blätter, kann ich Dir kaum sagen, wie schwer das für mich ist. Ich will die Leute nicht in ihrem Hauswesen stören, auch haben sie mir gesagt, daß ich das andere Zimmer im Hause nicht haben könnte, selbst wenn ich mehr bezahlen würde, denn die Frau braucht es, wenn sie Wäsche hat, was bei einem Grubenarbeiter fast alle Tage vorkommt. Ich möchte also ein kleines Arbeiterhaus mieten, das kostet durchschnittlich neun Francs im Monat.

Ich kann Dir gar nicht sagen — obwohl jeden Tag sich neue Schwierigkeiten ergeben und auch weiterhin ergeben werden — ich kann Dir nicht sagen, wie glücklich ich bin, daß ich das Zeichnen wieder aufgenommen habe. Schon längst habe ich mich mit dem Gedanken getragen, doch ich hielt es immer für unmöglich und unerreichbar. Aber jetzt, obwohl ich meine Schwäche fühle und meine peinliche Abhängigkeit von vielen Dingen, habe ich meine Seelenruhe wiedergefunden, und meine Energie wächst von Tag zu Tag ...

Warte nur ab, vielleicht erlebst Du es, daß auch ich ein Arbeiter bin, obwohl ich nicht im voraus weiß, was mir möglich sein wird; jedenfalls hoffe ich sehr, daß ich noch irgendwelche Kritzeleien mache, die vielleicht etwas Menschliches haben. Aber zunächst muß ich die Bargues zeichnen und andere mehr oder minder dornenreiche Dinge. Der Weg ist schmal, die Pforte ist eng, und nur wenige finden sie.

9 Im Haus des Bergarbeiters Charles Decrucq und seiner Familie in Cuesmes

Brüssel · Oktober 1880 bis April 1881

Dank der stillschweigend gewährten Unterstützung durch den Bruder, dessen Stellung im Pariser Haus von Goupil & Cie sich gefestigt hat, siedelt Vincent im Oktober nach Brüssel über. Die durch Theos Vermittlung begründete Freundschaft mit dem hier studierenden jungen Zeichner und Maler Anthon van Rappard bestärkt in Vincent den Willen, das Zeichnen »gründlich und ernsthaft anzupacken«. »Denn ein guter Zeichner kann heutzutage ganz sicher Arbeit finden«, beteuert er den Eltern. »Aber es muß mächtig gearbeitet und studiert werden, das ist die Bedingung.«

137   15. Oktober 1880

Ich bin hier in Brüssel zu Herrn Schmidt gegangen und habe ihm davon erzählt, d. h. ich habe ihn gefragt, ob es vielleicht durch seine Vermittlung möglich wäre, zu irgendeinem Künstler in Beziehung zu treten in der Weise, daß ich in einem ernstzunehmenden Atelier weiterlernen könnte. Denn ich fühle, daß es unerläßlich ist, gute Sachen vor Augen zu haben, und auch Künstler bei der Arbeit zu sehen. Das zeigt mir deutlicher, was mir fehlt, und gleichzeitig lerne ich Mittel und Wege kennen, dem abzuhelfen ...

Also wenn Du ihm postwendend ein paar Zeilen schreiben wolltest, so tätest Du mir einen großen Gefallen, und ich würde keine Zeit verlieren.

Ich habe hier gleich meine Arbeit wieder aufgenommen, d. h. den dritten Teil von Bargue, und habe ein viel geeigneteres Zimmer als die kleine Stube, in einem kleinen Hotel am Boulevard du Midi.

Vater hat mir geschrieben, daß ich vorläufig damit rechnen könne, durch seine Vermittlung sechzig Francs monatlich zu bekommen. Hier sind verschiedene junge Leute, die mit dem Zeichenstudium anfangen und in der gleichen Lage und auch nicht reich sind. Aber das Wichtigste dabei ist die Tatsache, daß man nicht immer allein ist, sondern Umgang und Beziehungen mit anderen hat, die in derselben Lage sind ...

Ich glaube, Du billigst, was ich sage, denn um vorwärtszukommen, muß man mit einiger Energie weiterarbeiten.

Beherrsche ich erst einmal das Zeichnen oder das Aquarellieren oder Radieren, so kann ich wieder ins Land der Bergleute oder Weber zurück, um nach der Natur Besseres zu leisten als bisher.

138 1. November 1880. Boulevard du Midi 72

Auch andere rieten mir dringend, unbedingt wenigstens eine Zeitlang hier oder in Antwerpen oder wo es sich sonst macht an der Zeichenakademie zu arbeiten; und obwohl ich keine besondere Lust dazu habe, schien es mir doch das Gegebene, Schritte in dieser Richtung zu tun, um an der bewußten Zeichenakademie zugelassen zu werden. *Hier in Brüssel ist der Unterricht kostenlos* (in Amsterdam z. B. kostet das, wie ich höre, gleich wieder hundert Gulden im Jahr), und man kann in einem gut geheizten und gut erleuchteten Raum arbeiten, was vor allem im Winter viel wert ist.

Mit den Vorlagen von Bargue geht es gut vorwärts.

Außerdem habe ich dieser Tage etwas gezeichnet, was mir viel Arbeit gemacht hat, aber ich bin doch froh, daß ich es getan habe, nämlich ich habe mit der Feder ein Skelett gezeichnet, und zwar ziemlich groß auf fünf Bogen Ingres-Papier.

1 Blatt: Kopf, Knochen und Muskeln
1 Blatt: Rumpf, Skelett
1 Blatt: Hand von vorn, Skelett und Muskeln
1 Blatt: Hand von hinten, Skelett und Muskeln
1 Blatt: Becken und Beine, Skelett.

Das habe ich mit Hilfe eines Leitfadens von John gemacht, »Esquisses anatomiques à l'usage des artistes«. Darin sind noch eine Anzahl anderer Abbildungen, die mir sehr zweckentsprechend und verständlich zu sein scheinen, von Hand, Fuß usw. usw.

Jetzt will ich nun die Zeichnung der Muskeln ganz zu Ende führen, nämlich die von Rumpf und Beinen; mit den bereits fertigen wird sie ein Ganzes bilden, den ganzen menschlichen Körper. Dann kommt noch der Körper von hinten und von der Seite dran ...

Ich habe die Absicht, mir hier an der Tierärztlichen Schule anatomische Abbildungen von Pferd, Kuh, Schaf usw. zu verschaffen und die ebenso abzuzeichnen wie die Anatomie des Menschen.

Es gibt Gesetze der Proportion und Perspektive, Gesetze von Licht und Schatten, die man *kennen muß*, um auch nur das kleinste zeichnen zu können; fehlt einem diese Kenntnis, so bleibt es immer une lutte stérile[1], und man kommt nie zum enfanter[2] ...

In Cuesmes, Junge, hätte ich es keinen Monat länger ausgehalten, ohne vor Elend krank zu werden. Bilde Dir ja nicht etwa ein, daß ich hier großartig lebe, denn mein Essen besteht hauptsächlich aus trok-

---

1 *ein unfruchtbarer Kampf*
2 *gebären*

kenem Brot und ein paar Kartoffeln und Kastanien, die sie hier an den Straßenecken verkaufen; doch weil ich jetzt ein besseres Zimmer habe und ab und zu, wenn ich es mir leisten kann, mal eine etwas bessere Mahlzeit im Gasthaus esse, werde ich es sehr gut aushalten. Aber während der beinah zwei Jahre im Borinage habe ich allerhand ausgestanden, das war wirklich keine Erholungsreise. Doch etwas mehr als sechzig Francs wird es doch wahrscheinlich werden, es geht wirklich nicht anders.

140 (Januar 1881)

Ich habe mindestens ein Dutzend Zeichnungen fertig gemacht, richtiger: Feder- und Bleistiftskizzen, die, wie mir scheint, schon etwas besser sind.

Sie erinnern ein bißchen an gewisse Zeichnungen von Lançon oder an gewisse englische Holzschnitte, sind aber ungeschickter und unbeholfener. Sie stellen unter anderem einen Dienstmann dar, einen Grubenarbeiter, einen Schneeschipper, Spaziergang im Schnee, alte Frauen, einen charakteristischen alten Mann (Ferragus aus »Geschichte der Dreizehn« von Balzac) usw. Ich schicke Dir zwei kleine: »Unterwegs« und »Am Kamin«. Ich sehe wohl, daß das noch nicht gut ist, immerhin, allmählich kommt etwas heraus. Ich habe fast jeden Tag irgendein Modell, einen alten Dienstmann, oder einen Arbeiter, oder einen Jungen. Nächsten Sonntag kommen vielleicht ein paar Soldaten, die mir Modell stehen wollen.

Und weil ich jetzt nicht mehr schlechter Stimmung bin, mache ich mir eine ganz andere und bessere Vorstellung von Dir und von der Welt im allgemeinen. Ich habe auch wieder eine Landschaft gezeichnet, ein Stück Heideland, was ich lange nicht getan hatte.

Ich liebe Landschaft sehr, aber noch zehnmal mehr diese Sittenstudien von einer oft erschreckenden Wirklichkeitstreue, wie sie Gavarni, Henri Monnier, Daumier, de Lemud, Henri Pille, Th. Schuler, Ed. Morin, G. Doré (zum Beispiel in seinem »London«), A. Lançon, de Groux, Félicien Rops usw. usw. so meisterhaft gezeichnet haben.

Ohne mir irgendwie anzumaßen, ich könnte es soweit bringen wie die Genannten, hoffe ich doch, durch fleißiges Zeichnen dieser Arbeitertypen und so fort dahin zu kommen, daß ich einigermaßen fähig werde, Illustrationen für Zeitschriften oder Bücher zu machen. Vor allem, wenn ich mal soweit bin, daß ich mir öfter Modelle leisten kann, auch weibliche Modelle, werde ich noch bessere Fortschritte machen, das fühle ich, und das weiß ich.

Und wahrscheinlich werde ich auch dahin kommen, Bildnisse

machen zu können, aber nur unter der Bedingung, daß ich viel arbeite. Kein Tag ohne Linie, wie Gavarni gesagt hat.

142   2. April 1881

Von Pa hörte ich, daß Du mir, ohne daß ich etwas davon wußte, schon lange Geld geschickt hast und mir dadurch tatkräftig hilfst, mich durchzuwürgen. Nimm meinen herzlichen Dank dafür. Ich habe die feste Zuversicht, daß Du es nicht bedauern wirst; auf diese Art erlerne ich einen Beruf, und obwohl ich gewiß keine Reichtümer damit verdienen werde, so werde ich doch wenigstens meine hundert Francs im Monat herausholen, die man zum Lebensunterhalt mindestens nötig hat, sobald ich als Zeichner etwas fester auf den Beinen stehe und feste Arbeit bekomme ...

Ungefähr acht Tage lang kann ich noch weiter bei Rappard arbeiten, aber dann zieht er wahrscheinlich fort. Mein Schlafzimmerchen ist zu klein, und das Licht ist nicht gut, und die Leute würden nicht erlauben, daß ich das Fenster zum Teil abdecke, damit weniger Licht hereinkommt; ich darf nicht mal meine Radierungen oder meine Zeichnungen an die Wand hängen. Wenn Rappard also im Mai hier weggeht, muß ich umziehen und würde dann sehr gern eine Zeitlang auf dem Lande arbeiten, in Heyst, Calmphout, Etten, Scheveningen, Katwijk oder sonst irgendwo, oder auch hier mehr in der Nähe, Schaerbeek, Haeren, Groenendael.

Und besonders gern in einem Ort, wo Gelegenheit ist, mit anderen Malern in Berührung zu kommen und womöglich zusammen zu wohnen und zu arbeiten, weil das billiger und besser ist.

Die Unterhaltskosten belaufen sich eigentlich überall auf mindestens einhundert Francs im Monat; wenn man weniger hat, muß man Mangel leiden, entweder körperlich oder an unentbehrlichem Material und Malgerät.

Diesen Winter habe ich, sagen wir mal, einhundert Francs im Monat gebraucht, obwohl es in Wirklichkeit kaum so viel gewesen ist. Davon habe ich einen beträchtlichen Teil für Zeichenmaterial ausgegeben und mir auch Kleider angeschafft. Ich habe nämlich zwei Arbeiteranzüge aus grobem schwarzem Samt gekauft, aus dem Stoff, den man, glaube ich, Veloutine nennt. Das sieht gut aus, und man kann sich damit sehen lassen, überdies werden sie mir mal gut zustatten kommen, weil ich später, und auch jetzt schon, allerhand Arbeitersachen für meine Modelle brauche, die ich natürlich wie jeder andere nötig habe. Allmählich, notfalls vom Trödler, muß ich mir zu diesem Zweck allerlei Kleidungsstücke anschaffen, Männer- und auch Frauensachen, aber das muß natürlich nicht alles auf einmal sein; immerhin habe ich einen Anfang damit gemacht und setze es fort ...

Das Billigste wäre vielleicht, wenn ich diesen Sommer in Etten verbrächte, dort gibt's Stoff genug zum Malen. Wenn Du das für wünschenswert hältst, kannst Du Pa darüber schreiben; ich bin bereit, mich in Kleidung oder sonst etwas anderem nach ihnen zu richten, wie sie es wollen, und vielleicht liefe ich dort diesen Sommer auch mal C. M. in die Arme.

Wirkliche Bedenken bestehen nicht dagegen, soviel ich weiß. Stets wird innerhalb oder außerhalb der Familie unterschiedlich über mich geurteilt oder gesprochen werden, und man wird stets sehr weit voneinander abweichende Meinungen zu hören bekommen.

Und das nehme ich niemandem übel, denn verhältnismäßig nur sehr wenige Leute wissen, warum ein Zeichner dieses oder jenes tut. Aber wenn jemand, um malerische Stellen oder Figuren aufzustöbern, in allerlei Winkeln und Löchern herumkriecht, die ein anderer meidet, so trauen ihm Bauern und Kleinbürger allerlei Schlechtigkeiten und böse Absichten zu, die ihm völlig fern liegen.

Wenn ein Bauer sieht, daß ich einen alten Baumstumpf zeichne und eine Stunde lang davor sitzen bleibe, so hält er mich für verrückt und lacht mich natürlich aus. Eine junge Dame, die über einen Arbeiter in seinem geflickten, staubigen und durchschwitzten Arbeitsanzug die Nase rümpft, kann natürlich nicht begreifen, warum jemand ins Borinage oder nach Heijst geht und bis zu den maintenages einer Kohlengrube einfährt, und auch sie kommt zu dem Schluß, daß ich verrückt bin.

Etten · April 1881 bis Dezember 1881

Als neue Wohn- und Arbeitsstätte bietet sich das Elternhaus in Etten an. In rastloser Arbeit entwickelt Vincent hier seine Fähigkeiten und Vorstellungen als Zeichner. Der Ferienaufenthalt seiner jung verwitweten Kusine Kate (Kee) Vos und ihres vierjährigen Sohnes wird für ihn Anlaß zu einer neuerlichen rückhaltlosen Liebe. Nachdrücklich zurückgewiesen, beginnt er im Dezember bei Anton Mauve im Haag zu aquarellieren und in Öl zu malen. Noch vor Jahresschluß siedelt er endgültig in den Haag über: er will künstlerisch durch Unterstützung Mauves vorankommen und will mit einer Frau zusammenleben, wie er sie in diesem Dezember im Haag kennenlernt. In Etten nimmt zugleich der umfangreiche Briefwechsel mit Anthon van Rappard seinen Anfang, worin Vincent sich so erklärt: »Nun sagst Du, ich sei eigentlich doch ein Fanatiker und verkündigte eine Lehre ... Aber was will ich denn so fanatisch; wohin will ich die Menschen drängen, und mich selber vor allem? Auf die hohe See. Und welche Lehre verkünde ich? Laßt uns, Menschen, unsere Sache mit ganzer Seele betreiben, laßt uns mit dem Herzen arbeiten und laßt uns lieben, was wir lieben.« Und er fügt hinzu: »Auf hoher See kann es der Mensch auf die Dauer doch nicht aushalten — er muß am Strand ein Hüttchen haben mit Feuer im Herd — mit einer Frau und Kindern rings um den Herd.«

144 (1. Mai 1881)

Ich bin doch sehr froh, daß es sich so gefügt hat, daß ich eine Zeitlang ruhig hier arbeiten kann; ich hoffe, so viele Studien wie nur irgend möglich zu machen, denn das ist die Saat, aus der später die Zeichnungen entstehen.

145 (Mai 1881)

Wenn es nicht regnet, arbeite ich jeden Tag im Freien, meistens in der Heide. Ich mache meine Studien in ziemlich großem Format, wie Du bei Deinem Besuch hier schon einige gesehen hast.

146 (Juni 1881)

Du mußt wissen, daß Rappard hier gewesen ist, etwa zwölf Tage, und jetzt ist er wieder abgereist. Natürlich soll ich Dich von ihm grüßen. Wir sind viel zusammen unterwegs gewesen, u. a. in der Heide bei Seppe, im sogenannten Passievaart, einem großen Sumpfgebiet.

Dort hat Rappard eine große Studie gemalt (1 Meter zu 50), in der viel Gutes war ...

Ich habe Cassagne, »Traité d'aquarelle«, bekommen und bin dabei, es zu studieren; auch wenn ich keine Aquarelle machen sollte, so finde ich doch vielleicht mancherlei darin, z. B. für Sepia und Tusche. Denn bisher habe ich immer nur ausschließlich mit Bleistift gezeichnet und mit der Feder noch ausgearbeitet und die Dinge herausgeholt, notfalls mit einer Rohrfeder, mit der sich breiter arbeiten läßt. Was ich in letzter Zeit gezeichnet habe, hat diese Arbeitsweise mit sich gebracht, denn es waren Vorwürfe, bei denen viel zu *zeichnen* war, auch perspektivisch, nämlich einige Werkstätten hier im Dorf, eine Schmiede, ein Zimmerplatz und ein Holzschuhmacher.

148 (Juli 1881)
Ich wünschte, alle Leute hätten, was ich so allmählich bekomme: die Fähigkeit, ein Buch ohne Mühe in kurzer Zeit zu lesen und einen starken Eindruck davon zu behalten. Es ist mit dem Bücherlesen wie mit dem Bildersehen, man muß schön finden, was schön ist – ohne zu zweifeln, ohne zu schwanken, seiner Sache gewiß.

Ich bin dabei, allmählich alle meine Bücher wieder in Ordnung zu bringen; ich habe zuviel gelesen, um nicht systematisch weiterzuarbeiten, um mich nicht wenigstens einigermaßen über die moderne Literatur zu unterrichten.

Es tut mir oft so schrecklich leid, daß ich nicht viel mehr von Geschichte weiß, besonders von moderner Geschichte. Freilich, mit Leidtun und Sich-damit-Abfinden kommt man nicht weiter, sondern sich durch- und vorwärtswürgen muß man ...

Es ist ein richtiges Kunststück, den Leuten beizubringen, was Modellstehen ist. – Bauern und Kleinbürger sind schrecklich verstockt und lassen sich nicht davon abbringen, daß man nicht anders Modell stehen darf als im Sonntagsanzug mit unmöglichen Falten, in den weder Knie noch Ellbogen noch Schulterblatt noch irgendein anderer Körperteil seine charakteristische Ausbuchtung hineingemacht hat. Das ist wirklich eine von den petites misères de la vie d'un dessinateur[1].

149 (August 1881)
Bei Mauve war ich einen Nachmittag und einen Teil des Abends und sah viel Schönes in seinem Atelier. Meine eigenen Zeichnungen interessierten Mauve mehr. Er hat mir eine ganze Menge Winke gegeben, darüber bin ich sehr froh.

1 *kleinen Kümmernissen im Leben eines Zeichners*

150   (September 1881)

Obwohl ich Dir erst vor kurzem schrieb, habe ich Dir diesmal doch noch einiges mehr zu sagen.

Nämlich, daß eine Veränderung in mein Zeichnen gekommen ist, sowohl in meine Arbeitsweise als auch in das Ergebnis davon. Auch habe ich, veranlaßt durch einiges, was Mauve mir sagte, wieder angefangen, nach lebendem Modell zu arbeiten. Glücklicherweise habe ich verschiedene Leute hier dazu kriegen können, unter anderen Piet Kaufman, den Arbeiter. Das sorgfältige Studium und das anhaltende und wiederholte Zeichnen der »Exercices au fusain« von Bargue hat mir ein besseres Verständnis für das Figurenzeichnen verschafft. Ich habe messen und sehen und große Linien suchen gelernt, so daß, was mir früher bis zum Verzweifeln unmöglich erschien, jetzt Gott sei Dank allmählich möglich wird.

An die fünfmal hintereinander habe ich einen Bauern mit Spaten, kurz »un bêcheur«[2], in verschiedenen Stellungen gezeichnet, zweimal einen Sämann, zweimal ein Mädchen mit Besen. Ferner eine Frau mit weißer Haube, die Kartoffeln schält, einen Hirten, der sich auf seinen Stab stützt, und schließlich einen alten kranken Bauern, auf einem Stuhl am Ofen sitzend, den Kopf in den Händen und die Ellbogen auf den Knien. Und dabei wird es natürlich nicht bleiben; wenn erst mal ein paar Schafe über die Brücke sind, kommt die ganze Herde hinterher. Grabende, Sämänner, Pflüger, Männer und Frauen muß ich nun unaufhörlich zeichnen. Alles, was zum Leben auf dem Lande gehört, beobachten und zeichnen. Genauso, wie viele andere das getan haben und tun. Ich stehe nun nicht mehr so machtlos vor der Natur wie früher.

Aus dem Haag habe ich in Holz gefaßte Kreide (wie Bleistift) mitgebracht, und damit arbeite ich nun viel.

Auch fange ich an, mit dem Pinsel und dem Wischer hineinzuarbeiten, mit etwas Sepia und chinesischer Tusche und ab und zu mit ein bißchen Farbe. Ganz gewiß haben die Zeichnungen, die ich in letzter Zeit gemacht habe, sehr wenig Ähnlichkeit mit irgend etwas anderem, was ich bisher machte.

152   (Oktober 1881)

Es fängt immer damit an, daß die Natur dem Zeichner Widerstand entgegensetzt, aber wer es wirklich ernst nimmt, der läßt sich durch diesen Widerstand nicht aus der Fassung bringen, im Gegenteil, es ist ein Anreiz mehr, zu siegen, und im Grunde sind die Natur und ein

2 *einen Grabenden*

ehrlicher Zeichner einig. Aber die Natur ist gewiß »intangible«[3], doch man muß sie anpacken, und zwar mit fester Hand. Und nachdem ich nun einige Zeit mit der Natur gerungen und gekämpft habe, wird sie allmählich ein bißchen nachgiebiger und gefügiger; nicht, daß ich schon am Ziele wäre — niemand ist weiter davon entfernt, das zu glauben, als ich selbst —, aber es geht doch allmählich besser vorwärts. Der Kampf mit der Natur hat manchmal etwas von dem, was Shakespeare »Taming the Shrew«[4] nennt (d. h. die Widerspenstige besiegen durch Ausdauer, bongré et malgré[5]). In vielen Dingen, doch besonders beim Zeichnen, glaube ich, daß »serrer de près vaut mieux que lâcher«[6].

Mit der Zeit wird mir immer klarer, daß gerade Figurenzeichnen wichtig ist und indirekt auch dem Landschaftszeichnen zugute kommt. Wenn man eine Kopfweide zeichnet, als sei sie ein lebendes Wesen, und das ist sie ja eigentlich auch, dann folgt die Umgebung wie von selbst, wenn man nur seine ganze Aufmerksamkeit auf den bewußten Baum gerichtet und nicht geruht hat, bis etwas vom Leben hineingekommen ist.

153   (3. November 1881)

Ich habe etwas auf dem Herzen, das ich Dir sagen will; vielleicht weißt Du bereits davon, und ich erzähle Dir nichts Neues. Ich wollte Dir sagen, daß ich diesen Sommer K.[7] sehr liebgewonnen habe. Aber als ich ihr das sagte, hat sie mir geantwortet, daß ihre Vergangenheit und ihre Zukunft für sie *eins* blieben und sie also meine Gefühle nie erwidern könne.

Da war ich in einem furchtbaren Zwiespalt, was ich tun sollte — mich mit diesem »nie, nein, nimmer« abfinden, oder die Sache als noch nicht entschieden und beendet ansehen und noch etwas guten Mut bewahren und es noch nicht aufgeben?

Für letzteres habe ich mich entschieden. — Und bis heute habe ich diese Auffassung nicht bereut, obwohl ich noch immer diesem »nie, nein, nimmer« gegenüberstehe.

Natürlich habe ich seitdem eine ganze Menge »petites misères de la vie humaine«[8] durchgemacht, die, in einem Buch dargestellt, vielleicht

3 *unberührbar*
4 *Der Widerspenstigen Zähmung*
5 *sie mag'wollen oder nicht*
6 *hart zupacken besser ist als loslassen*
7 *Kee Vos, geb. Stricker*
8 *kleine Kümmernisse des Menschenlebens*

diesen oder jenen belustigen würden; aber wenn man sie selber erlebt, kann man sie bestimmt nicht erfreulich finden ...

Theo, bist Du etwa auch verliebt, ich wünschte, es wäre so, denn glaube mir, auch die petites misères, die das mit sich bringt, haben ihren Wert. Manchmal ist man ganz verzweifelt, es gibt Augenblicke, wo man sozusagen in der Hölle ist, und doch — es ist auch etwas anderes und Besseres damit verbunden. Es gibt drei Stufen

1) nicht lieben und nicht geliebt werden
2) lieben und nicht geliebt werden (der vorliegende Fall)
3) lieben und geliebt werden. —

Nun behaupte ich, daß die zweite Stufe besser ist als die erste, aber die dritte! Das ist *das Wahre*.

Los, old boy, verliebe Dich nun auch mal, und berichte mir dann auch davon; verhalte Dich in meinem Fall schön still und hab Mitgefühl mit mir.

154 *(7. November 1881)*

Zuerst muß ich Dich einmal fragen, ob es Dich auch nur einigermaßen erstaunt, daß es Liebe gibt, so ernst und leidenschaftlich, daß sie nicht kühler wird, auch nicht durch noch so viele »nein, nie, nimmer«?

Ich glaube bestimmt, es wird Dir, weit entfernt davon, Dich zu erstaunen, sehr natürlich und raisonnable[9] vorkommen.

Liebe ist doch etwas Positives, etwas Starkes, etwas so Wirkliches, daß es für einen, der liebt, ebenso unmöglich ist, dieses Gefühl wieder rückgängig zu machen, wie Hand an sein eigenes Leben zu legen.

Sagst Du nun darauf: »Aber es gibt doch Menschen, die Hand an ihr Leben legen«, dann antworte ich einfach: »Ich glaube eigentlich nicht, daß ich ein Mensch mit solchen Neigungen bin.«

Ich habe sehr viel Lust zum Leben bekommen, und ich bin sehr froh, daß ich liebe. Mein Leben und meine Liebe sind eins. »Aber du stehst vor einem ›nie, nein, nimmer‹«, wirst Du mir vorhalten. Darauf sage ich: »Old boy, vor der Hand betrachte ich dieses ›nie, nein, nimmer‹ als einen Eisklumpen, den ich mir aufs Herz lege, damit er da zerschmilzt.«

Zu entscheiden, wer nun siegen wird, die Kälte dieses Eisklumpens oder meine Lebenswärme, das ist eine heikle Frage, über die ich mich fürs erste lieber nicht aussprechen möchte, und ich wünschte, auch die andern hielten in dieser Hinsicht den Mund, wenn sie nichts Besseres

9 *vernünftig*

zu sagen wissen als »unschmelzbar«, »Narretei« und dergleichen liebreiche Anzüglichkeiten mehr. Hätte ich einen Eisberg aus Grönland oder Nowaja Semlja von ich weiß nicht wieviel Meter Höhe, Dicke und Breite vor der Nase, so wäre es bestimmt ein kritischer Fall, wenn ich besagtes Ungeheuer umfassen und mir aufs Herz legen wollte, um es zu schmelzen.

Doch angesichts der Tatsache, daß ich vor der Hand kein Eisungetüm von derartigen Dimensionen in meinem Fahrwasser vor mir spüre, angesichts der Tatsache, daß K. mit ihrem »nie, nein, nimmer« und alledem nicht viele Meter hoch, dick und breit ist und, wie ich wohl gemessen habe, nicht unumfaßbar, so kann ich das »Unsinnige« meiner Handlungsweise noch nicht einsehen.

Also drücke ich den Eisklumpen »nie, nein, nimmer« ans Herz, ich weiß mir nicht anders zu helfen, und wenn ich es dahin zu bringen suche, daß er verschwindet und schmilzt — wer hat was dagegen?

Aus welcher Physik sie die Unschmelzbarkeit des Eises gelernt haben, ist mir ein Rätsel.

Ich finde es zwar sehr melancholisch, daß so viele es so schwer nehmen, doch ich habe keineswegs im Sinn, selbst darüber melancholisch zu werden und den aufgenommenen guten Mut wieder sinken zu lassen. Das sei ferne von mir...

Findest Du es nicht sehr gescheit von den Leuten, daß sie angedeutet haben, ich solle mich nur darauf vorbereiten, daß ich vielleicht schon bald zu hören bekäme, sie habe eine andere, reichere Partie angenommen, sie sei schön geworden und bekäme bestimmt einen Antrag, sie hätte ganz entschieden einen Widerwillen gegen mich, wenn ich weiter ginge als »Bruder und Schwester« (das sei die äußerste Grenze), und es wäre doch schade, wenn ich »inzwischen« (!!!) eine andere bessere Chance vorübergehen ließe!!!

Wer noch nicht gelernt hat zu sagen »die und keine andere«, weiß der, was Liebe ist?...

Ich sah, daß sie immerfort an diese Vergangenheit dachte und sich voll Hingabe in sie vertiefte. Da dachte ich: obwohl ich dieses Gefühl respektiere, und obwohl mich ihre tiefe Trauer rührt und bewegt, so finde ich doch, es hat etwas Verhängnisvolles. Also darf es mein Herz nicht weich machen, sondern ich muß fest und entschieden sein wie eine stählerne Klinge. Ich will versuchen, »etwas Neues« zu wecken, das das Alte nicht auslöscht, doch ebenfalls ein Daseinsrecht hat.

Und dann fing ich an — erst ungeschickt, unbeholfen, aber doch entschieden, und das endete mit dem Wort: »K., ich liebe dich wie mich selbst« — und da sagte sie: »Nie, nein, nimmer.«

Nie, nein, nimmer, was steht dem gegenüber: Aimer encore[10]! Wer siegen wird, das kann ich nicht entscheiden. Gott weiß es, ich weiß nur das eine, »that I had better stick to my faith«[11].

Als ich diesen Sommer das »nie, nein, nimmer« hörte, o Gott, wie schrecklich war das! Obwohl es mich nicht unvorbereitet traf, so war es doch im Anfang etwas Zerschmetterndes wie die ewige Verdammnis – und ja – es warf mich sozusagen einen Augenblick zu Boden.

Da, in dieser unaussprechlichen Seelenangst, stieg wie ein helles Licht in der Nacht ein Gedanke in mir auf, nämlich: wer verzichten *kann*, der soll auch verzichten, doch wenn du *glauben kannst*, so glaube! Da stand ich auf, nicht entsagend, sondern gläubig, und hatte keinen anderen Gedanken als: *sie* und keine andere!

Du wirst mir sagen: wovon willst du leben, wenn du sie gewinnst, oder vielleicht: du wirst sie nicht kriegen – doch nein, so wirst Du nicht sprechen. Wer liebt, lebt, wer lebt, arbeitet, wer arbeitet, der hat Brot.

So bin ich denn ruhig und gefaßt, und gerade das hat Einfluß auf meine Arbeit, die mich je länger um so stärker fesselt, gerade weil ich mir bewußt bin, daß sie mir gelingen wird. Nicht, daß Außergewöhnliches aus mir werden wird, aber etwas »Gewöhnliches« bestimmt, und da verstehe ich unter »gewöhnlich«, daß meine Arbeit gesund und raisonnable sein und eine Daseinsberechtigung haben und zu irgend etwas gut sein wird. Ich glaube, daß nichts uns so sehr in die Wirklichkeit führt wie wahre Liebe. Und wer in die Wirklichkeit gelangt, ist der auf schlechtem Wege? Ich glaube, nein. Aber womit soll ich es vergleichen, dieses eigenartige Gefühl, diese eigentümliche Entdeckung »lieben«? Denn wahrlich ist es für den Menschen eine Entdeckung wie die Entdeckung einer neuen Welthälfte, wenn er ernstlich liebt.

155
Pa und Ma sind sehr gut, doch haben sie nicht den rechten Blick für die eigentliche Gemütsstimmung und die eigentliche Lage, Deine sowohl wie meine. Sie haben uns von ganzem Herzen lieb – vor allem Dich, und wir beide, Du und ich, haben im Grunde auch sie sehr lieb, aber praktischen Rat können sie uns in vielen Fällen – leider! – nicht geben, und es gibt Fälle, wo sie uns trotz bester Absichten nicht verstehen. Das liegt nicht so sehr an ihnen oder an uns als am Altersunterschied und an der unterschiedlichen Denkweise und den unter-

---

10 *Von neuem lieben!*
11 *daß ich besser daran täte, an meinem Glauben festzuhalten*

schiedlichen Umständen. Aber – daß unser Zuhause unser Ruhepunkt ist und bleibt, komme was da wolle, und daß wir gut daran tun, dies zu schätzen, und unserseits verpflichtet sind, dieses Zuhause zu ehren, darin bin ich ganz und gar mit Dir einig, wenn Du auch eine solche freimütige Erklärung vielleicht nicht von mir erwartet hast ...

Du erinnerst Dich vielleicht, daß wir diesen Sommer mit einer Art trostloser Verzweiflung von der Frauenfrage gesprochen haben. Daß wir so etwas fühlten oder zu fühlen glaubten wie:

La femme est la désolation du juste.[12]

Und – und – ich und vielleicht auch Du waren unserer Meinung nach ein bißchen wenigstens Monsieur le Juste en question[13]; ob nun dieses Wort wahr oder unwahr ist, bin ich unfähig zu entscheiden, denn seit diesem Sommer sind mir Zweifel gekommen, ob ich eigentlich schon recht wisse, qu'est-ce que c'est qu'une femme, et qu'est-ce que c'est qu'un juste[14]. Und ich habe mir vorgenommen, diese Fragen einmal näher zu untersuchen, welche Untersuchung zur Folge hat, daß ich mir des öfteren sagte: tu ne sais pas encore ce que c'est qu'une femme. Tu ne sais pas encore ce que c'est qu'un juste, si non toutefois que tu n'en es pas encore un[15].

Was etwas gänzlich anderes ist als meine Stimmung in diesem Sommer. Nicht ich, sondern Vater Michelet sagt zu allen jungen Männern wie Dir und mir: *il faut qu'une femme souffle sur toi, pour que tu sois homme. Elle a soufflé sur moi, mon cher! Faut-il de même et par recontre qu'un homme souffle sur une femme pour qu'elle soit femme? Je le pense très certainement.*[16]

Da hast Du eine Liebesgeschichte, Du Geschäftsmann, Du! Findest Du sie sehr langweilig und sehr sentimental? Als ich mir einmal fest vorgenommen hatte, auch auf die Gefahr hin, daß ich zunächst K.s Mißfallen erregen könnte, sie nicht zu verlassen und nicht von ihr umzukehren, als ich mich einzig und allein an das »sie und keine andere« und das »aimer encore« festklammerte, da kam eine gewisse Ruhe und Entschlossenheit über mich.

12 *Die Frau ist die Verzweiflung des Gerechten*
13 *der fragliche Herr Gerechte*
14 *was eine Frau und was ein Gerechter ist*
15 *Du weißt noch nicht, was eine Frau ist. Du weißt noch nicht, was ein Gerechter ist, außer daß Du selbst noch keiner bist.*
16 *Es ist nötig, daß eine Frau ihren Atem über Dich hingehen läßt, damit Du zum Manne wirst. Sie hat ihren Atem über mich hingehen lassen, mein Lieber! Ist es etwa auch nötig, daß ein Mann seinen Atem über eine Frau hingehen läßt, damit sie zur Frau wird? Ich glaube das ganz entschieden.*

Da war auch meine Schwermut von mir gewichen, da wurden alle Dinge neu für mich, da wuchs meine Arbeitskraft.

Wohl gibt es Leute, die meinen, ich müßte verzichten, und finden, es sei gegen die Regeln, daß ich mich nicht geschlagen gebe; doch wenn man von meiner Liebeserklärung in diesem Sommer sagt: »Vögel, die zu früh singen, fängt die Katz«, so kennst Du auch das Versehen:

Federn mußt er freilich lassen,
Doch darum kein Weh und Ach!
Denn die Federn, Bürschlein, wachsen
Um so schöner wieder nach. —

Nun ist es aber für mich »une petite misère de la vie humaine«[17], daß ich sie nicht ab und zu besuchen oder ihr schreiben kann, und daß manche, die einen heilsamen Einfluß darauf nehmen könnten, dieses »nein, nie, nimmer« zu unterminieren, im Gegenteil Wasser auf die Mühle des »nein, nie, nimmer« gießen, und zwar sehr reichlich...

Diesen Sommer hätte ein Wort von Ma mir die Gelegenheit geben können, *ihr* noch vieles zu sagen, was vor allen anderen nicht gesagt werden konnte. Ma weigerte sich aber ganz entschieden, dieses Wort auszusprechen, im Gegenteil, sie schnitt mir die Gelegenheit dazu ab.

Und kam zu mir mit einem Gesicht voll Mitleid und mit allerlei Trostworten, und ohne Zweifel hatte sie ein sehr schönes Gebet für mich gebetet, daß mir doch die Kraft zum Verzicht geschenkt werden möge.

Doch bis heute ist dieses Gebet unerhört geblieben, im Gegenteil ist mir Kraft zum Handeln geschenkt worden...

Seit ich wirklich liebe, ist auch mehr Wirklichkeit in meine Zeichnungen gekommen, und ich sitze nun in dem kleinen Zimmer mit einer ganzen Versammlung von Männern, Frauen und Kindern aus 't Heike um mich her und schreibe Dir.

156
Seit Anbeginn dieser Liebe habe ich gefühlt, daß für mich keine Hoffnung bestünde, wenn ich mich nicht sans arrière-pensée[18] hineinstürzte, völlig bedenkenlos, von ganzem Herzen, ganz und gar und für immer, und nun ich mich auf diese Art hineingestürzt habe, ändert das nichts daran, daß die Chance sehr gering ist. Doch was kümmert's mich, ob die Chance größer oder kleiner ist? Ich meine: muß ich, kann

---
17 *eine kleine Mißlichkeit des menschlichen Lebens*
18 *ohne Hintergedanken*

ich damit rechnen, wenn ich liebe? Nein – keinerlei Gewinnberechnung – man liebt, weil man liebt.

Lieben – quelle chose![19]

Stell Dir einmal vor, was eine richtige Frau denken würde, wenn sie merkte, daß jemand um sie anhielte und dabei Hintergedanken hätte – würde sie ihm da nicht etwas Schlimmeres sagen als »nie, nein, nimmer«!

Ach Theo, laß uns nicht darüber sprechen, wenn Du und ich lieben, dann lieben wir, voilà tout![20]

Und dann behalten wir unseren klaren Kopf und verdunkeln weder unseren Geist noch beschneiden wir unsere Gefühle, noch löschen wir das Feuer und das Licht, sondern wir sagen einfach: Gott sei Dank, ich liebe. Was würde eine richtige Frau von einem Liebenden wohl denken, der selbstbewußt zu ihr käme, seines Sieges gewiß? Keinen Groschen würde ich für seinen Erfolg bei jemandem wie K. geben, und um keinen Preis würde ich seinen Erfolg gegen mein »nein, nie, nimmer« tauschen mögen ...

Du wirst also für gewöhnlich das Glückskind genannt? Auch eine petite misère da la vie humaine!

Und Du zweifelst daran, ob Du wirklich eins bist oder nicht.

Aber welchen Grund hast Du zu zweifeln?

Ein Glückskind, das klagt – ohne Grund!

Und mich nennen sie den Schwermütigen, und ich will, daß Du mich zu einem »nie, nein, nimmer« beglückwünschst! ...

Dieses »nie, nein, nimmer« hat mich jedoch Dinge gelehrt, die ich nicht gewußt habe; erstens mir klargemacht, wie riesengroß meine Unwissenheit ist, und zweitens, daß es eine Frauenwelt gibt und noch viel mehr.

Auch, daß es »Existenzmittel« gibt.

Ich würde es sehr anständig von den Menschen finden, wenn sie sagten (wie die Verfassung sagt: tout homme est considéré innocent jusqu'à ce que sa culpabilité soit prouvée[21]), man müsse einander als Existenzmittel besitzend ansehen, bis das Gegenteil bewiesen wäre. Man könnte sagen: dieser Mensch existiert – ich sehe ihn, er spricht mit mir; ein Beweis seiner tatsächlichen Existenz ist sogar, daß er in einen bestimmten Fall verwickelt ist, z. B. in »besagten Fall«. Da seine Existenz mir klar und deutlich ist, will ich als Axiom annehmen, daß er diese Existenz bestimmten Mitteln zu danken hat, daß er diese

---
19 *welch ein Ereignis!*
20 *damit gut!*
21 *jedermann wird als unschuldig angesehen, bis seine Strafbarkeit bewiesen ist*

Mittel auf irgendeine Art bekommt und dafür arbeitet. Ich will ihn also nicht im Verdacht haben, daß er ohne Existenzmittel existiert.

So jedoch schlußfolgern die Menschen nicht, vor allem nicht ein gewisser »besagter Mann« in Amsterdam. Sie müssen die Mittel sehen, um an die Existenz des Besagten zu glauben, doch die Existenz des Besagten ist für sie kein Beweis für die Mittel dazu. Na, da es nun mal so ist, müssen wir ihm erst einmal eine Malerfaust unter die Nase halten, nicht, um damit auf ihn loszuschlagen oder auch nur, um ihn zu bedrohen. Sodann müssen wir diese Malerfaust gebrauchen, so gut und so schlecht wir eben können.

Wenn Du je liebst, so habe keinen Hintergedanken dabei, oder besser: wenn Du lieben wirst, sollst Du an kein Hintertürchen denken. Weiterhin: wenn Du lieben wirst, sollst Du Dich nicht von vornherein Deines Erfolges sicher fühlen. Du sollst »une âme en peine«[22] sein, und doch sollst Du lächeln. Wer sich in *dem* Sinne seiner Sache sicher fühlt, daß er sich voreilig einbildet: sie ist die meine, bevor er diesen Seelenkampf des Liebens ausgekämpft, bevor er auf hoher See, in Sturm und Unwetter zwischen Tod und Leben geschwebt hat, der weiß zu wenig, was ein wahres Frauenherz ist, und es wird ihm durch eine wahre Frau auf sehr eigenartige Weise klargemacht werden. Als ich jünger war, habe ich mir auch einmal halb eingebildet, daß ich liebte, und zur anderen Hälfte liebte ich wirklich; das hatte viele Jahre der Demütigung zur Folge. Möge ich damals nicht vergeblich gedemütigt worden sein.

157 *12. November 1881*

Was ich also sagen will, lieber Bruder, ist nicht mehr und nicht weniger, als daß ich fest glaube: ein Mann, wer er auch sei, ist sich einer sehr eigenartigen Sache, nämlich einer großen, tief in ihm verborgenen Kraft solange nicht bewußt, bis er eines Tages wachgerüttelt wird durch die Begegnung mit einer Frau, von der er sagt: sie und keine andere.

Wenn Geldgier und Ehrgeiz bei einem Manne nicht geringer sind als die Liebe, dann stimmt meiner Ansicht nach etwas bei ihm nicht. Wenn ein Mann nur Liebe hat und sich nicht darauf versteht, Geld zu verdienen, dann hapert ebenfalls etwas an ihm.

Ehrgeiz und Geldgier ist eine Firma in unserem Inneren, die der Liebe sehr feindlich ist. Diese beiden Kräfte liegen als Same oder Keim von Anfang an in uns allen, später im Leben entwickeln sie sich meist

22 *eine Seele in Not*

in ungleichem Verhältnis, bei dem einen die Liebe, bei dem anderen Ehrgeiz und Geldgier.

Doch nun können wir, Du und ich, in unserem Alter selbst wohl ab und zu etwas dazu tun, um die Wirtschaft in unserem Innern in Ordnung zu halten. Ich bin der Meinung, daß die Liebe, wenn sie zur Entwicklung kommt, zur vollen Entwicklung, Menschen von wertvollerem Charakter liefert als die entgegengesetzte Leidenschaft: Ehrgeiz und Co.

Aber gerade weil die Liebe so stark ist, sind wir vor allem in der Jugend (ich meine mit siebzehn, achtzehn, zwanzig Jahren) meist nicht stark genug, unser Steuer fest in der Hand zu halten. Die Leidenschaften sind die Segel des Schiffleins, mußt Du wissen.

Und jemand, der sich mit zwanzig Jahren völlig seinem Gefühl überläßt, kriegt zuviel Wind in die Segel, sein Boot läuft voll Wasser und – und er geht unter – oder er kommt doch wieder obenauf.

Hingegen: wer das Segel Ehrgeiz und Co. und kein anderes an seinem Maste aufzieht, der segelt schlankweg durchs Leben, durchs Meer, ohne Unglücksfälle, ohne Bocksprünge, bis – bis er endlich, endlich in eine Lage kommt, in der er merkt: ich habe nicht genug Segel, dann sagt er: alles, alles was ich habe, gäbe ich hin für einen einzigen Quadratmeter Segeltuch mehr, und ich habe ihn nicht. Da packt ihn Verzweiflung.

Ah! Doch nun besinnt er sich, daß er noch eine andere Kraft dazunehmen kann, er denkt an das bis jetzt verachtete Segel, das er bisher zum Ballast gelegt hatte. Und dieses Segel rettet ihn.

Das Segel Liebe muß ihn retten, wenn er das nicht aufzieht, kommt er nicht ans Ziel. Der erste Fall, der Fall des Mannes, dessen Boot in seinem zwanzigsten Jahr oder so um die Zeit kenterte und unterging – oder nein – doch wieder kürzlich im Fahrwasser auftauchte, ist eigentlich der Fall Deines Bruders V., der Dir schreibt als einer »who has been down but yet came up again«[23].

Was für eine Liebe war das, die ich in meinem zwanzigsten Lebensjahr hatte? Schwer zu sagen: meine *körperlichen Leidenschaften* waren damals sehr schwach, vielleicht die Folge jahrelanger schlimmer Armut und harter Arbeit. Aber meine geistigen Leidenschaften waren stark. Und damit meine ich: ohne etwas dafür zu fordern oder Mitleid annehmen zu wollen, war ich darauf aus, immer nur zu geben, doch nicht zu empfangen. Unsinnig, verkehrt, übertrieben, hochmütig, vermessen, denn in Sachen der Liebe darf man nicht nur geben, sondern muß auch nehmen, und umgekehrt darf man nicht nur

23 *der unten gewesen ist, aber doch wieder heraufgekommen ist*

nehmen, sondern muß auch geben. Wer nach rechts oder links abweicht, der fällt, da gibt's kein Erbarmen. Also fiel ich, und es war ein Wunder, daß ich wieder obenauf gekommen bin. Was mich allmählich wieder ins Gleichgewicht gebracht hat, war mehr als irgend etwas anderes das Lesen vernünftiger Bücher über körperliche und sittliche Krankheitszustände.

Ich lernte etwas tiefer in mein eigenes Herz blicken und auch in das Herz anderer. Ich fing an, die Menschen allmählich wieder liebzugewinnen, mich selbst inbegriffen, und mit der Zeit kam von neuem ein bißchen Herz und ein bißchen Geist in mich, die eine Zeitlang durch große Misere von allerlei Art sozusagen vernichtet und verdorrt und verwüstet waren.

Und je mehr ich ins wirkliche Leben zurückfand und mit Menschen umging, um so stärker erwachte neues Leben in mir, bis ich endlich *ihr* begegnete ...

Wenn Du mir sagst:»Paß auf, daß du dieses ›nein, nie, nimmer‹ nicht zu liebgewinnst«, und Du meinst damit, paß auf, daß du nicht alles gibst und nichts nimmst, so hast Du damit vollkommen recht, und wenn Du mir das sagst, so antworte ich darauf: früher habe ich einmal einen solchen Fehler begangen. Ich habe auf ein Mädchen verzichtet, und sie heiratete einen anderen, und ich ging weit fort von ihr und konnte sie doch nicht vergessen. Schlimm.

Aber durch Schaden und Schande etwas klüger geworden, sage ich jetzt: Weit davon entfernt, ohne weiteres zu verzichten, wollen wir doch lieber mal sehen, ob wir nicht durch tatkräftige, geduldige Energie zu einem Ergebnis kommen können, das uns etwas mehr Freude macht. Wir wollen unseren ganzen gesunden Verstand anstrengen, um dieses »nie, nein, nimmer« zum Schmelzen zu bringen ...

Wenn wir, sie mit ihrer Damenhand und ich mit meiner Malerfaust, arbeiten wollen, dann wird es uns am täglichen Brot nicht fehlen, und ihrem Jungen auch nicht.

Wenn ich mir ein Hintertürchen offen gehalten hätte, als ich um sie anhielt, würde sie mich verachtet haben, und jetzt verachtet sie mich nicht.

Aber nun ist mein dritter Briefbogen fast voll, und ich habe Dich doch noch etwas zu fragen. Junge, ich muß ihr Angesicht einmal wiedersehen und einmal mit ihr sprechen; wenn ich es nicht bald tue, so geschieht vielleicht auf dem großen Fest etwas, das sehr schlimm für mich werden könnte. Verlange nicht von mir, genau zu sagen, was. Wärst Du selbst verliebt, so würdest Du es begreifen; weil Du aber

109

nicht verliebt bist, könnte ich es Dir nicht begreiflich machen. Nun brauche ich ein bißchen Reisegeld nach Amsterdam, Theo. Auch wenn ich nur wenig Reisegeld habe, fahre ich hin. Pa und Ma haben mir versprochen, nichts dagegen zu tun, wenn ich sie nur sozusagen aus dem Spiel lasse. Falls Du es mir schickst, Bruder, mache ich für Dich noch eine Menge Zeichnungen von 't Heike und von was weiß ich alles.

158   Freitag, 18. November 1881
Es gibt Dinge, die man nicht hinnehmen *darf* — —

Wenn man sich ruhig sagen ließe »du bist verrückt« oder »du bist einer, der Familienbande zerreißt« oder »du bist unzart«, würde jeder, der ein Herz im Leibe hat, mit aller Energie dagegen protestieren. Ich habe freilich auch was zu Pa und Ma gesagt, nämlich, sie wären in bezug auf diese Liebe von mir sehr im Irrtum und ihre Herzen wären sehr verhärtet und schienen einer milderen und humaneren Auffassung völlig unzugänglich. Mit einem Wort, ihre Auffassung käme mir beschränkt und nicht großzügig und mild genug vor, auch scheine es mir, als sei »Gott« nur ein leerer Klang, wenn man Liebe verbergen müsse und nicht der Stimme des Herzens folgen dürfe.

Nun will ich ganz gerne glauben, daß ich manchmal meine Entrüstung nicht habe bezwingen können, wenn ich »unzart« und »Bande zerreißen« zu hören bekam, doch wer sollte dabei ruhig bleiben, wenn das kein Ende nahm?

Quoi qu'il en soit[24], Pa murmelte in seiner Wut nicht mehr und nicht weniger als einen Fluch. Aber auch schon voriges Jahr habe ich etwas Ähnliches zu hören bekommen, und Gott sei Dank — weit entfernt davon, wirklich verdammt zu sein, entwickelten sich in mir neues Leben und neue Tatkraft. Also habe ich das feste Vertrauen, daß es auch jetzt so sein wird, nur stärker und kräftiger als voriges Jahr. —

Theo, ich liebe sie, sie und keine andere, sie auf immerdar. Und — und — und Theo, obwohl es noch nicht in voller Wirkung zu sein »scheint«, so ist doch ein Gefühl der Erlösung in mir, als hätten sie und ich aufgehört, zwei zu sein, als wären wir auf ewig vereint.

159   Freitagabend
Übrigens, die Mißlichkeiten zwischen Pa und Ma und mir selbst sind nicht so schlimm, sind durchaus nicht derartig, daß wir nicht beieinander bleiben könnten.

Aber Pa und Ma werden alt, und sie haben ihre Vorurteile und veralteten Ansichten, die weder Du noch ich mehr teilen können. Wenn

---
24 *Wie auch immer*

Pa mich mit einem französischen Buch von Michelet oder Victor Hugo in der Hand sieht, dann denkt er gleich an Brandstifter und Mörder und »Unsittlichkeit«, aber das ist ja zu albern, und es ist doch selbstverständlich, daß ich mich durch solches Gerede nicht aus der Fassung bringen lasse. Schon oft habe ich zu Pa gesagt: lies doch mal, und wenn auch nur ein paar Seiten, aus so 'nem Buch, und du wirst selbst bewegt sein; aber das lehnt Pa hartnäckig ab. Ich las gerade jetzt, als diese Liebe sich in meinem Herzen festwurzelte, noch einmal die Bücher von Michelet, »L'amour« und »La femme«, und viele Dinge wurden mir klar, die mir sonst ein Rätsel geblieben wären. Ich habe Pa auch rundheraus gesagt, daß ich unter den gegebenen Umständen mehr auf Michelets Rat hören würde als auf den seinen, falls ich wählen müßte, wem von beiden ich folgen sollte.

Doch dann kommen sie mit einer Geschichte von einem Großonkel, der in französischen Ideen befangen war und sich dem Trunke ergeben hat, und deuten an, daß es mir ähnlich ergehen wird.

Quelle misère![25]

Pa und Ma sind sehr gut zu mir, insofern sie tun, was sie können, um mich gut zu nähren usw. Das weiß ich sehr zu schätzen, doch das ändert nichts daran, daß es für den Menschen mit Essen und Trinken und Schlafen nicht getan ist, daß er vielmehr nach etwas Edlerem und Höherem verlangt, ja einfach nicht ohne das leben kann.

Das Höhere, ohne das ich nicht sein kann, ist die Liebe zu K.

Pa und Ma folgern: sie sagt *nein*, also *mußt du schweigen*. Das sehe ich durchaus nicht ein, im Gegenteil. Und lieber gäbe ich die angefangene Arbeit auf und alle Annehmlichkeiten dieses Hauses, als daß ich auch nur im geringsten resignieren oder davon absehen würde, an sie oder ihre Eltern zu schreiben.

Jedenfalls schreibe ich Dir davon, weil alles, was meine Arbeit betrifft, Dich wenigstens sehr viel angeht, denn Du hast schon so viel Geld ausgegeben, damit ich es zu etwas bringe. Jetzt bin ich gut im Zuge, jetzt geht es vorwärts, jetzt fange ich an, Licht zu sehen, und jetzt, Theo, muß ich diese Drohung fürchten; nichts täte ich lieber, als einfach weiterarbeiten, aber Pa scheint mich vor die Tür setzen zu wollen, wenigstens hat er mir das heute früh gesagt...

Wäre es nicht verrückt, Theo, jetzt mit dem Zeichnen dieser Brabanter Volkstypen aufzuhören, jetzt, wo es so gut damit vorwärtsgeht, bloß weil Pa und Ma an meiner Liebe Anstoß nehmen?... Nein, nein, nein, das ist verkehrt, es kann nicht recht sein, daß sie mich gerade in diesem Augenblick aus dem Hause haben wollen. Es gibt

25 *So ein Jammer!*

keinen stichhaltigen Grund dafür, und es würde meiner Arbeit einen Riegel vorschieben. Also darf es nicht so kommen ...

Wenn ich nur zwanzig oder dreißig Francs habe, dann kann ich ihr Angesicht wenigstens einmal wiedersehen.

Und wenn Du magst, so schreib mal ein paar Worte über diesen *Bannfluch*, denn ich würde so gern noch ein Weilchen ruhig hier weiterarbeiten, das wäre mir das liebste. Ich brauche sie und ihren *Einfluß*, um einen höheren künstlerischen Standpunkt zu erreichen, ohne sie bin ich nichts, doch *mit* ihr bestehen Möglichkeiten. Leben, arbeiten und lieben sind eigentlich eins.

160   *19. November 1881*

Dank für Dein Mitgefühl, Dank für »das Reisegeld«. Dank für Deine Meinung von meinen Zeichnungen, wenn sie auch günstiger ist, als ich es verdiene. Schreibe mir weiter über meine Arbeit, fürchte nicht, mich durch Tadel zu verletzen; ich werde solche Verletzungen als Sympathiebeweise auffassen, Sympathie ist tausendmal mehr wert als Schmeichelei. Du schreibst mir praktische Dinge, ich muß von Dir lernen, praktisch zu werden, also mußt Du mir viel vorpredigen, denn ich weigere mich nicht, mich zu bekehren, und ich habe Bekehrung sehr nötig ...

Wäre ich nicht »one who has been down«, sondern im Gegenteil jemand, der immer fest auf beiden Beinen gestanden hätte, so würdest Du weniger als nichts von mir haben, aber weil ich in diesem geheimnisvollen, tiefen Brunnen des Herzeleids gewesen bin, so besteht der Schatten einer Möglichkeit, daß ich Dir in irgendeiner Herzensangelegenheit etwas Nützliches raten könnte.

Mit meinen Zeichnungen und praktischen Dingen komme ich zu Dir, um Heilung zu suchen – wer weiß, vielleicht kann ich meinerseits Dir in Liebesnöten irgendwie nützlich sein. Ich für mein Teil habe viel von Vater Michelet ...

Die Männer und Frauen, die man sich als Vorkämpfer der modernen Kultur denken darf, z. B. Michelet und Beecher-Stowe, Carlyle und George Eliot und wieviele andere, sie rufen uns zu: »O Mensch, der du ein Herz im Leibe hast, hilf uns, wer du auch seist, etwas Wirkliches, etwas Bleibendes, etwas Wahres zu schaffen, beschränke dich auf *einen* Beruf und liebe *eine* Frau. Laß deinen Beruf einen modernen Beruf sein und verhilf deiner Frau zu einer freien, modernen Seele, erlöse sie von den abscheulichen Vorurteilen, die sie fesseln. Zweifle nicht an Gottes Hilfe, wenn du tust, was du nach Gottes Willen tun sollst, und Gott will, daß in dieser Z... die Welt umgestaltet werde durch eine Umgestaltung der Sitten, durch eine Erneuerung des Lichtes und des Feuers der ewigen Liebe. Auf diesem Wege wirst du selbst Erfolg erringen, und gleichzeitig in deinem Kreise einen guten Einfluß ausüben, kleiner oder größer, je nach deiner Lage.« Sieh, das ungefähr ist es, was meiner Meinung nach Michelet uns sagt ...

Und was schwätzt man von »Existenzmitteln«, als hätte ich keine! Wo ist ein Künstler, der sich nicht gequält und geschunden hätte, und welchen anderen Weg gibt es als Sich-Abquälen und Sich-Abschinden, um endlich festen Grund unter die Füße zu kriegen?

Und seit wann gibt es für einen Menschen mit einer Malerfaust nichts mehr zu verdienen?

Ich habe wieder einen Grabenden angefangen, der auf dem Felde Kartoffeln hackt. Und da ist auch die Umgebung etwas mehr berücksichtigt. Gesträuch im Hintergrund und ein Streifen Himmel.

Junge, was ist das Feld schön! Wenn ich mehr verdiene und mehr für Modelle ausgeben kann, werde ich noch ganz andere Sachen machen, verlaß Dich drauf!

161 *23. November 1881*

Es ist so merkwürdig, daß ich so auf einmal ganz im ungewissen bin über das, was in Amsterdam vorgeht. Ich meine, daß ich nichts darüber weiß, als was ich *fühle*. Wie kann man denn in der Ferne etwas fühlen? Ja, dafür kann ich Dir keine Erklärung geben, aber verliebe Dich erst mal, dann hörst Du vielleicht auch Stimmen in der Ferne oder siehst kleine Dinge, aus denen Du auf große schließt, so wie man Feuer vermutet, wenn man Rauch sieht. Glücklicherweise ist stilles, mildes Wetter, das hat einen heilsamen Einfluß auf die Menschen. Hätten wir große Kälte und Nordwind, so stünde es um meinen »besagten Fall« viel schlechter. Unterdessen naht das große Fest von Onkel und Tante S. ...

Ob dieses milde Wetter mild genug ist, um dieser Tage das »nein, nie, nimmer« zu schmelzen? Wird man mich auf oder nach »dem großen Fest« hinausschmeißen? à Dieu ne plaise.[26]

Ob jenes trojanische Pferd in Form eines eingeschriebenen Briefes in die Mauern von Troja geholt worden ist? Und wenn ja, werden die im Pferd versteckten Griechen, d. h. die in diesem Brief geschriebenen Dinge, die Festung erstürmen?

Ja, deswegen bin ich in schrecklicher Spannung.

---

26 *Das verhüte Gott*

162 (Den Haag, um den 2. Dezember 1881)

Wie Du siehst, schreibe ich Dir aus dem Haag. Seit vorigem Sonntag bin ich hier. Wie Du weißt, war geplant, daß Mauve für einige Tage nach Etten kommen sollte; ich fürchtete, es würde nichts daraus werden, oder der Besuch würde zu kurz sein, und dachte: ich werde die Sache mal auf andere Art anpacken, und zwar womöglich etwas radikaler.

Ich sprach mit Mauve und sagte: bist du damit einverstanden, daß ich Dir etwa vier Wochen lang ein bißchen lästig falle, dann bin ich nach Verlauf dieser Zeit durch die allerersten petites misères[27] des Malens durch und gehe wieder nach 't Heike.

Nun, Mauve hat mich sofort vor einem Stilleben installiert – ein Paar alte Holzschuhe und andere Sachen, und da konnte ich mich gleich an die Arbeit machen. Und abends geh ich auch zu ihm zum Zeichnen.

Ich wohne ganz nah bei Mauve in einem kleinen Gasthof, wo ich für Zimmer und Frühstück dreißig Gulden im Monat zahle. Wenn ich also auf die hundert Francs von Dir rechnen kann, so ist es zu machen ...

»Inzwischen« bin ich in Amsterdam gewesen. Onkel S. war ziemlich böse, obwohl er das in glatteren Worten äußerte als »Gott verdamm dich«; doch das ändert nichts daran, daß ich es nicht bedaure, hingefahren zu sein.

163 (Den Haag, um den 18. Dezember 1881)

Also ich möchte nur sagen, Theo, ich komme hier allmählich ein bißchen in die Klemme. Und ich schreibe Dir, um Dir das zu sagen.

Ich habe kein Geld mehr, um hierzubleiben, ich habe kein Geld, um nach Hause zu fahren.

Jetzt warte ich jedenfalls noch ein, zwei Tage. Und dann werde ich tun, was Du willst.

Bist Du der Meinung, daß es besser wäre, wenn ich noch etwas hierbliebe, so würde ich sehr gern noch eine Weile bleiben und nicht heimfahren, bevor ich noch ein Stück weiter vorwärtsgekommen bin. Willst Du, daß ich jetzt gleich heimfahre, so ist mir das auch recht, wenn ich nur irgendwo ein passendes Zimmer finde, ein bißchen größer als das kleine Atelier zu Hause; dann kann ich eine Zeitlang wieder allein weiterwursteln und später mal wieder in den Haag fahren.

In jedem Fall, Theo, hat mir Mauve in bezug auf die Geheimnisse der Palette und des Aquarellierens ein Licht aufgesteckt. Und da

---

27 *kleinen Nöte*

werden wir die neunzig Gulden, die die Reise gekostet hat, schon wieder rausholen. Mauve sagt, jetzt gehe die liebe Sonne für mich auf, aber noch stecke sie im Nebel. Na, dagegen habe ich nichts.

164 (*Etten, etwa 21. Dezember 1881*)
Manchmal wirfst Du wohl, fürchte ich, ein Buch weg, weil es zu realistisch ist; hab Mitleid und Geduld mit diesem Brief, und lies ihn jedenfalls einmal durch, wenn er auch unerfreulich ist.

Wie ich Dir schon aus dem Haag schrieb, habe ich noch allerlei mit Dir zu besprechen, wenn ich wieder zu Hause bin. Nicht ohne Erregung denke ich an meinen Aufenthalt im Haag zurück. Als ich zu Mauve kam, hatte ich einigermaßen Herzklopfen, denn ich dachte bei mir, wird auch er versuchen, mich mit ein paar glatten Worten abzuspeisen, oder wird es mir hier anders ergehen? Und nun habe ich erlebt, daß er mich auf allerlei Art praktisch und herzlich ermutigt und belehrt hat...

Nun bin ich von ihm zurückgekehrt mit einigen Ölstudien und ein paar Aquarellen. Natürlich sind das keine Meisterwerke, aber ich glaube doch, daß etwas Gesundes und Wirkliches drin steckt, mehr wenigstens als in den Sachen, die ich bisher gemacht habe. Also meine ich, daß ich jetzt den Anfang zu etwas Ernstzunehmendem gemacht habe. Und da ich jetzt über ein paar weitere technische Hilfsmittel verfüge, nämlich Farbe und Pinsel, sind die Dinge sozusagen wieder neu für mich.

Aber — jetzt müssen wir das in die Praxis umsetzen. Und da ist das erste, daß ich einen Raum finden muß, der groß genug ist, um den nötigen Abstand nehmen zu können. Mauve sagte mir sofort, als er meine Studien sah: »Du hockst zu nahe an deinem Modell.« Dadurch wird es in vielen Fällen so gut wie unmöglich, die nötigen Abmessungen vorzunehmen, um die Proportion richtig herauszubringen; das ist sicher eins von den allerersten Dingen, auf die ich achten muß. Nun muß ich sehen, ob ich irgendwo einen passenden Raum mieten kann, ein Zimmer oder einen Schuppen. Und das wird ja die Welt nicht kosten...

Theo, was sind doch Ton und Farbe für großartige Sachen! Und wer nie lernt, Gefühl dafür zu haben, wie fern bleibt der dem Leben! Mauve hat mich so vieles einsehen gelehrt, was ich früher nicht sah; was er mir gesagt hat, will ich Dir bei Gelegenheit zu berichten versuchen, denn vielleicht gibt es da einiges, was auch Du nicht richtig siehst. Nun, wir werden uns schon noch mal über künstlerische Fragen aussprechen, hoffe ich. Und Du kannst Dir gar nicht denken, was für ein Gefühl von Erlösung mich allmählich überkommt, wenn ich an manches denke, was Mauve mir auch über das Verdienen gesagt hat ...

Denn seit ich hier bin, hat Pa wirklich nicht an mir verdient, und mehr als einmal hat er z. B. eine Jacke oder eine Hose gekauft, die ich eigentlich lieber nicht gehabt hätte, obwohl ich sie freilich nötig hatte; aber Pa darf nicht dadurch geschädigt werden. Um so mehr, als die bewußte Jacke oder Hose mir nicht paßt und nur halb oder gar nicht zweckmäßig ist ... Doch Pa ist nicht der Mann, für den ich fühlen kann, was ich für Dich oder für Mauve fühle. Ich habe Pa zwar sehr lieb, aber es ist eine ganz andere Art von Zuneigung als die zu Dir oder zu Mauve. Pa kann nicht mit mir mitleben und mitfühlen, und ich kann mich in Pa's Weltanschauung nicht hineinfinden – da kriege ich keine Luft –, ich würde drin ersticken. Ich lese wohl auch mal in der Bibel, genauso wie ich manchmal Michelet oder Balzac lese oder Eliot, aber in der Bibel sehe ich ganz andere Dinge als Pa, und das, was Pa mit Hilfe akademischer Mittelchen da herausholt, das kann ich ganz und gar nicht darin finden.

Pa und Ma haben, seit Pastor ten Kate Goethes »Faust« übersetzt hat, das Buch gelesen, denn nun ein Pastor es übersetzt hat, wird es doch nicht gar zu unsittlich (???? qu'est-ce que c'est que ca[28]) sein. Aber sie sehen nichts anderes darin als die unseligen Folgen einer unzüchtigen Liebe.

Und die Bibel verstehen sie gewiß ebensowenig. Nimm zum Beispiel Mauve – wenn der etwas liest, das tief ist, dann sagt er nicht auf der Stelle: der Mann beabsichtigt dies oder jenes. Denn Dichtung ist so tief und intangible, daß man nicht alles so obenhin systematisch definieren kann, aber Mauve hat ein feines Gefühl, und weißt Du, meiner Meinung nach ist ein solches Gefühl viel mehr wert als Definieren und Kritisieren. Und auch wenn ich lese – eigentlich lese ich gar nicht so viel, und wenn, dann nur anderthalben Verfasser, ein paar Leute, die ich so zufällig gefunden habe –, so tue ich es, weil sie die Dinge großzügiger und milder und mit mehr Liebe betrachten als ich und die Wirklichkeit besser kennen und weil ich auf diese Art von ihnen lernen kann; aber all dieses Gewäsch über Gut und Böse, Sittlichkeit und Unsittlichkeit, das ist mir im Grunde gleichgültig. Denn es ist mir wahrhaftig unmöglich, immer gleich zu wissen, was gut, was böse, was sittlich, was unsittlich ist. Die Sittlichkeit oder Unsittlichkeit bringt mich unwillkürlich auf K.

Ach, ich hatte Dir doch geschrieben, daß es mit der Zeit immer

28 *was ist denn das*

weniger wie Erdbeerenessen im Frühling geworden ist; so ist es auch jetzt noch — wenn ich mich wiederhole, so verzeih mir, aber ich weiß nicht, ob ich Dir schon genau geschrieben habe, was ich in Amsterdam erlebte. Ich fuhr also hin, denn ich dachte mir: wer weiß, vielleicht ist das »nie, nein, nimmer« im Begriff zu schmelzen, das Wetter ist ja so milde.

Und so schlenderte ich denn eines Abends auf der Suche nach dem Haus die Kaisersgracht entlang und fand es schließlich auch. Und natürlich klingelte ich und hörte, die Herrschaften säßen noch bei Tisch. Doch dann hieß es, ich könnte hereinkommen. Aber da waren sie alle, nur K. nicht. Und jeder hatte einen Teller vor sich, aber es war kein Teller zuviel, diese kleine Besonderheit fiel mir auf. Man wollte mir die falsche Vorstellung beibringen, daß K. nicht da sei, und hatte ihren Teller weggenommen; doch ich wußte, daß sie da war, ich fand das eine Komödie, ein albernes Spiel. Nach einer Weile fragte ich (nach den üblichen Redensarten und Begrüßungen): »Aber wo ist denn K.?« Da wiederholte Onkel S. meine Frage und sagte zu seiner Frau: »Mutter, wo ist K.?« Und Mutter, seine Frau, sagte: »K. ist ausgegangen.« Da habe ich vorläufig nicht weitergefragt und ein bißchen über die Ausstellung bei Arti usw. geredet. Aber nach dem Essen verschwanden die andern, und Onkel S. und seine Gattin und ich besagte Person blieben allein und setzten sich in Positur. Onkel S. als Priester und Vater nahm das Wort und sagte, er habe gerade besagten Brief an besagte Person schicken wollen, und nun werde er diesen Brief vorlesen. — Doch fragte ich erst noch einmal: »Wo ist K.?« (denn ich wußte, daß sie in der Stadt war). Da sagte Onkel S.: »K. hat das Haus verlassen, sobald sie hörte, daß du da seist.« Nun kenne ich sie einigermaßen, aber ich muß Dir gestehen, ich wußte damals nicht und weiß auch jetzt noch nicht mit Sicherheit, ob ihre Kühle und Härte ein gutes oder ein schlechtes Zeichen ist. Soviel weiß ich, daß ich sie nie gegen jemand anderen als gegen mich so scheinbar oder wirklich kühl und unfreundlich und hart gesehen habe. Ich sagte also nicht viel darauf und blieb ganz ruhig.

Laß mich den Brief nur mal hören, sagte ich, oder auch nicht, es ist mir ziemlich gleichgültig.

Nun kam die Epistel. Das Schreiben war sehr würdig und sehr gebildet; eigentlich stand weiter nichts drin, als daß ich ersucht wurde, mein Briefeschreiben einzustellen, und es wurde mir der Rat erteilt, den energischen Versuch zu machen, mir die Sache aus dem Kopf zu schlagen. Schließlich war die Vorlesung des Briefes beendet; ich hatte das Gefühl, als hätte der Pastor in der Kirche nach einigem Auf und

Ab der Stimme das Amen gesprochen; es ließ mich ebenso kühl wie eine gewöhnliche Predigt.

Und dann fing ich an und sagte so ruhig und höflich wie möglich, na ja, in dieser Art hätte ich schon oft hin- und hergereden gehört – aber nun weiter – et après ça?[29] Aber da sah Onkel S. auf, ja er schien einigermaßen bestürzt, daß ich nicht völlig davon überzeugt war, hier sei die äußerste Grenze des menschlichen Denk- und Fühlvermögens erreicht. Seiner Meinung nach war kein »et après ça« mehr möglich. So redeten wir weiter, und ab und zu warf Tante M. ein Wort ein, und ich wurde ein bißchen warm und nahm kein Blatt vor den Mund. Und Onkel S. nahm auch kein Blatt vor den Mund, soweit ein Pastor das eben kann. Und obwohl er nicht gerade »Gott verdamm dich« gesagt hat, so hätte doch ein anderer als ein Pastor in Onkel S.'s Stimmung sich so ausgedrückt.

Aber Du weißt, daß ich Pa und auch Onkel S. auf meine Art lieb habe; da bin ich etwas ausgewichen und habe ein bißchen hin- und hergeredet, so daß sie schließlich zu mir sagten, wenn ich bei ihnen übernachten wolle, so könne ich das tun, da sagte ich: vielen Dank, wenn K. zum Hause hinausläuft, weil ich komme, so scheint mir das nicht der rechte Zeitpunkt, hier zu übernachten, ich gehe in meinen Gasthof. Und da fragten sie: wo wohnst du denn? Ich sagte, ich weiß noch nicht, und da bestanden Onkel und Tante darauf, mich selbst in einen guten, billigen Gasthof zu bringen. Und ach Gott! Die zwei alten Leutchen gingen mit mir durch die kalten, nebligen, schmutzigen Straßen, und wirklich, sie brachten mich zu einem sehr guten und obendrein sehr billigen Gasthof. Ich wollte durchaus nicht, daß sie mitgingen, aber sie wollten mich durchaus hinbringen.

Sieh, darin fand ich etwas Menschliches, und da bin ich ruhiger geworden. Noch zwei Tage blieb ich in Amsterdam und sprach auch noch öfter mit Onkel S. Aber K. habe ich nicht gesehen, die hat sich die ganze Zeit über unsichtbar gemacht. Und ich habe gesagt, sie müßten wissen, daß ich meinerseits die Sache nicht als erledigt und beendet ansehen könne, und wenn sie es noch so sehr wünschten. Und darauf sagten sie immerfort und unerschütterlich: mit der Zeit würde ich das gewiß besser einsehen lernen.

Ich las dieser Tage Michelet, »La femme, la religion et le prêtre«. Bücher wie dieses sind voll von Wirklichkeit, doch was ist wirklicher als die Wirklichkeit selbst, und worin ist mehr Leben als im Leben selbst? Und wir, die unser Bestes tun, um zu leben, warum leben wir nicht noch viel mehr!

29 und danach?

Die drei Tage bin ich in Amsterdam herumgelaufen und hab nichts mit mir anzufangen gewußt, ich fühlte mich verdammt elend, und die halbe Freundlichkeit von Onkel und Tante und diese ganze Rederei – das fand ich alles höchst unerfreulich. Bis ich mir allmählich selber höchst unerfreulich vorkam und mir sagte: solltest du etwa wieder mal melancholisch werden wollen?

Und dann sagte ich mir: laß dich doch nicht niederdonnern. Und so ging ich denn eines Sonntagmorgens zum letzten Mal zu Onkel S. und sagte: hör mal, lieber Onkel, wenn K. ein Engel wäre, dann wäre sie zu gut für mich, und ich glaube nicht, daß ich einen Engel weiterlieben würde. Wäre sie ein Teufel, würde ich nichts mit ihr zu tun haben wollen. In besagtem Fall sehe ich in ihr eine richtige Frau mit weiblichen Leidenschaften und Launen, und ich liebe sie über alle Maßen, so ist es nun einmal, und ich bin froh darüber. Solange sie kein Engel oder Teufel wird, ist besagter Fall noch nicht erledigt. Onkel S. wollte dazu nicht weiter viel sagen und sprach selbst von weiblichen Leidenschaften, ich weiß nicht mehr recht, was er darüber sagte, und dann ging er in die Kirche. Kein Wunder, daß man dort verstockt und versteint, ich weiß das aus eigener Erfahrung.

Was also Deinen besagten Bruder betrifft, der wollte sich nicht niederdonnern lassen, aber das ändert nichts daran, daß er sich doch niedergedonnert vorkam, so als hätte er zu lange an so 'ner kalten, harten, weißgetünchten Kirchenwand gestanden. Na ja, soll ich nun noch weiter berichten, Junge – es ist etwas gewagt, Realist zu bleiben, aber Theo, Theo, Du bist doch selbst auch Realist, ach, finde Dich mit meinem Realismus ab!...

Ich spürte noch immer eine Kälte in Mark und Bein, nämlich im Mark und Bein meiner Seele, von besagter imaginärer oder nicht imaginärer Kirchenwand her. Aber ich wollte mich durch dieses fatale Gefühl nicht niederdonnern lassen. Dann dachte ich bei mir: ich möchte gern einmal bei einer Frau sein, ich kann nicht leben ohne Liebe, ohne Frau. Keinen Groschen gäbe ich fürs Leben, wenn es nicht etwas Unendliches gäbe, etwas Tiefes, etwas Wirkliches. Aber, sagte ich mir dann, du sagst »sie und keine andere«, würdest du zu einer Frau gehen? Das ist ja unvernünftig, das ist ja gegen die Logik. Und meine Antwort darauf war: wer ist hier der Herr, die Logik oder ich, ist die Logik für mich da, oder bin ich für die Logik da, und ist denn keine Vernunft oder kein Verstand in meiner Unvernunft oder meinem Unverstand? Und ob ich nun recht oder unrecht handle, ich kann nicht anders, diese verdammte Wand ist mir zu kalt, ich suche mir eine Frau, ich kann, ich mag, ich will nicht leben ohne Liebe. Ich bin nur ein

Mensch, und zwar ein Mensch mit Leidenschaften, ich muß zu einer Frau, sonst erfriere ich oder versteinere ich oder bin eben niedergedonnert. Ich habe in dieser Lage viel mit mir kämpfen müssen, und in diesem Kampf bekam einiges die Übermacht, was ich in bezug auf Physiologie und Hygiene glaube und mehr oder weniger aus bitterer Erfahrung weiß. Es rächt sich, wenn man allzulange ohne Frau lebt. Und ich glaube nicht, daß das, was einige Gott, andere das höchste Wesen und wieder andere die Natur nennen, unvernünftig und unbarmherzig ist, und kurz und gut, ich bin zu dem Schluß gekommen: ich will einmal sehen, ob ich nicht eine Frau finden kann.

Und ach Gott, ich habe nicht sehr weit suchen brauchen. Ich fand eine Frau[30], gar nicht jung, gar nicht schön, an der, wenn du willst, nichts Besonderes war, aber Du bist vielleicht ein bißchen neugierig. Sie war ziemlich groß und breit gebaut, sie hatte nicht gerade Damenhände wie K., sondern Hände wie jemand, der viel arbeitet. Aber sie war nicht grob und nicht gemein und hatte etwas sehr Frauliches. Sie hatte etwas von so einer netten Figur von Chardin oder Frère oder vielleicht Jan Steen. Kurz, das, was die Franzosen »une ouvrière«[31] nennen. Sie hat viele Sorgen gehabt, das konnte man sehen, und das Leben war darüber hingegangen, ach, nichts Distinguiertes, nichts Außergewöhnliches, nichts Unalltägliches.

Toute, à tout âge, si elle aime et si elle est bonne, peut donner à l'homme non l'infini du moment, mais le moment de l'infini.[32]

Theo, für mich hatte dieses je ne sais quoi[33] von Verwelktsein, das, worüber das Leben hingegangen ist, so unendlich viel Charme. Ach, sie hatte für mich einen Charme, ich sah in ihr etwas von Feyen-Perrin, von Perugino. Sieh, ich bin ja nicht so unschuldig wie ein bec blanc[34], noch viel weniger wie ein Kind in der Wiege. Es ist nicht das erste Mal, daß ich diesem Gefühl der Zuneigung keinen Widerstand leisten konnte, besonders der Zuneigung und Liebe jenen Frauen gegenüber, die die Pastoren so verdammen und von der Höhe der Kanzel herab verurteilen und verachten. Ich verdamme sie nicht, ich verurteile sie nicht, ich verachte sie nicht. Ich bin fast dreißig Jahre alt, und denkst Du etwa, ich hätte nie das Bedürfnis nach Liebe gefühlt?

---

30 *Schon Clasina Maria Hoornik?*
31 *eine Arbeiterin*
32 *Jede Frau jeden Alters, wenn sie liebt und wenn sie gut ist, kann zwar dem Mann nicht das Unendliche des Augenblicks geben, wohl aber den Augenblick des Unendlichen.*
33 *ich weiß nicht was*
34 *Gelbschnabel*

K. ist noch älter als ich, sie hat auch Liebe hinter sich, aber gerade darum ist sie mir lieber. Sie ist nicht unwissend, aber ich bin es auch nicht. Will sie von einer alten Liebe zehren, will sie nichts von neuer wissen, so ist das ihre Sache, und wenn sie dabei bleibt und mir ausweicht, so kann ich meine Lebenskraft und Energie nicht ihr zuliebe dämpfen und unterdrücken. Nein, das will ich nicht, ich liebe sie, aber um ihretwillen will ich nicht erfrieren und meinen Geist lähmen. Und der Ansporn, der Feuerfunken, den wir nötig haben, das ist die Liebe, und nicht gerade die mystische Liebe. Die andere Frau hat mich nicht ausgenommen — ach, wer all diese lieben Mädels für Betrügerinnen hält, hat ja so unrecht und bleibt so an der Oberfläche!

Diese Frau ist gut zu mir gewesen, sehr gut, sehr sehr gut, sehr lieb, auf welche Art, werde ich meinem Bruder Theo nicht erzählen, weil ich meinen Bruder Theo im Verdacht habe, daß er wohl selber mal etwas davon erfahren hat. — Tant mieux pour lui[35]. Haben wir zusammen viel draufgehen lassen? Nein, denn ich hatte nicht viel, und ich hab zu ihr gesagt:»Hör mal, du und ich brauchen uns keinen Rausch anzutrinken, um einander gern zu haben, steck nur in deine Tasche, was ich entbehren kann.« Und ich wünschte, ich hätte mehr entbehren können, denn sie war es wert. Und wir haben über allerlei gesprochen, über ihr Leben, über ihre Sorgen, über ihr Elend, über ihre Gesundheit, und ich hatte mit ihr ein erfreulicheres Gespräch als beispielsweise mit meinem gelehrten professoralen Vetter...

Ich halte ein Leben ohne Liebe für einen sündigen Zustand und einen unsittlichen Zustand. Wenn ich irgend etwas bereue, dann dies, daß ich früher eine Zeit gehabt habe, da ich mich von mystischen und theologischen Tiefsinnigkeiten habe verleiten lassen, mich zu sehr in mich selbst zu verspinnen. Davon bin ich allmählich abgekommen. Wenn man früh aufwacht und man ist nicht allein, man sieht da im halben Morgenlicht ein Mitmenschlein neben sich, das macht die Welt so viel behaglicher. Viel behaglicher als Erbauungsbücher und weißgetünchte Kirchenwände, in die die Pastoren verliebt sind. Es war eine schlichte, einfache Stube, wo sie wohnte, mit einem grau-stillen Ton durch die einfarbige Tapete, und doch warm wie ein Bild von Chardin; auf den hölzernen Dielen eine Matte und ein Stück alter, dunkelroter Teppich, ein gewöhnlicher Küchentisch, eine Kommode, ein großes, ganz einfaches Bett, kurz, das Zimmer einer richtigen ouvrière. Sie mußte den nächsten Tag am Waschfaß stehen. Schön, gut — mit einer lila Jacke und einem schwarzen Rock hätte ich sie ebenso charmant gefunden wie jetzt in ihrem braunen oder rotgrauen Kleid. Und sie war

---

35 *Um so besser für ihn*

nicht mehr jung, vielleicht ebenso alt wie K. – und sie hatte ein Kind, ja, das Leben war über sie hingegangen, und ihre Jugend war vorbei, vorbei? – il n'y a point de vieille femme...

Wenn ich an K. denke, ja, dann sage ich noch immer »sie und keine andere«; aber jene Frauen, die von den Pastoren verurteilt und verflucht werden – nicht erst seit gestern hab ich ein Herz für sie, ja, meine Liebe zu ihnen ist eigentlich älter als die zu K.

Wenn ich manchmal mutterseelenallein, halbkrank und ganz unglücklich ohne Geld in der Tasche auf den Straßen herumgelaufen bin und nicht aus noch ein wußte, dann habe ich ihnen nachgesehen und die Leute beneidet, die mit ihnen mitgehen konnten, und ich hatte ein Gefühl, als wären diese armen Mädels meine Schwestern, was Lebenslage und Lebenserfahrung betraf. Und siehst Du, das ist ein altes Gefühl in mir und sitzt ganz tief. Schon als Junge habe ich manchmal mit einer unendlichen Sympathie und Hochachtung zu einem halbverwelkten Frauengesicht aufgesehen, auf dem gewissermaßen geschrieben stand: hier ist das Leben in Wirklichkeit drüberhingegangen.

Aber mein Gefühl für K. ist völlig neu und etwas ganz anderes. Sans le savoir sitzt sie in einer Art Gefängnis, sie ist auch arm und kann nicht alles tun und lassen, was sie will, und weißt Du, sie lebt in einer Art Resignation, und ich glaube, die jesuitischen Denkweisen von Pastoren und frommen Damen machen viel mehr Eindruck auf sie als auf mich – jesuitische Denkweisen, mit denen mir, gerade weil ich einige dessous de cartes[36] kennengelernt habe, nicht mehr beizukommen ist, aber sie hängt daran und könnte es nicht ertragen, daß dieses System von Entsagung und Sünde und Gott und weiß ich was allem sich als leerer Wahn erwiese.

Und es kommt ihr, glaube ich, nicht in den Sinn, daß Gott eigentlich vielleicht erst anfängt, wenn wir jenes Wort sagen, mit dem Multatuli sein Gebet eines Unwissenden beschließt: »O Gott, es gibt keinen Gott.« Sieh, dieser Gott der Pastoren ist für mich mausetot. Aber bin ich deshalb ein Atheist? Die Pastoren betrachten mich als einen – que soit[37] –, aber siehst Du, ich liebe, und wie sollte ich Liebe empfinden können, wenn ich selbst nicht lebte und andere nicht lebten, und wenn wir leben, so ist etwas Wunderbares darin. Nenne das nun Gott oder die menschliche Natur oder was Du willst, doch es gibt ein gewisses Etwas, das ich nicht definieren und in ein System fassen kann, obwohl es sehr lebendig und wirklich ist, und das, siehst Du, ist eben Gott oder ebenso gut wie Gott.

36 *abgedeckte Seiten der Karten*
37 *sei es*

165 (Um den 22. Dezember 1881)

Du mußt wissen, Theo, daß Mauve mir einen Malkasten geschickt hat mit Farben, Pinseln, Palette, Spachtel, Öl, Terpentin, kurz mit allem, was nötig ist. So ist es nun entschieden, daß ich mich auch ans Malen mache, und ich bin froh darüber, daß es dazu gekommen ist. In letzter Zeit habe ich eine ganze Menge gezeichnet, vor allem Figurenstudien. Wenn Du sie sähest, würdest Du gleich merken, worauf ich aus bin...

Es ist jetzt draußen im Freien wunderschön in Farbe und Ton; wenn ich ein wenig Übung im Malen habe, werde ich einmal etwas davon auszudrücken versuchen; doch wir müssen bei der Stange bleiben, und jetzt, wo ich beim Figurenzeichnen bin, bleibe ich auch dabei, bis ich ein Stück weiter bin; und wenn ich im Freien arbeite, mache ich Baumstudien, doch eigentlich betrachte ich die Bäume, als ob es Figuren wären. Ich meine, ich betrachte sie vor allem im Hinblick auf die Kontur, die Proportion, und wie sie gefügt ist. Das ist das erste, womit man zu tun hat. Danach kommt das Modellieren und die Farbe und die Umgebung, und gerade über diese Frage muß ich mal mit Mauve reden.

Den Haag · Dezember 1881 bis September 1883

Vincent richtet sich sein Atelier im Haag auf dem Schenkweg 138, an der Rheinbahn, ein; am 4. Juli 1882 zieht er in das Nachbarhaus, Schenkweg 136. Gemeinsam mit der um drei Jahre älteren Clasina Maria Hoornik, die er Sien oder Christien nennt, mit deren vierjähriger Tochter und dem Sohn Willem, der am 2. Juli 1882 geboren wird, will er nun ganz seiner Kunst und im Kreis einer eigenen Familie leben. Vom Beginn der beiden Haager Jahre blieb eine hellsichtige Kritik des Bruders erhalten; Theo schreibt im Januar 1882: »Du hast jetzt Mauve, der Dich in seinen Bann geschlagen hat, und da Du immer übertreibst, ist jeder, der nicht ist wie er, nicht nach Deinem Sinn, weil Du in jedem dieselben guten Eigenschaften suchst. Ist es nicht bitter für Pa, wenn er sich in Grund und Boden gedonnert sieht von jemand, der von sich sagt, er sei in höherem Maße freidenkend als er, und den er im Grunde vielleicht um seine klareren Einsichten beneidet? Gilt denn sein Leben nichts?« Vincent indessen gründet Leben und Arbeit auf sein rückhaltloses Wollen als Figurenmaler »aus dem Volk für das Volk«: im August 1882 beginnt er ernsthaft in Öl zu malen. Seit dem Frühjahr 1883 treten die Konflikte zwischen Sien, ihrer Familie und Vincent, der eine formelle Eheschließung nicht eingeht, offener zutage; nach einem zweiten Besuch Theos, im August 1883, der »den Haushalt vernachlässigt, alles verwahrlost und Vincent tief verschuldet findet« (so Johanna van Gogh-Bonger), kommt es bald zur Trennung. Vincent flieht in neue malerische Aufgaben; er fährt, von Rappard ermutigt, in die Heide von Drenthe.

166   Donnerstag abend (29. Dezember 1881)

Zu Weihnachten hatte ich einen ziemlich heftigen Auftritt mit Pa, und die Wogen gingen so hoch, daß Pa sagte, es wäre besser, wenn ich das Haus verließe. Nun, das wurde so entschieden gesagt, daß ich noch am selben Tag abgereist bin.

Es fing eigentlich damit an, daß ich nicht in die Kirche ging und auch sagte, wenn das In-die-Kirche-Gehen ein Zwang wäre und ich in die Kirche *müßte*, so würde ich ganz bestimmt nicht einmal mehr aus Höflichkeit hingehen, wie ich es die ganze Zeit über, die ich in Etten war, fast regelmäßig getan habe. Aber ach, eigentlich steckt viel mehr dahinter, unter anderem die ganze Geschichte, die diesen Sommer zwischen mir und K. vorgefallen ist.

Ich war so erregt, wie ich mich nicht erinnere, je in meinem Leben gewesen zu sein, und ich habe rundheraus gesagt, ich fände das ganze System dieser Religion abscheulich, und gerade weil ich während einer elenden Zeit meines Lebens mich zu sehr in diese Dinge vertieft habe, wolle ich nichts mehr damit zu tun haben und müsse mich davor hüten wie vor etwas Unheilvollem.

Bin ich *zu* erregt, *zu* heftig gewesen — mag sein —, aber auch wenn es so ist, dann ist es eben jetzt für immer aus.

Ich bin wieder zu Mauve gegangen und habe zu ihm gesagt: hör mal, Mauve, in Etten geht es nicht mehr, und ich muß irgendwo anders hinziehen, am liebsten hierher. Da sagte Mauve, dann also hierher. Und so habe ich hier ein Atelier gemietet, d. h. ein Zimmer mit Alkoven, das sich als Atelier einrichten läßt, ziemlich billig, am Stadtrand auf dem Schenkweg, etwa zehn Minuten weiter draußen als Mauve.

Pa sagte mir, wenn ich Geld nötig hätte, würde er es mir zur Not vorschießen, aber das geht jetzt nicht mehr, ich muß ganz und gar unabhängig von Pa bleiben. Wie? Das weiß ich noch nicht, aber Mauve will mir nötigenfalls etwas helfen, und ich hoffe und vertraue, Du auch, und natürlich werde ich arbeiten und mir Mühe geben, soviel ich nur kann, um etwas zu verdienen...

Du begreifst wohl, ich stecke jetzt schrecklich in Sorgen und sehe viel Schererei voraus. Aber es ist mir doch eine Beruhigung, daß ich so weit gegangen bin und nicht mehr zurück kann und daß mein Weg, wenn er auch schwer zu gehen ist, sich jetzt doch ziemlich deutlich abzeichnet.

167 *(1. oder 2. Januar 1882)*

Was mich anlangt, so hörst Du vielleicht nicht ungern, daß ich mich in einem eigenen Atelier eingerichtet habe. Ein Zimmer mit Alkoven; das Licht ist hell genug, denn das Fenster ist groß, doppelt so groß wie ein gewöhnliches Fenster, aber es geht beinah nach Süden. Möbel habe ich im echten »Wachtmeisterstil« gekauft, wie Du sagst, aber ich glaube, daß meine mehr von dieser Beschaffenheit sind als Deine, obgleich *Du* Dir das Wort ausgedacht hast.

(Ich habe zum Beispiel richtige Küchenstühle und einen richtigen, soliden Küchentisch.)

Mauve hat mir etwas vorgeschossen — hundert Gulden, damit ich es mieten und möblieren und das Fenster und das Licht in Ordnung bringen kann. Das ist nun eine gewisse Sorge für mich, Du wirst das verstehen, aber schließlich ist es die einzig gediegene Art und Weise, und auf die Dauer ist es viel billiger, ein eigenes Zuhause zu haben, als immer nur wieder Geld für ein sozusagen möbliertes Zimmer auszugeben.

Nun, ich habe eine ganze Menge Lauferei gehabt, bis ich das Zimmer gefunden habe und bis es sich mit den Möbeln machen ließ, daß ich auskam mit dem, was ich hatte. Aber nun habe ich ein richtiges eigenes Atelier, Junge, und bin sehr vergnügt darüber.

169   (8. Januar 1882)

Gilt Pa's Leben nichts? Ich habe schon gesagt: wenn ich jemanden sagen höre »Du bist mein Tod«, und dabei liest dieser Jemand seine Zeitung und spricht eine halbe Minute später von irgendeinem Inserat, so finde ich einen solchen Ausdruck recht unpassend und überflüssig und nehme ihn nicht ernst. Wenn dieser oder ein ähnlicher Ausdruck anderen weiterberichtet wird, die in mir dann mehr oder weniger einen Mörder und sogar einen Elternmörder sehen, dann behaupte ich, solche Verleumdungen sind nicht mehr und nicht weniger als Jesuitismen. So. Übrigens ist jetzt der Mörder ja aus dem Hause, und kurz und gut, ich nehme das nicht ernst und finde es sogar lächerlich.

Du sagst »ich verstehe Dich nicht«. Nun, das glaube ich gern, denn Schreiben ist eigentlich ein verteufeltes Mittel, um einander etwas begreiflich zu machen. Und es kostet viel Zeit, und Du und ich haben doch so schon viel zu tun. Aber wir müssen ein bißchen Geduld miteinander haben, bis wir uns mal wiedersehen und -sprechen...

Wie Du weißt, schinde ich mich jetzt damit ab, Aquarelle zu machen; hab ich das erst mal weg, dann werden sie auch verkäuflich werden. Aber Theo, Du kannst mir's glauben, als ich das erste Mal mit meiner Federzeichnung bei Mauve war und M. sagte: du mußt es mal mit Kohle und Kreide und Pinsel und Wischer versuchen, da hat es mir verdammt viel Mühe gemacht, mit diesem neuen Material zu arbeiten. Ich bin geduldig gewesen, und das schien nichts zu helfen; dann bin ich manchmal so ungeduldig geworden, daß ich meine Kohle zertrampelt habe und völlig mutlos wurde...

Wann kommst Du mal zu mir zum Kaffee oder zum Tee? Ich hoffe, bald. Zur Not kannst Du auch hier übernachten, das wäre sehr schön und gemütlich. Ich habe sogar auch ein paar Kästen mit Blumenzwiebeln. Und außerdem habe ich noch eine andere Zierde für mein Atelier aufgetrieben; ich habe einen erstaunlichen Gelegenheitskauf gemacht: wunderbare Holzschnitte aus dem »Graphic«, zum Teil Abzüge nicht von den Klischees, sondern von den eigentlichen Holzstöcken.

Genau das, was ich mir seit Jahren gewünscht habe, Zeichnungen von Herkomer, Frank Holl, Walker und anderen. Ich habe sie von Blok, dem Bücherjuden, gekauft und habe aus einem riesigen Stoß »Graphics« und »London News« ausgesucht, was das beste war, für fünf Gulden. Es sind Sachen dabei, die wunderbar sind, unter anderem »Houseless and Homeless« von Fildes (arme Leute, die vor einem Nachtasyl warten), zwei große Herkomers und viele kleine, und die »Irish Emigrants« von Frank Holl, und das »Old Gate« von Walker, und vor allem eine Mädchenschule von Frank Holl, und dann noch die großen Herkomers: die »Invaliden«.

Kurz, es ist genau das, was ich nötig habe.

Und ich habe solche schönen Dinge mit einer gewissen Ruhe im Hause, mein Junge, denn obschon ich noch ein ganzes Ende davon entfernt bin, selber so schöne Dinge zu machen, habe ich doch ein paar Studien von alten Bäuerlein und einiges andere an der Wand hängen, die beweisen, daß meine Begeisterung für diese Zeichner nicht nur leerer Wahn ist, sondern daß ich mich damit herumquäle und mich abmühe, auch selber etwas zustande zu bringen, das realistisch und doch mit Gefühl gemacht ist. Ich habe etwa ein Dutzend Figuren von Grabenden und Leuten, die auf dem Kartoffelfeld arbeiten, und ich überlege mir, ob sich daraus nicht etwas machen ließe; Du hast auch noch ein paar davon, unter anderem einen Mann, der Kartoffeln in einen Sack tut. Na, ich weiß noch nicht recht, aber früher oder später muß ich es doch mal machen, denn ich habe diesen Sommer viel beobachtet, und hier in den Dünen könnte ich Erdboden und Himmel gründlich studieren — und dann kühn und frech hinein mit den Figuren!

170 (Zweite Hälfte Januar 1882)

Was geschehen ist, ist nun mal geschehen. Soll ich es nun noch bereuen? Nein, eigentlich habe ich gar keine Zeit zum Bereuen. Das Zeichnen wird bei mir immer mehr zur Leidenschaft, das ist genau so eine Leidenschaft wie die des Seemanns für die See.

Mauve hat mir jetzt einen neuen Weg gezeigt, auf dem sich etwas machen läßt, nämlich das Aquarellieren. Da hinein vertiefe ich mich nun und sitze da und schmiere und wasche wieder aus, mühe mich und suche.

171

Ich spüre, daß Schaffenskraft in mir steckt, Theo, und ich tue, was ich kann, um sie los und frei zu machen. Ich habe Sorgen genug durch die Quälerei und Schinderei mit meinen Zeichnungen, und wenn noch gar zu schlimme andere Sorgen dazu kämen und ich die Modelle nicht weiter behalten könnte, so wäre ich schlimm dran. Es ist freilich arg, daß Du dafür herhalten mußt, aber wir stehen jetzt nicht mehr so da wie vorigen Winter. Ich merke jetzt, daß ich auf besserem Wege bin, etwas zu erreichen. Ich werde mein möglichstes tun und hart arbeiten, und sobald ich den Pinsel einigermaßen in der Gewalt habe, noch viel härter, als ich jetzt kann. Und wenn wir jetzt tüchtig und energisch durchhalten, dann ist die Zeit nicht mehr fern, wo Du mir nichts mehr zu schicken brauchst.

172 Sonntag abend (22. Januar 1882)

Aber es passiert mir oft genug, daß ich weder ein noch aus weiß. Heute morgen war mir so elend, daß ich wieder ins Bett gegangen bin; ich hatte Kopfschmerzen und fieberte vor Überreizung, weil mir so graut vor dieser Woche und ich nicht weiß, wie ich durchkommen soll. Und dann bin ich wieder aufgestanden und wieder ins Bett gegangen, und jetzt ist das Fieber vorbei, aber ich wollte Dir doch einmal sagen, daß ich in meinem gestrigen Brief nicht übertreibe. Wenn ich nur hart weiterarbeite, dann wird es nicht mehr lange dauern, daß ich mit meiner Arbeit etwas verdiene, aber bis es soweit ist, stecke ich arg in Sorgen. Ich habe auch verhältnismäßig wenig Zeichengerät oder nur unzulängliches. Doch vorläufig geht es, ich habe meinen Malkasten und meine Staffelei und Pinsel, aber diese Woche hat sich mein Reißbrett so krumm wie ein Faß gezogen, weil es zu dünn ist, und meine Staffelei hat beim Transport hierher auch einen Schaden abgekriegt, der ziemlich hinderlich ist.

Kurz, es gibt eine Menge Dinge, die ich noch haben oder verbessern muß; natürlich braucht das alles nicht auf einmal zu sein, aber es sind eben von Tag zu Tag Kleinigkeiten nötig, die mir, alles zusammengenommen, viel Sorge machen.

Es muß auch allerlei mit meiner Kleidung geschehen, auch darüber hat Mauve mir dies und jenes gesagt, was ich auch beherzigen will, aber das geht nicht alles auf einmal. Du weißt ja, meine Kleider sind meistens für mich geänderte Sachen von Dir; ein paar sind auch dabei, die fertig gekauft sind und aus schlechtem Stoff. Sie sehen also schäbig aus, und diese ganze Dreckerei mit der Farbe macht es noch viel schwieriger, sie so zu halten, daß sie noch tragbar sind; mit Stiefeln ist es genauso. Mein Unterzeug fängt auch an, sich zu empfehlen. Du weißt ja, es dauert schon eine ganze Weile, daß ich es nicht reichlich habe, und da geht vieles kaputt. Und dann passiert es manchmal, daß man unwillkürlich, wenn auch nur vorübergehend, schrecklich niedergeschlagen wird, manchmal gerade in einer Zeit, wo man guten Mutes ist, wie ich es dieser Tage wirklich bin, selbst jetzt noch. Und so war es heute vormittag; das sind die bösen Stunden, in denen man matt und kraftlos ist vor Überanstrengung.

173   Donnerstag (26. Januar 1882)

Es ist nicht immer ganz leicht für mich, mit Mauve umzugehen, ebensowenig wie umgekehrt, denn ich glaube, wir geben einander an Nervosität nichts nach, und es kostet ihn bestimmt große Anstrengung, mir etwas beizubringen, und mich nicht weniger, es zu begreifen und in die Praxis umzusetzen.

Aber ich glaube, allmählich lernen wir einander doch verstehen, und es sitzt wohl schon etwas tiefer als ein bißchen oberflächliche Sympathie.

174   13. Februar 1882

Wenn Du in Erfahrung bringen kannst, welche Art Zeichnungen man an illustrierte Zeitschriften loswerden könnte, mußt Du es mir mal mitteilen. Mir scheint, sie müßten da Federzeichnungen von Volkstypen gebrauchen können, und ich würde so gern darauf hinarbeiten, etwas zu machen, das sich zur Reproduktion eignet. Ich glaube nicht, daß alle Zeichnungen direkt auf Stöcke gezeichnet werden, es wird wohl ein Mittel geben, die Zeichnungen auf den Stock zu übertragen. Aber wie es richtig gemacht wird, weiß ich eben nicht...

Jetzt gehe ich öfter mit Breitner[1] zeichnen, einem jungen Maler, der mit Rochussen bekannt ist, so wie ich mit Mauve. Er zeichnet sehr geschickt und wieder ganz anders als ich, und wir skizzieren manchmal zusammen Typen in der Volksküche oder im Wartesaal usw.

175   (13. Februar 1882)

Ich habe die Gewißheit, daß Mauves Krankheit daran schuld ist, daß er mich in letzter Zeit sehr unfreundlich behandelt hat, und nicht, weil es mit meiner Arbeit schlecht gegangen ist. Ich schrieb Dir ja schon in einem früheren Brief, daß Weissenbruch[2] mich mal besucht hat. Weissenbruch ist im Augenblick so ziemlich der einzige, der noch bei Mauve vorgelassen wird, und da dachte ich, ich müßte doch einmal mit ihm reden. Da bin ich heute in seinem Atelier gewesen, dem Dir bekannten Dachboden. Und kaum sah er mich, so fing er zu lachen

1 *Der später führende Impressionist George Hendrik Breitner (1857–1923)*
2 *Der Landschafter Jan Hendrik Weissenbruch (1824–1903), Meister der Haager Schule*

an und sagte: »Du kommst sicher, um was von Mauve zu hören«; er wußte also gleich, warum ich kam, und ich brauchte ihm keine Erklärung zu geben. Dann erzählte er mir, sein Besuch bei mir sei eigentlich folgendermaßen zustande gekommen. Mauve, der meinetwegen in Zweifel gewesen sei, habe ihn mal abgesandt, um seine, Weissenbruchs, Meinung über meine Arbeit zu hören. Und Weissenbruch habe damals zu Mauve gesagt: »Er zeichnet verdammt gut, ich könnte nach seinen Studien arbeiten.«—»Und«, hat er noch hinzugefügt, »sie nennen mich das Schwert ohne Gnade, und das bin ich auch; ich hätte das nicht zu Mauve gesagt, wenn ich deine Studien nicht gut gefunden hätte.«

176 (18. Februar 1882)
Herr Tersteeg hat für zehn Gulden eine kleine Zeichnung von mir gekauft, dadurch habe ich es diese Woche aushalten können.

Doch er will sie durchaus klein haben und mit Wasserfarbe, und das gelingt mir noch nicht. Aber jedenfalls ist *ein* Schäfchen über die Brücke. Ich arbeite, soviel ich kann, aber vergiß nicht, daß ich draufgehe, wenn ich allzu viele Sorgen und Spannungen habe.

177 Sonnabend (25. Februar 1882)
Selbstverständlich wäre ich sehr froh, wenn ich eine Zeichnung verkaufte, doch noch mehr Freude macht es mir, wenn ein wirklicher Künstler wie Weissenbruch von einer unverkäuflichen (???) Studie oder Zeichnung sagt: das ist lebenswahr, danach könnte ich arbeiten. Siehst Du, obwohl das Geld, vor allem jetzt, großen Wert für mich hat, so bleibt es doch Nr. 1 für mich, etwas zu machen, was raisonnable ist.

Etwas Ähnliches wie das, was Weissenbruch von einer Landschaft sagte, einem Stück Torfmoor, hat Mauve von einer Figur gesagt, einem alten Bauern, der am Kamin sitzt und vor sich hindöst oder nachdenkt, als ob im Feuerschein und im Rauch Dinge aus der Vergangenheit vor ihm aufstiegen.

Mag es nun etwas länger oder kürzer dauern, der Weg ist doch: tief in die Natur eindringen.

178 Freitag, 3. März
Es ist ein neues Modell, das ich jetzt habe[3], obwohl ich sie schon früher einmal oberflächlich gezeichnet habe. Oder richtiger, es ist mehr als *ein* Modell, denn aus demselben Haus habe ich schon drei Personen gehabt, eine Frau von etwa fünfundvierzig Jahren, wie eine Gestalt

3 *Clasina Maria Hoornik mit Mutter und jüngster Schwester*

von E. Frère, dann ihre Tochter, ungefähr dreißig Jahre, und ein jüngeres Mädchen von zehn oder zwölf. Es sind arme Leute, die, das muß ich sagen, unbezahlbar willig sind.

Ich habe sie nicht ohne Mühe zum Modellstehen gebracht, und nur unter der Bedingung, daß ich ihnen feste Arbeit versprach. Das war nun gerade das, was ich selber gern wollte, und ich halte es für eine gute Sache.

Die jüngere Frau ist nicht schön im Gesicht, weil sie die Pocken gehabt hat, doch die Gestalt ist sehr anmutig und für mich recht reizvoll. Sie haben auch anständige Sachen, schwarze Wollkleider und eine nette Art Hauben, ein schönes Umschlagtuch usw. Du brauchst Dich wegen des Geldes nicht weiter zu beunruhigen, denn ich schlängele mich bei ihnen im Anfang so durch; ich habe ihnen versprochen, daß ich ihnen einen Gulden täglich gebe, sobald ich etwas davon verkaufe, und daß ich ihnen dann zulegen werde, was ich ihnen jetzt zuwenig gebe ...

Der Grund, weshalb ich die Zeichnungen gern behielte, ist einfach folgender. Wenn ich einzelne Figuren zeichne, so geschieht es doch immer im Hinblick auf eine Komposition von mehreren Figuren, z. B. einen Wartesaal dritter Klasse oder ein Leihhaus oder ein Interieur. Doch diese größeren Kompositionen müssen allmählich reifen, und für eine Zeichnung mit drei Näherinnen muß man vielleicht neunzig Näherinnen zeichnen. Voilà l'affaire[4] ...

Ach Theo, es ist doch etwas Wunderbares, wenn man ein klein bißchen Licht sieht, und ich sehe jetzt ein bißchen Licht. Es ist etwas Wunderbares, einen Menschen zu zeichnen, etwas, das lebt; verdammt schwer ist es, aber es ist *doch* herrlich!

Morgen bekomme ich Kinderbesuch, zwei Kinder, die ich unterhalten und gleichzeitig zeichnen muß. Ich will, daß Leben in mein Atelier kommt, und habe schon verschiedene Bekannte in der Nachbarschaft. Sonntag kommt ein Waisenjunge, wunderbar typisch, doch ich kann ihn leider nur für kurze Zeit kriegen. Es ist vielleicht richtig, daß ich kein Geschick habe, mit Menschen umzugehen, die großen Wert auf Formen legen. Doch anderseits verstehe ich es vielleicht besser mit armen oder mit kleinen Leuten, und verliere ich auf der einen Seite, so gewinne ich auf der anderen, und ich lasse es dabei bewenden und denke: after all ist es recht und billig, daß ich als Künstler lebe in dem, was ich fühle und auszudrücken suche, honni soit qui mal y pense[5].

4 *So steht die Sache*
5 *ein Schelm, der Schlechtes dabei denkt*

179
Lieber will ich ein halbes Jahr nicht zu Mittag essen und auf diese Art sparen, als daß ich mal ab und zu zehn Gulden von Tersteeg einstecke, samt seinen Vorwürfen.

Ich möchte wohl mal wissen, was die Maler sagen würden zu seinem Argument »wegen der Billigkeit weniger Modell nehmen«, wenn man nach vielem Suchen Modelle gefunden hat, die nicht zu teuer sind? Ohne Modell zu arbeiten, ist die Pest für einen Figurenmaler, besonders in seiner ersten Zeit.

180 (10. März 1882)
Theo, es ist beinah wie ein Wunder!
Da kommt erstens die Nachricht, daß ich Deinen Brief abholen soll. Da kommt zweitens C. M. und bestellt zwölf kleine Federzeichnungen bei mir, Ansichten vom Haag, weil er einige, die fertig waren, gesehen hat (Paddemoes — die Geest — der Vleersteeg waren fertig) für einen Reichstaler das Stück. Preis von mir bestimmt, mit dem Versprechen, zwölf weitere zu bestellen, wenn ich sie nach seinem Wunsche mache; doch für die will er den Preis höher ansetzen als ich. Da begegnet mir drittens Mauve, glücklich mit seinem großen Bild niedergekommen, und verspricht mir, mich bald aufzusuchen. Also ça va, ça marche, ça ira encore[6].

181 (11. März 1882)
Ich schrieb Dir von C. M.'s Bestellung, es ging folgendermaßen vor sich: C. M. schien Tersteeg gesprochen zu haben, bevor er zu mir gekommen war, wenigstens fing er gleich mit solchen Sachen an wie »Brot verdienen«. Die Antwort fiel mir plötzlich ein, schnell, und ich glaube richtig. Ich sagte nämlich: »Brot verdienen, wie meinst du das?«

»Sich sein Brot verdienen oder sein Brot verdienen; sein Brot nicht verdienen, das heißt, seines Brotes nicht wert sein, das ist ein Verbrechen, denn jeder anständige Mensch ist sein Stück Brot wert — aber das andere, daß man es sich unseligerweise nicht verdienen kann, obwohl man es verdient, ah, das ist ein Unglück und zwar ein großes Unglück. Wenn du mir da sagst: ›Du bist dein Brot nicht wert‹, so finde ich, daß du mich beleidigst; aber wenn du mir gegenüber die einigermaßen zutreffende Bemerkung machst, daß ich es mir nicht immer verdiene, denn manchmal habe ich keins — gut; aber wozu diese Bemerkung machen, das nützt mir kaum etwas, wenn man es dabei bewenden läßt.«

6 *es geht voran, es marschiert, es wird weiter vorangehen*

C. M. hat dann weiter nichts mehr über Brotverdienen gesagt. Das Gewitter drohte noch einmal loszubrechen, denn als ich zufällig den Namen de Groux in bezug auf Ausdruck erwähnte, fragte C. M. plötzlich: »Aber du weißt wohl, daß mit dem Privatleben von de Groux nicht alles in Ordnung war?«

Du verstehst, daß C. M. damit einen wunden Punkt berührte und sich auf einen schlüpfrigen Pfad wagte. Das durfte ich doch auf dem guten Vater de Groux nicht sitzen lassen! Also erwiderte ich: »Ich war immer der Meinung, ein Künstler, der den Leuten sein Werk zeigt, habe das Recht, den Seelenkampf seines eigenen privaten Lebens (der in unmittelbarer, verhängnisvoller Beziehung steht zu den eigenartigen Schwierigkeiten, die das Schaffen eines Kunstwerkes mit sich bringt) für sich zu behalten, es sei denn, daß er einem sehr nahen Freund sein Herz ausschütte. Ich behaupte, es ist unzart von einem Kritiker, wenn er de quoi critiquer[7] im Privatleben eines Mannes auffischt, an dessen Arbeit nichts auszusetzen ist. De Groux ist ein Meister wie Millet, wie Gavarni.«

C. M. hatte sicherlich Gavarni nie für einen Meister gehalten. (Einem anderen als C. M. gegenüber hätte ich mich kürzer und bündiger ausdrücken können, indem ich gesagt hätte: es ist mit dem Werk eines Künstlers und seinem Privatleben wie mit einer Wöchnerin und ihrem Kind. Du darfst dir wohl ihr Kind ansehen, aber du darfst ihr nicht das Hemd hochheben, um nachzugucken, ob Blutflecke drin sind. Das wäre unzart bei einem Wochenbett-Besuch.)

Ich begann schon zu fürchten, C. M. würde es mir übelnehmen, doch glücklicherweise nahmen die Dinge eine Wendung zum Besseren ...

Das große Bild mit dem Ewer, der die Dünen hinaufgeschleppt wird, es ist ein Meisterstück.

Ich habe nie eine gute Predigt über die Entsagung gehört und mir auch nie eine gute vorstellen können außer diesem Bild von Mauve und dem Werk Millets. Es ist *die* Entsagung, aber die rechte Art, nicht die der Pastoren. Diese alten Gäule, diese armen, abgerackerten Gäule, schwarz, weiß, braun — sie stehen da so geduldig, still klaglos, gottergeben. Gleich müssen sie das schwere Schiff noch ein Stück weiterschleppen, die Schinderei ist bald zu Ende. Eine Weile verschnaufen. Sie keuchen, sind schweißüberströmt, aber sie murren nicht, sie protestieren nicht, sie klagen nicht, über nichts. Darüber sind sie längst hinaus, seit Jahren hinaus. Sie haben sich damit abgefunden, noch eine Weile zu arbeiten und zu leben, aber wenn sie morgen zum Schinder müssen, que soit, sie sind bereit.

7 *etwas, das zu tadeln wäre*

Ich finde, in diesem Bild liegt eine so wunderbare, hohe, praktische, schweigende Philosophie, es scheint zu sagen — savoir souffrir sans se plaindre ça c'est la seule chose pratique, c'est là la grande science, la leçon à apprendre, la solution du problème de la vie[8].

Ich glaube, dieses Bild von Mauve wäre eines der seltenen Bilder, vor denen Millet lange stehen bleiben und vor sich hinmurmeln würde: il y a du cœur ce peintre-là.[9]

182 *(Mitte März 1882)*

Die Angst, »daß sie sich nackig ausziehen müssen«, ist gewöhnlich das erste Bedenken, das man aus dem Wege räumen muß, wenn man jemanden darum angeht, Modell zu stehen. Wenigstens habe ich diese Erfahrung hier mehr als einmal gemacht, sogar mit einem steinalten Mann, der übrigens als Aktmodell wahrscheinlich sehr riberahaft gewesen wäre.

Doch après tout suche ich nicht Ribera und noch weniger Salvator Rosa, so sehe ich die Dinge nicht ... Dann noch lieber Goya oder Gavarni, obwohl diese beiden »Nada«[10] sagen. Als letztes Wort??

»Nada« bedeutet, scheint mir, genau dasselbe wie Salomos Wort: Vanité des vanités, tout est vanité[11], aber damit kann ich mich nicht abfinden, ohne Albdrücken zu kriegen. Na ja. Jedoch es ist zu spät, um zu philosophieren, besonders da ich morgen halb sechs aufstehen muß, weil der Zimmermann eine Kleinigkeit bei mir machen will, ehe er auf Arbeit geht.

184 *(Anfang April 1882)*

Mehrere Male schon habe ich angefangen, Dir zu schreiben, doch ich kam nicht dazu, den Brief fertigzumachen. Und zwar, weil ich Dir noch einiges darüber schreiben wollte, warum es mir so naheliegend scheint, daß Du Maler werden solltest. Aber was ich geschrieben hatte, gefiel mir nicht, und ich konnte keine Worte finden, die kräftig genug gewesen wären ...

Malen ist genausogut ein Beruf, mit dem man genug Geld zum Leben verdient, wie etwa Schmied oder Arzt. Ein Künstler ist jedenfalls das genaue Gegenteil von einem Rentner, und will man einen Vergleich ziehen, so hat, wie gesagt, der Maler mehr Ähnlichkeit mit

---

8 *leiden zu lernen ohne zu klagen, das ist das einzig Zweckmäßige, das ist die Erkenntnis, die Lektion, die es zu lernen gilt, die Lösung des Lebensrätsels*
9 *er hat Herz, dieser Maler*
10 *Nichts*
11 *Eitelkeit der Eitelkeiten, alles ist eitel*

dem Schmied oder dem Arzt. Sehr gut erinnere ich mich, nun Du davon schreibst, daß ich damals, als Du mir zuredetest, Maler zu werden, das für sehr unangebracht hielt und nichts davon hören wollte.

Meine Zweifel wurden dadurch beseitigt, daß ich ein leicht faßliches Buch über Perspektive las, Cassagne, »Guide de l'Abc du dessin«; acht Tage darauf zeichnete ich das Interieur einer kleinen Küche mit Ofen, Stuhl und Tisch und Fenster, jedes Stück an seinem Platz und auf seinen Beinen, während es mir früher einfach wie Hexerei oder Zufälligkeit erschien, daß man Tiefe und richtige Perspektive in eine Zeichnung hineinbekam. Wenn Du erst mal ein Ding gezeichnet hättest, wie es sich gehört, so würde die Lust ganz unwiderstehlich sein, noch tausend andere Dinge in Angriff zu nehmen.

Doch das *eine* Schaf, das erst mal über die Brücke muß, eh man das drüben hat!

Wenn ein Maler Dich mal am Arm packte und sagte: sieh mal, Theo, *so* mußt du diesen Acker zeichnen, *so* laufen die Linien der Furchen, aus diesem und aus jenem Grunde laufen sie so und nicht anders und müssen so in Perspektive gebracht werden. Und da diese Kopfweide *so* groß ist, ist die andere weiter hinten *so* klein dagegen, und diesen Unterschied in der Größe kannst Du so und so messen, und sieh, wenn Du das auf Dein Papier haust, dann sind die großen Linien sofort richtig und Du hast festen Grund unter den Füßen, auf dem Du nun weiterarbeiten kannst. So ein Gespräch unter der Voraussetzung, daß die Sache gleich in die Praxis umgesetzt wird, wäre unter den gegebenen Umständen nützlicher als viel Gerede über abstrakte oder finanzielle Dinge...

C. M. hat mich bezahlt und eine neue Bestellung gemacht, die aber ziemlich schwierig ist: sechs *bis ins einzelne gehende, bestimmte* Stadtansichten. Aber ich will sehen, daß ich sie mache, weil ich für die sechs, wenn ich recht verstanden habe, soviel bekomme wie für die ersten zwölf. Und dann vielleicht noch Skizzen von Amsterdam.

Blommers[12] ist bei mir gewesen, um über den Kunstabend, Betrachtung von Holzschnitten, mit mir zu sprechen. Drei Stunden lang hat er dagesessen und sie angesehen und war verärgert, weil der Vorstand von Pulchri gebrummt hatte über »dieses Zeug, das wohl auch im Südholländischen Kaffeehaus ausläge«. Wenn das alles ist, was sie vom Holzstich wissen, dann sind sie die Rechten, um absprechend zu urteilen! Jedenfalls hat der Vorstand von Pulchri Schwierigkeiten gemacht.

Blommers wollte es aber durchsetzen und hat mir gesagt, ich solle

12 *Der Maler Bernardus Johannes Blommers (1845–1914)*

sie für nächsten Sonnabend bereithalten. Es ist sehr merkwürdig, manche hiesigen Maler reden zu hören über das, was sie »illustrateurs«[13] nennen, wie über Gavarni oder Herkomer. Das *Nicht*-auf-der-Höhe-der-Sache-Sein gehört bei einigen zu dem, was sie »Allgemeinbildung« nennen.

Wohl bekomm's ihnen!

185 (April 1882)
So eine kleine Zeichnung wie die beiliegende ist ziemlich einfach in den Linien. Doch diese einfachen charakteristischen Linien zu erfassen, ist schwierig genug, wenn man vor dem Modell sitzt. Diese Linien sind so einfach, daß man sie mit der Feder nachziehen kann, aber ich sage noch einmal: es kommt drauf an, diese großen Linien zu finden, so daß man mit ein paar Strichen oder Kratzern das Wesentliche sagt.

Die Linien *so zu wählen, daß es* sozusagen *selbstverständlich ist, daß sie so laufen müssen*, ist jedoch etwas, was nicht *von selbst* geht.

186 (Mitte April 1882)
Heute habe ich mit der Post eine Zeichnung an Dich geschickt, die ich Dir sende als Beweis meiner Dankbarkeit für so vieles, was Du diesen sonst so schrecklichen Winter für mich getan hast. Als Du mir vorigen Sommer den großen Holzschnitt von Millet »La bergère« bei Dir zeigtest, da dachte ich: was kann man mit einer einzigen Linie alles machen! Ich erhebe natürlich nicht den Anspruch, mit einer einzigen Linie so viel zu sagen wie Millet. Jedoch habe ich versucht, etwas Gefühl in diese Figur zu legen. Nun hoffe ich nur, daß diese Zeichnung Dir gefällt.

Und da siehst Du auch gleich, daß ich tüchtig an der Arbeit bin. Nun ich einmal damit angefangen habe, würde ich gern etwa dreißig Aktstudien machen.

Die beiliegende ist meiner Ansicht nach die beste Figur, die ich bisher gezeichnet habe, darum dachte ich, daß Du sie haben solltest.

Natürlich zeichne ich nicht immer so wie diesmal. Doch die englischen Zeichnungen, die in diesem Stil gemacht sind, gefallen mir besonders gut, und da ist es kein Wunder, daß ich es einmal so versucht habe, und weil es für Dich war, der solche Dinge versteht, habe ich mich nicht gescheut, ein wenig melancholisch zu sein. Ich wollte damit so etwas sagen wie:

13 *Illustratoren*

14 *»Sorrow«. April 1882*

Mais reste le vide du cœur,
Que rien ne remplira,[14]

wie in dem Buch von Michelet.

187 (Zweite Hälfte April 1882)
Ich glaube, ich hätte »Sorrow« oder »Schmerz« nicht zeichnen können, wenn ich nicht selber mitfühlte. Es ist mir jedoch seit diesem Sommer sehr deutlich geworden, daß die Mißstimmung zwischen Pa, Ma und mir sich zu einem Leiden chronischer Art entwickelt hat, denn das tiefe Mißverstehen und die Entfremdung zwischen uns haben viel zu lange gedauert, so daß wir, nun es einmal soweit ist, beiderseits darunter leiden müssen.

Ich meine, wir hätten mehr voneinander haben können, wenn wir auf beiden Seiten viel früher versucht hätten, miteinander auszukommen und Lieb und Leid miteinander zu teilen; wenn wir immer daran gedacht hätten, daß Eltern und Kinder eins bleiben müssen. Diese Fehler haben wir freilich nicht absichtlich begangen, und zu einem sehr großen Teil sind sie der force majeure[15] schwieriger Umstände und einem gehetzten Leben zuzuschreiben. Jetzt ist es so, daß ich für Pa und Ma ein halb sonderbarer, halb ärgerniserregender Mensch und bitterwenig mehr bin, und ich meinerseits habe zu Hause auch ein leeres und einsames Gefühl. Anschauungen und Beruf gehen so weit auseinander, daß wir, ohne es zu wollen, uns gegenseitig im Wege sind, doch, ich wiederhole es, ganz unwillkürlich. Das ist freilich ein sehr schmerzliches Gefühl, aber Welt und Leben sind voll von solchen Verhältnissen, und ach, eigentlich stiften wir keinen Nutzen, sondern eher Schaden, wenn wir es einander vorwerfen, und manchmal ist es das beste, in solchen Fällen einander aus dem Wege zu gehen. Ich weiß aber nicht genau, ob dies das beste ist oder etwas anderes, ich wollte, ich wüßte es.

189 (April 1882)
Du mußt mir einmal ganz offen sagen, wenn Du so gut sein willst, ob Du etwas über die Ursache des Folgenden weißt und es mir erklären kannst.

Ende Januar, ich glaube, etwa vierzehn Tage nach meiner Ankunft hier, war Mauve plötzlich ganz verändert gegen mich — so unfreund-

14 *Doch bleibt die Leere des Herzens,*
   Die nichts zu füllen vermag
15 *höheren Gewalt*

lich, wie er zuvor freundlich gewesen war ... Und ein paarmal hieß es, er sei nicht zu Hause, kurz, es waren alle Anzeichen einer Abkühlung da. Ich ging immer seltener und seltener hin, und Mauve kam überhaupt nicht mehr zu mir, obschon es doch gar nicht weit ist ...

Einmal sprach er über Gipszeichnen *so*, wie es nicht mal der schlimmste Lehrer an der Akademie getan hätte, und ich beherrschte mich, doch zu Hause wurde ich so wütend darüber, daß ich die armen Gipsabgüsse entzweischmiß, in den Kohlenkasten hinein. Und ich dachte: ich werde Gips zeichnen, wenn ihr wieder ganz und weiß werdet und es keine Hände und Füße von lebendigen Menschen mehr zu zeichnen gibt.

Zu Mauve sagte ich dann: Mensch, sprich mir nicht mehr von Gips, denn der ist mir unausstehlich. Darauf ein Brief von Mauve, daß er sich zwei Monate lang nicht um mich kümmern werde.

190 (April 1882)

Seit ich Mauve geschrieben habe: »Weißt Du eigentlich, daß die bewußten zwei Monate schon längst um sind, laß uns einander die Hand geben und danach jeden seines Weges gehen, lieber das, als daß zwischen Dir und mir Streit ist«, — seitdem ich das geschrieben habe und kein einziges Wort, nicht die kleinste Antwort bekam, ist mir, als ob mir etwas die Kehle zuschnüre.

Weil ich Mauve sehr gern habe — Du weißt das — und es so schrecklich ist, daß aus all dem Glück, das er mir in Aussicht gestellt hat, nicht viel werden wird. Denn ich fürchte, je besser ich zeichnen werde, um so mehr Schwierigkeiten und Widerstand werden mir begegnen.

Weil ich viel zu leiden haben werde, gerade infolge verschiedener Eigenartigkeiten, die ich nicht ändern *kann*. Zunächst meine äußere Erscheinung und meine Sprechweise und meine Kleidung und dann, weil ich auch später, wenn ich mehr verdiene, mich weiter in einem anderen Kreis bewegen werde als die meisten anderen Maler, da die Auffassung, die ich von den Dingen habe, und die Themen, die ich behandeln will, das unerbittlich verlangen.

Anbei eine kleine Skizze von Grabenden, ich will Dir sagen, warum ich die beilege.

Tersteeg sagt zu mir: »Es ist früher auch nichts mit dir los gewesen, alles ist schiefgegangen, und jetzt ist es wieder genau dasselbe.« Halt — nein, es ist ganz was anderes als früher, und diese Folgerung ist eigentlich ein Trugschluß.

Daß ich weder für den Kunsthandel noch für das Studium als eigentlichen Beruf taugte, beweist keineswegs, daß ich auch als Maler untauglich sein müßte. Im Gegenteil, hätte ich mich zum Pfarrer oder zum Verkäufer der Arbeiten anderer geeignet, dann hätte ich vielleicht nicht zum Malen und Zeichnen getaugt und hätte als Kunsthändler meinen congé[16] weder genommen noch bekommen.

Gerade *weil* ich eine Malerfaust habe, kann ich vom Zeichnen nicht lassen, und ich frage Dich: habe ich je gezweifelt oder gezaudert oder geschwankt seit dem Tage, da ich zu zeichnen anfing? Mir scheint, Du weißt sehr wohl, daß ich mich durchgefochten habe und daß ich begreiflicherweise immer mehr aufs Gefecht erpicht bin. Jetzt komme ich zu dieser kleinen Skizze – die habe ich auf der Geest gemacht, im Sprühregen, auf einer Straße, wo ich in all dem Lärm und Trubel im Dreck gestanden habe, und ich schicke sie Dir, damit Du siehst: mein Skizzenbuch beweist, daß ich die Dinge auf frischer Tat zu packen suche.

Setze mal beispielsweise Tersteeg vor eine Sandgrube auf der Geest, wo Baggerarbeiter dabei sind, eine Wasser- oder Gasleitung zu legen; ich möchte mal sehen, was er da für ein Gesicht ziehen und was für eine Skizze er davon machen würde! Sich auf Zimmerplätzen herumtreiben und auf Gassen und Straßen, und in den Häusern und Wartesälen und sogar in Kneipen, das ist kein schöner Beruf, *es sei denn, man wäre Künstler.* Als solcher ist man lieber in der dreckigsten Gegend, wenn es da nur was zu zeichnen gibt, als auf einer Teegesellschaft mit feinen Damen. Es sei denn, man zeichne Damen, dann ist sogar für einen Künstler eine Teegesellschaft etwas Nettes...

Ich, der ich mich in einem anständigen Rock und in einem feinen Laden nicht wohlgefühlt habe und vor allem jetzt nicht mehr wohl fühlen und dort wahrscheinlich mich und andere ärgern würde – ich bin ein ganz anderer Mensch, wenn ich irgendwo auf der Geest oder sonstwo an der Arbeit bin, auf der Heide oder in den Dünen. Dann paßt mein häßliches Gesicht und mein verschossener Rock auch vollkommen zu meiner Umgebung, ich bin ich selbst und arbeite mit Freuden...

Sieh, meiner Ansicht nach gründet sich alle Höflichkeit auf Wohlwollen gegen jedermann, auf das Bedürfnis, das jeder mit einem Herzen im Leibe fühlt, anderen etwas zu sein und zu irgend etwas zu taugen, auf das Bedürfnis endlich, zusammen und nicht allein zu leben. Darum tue ich, was ich kann; ich zeichne nicht, um die Menschen zu ärgern, sondern um sie zu erfreuen oder aufmerksam zu machen auf Dinge, die das Ansehen verlohnen und die nicht jeder weiß.

Es will mir nicht in den Kopf, Theo, daß ich so ein Ungeheuer an

16 *Abschied*

Grobheit oder Unhöflichkeit sein soll, daß ich es verdiente, aus der menschlichen Gesellschaft ausgeschlossen zu werden, oder wenigstens, nach dem Ausspruch von Tersteeg, »im Haag nicht bleiben könnte«. Würdige ich mich herab, wenn ich mit den Menschen lebe, die ich zeichne, würdige ich mich herab, wenn ich zu Arbeitern und zu armen Leuten in ihre Wohnungen gehe und sie in meinem Atelier empfange?

Mir scheint, mein Beruf bringt das mit sich, und nur, wer nichts vom Malen oder Zeichnen versteht, kann daran etwas auszusetzen haben.

Ich frage: wo holen sich die Zeichner, die für den »Graphic«, »Punch« usw. arbeiten, ihre Modelle her? Treiben die sie selber in den ärmsten Gassen von London auf, ja oder nein?

Und was sie vom Volk wissen — ist ihnen das angeboren? Oder haben sie es sich etwa erst später erworben dadurch, daß sie unter dem Volk gelebt und auf Dinge geachtet haben, an denen manch einer vorbeiläuft — dadurch, daß sie sich gemerkt haben, was mancher vergißt?

191 (Ende April 1882)
Unwillkürlich bekommt man durch all die Angst und den Kummer etwas Gehetztes und Nervöses in Worten und Auftreten, und wenn Mauve mich nachmacht und sagt, »so'n Gesicht ziehst du«, »so sprichst du«, antworte ich: »Mein Lieber, wenn Du wie ich feuchte Nächte in den Straßen von London oder kalte Nächte im Borinage verbracht hättest, hungrig, ohne Dach überm Kopf, Fieber im Leib, dann würdest du vielleicht auch so einen häßlichen Zug im Gesicht davon behalten haben, und was in der Stimme dazu.«

195 (1. Mai 1882)
Jetzt habe ich zwei größere Zeichnungen fertig. Zunächst »Sorrow«, doch in größerem Format, die Figur ohne Beiwerk.

Doch die Stellung ist etwas verändert, das Haar hängt nicht mehr hinten über den Rücken, sondern nach vorn, zum Teil in einer Flechte. Dadurch ist Schultergelenk, Hals und Rücken mehr zu sehen. Und die Figur ist mit größerer Sorgfalt gezeichnet.

Die andere, »Les racines«, sind ein paar Baumwurzeln in Sandboden. Ich habe versucht, in die Landschaft dasselbe Gefühl zu legen wie in die Figur.

Das gleichsam krampfhafte und leidenschaftliche Sich-fest-Wurzeln in der Erde und das doch Halb-losgerissen-Sein durch die Stürme. Ich wollte sowohl in dieser weißen, schlanken Frauengestalt wie in diesen schwarzen, knorrigen Wurzeln mit ihren Knorzen etwas vom Kampf des Lebens ausdrücken. Oder richtiger: weil ich bestrebt war, der Natur, die ich vor mir hatte, treu zu sein, ohne dabei zu philosophieren, ist fast unwillkürlich in beiden Fällen etwas von diesem großem Kampf hineingekommen. Wenigstens schien es mir, als wäre einiges Gefühl darin, aber ich kann irren, na, Du mußt eben selber sehen ...

Obwohl »Les racines« nur eine Bleistiftzeichnung ist, so habe ich doch mit dem Bleistift darin herumgearbeitet und wieder weggekratzt, wie man es beim Malen macht.

Was den Zimmermannsbleistift betrifft, so sage ich mir folgendes: die alten Meister, womit werden die wohl gezeichnet haben? Bestimmt nicht mit Faber B, BB, BBB usw. usw., sondern mit einem groben Stück Graphit. Das Werkzeug, dessen Michelangelo und Dürer sich bedienten, hatte vielleicht viel von einem Zimmermannsbleistift. Ich bin freilich nicht dabei gewesen und weiß es nicht, aber *das* weiß ich, daß man mit einem Zimmermannsbleistift viel kräftigere Töne herauskriegt, ganz anders als mit diesen feinen Fabern usw.

Ich habe den Graphit lieber in seiner natürlichen Form, als so schrecklich fein gemahlen wie in den teuren Fabern. Und das Glänzen kann man durch Fixieren mit Milch wegbringen. Wenn man im Freien sitzt und mit Kreide arbeitet, weiß man infolge des grellen Lichts gar nicht recht, was man macht, und merkt dann, daß es zu schwarz geworden ist, aber Graphit ist eher grau als schwarz, und man kann immer noch ein paar Oktaven dazukriegen, wenn man noch mal mit der Feder hineingeht, so daß die stärksten Graphittöne doch wieder hell werden durch den Gegensatz zur Feder.

Holzkohle ist ausgezeichnet, doch wenn man viel drauf herumarbeitet, geht die Frische verloren, und um die Finesse zu erhalten, muß man an Ort und Stelle fixieren. Auch bei der Landschaft sehe ich, daß Zeichner, wie etwa Ruysdael und Goyen und unter den Modernen beispielsweise Calame und Roelofs sich das sehr zunutze gemacht haben. Aber wenn jemand eine gute Feder erfände, mit der sich im Freien arbeiten ließe, mit dazugehörigem Tintenfaß, dann kämen vielleicht mehr Federzeichnungen auf die Welt.

Mit Holzkohle, die in Öl gelegen hat, kann man fabelhafte Sachen machen, das habe ich bei Weissenbruch gesehen; das Öl fixiert dann, und das Schwarz wird wärmer und tiefer. Aber das sollte ich lieber erst in einem Jahr machen, sagte ich mir im stillen; ich will nämlich, daß das Schöne dran nicht durch mein Material kommt, sondern durch mich.

192 (Anfang Mai 1882)

Heute bin ich zufällig Mauve begegnet und habe ein sehr bedauerliches Gespräch mit ihm gehabt, bei dem mir klar geworden ist, daß Mauve und ich für immer geschiedene Leute sind. Mauve ist soweit gegangen, daß er es nicht zurücknehmen kann und es sicher auch nicht wollen wird. Ich hatte ihn gebeten, sich mal meine Arbeiten anzusehen und dann über die Sachen mit mir zu sprechen. Mauve hat das ganz entschieden abgelehnt: »Zu dir komme ich bestimmt nicht, das ist völlig aus.«

Schließlich hat er gesagt: »Du hast einen bösartigen Charakter.« Da habe ich mich umgedreht, es war in den Dünen, und bin allein nach Hause gegangen.

Mauve nimmt es mir übel, daß ich gesagt habe »ich bin Künstler« — was ich auch nicht zurücknehme, denn es versteht sich von selbst, daß dies Wort bedeutet: »stets suchen, ohne je ganz zu finden«. Es ist gerade das Gegenteil von dem, wenn einer sagt: »Ich weiß es schon, ich habe es schon gefunden.« ...

Ich wünschte, Mauve bereute das.

Man hat mich irgendwie im Verdacht — es hängt in der Luft — es steckt etwas hinter mir — Vincent hält mit irgendwas hinterm Berge, was das Licht scheut.

Nun, meine Herrschaften, ich will es euch sagen, euch, die ihr auf gesellschaftliche Formen und Bildung soviel Wert legt, und das mit Recht, wenn es das rechte Zeugs ist — was ist gebildeter, feinfühliger, männlicher, eine Frau zu verlassen oder einer Verlassenen sich anzunehmen?

Ich habe diesen Winter eine schwangere Frau kennengelernt, verlassen von dem Manne, dessen Kind sie im Leibe trug.

Eine schwangere Frau, die im Winter auf der Straße herumstreifte und ihr Brot verdienen mußte, Du weißt schon wie.

Ich habe diese Frau als Modell genommen und den ganzen Winter mit ihr gearbeitet. Ich konnte ihr den vollen Tagelohn für ein Modell nicht geben, aber das ändert nichts daran, daß ich ihre Miete bezahlt habe und bisher, Gott sei Dank, sie und ihr Kind vor Hunger und Kälte habe bewahren können, weil ich mein eigenes Brot mit ihr geteilt habe. Als ich dieser Frau begegnete, fiel sie mir auf, weil sie krank aussah.

Ich habe sie Bäder nehmen lassen und Stärkungsmittel, soviel ich konnte, sie ist viel gesünder geworden. Ich bin mit ihr in Leiden gewesen, wo eine Anstalt für Wöchnerinnen ist, in der sie entbinden wird. (Es war kein Wunder, daß sie kränklich war, das Kind lag verkehrt, und sie hat sich einer Operation unterziehen müssen, das Kind mußte nämlich mit der Zange umgedreht werden. Es besteht aber Hoffnung, daß sie doch noch gut durchkommt. Im Juni wird sie niederkommen.)

Mir scheint, daß jeder Mann, der das Leder seiner Schuhe wert ist, im gleichen Fall dasselbe getan hätte.

Ich finde, was ich getan habe, so einfach und selbstverständlich, daß ich dachte, ich könnte das Ganze für mich behalten. Das Modellstehen ist ihr schwergefallen, jedoch sie hat es gelernt, ich bin mit meinem Zeichnen vorwärtsgekommen, weil ich ein gutes Modell hatte. Diese Frau hängt nun an mir wie eine zahme Taube; ich kann mich nur *einmal* verheiraten, und wann könnte ich es besser tun als mit ihr, denn allein dadurch kann ich ihr weiterhelfen, sonst müßte sie aus Not wieder denselben Weg gehen, der in den Abgrund führt. Sie hat kein Geld, doch sie hilft mir in meiner Arbeit Geld verdienen.

Ich bin mit Lust und Liebe an der Arbeit; Malen und Aquarellieren habe ich nur deshalb eine Zeitlang sein lassen, weil ich so verstört war, daß Mauve mich verlassen hat. Nähme er seinen Entschluß zurück, so würde ich mit neuem Mut wieder anfangen. Jetzt kann ich keinen Pinsel sehen, es regt mich zu sehr auf.

194 *(Anfang Mai 1882)*

Ich habe K. gefragt, ob sie es mit mir wagen wolle. Auf welche Art man mich abgewiesen hat, ist Dir bekannt: was ich dabei noch milder dargestellt habe, ist der Empfang bei meinem Besuch in Amsterdam. Damals wurde mir gesagt, ich wolle es mit Gewalt erzwingen; sie wollte mich nicht sehen, nicht sprechen – nicht nur bei einem Besuch, sondern alle die drei Tage hindurch, die ich dort war...

Diese Frau, mit der ich jetzt zusammen bin, hat mich besser verstanden. In kurzer Zeit ist sie so fügsam geworden wie eine zahme Taube, sicher nicht durch Gewalt meinerseits, sondern weil sie sah, daß ich nicht roh war. Kurz, diese Frau hat es begriffen, und sie hat zu mir gesagt: »Ich weiß, daß du nicht viel Geld hast, aber auch wenn du noch weniger hättest, will ich mich in alles finden, wenn du nur bei mir bleibst und mich bei dir bleiben läßt; ich hänge zu sehr an dir, als daß ich wieder allein sein könnte.« Wenn ein Mensch das zu mir sagt und in allem zeigt, durch Taten vielmehr als durch Worte, daß er es wirklich meint, dann ist es kein Wunder, daß ich ihm gegenüber die Maske der Kühlheit, ja fast der Grobheit habe fallen lassen, die ich lange vorgehalten hatte, weil ich nicht schmeicheln wollte.

Und ist diese Frau nun schlechter dabei gefahren, oder bin ich schlechter dabei gefahren, daß es so gekommen ist? Ich staune, wie sie mit jedem Tag kräftiger wird und sich erholt; sie ist so verändert, daß sie ein ganz anderer Mensch ist als die blasse, kranke Frau, die ich diesen Winter kennenlernte. Und doch habe ich nicht weiter viel an ihr getan, ich habe ihr nur gesagt: tu dies, tu jenes, dann wirst du gesund werden, und sie hat das nicht in den Wind geschlagen, und als ich sah, daß sie es nicht in den Wind schlug, habe ich mir noch mehr Mühe mit ihr gegeben.

Vielleicht kann ich sie besser verstehen als ein anderer, weil sie ein paar Eigentümlichkeiten hat, die manchen anderen vielleicht abgestoßen hätten.

Erstens ihre Sprache, die häßlich ist und die sie aus ihrer Krankheit beibehalten hat; dann ihre Launenhaftigkeit, die die Folge einer nervösen Konstitution ist, so daß sie Launen hat, die für manchen unerträglich wären.

Ich verstehe dies alles, mir macht das nichts, und bis jetzt habe ich ganz gut damit fertig werden können. Und sie wieder versteht meine eigene Launenhaftigkeit, und es ist sozusagen eine stillschweigende Abmachung zwischen uns, nicht aneinander herumzunörgeln.

Wenn Du die große Zeichnung von Frank Holl aus dem »Graphic« kennst: »The Deserter«, so möchte ich sagen, sie hat viel von der Frauenfigur darauf...

Du weißt, was ich suche: das Allernötigste, was man zum Leben braucht; doch was darüber hinausgeht, läßt mich ziemlich kühl. Was ich am liebsten hätte, ist ein fester Wochenlohn wie andere Arbeiter auch; dafür will ich arbeiten mit meiner ganzen Kraft und meinem ganzen Verstand.

Da ich ein Arbeiter bin, gehöre ich in den Arbeiterstand und werde mehr und mehr darin leben und mich darin einwurzeln.

Ich kann nicht anders, und ich habe keine Lust zu etwas anderem, ich kann mir etwas anderes nicht vorstellen.

197 (Um den 12. Mai 1882)

Ich hoffe nur, daß Du auch weiter für mich bleiben wirst, was Du warst; ich glaube nicht, mich durch das, was ich tat, erniedrigt oder entehrt zu haben, obwohl manche das vielleicht finden werden.

Ich fühle, daß meine Arbeit im Herzen des Volkes liegt, daß ich mich an das Alltägliche halten und tief ins Leben hineingreifen und durch viel Mühsal und Sorge vorwärtskommen muß.

Ich kann mir keinen anderen Weg denken, und ich will gar nicht ohne Mühsal und Sorgen sein, nur daß sie nicht unerträglich werden, hoffe ich, und das braucht nicht der Fall zu sein, solange ich arbeite und auch weiterhin ein wenig Zuneigung und Verständnis von Menschen wie Dir erfahre.

Es ist mit dem Leben wie mit dem Zeichnen – man muß manchmal schnell und entschlossen handeln, die Sache energisch anpacken, dafür sorgen, daß die großen Linien blitzschnell dastehen.

Da darf es kein Zaudern, kein Zweifeln geben; die Hand darf nicht zittern und das Auge nicht umherschweifen, sondern es muß fest auf das gerichtet bleiben, was man vor sich hat. Und man muß so darin vertieft sein, daß in kurzer Zeit auf dem Papier oder der Leinwand, wo erst nichts war, etwas geschaffen ist, so daß man später selbst kaum weiß, wie man es hingedonnert hat. Die Zeit des Erwägens und Nachdenkens muß dem entschlossenen Handeln vorausgehen. Beim *Tun* selbst ist wenig Raum zum Nachdenken und Erwägen.

Schnelles Handeln ist Männerarbeit, und ehe man dazu imstande ist, muß man etwas erlebt haben. Manchmal gelingt es dem Steuermann, sich einen Sturmwind zunutze zu machen, um vorwärtszukommen, statt daß er vom Sturm zum Scheitern gebracht wird.

Was ich Dir noch einmal sagen wollte, ist folgendes:

Große Pläne für die Zukunft habe ich nicht; mag sein, daß mich für einen Augenblick die Lust nach einem sorgenfreien Leben ankommt, nach einem *glatten*, erfolgreichen Ablauf der Dinge – doch immer wieder kehre ich mit Liebe zu der Mühsal zurück, zu den Sorgen, zu dem *beschwerlichen* Leben, und denke: es ist besser *so*, dabei lerne ich mehr; ich bin darum auch nicht geringer, nicht auf diesem Wege geht man zugrunde. Ich bin ganz erfüllt von meiner Arbeit, und ich bin der festen Zuversicht: mit einigem guten Willen von Menschen wie Dir, wie Mauve, wie Tersteeg – obwohl wir diesen Winter Zerwürfnisse hatten – wird es mir gelingen, genug damit zu verdienen, daß ich davon leben kann, nicht üppig, aber als einer, der »im Schweiße seines Angesichts sein Brot ißt«.

Christien ist für mich kein Klotz am Bein, keine Last, sondern eine Hilfe. Wenn sie allein wäre, ginge sie vielleicht zugrunde; eine Frau darf nicht allein sein in einer Gesellschaft und einer Zeit wie der, in der wir leben – einer Zeit, die die Schwachen nicht schont, sondern mit Füßen tritt, und, wenn ein schwaches Geschöpf gefallen ist, mit Rädern drüber hinfährt.

Darum, weil ich so viele Schwache zertreten sehe, zweifle ich stark an der Richtigkeit von vielem, was man Fortschritt und Bildung nennt. Ich glaube an Bildung, selbst in dieser Zeit, doch nur an die Art Bildung, die auf wirklicher Menschenliebe beruht. Was Menschenleben kostet, finde ich barbarisch, und davor habe ich keine Achtung.

198 (Mitte Mai 1882)

Vieles von dem, was in Deinem Brief steht, weiß ich sehr zu schätzen, z. B.: »Man muß engherzig sein oder falsche Scham empfinden, wenn man unbedingt den einen Stand höher als den anderen stellt.« Die Welt aber denkt so nicht und sieht und respektiert nie die »Menschheit« im Menschen, sondern den größeren oder kleineren Geld- oder Güterwert, den er hat, solange er diesseits des Grabes steht; mit dem, was jenseits des Grabes liegt, gibt die Welt sich ganz und gar nicht ab. Darum geht es denn auch in der Welt so zu, wie es eben zugeht.

Ich aber habe Sympathie oder Antipathie gerade für die Menschen als Menschen, und ihre Umwelt läßt mich ziemlich kühl ...

Du sagst, Deiner Ansicht nach sei zwischen Christien und mir nichts vorgegangen, was eine Heirat nötig mache. Laß Dir sagen, wie Christien und ich darüber denken: wir sehnen uns beide nach einem gemeinsamen häuslichen Leben und haben einander täglich bei der Arbeit nötig und sind täglich zusammen. Wir wollen, daß unsere Lage nichts Schiefes hat, und finden Heirat das einzige Mittel, um die Welt zum Schweigen zu bringen und den Vorwurf zu entkräften, wir lebten in einer unerlaubten Verbindung. Wenn wir *nicht* heiraten, kann man sagen: dies oder das ist eigentlich schief — wenn wir heiraten, sind wir sehr arm und geben jeden Anspruch auf »Stand« auf, doch wir handeln recht und ehrlich. Mir scheint, das müßtest Du begreifen.

Wenn es möglich ist, daß ich dies Jahr vielleicht hundertfünfzig Francs im Monat bekomme (obwohl meine Arbeiten noch nicht direkt verkauft werden können, sind sie doch eine Grundlage, auf der ich später weiterbauen kann), dann fange ich die Sache mit viel Lust und viel gutem Mut an, denn da weiß ich wenigstens: am allernötigsten, um arbeiten zu können, am täglichen Brot, an Wohnung und Zeichenmaterial wird es mir nicht fehlen, ich kann arbeiten. Wüßte ich sicher, daß Du Deine Hilfe widerrufen würdest, dann bin ich machtlos; beim besten Willen der Welt wird meine Hand gelähmt, ja, dann steht es kläglich um mich, dann steht es sehr schlimm. Was hättest Du oder jemand anderes davon? Ich würde den Mut verlieren, und Christien und das Kind würden zugrunde gehen. Vielleicht findest Du es übertrieben, daß ich denke, Du könntest so etwas tun, aber *»solche Dinge geschehen«. Muß dieses schreckliche Schicksal mich treffen — so treffe es mich.*

193 (Mitte Mai 1882)

Geld ist heutzutage, was früher das Recht des Stärkeren war. Jemandem zu widersprechen ist verhängnisvoll, und tut man es, so ist die Antwort des anderen nicht Nachdenken, sondern ein Faustschlag ins Genick. Nämlich in der Form von »ich kaufe nichts mehr von ihm« oder »ich helfe ihm nicht mehr«.

Da es nun mal so ist, wage ich meinen Kopf, wenn ich Dir widerspreche, aber ich weiß nicht, Theo, wie ich anders handeln könnte; wenn er runter muß — gut, hier ist mein Nacken. Du kennst meine Lage und weißt, daß von Deiner Hilfe sozusagen mein Leben oder Nicht-Leben abhängt. Aber ich muß mich entscheiden — wenn ich auf Deinen Brief antworte: Ja, Theo, Du hast recht, ich werde Christien laufen lassen, dann sage ich erstens eine Unwahrheit, indem ich Dir recht gebe, und zweitens verpflichte ich mich, etwas Abscheuliches zu tun. Wenn ich Dir widerspreche und Du machst es wie T. und M.[17], dann ist sozusagen mein Kopf hin.

Nun, dann in Gottes Namen runter mit dem Kopf, wenn es sein muß, das andere ist noch schlimmer.

Hier beginnt also eine kurze Auseinandersetzung, in der ich rundheraus einige Dinge erklären will, die Du möglicherweise so aufnehmen wirst, daß Du mir Deine Hilfe entziehst; aber diese Dinge zu verschweigen, um mir Deine Hilfe zu erhalten, wäre, scheint mir, eine häßliche Handlungsweise, und ich riskiere lieber das Schlimmste. Gelingt es mir, Dir klarzumachen, was Du jetzt, glaube ich, noch nicht begreifst, dann wird es Christien und ihrem Kind und mir selbst besser gehen. Und um das zu erreichen, muß ich riskieren zu sagen, was ich sagen werde.

Um auszudrücken, was ich für K. empfand, sagte ich einfach: »Sie und keine andere.« Ihr »nie, nein, nimmer« hat nicht genügt, mich von ihr abzubringen. Ich hatte noch Hoffnung, und meine Liebe blieb lebendig trotz ihrem »nie, nein, nimmer«, das ich für einen Eisklumpen hielt, der schmelzen würde. Doch ich hatte keine Ruhe. Die Spannung wurde unerträglich, weil sie nur immerfort schwieg, weil ich nie eine Silbe Antwort erhielt.

Da fuhr ich nach Amsterdam. Dort wurde mir gesagt: »Wenn du ins Haus kommst, geht K. zum Hause hinaus. Deinem ›sie und keine andere‹ steht ihr ›er bestimmt nicht‹ gegenüber, dein Beharren ist *ekelhaft.*«

Ich hielt meine Finger in die Flamme der Lampe und sagte: »Laßt mich sie solange sehen, wie ich meine Hand in die Flamme halte«, und es ist kein Wunder, daß dann später vielleicht Tersteeg nach meiner Hand geguckt hat. Doch sie haben, glaube ich, die Lampe ausgeblasen und gesagt: »*Du wirst sie nicht sehen.*«

17 *Tersteeg und Mauve*

Nun, das war mir zu stark, besonders als man von meinem »mit Gewalt erzwingen« sprach; ich empfand die Dinge, die man mir sagte, als tödliche Schläge, mit denen mein »sie und keine andere« totgeschlagen wurde. Ich habe damals nicht gleich ganz und gar, aber doch ziemlich schnell diese Liebe *sterben gefühlt* und statt dessen eine Leere, eine unendliche Leere.

Du weißt, ich glaube an Gott, ich zweifelte nicht an der Macht der Liebe, doch damals habe ich etwas gefühlt von: Mein Gott, mein Gott, warum hast du mich verlassen, und ich verstand nichts mehr, ich dachte, habe ich mich denn getäuscht – o Gott, es gibt keinen Gott! Diesen abscheulichen, kalten Empfang in Amsterdam konnte ich nicht überwinden, bei Marktschluß lernt man die Händler kennen...

In Liebesdingen – da frage ich mich, ob Du auch nur weißt, was eigentlich das Abc ist. Findest Du das anmaßend von mir? Ich meine damit, daß man am besten fühlt, was Liebe ist, wenn man an einem Krankenbett sitzt, manchmal ohne einen Pfennig in der Tasche. Es ist kein Erdbeerenpflücken im Frühling, das dauert nur ein paar Tage, und die meisten Monate sind grau und düster. Doch in dieser Düsternis lernt man etwas Neues; manchmal ist mir, als wüßtest Du das, und manchmal denke ich: er weiß es nicht. – Ich will häusliche Liebe und Leid selber erleben, um sie aus eigener Erfahrung zeichnen zu können. Als ich aus Amsterdam kam, fühlte ich meine Liebe – die doch aufrichtig, doch ungeheuchelt und stark war – buchstäblich *totgeschlagen*. Doch nach dem Tod steht man vom Tode auf. Resurgam[18].

Damals habe ich Christien gefunden. Zögern, hinausschieben war nicht am Platze. Es mußte gehandelt werden. Wenn ich sie nicht heirate, so wäre es freundlicher von mir gewesen, wenn ich mich überhaupt nicht um sie gekümmert hätte. Doch durch diesen Schritt entsteht eine Kluft, ich tue dann so eindeutig wie nur möglich, was man »aus seinem Stand treten« nennt; aber das ist nicht verboten, und das ist nicht schlecht, obwohl die Welt es verkehrt nennt. Ich richte meinen Haushalt wie einen Arbeiterhaushalt ein. Da fühle ich mich heimischer; ich habe es schon früher gewollt, aber es damals nicht durchführen können. Ich hoffe, daß Du mir über die Kluft weg auch weiterhin die Hand reichst. Ich habe von hundertfünfzig Francs im Monat gesprochen, Du sagst, ich hätte mehr nötig.

Warte einmal. Meine Ausgaben haben im Durchschnitt nie hundert Francs monatlich überschritten, seit ich von Goupil weg bin, außer wenn Reisen dazwischenkamen. Und bei Goupil hatte ich zuerst dreißig Gulden und später hundert Francs.

18 *Ich werde auferstehen*

Jetzt in diesen letzten Monaten habe ich mehr ausgegeben, aber ich habe meinen Haushalt einrichten müssen, und ich frage Dich, sind diese Ausgaben unvernünftig oder übertrieben?...

Ich bin dreißig, sie ist zweiunddreißig, wir sind also keine Kinder mehr. Und dann ihre Mutter und ihr Kind: das Kind löscht ihren Makel aus; vor einer Frau, die Mutter ist, habe ich Achtung, und ich frage nicht nach ihrer Vergangenheit. Ich bin froh, daß sie ein Kind hat, gerade dadurch weiß sie, was sie wissen muß.

Ihre Mutter ist sehr arbeitsam und verdiente wohl einen Orden, weil sie jahrelang eine Familie von acht Kindern über Wasser gehalten hat. Sie würde nicht abhängig sein mögen, sie verdient ihren Unterhalt als Aufwartefrau.

Ich schreibe Dir spät am Abend. Christien ist nicht wohl, und es wird nicht mehr lange dauern, bis sie nach Leiden muß. Du mußt mir diesen unordentlichen Brief verzeihen, denn ich bin müde...

Ich will nur von *einer* Sache wissen, vom Zeichnen, und auch sie hat *eine* feste Arbeit, Modellstehen. Ich wünschte von Herzen, es wäre mir möglich, die Wohnung nebenan zu nehmen, die ist gerade groß genug, denn der Boden ist so, daß sich ein Schlafraum draus machen läßt, und das Atelier ist gut in Größe und Licht, viel besser als hier. Doch ob das möglich ist? Aber wäre es auch nur ein Loch, in dem ich wohnen müßte – mir ist ein Stück Brot an meinem eigenen Herd, mag er noch so armselig sein, lieber als zu leben, ohne sie zu heiraten.

Sie weiß, was Armut ist, ich auch. Armut hat manches für, manches gegen sich, trotz der Armut wagen wir es. Die Fischer wissen, daß die See gefährlich ist und der Sturm entsetzlich, haben aber nie einsehen können, daß die Gefahren ein Grund wären, faul am Strand herumzulaufen. *Die* Weisheit überlassen sie dem, der Lust dazu hat. Kommt der Sturm, sinkt die Nacht, was ist schlimmer, die Gefahr oder die Angst vor Gefahr? Dann lieber die Wirklichkeit, die Gefahr selbst.

199 *(Zweite Hälfte Mai 1882)*

Weil Christien viel an Krämpfen usw. zu leiden hatte, hielt ich es für besser, daß sie noch einmal nach Leiden fährt, um genau zu erfahren, wie es mit ihr steht.

Sie ist dort gewesen und auch wieder zurückgekommen, und Gott sei Dank ist alles in Ordnung, aber wie Du weißt, hat sie im März eine Operation durchgemacht, und nun ist sie noch einmal untersucht worden. Sie muß gut auf sich achtgeben und weiterhin Stärkungsmittel nehmen und auch wenn möglich noch einige Bäder, aber es liegt keine Komplikation vor, und es besteht alle Hoffnung, daß sie gut durchkommt.

Im März konnte der Professor nicht genau sagen, wann die Entbindung sein würde, doch schätzte er Ende Mai oder Anfang Juni.

Jetzt sagt er, es würde wahrscheinlich weit in den Juni hinein werden, und hat ihren Aufnahmeschein für die Anstalt auf Mitte Juni umgeschrieben. Er hat sie diesmal ausführlich gefragt, bei wem sie wäre, und was er darüber gesagt hat, bestätigt mir nun mit Sicherheit, was ich selber schon gedacht hatte: daß sie eingehen würde, wenn sie wieder auf die Straße müßte, und daß es diesen Winter, als ich sie kennenlernte, höchste Zeit war, daß Hilfe kam.

Ich denke also nicht daran, von ihr zu lassen, wie ich Dir bereits schrieb, denn unter diesen Umständen wäre das eine Gemeinheit von mir.

Der Arzt fand sie besser als im März, das Kind lebt, und er hat ihr noch Anweisungen gegeben über Ernährung usw., so daß ich nicht aufs Geratewohl handle.

Die Wäsche für das Kleine ist auch fertig, das Allereinfachste. Ich habe es hier nicht mit einer Illusion oder einem Traum zu tun, sondern mit der Wirklichkeit, in der es entschlossen zu handeln gilt...

Ohne Deine Hilfe wäre ich machtlos gewesen.

Das Geld, das Du geschickt hast, hat mir beim Zeichnen vorwärtsgeholfen, und überdies, was mehr ist, bis jetzt Christien und dem Kind das Leben gerettet. Aber in gewissem Sinn bin ich schuldig, wenn Du es als Vertrauensmißbrauch auffaßt; jedoch hoffe ich, Du wirst es nicht so auffassen.

203   *31. Mai 1882*

Da heute oder morgen der 1. Juni ist, habe ich versprochen, meinem Hauswirt fünf Gulden Ateliermiete für den Monat April und 7.50 für den vorigen Monat zu zahlen, macht zusammen 12 Gulden 50.

Aber da ich bisher keinen Brief von Dir erhalten habe seit dem vom 12. Mai, habe ich nichts, wovon ich ihm seine zwölf Gulden und fünfzig Cents bezahlen könnte.

Der Mann wird mir bestimmt keinen weiteren Aufschub geben, aber sie können meine Möbel sofort öffentlich versteigern lassen. Wie Du auch über die Dinge denken magst, von denen ich Dir schrieb, laß es nicht zu diesem Skandal kommen; meine Zeichnungen für C. M. sind fertig, aber es ist ausgeschlossen, daß ich das Geld dafür rechtzeitig bekomme.

Noch einmal, laß uns um jeden Preis Anstoß und öffentlichen

Skandal vermeiden und ruhig über den Gegenstand reden oder schreiben, bis wir wissen, was zu tun ist. Deshalb hoffe ich, Du schickst mir, was ich so nötig brauche, und schreibst. Ich arbeite Tag und Nacht, habe eine kleine Zeichnung für Dich fertig, die ich später einmal schicke. Ich habe kein Geld mehr für eine Briefmarke, so verzeih die Postkarte.

204 (1. Juni 1882)
Du scheinst zu fürchten, die Familie werde möglicherweise Schritte unternehmen, um mich entmündigen zu lassen; darüber will ich Dir noch mal was sagen. Wenn Du glaubst, »*ein paar Zeugen (und noch dazu falsche) brauchen nur zu erklären, daß Du Deine finanziellen Angelegenheiten nicht verwalten kannst, und das genügt,* Pa die Berechtigung zu geben, Dir die bürgerlichen Rechte zu entziehen und Dich entmündigen zu lassen«, wenn Du, sage ich, wirklich glaubst, daß das selbst heutzutage so leicht geht, so nehme ich mir die Freiheit, das zu bezweifeln. Das Entmündigen, mit dem oft so schändlicher Mißbrauch getrieben wurde, um Menschen aus dem Wege zu räumen, die man »unbequem« oder »unangenehm« (mauvais coucheur[19]) fand, geht heutzutage nicht mehr so glatt. Und das Gesetz gibt dem Beschuldigten Gelegenheit zum Einspruch und vielerlei Hilfsmittel ...

Jetzt sage ich nur noch dies – es ist Dir bekannt, daß ich jederzeit gegen etwas Derartiges Einspruch erheben werde; und sollte man sich früher oder später eine mögliche Krankheit oder Unpäßlichkeit von mir zunutze machen, um etwas gegen mich zu unternehmen, so weißt Du, daß dies nicht meine Einwilligung hat.

Im Fall einer Krankheit hoffe ich, daß Du Dich widersetzen würdest, wenn man meine Machtlosigkeit mißbrauchte. In gesundem Zustand werde ich wohl selbst damit fertig, vor so etwas habe ich keine Angst. Aber es will mir nicht in den Kopf, daß sie wirklich soweit gehen würden ...

– Nun bin ich froh, daß Du mir ganz offen gesagt hast, was Du von Sien dachtest, nämlich, daß sie intrigiere und daß ich mich von ihr beschwindeln ließe. Und ich kann verstehen, daß Du so etwas denken kannst, denn für dergleichen gibt es Beispiele. Jedoch ich erinnere mich, ich habe schon früher mal einem Mädel, die so etwas versuchen wollte, die Tür so energisch vor der Nase zugeschlagen, daß ich einigermaßen bezweifle, ob ich geeignet wäre, das Opfer einer groben Intrige zu werden.

---

[19] *mit denen nicht gut Kirschen essen ist*

Ich habe diesen Brief noch zurückgehalten, weil ich gern noch die kleinen Zeichnungen mitgeschickt hätte, doch es muß noch daran gearbeitet werden. Eine ist aber fertig, und zwar eine Fischtrocknerei. Sien und ich haben tagelang dazu von früh bis abends wie richtige Bohémiens in den Dünen kampiert. Wir haben Brot und ein Tütchen Kaffee mitgenommen und holten dann das heiße Wasser bei einer Wasser- und Feuerfrau in Scheveningen.

Diese Wasser- und Feuerfrau mit ihrem Drum und Dran ist fabelhaft, unbeschreiblich nett; ich bin schon früh um fünf in ihrem kleinen Laden gewesen, wenn die Straßenkehrer hinkommen und dort ihren Kaffee trinken. Junge, daraus ließe sich was machen!! Aber das Modellstehen von all den Leuten, die man dazu braucht, würde mich ziemlich viel kosten, doch ich würde es schrecklich gern machen.

201   (Anfang Juni 1882)
Ich weiß nicht, ob eine Niederländische Verfassung und die anderen Gesetze in Deinem Besitz sind. Ich selbst jedenfalls habe sie des öfteren über verschiedene Fragen zu Rate gezogen, wenn mir an der Gesetzlichkeit von dem und jenem Zweifel kamen. Und nicht nur die niederländischen Gesetze, sondern ich habe mir sogar die Mühe gemacht, diese holländische Regelung mit der französischen und der englischen Verfassung zu vergleichen. Nicht nur jetzt, sondern auch schon früher, als ich gewisse geschichtliche Fragen untersuchte, hatte ich es nötig, die Gesetze nachzusehen.

Ich erkläre Dir also, daß ich in Ruhe den Lauf der Dinge abwarte, aber ich hoffe nur, daß davon nicht die Rede sein wird, sondern daß im Gegenteil die Familie geneigt ist, alles in Ruhe und Ordnung zu regeln und zu behandeln, wie es sich eben ergibt ...

Ich wünschte sehr, Du kenntest Sien, doch Du bist so weit weg, und es ist mir unmöglich, einen Menschen so zu beschreiben, daß Du sie nur durch die Beschreibung hinlänglich kennenlernst. Aber ich kann es ja versuchen. Erinnerst Du Dich an unser früheres Kindermädchen zu Hause in Zundert, Leen Veerman? Mir scheint, Sien ist ein Persönchen vom gleichen Schlag, wenn meine Erinnerung nicht trügt. Ihr Profil ist etwa von der Art wie bei »L'Ange de la Passion« von Landelle, Du weißt schon, was ich meine, eine kniende Figur, das Bild ist bei Goupil erschienen. Aber natürlich ist sie nicht genau so; ich sage es nur, um Dir ungefähr eine Vorstellung von der Linie ihres Gesichts zu geben. Sie hat in leichtem Grade die Pocken gehabt und ist also nicht mehr schön, aber die Linien ihrer Gestalt sind einfach und nicht ohne Anmut.

Was ich an ihr schätze, ist, daß sie nicht mit mir kokettiert, still ihre Arbeit tut, sparsam ist und sehr viel guten Willen hat, sich in die gegebene Lage zu schicken und zu lernen, so daß sie mir in tausend Dingen bei meiner Arbeit helfen kann. Und daß sie nicht mehr schön ist, nicht mehr jung, nicht mehr albern, nicht mehr kokett, das sind gerade die Dinge, die bewirken, daß ich etwas mit ihr anfangen kann. Ihre Gesundheit ist schwer gestört gewesen, und im Winter war sie sehr schwach. Jetzt ist sie viel wohler und kräftiger als damals, vor allem weil sie einfache Kost zu sich nimmt, viel im Freien ist, sich Bewegung macht und Bäder nimmt. Allein eine Schwangerschaft ist keine leichte Sache. Aber ihre Sprache ist häßlich, und oft sagt sie Dinge und gebraucht Ausdrücke, die z. B. unsere Schwester Willemien, die ganz anders erzogen ist, nicht sagen würde. Doch das ist etwas, was mich gar nicht mehr stört; es ist mir lieber, sie spricht häßlich und ist gut, als gebildet in ihrer Redeweise und doch ohne Herz. Aber das ist es gerade, sie hat viel Herz, kann was ertragen, hat Geduld, guten Willen, gibt sich Mühe und packt die Arbeit tüchtig an. Sie kommt jede Woche das Atelier scheuern, um die Aufwartefrau zu sparen. Nun, wir werden wohl arm sein; aber auch sie, wenn sie nur was zu essen hat, ist nicht kränklich in dem Sinne, daß sie ein dauerndes Leiden hätte, aber sie ist wiederholt krank gewesen, so hat sie die Pocken gehabt und eine Halskrankheit.

Doch das ist kein Grund, warum sie nicht noch alt werden könnte und völlig gesund.

Ich muß Dich mal im Vertrauen etwas fragen. Glaubst Du, Pa macht sich vielleicht Sorgen, ich würde ihn bei dieser Gelegenheit um Geld bitten? Das werde ich ganz bestimmt nicht tun. Pa hat mir oft gesagt, daß meine Erziehung usw. mehr gekostet hat als die der anderen. Das ist auch der Grund, warum ich auch in Zukunft, zum Beispiel falls ich heirate, Pa um nichts bitten werde, nicht einmal um eine alte Tasse oder Schüssel. Sien und ich haben das Allernötigste. Das einzige, was wir nicht entbehren können, solange ich nicht verkaufe, sind die hundertfünfzig Francs von Dir, für Miete, Brot, Schuhe, Zeichengerät, kurz, für die laufenden Ausgaben. Ich verlange nichts, nicht mal eine alte Tasse oder Schüssel, *nur ein einziges Ding: daß man mich meine arme, schwache, gemarterte kleine Frau liebhaben und versorgen läßt, so gut meine Armut es erlaubt, ohne Schritte zu unternehmen, uns zu trennen oder zu stören oder Leid anzutun.*

Niemand hat sich was aus ihr gemacht, niemand hat sie haben wollen, sie war allein und verlassen wie ein weggeschmissener Lumpen, und ich habe sie aufgehoben und ihr alle Liebe, die in mir war, alle

Zärtlichkeit, alle Sorgfalt zuteil werden lassen; sie hat das gefühlt, und sie ist gesund geworden, oder richtiger, sie ist dabei, gesund zu werden.

205 *(Anfang Juni 1882)*
Heute, Sonnabend, schicke ich folgende zwei Zeichnungen an Dich ab: »Fischtrocknerei in den Dünen«, Scheveningen, »Zimmermannsschuppen und Wäscherei« (aus dem Fenster meines Ateliers).

Ich habe dieser Tage soviel an Dich gedacht und auch an jene längst vergangene Zeit, als Du mich — weißt Du noch? — mal im Haag besucht hast und wir zusammen den Rijswijker Leinpfad entlanggingen und in der Mühle dort Milch tranken. Mag sein, daß mich das etwas beeinflußt hat, als ich diese Zeichnungen machte: ich habe versucht, die Dinge so naiv wie möglich zu zeichnen, genau so, wie ich sie vor Augen hatte. In jenen Tagen der Mühle, so lieb mir diese Zeit auch stets bleiben wird, wäre es mir jedoch unmöglich gewesen, das, was ich sah und fühlte, aufs Papier zu bringen. Ich meine also, daß die Veränderungen, welche die Zeit zuwege bringt, eigentlich im Grunde mein Gefühl nicht verändern, doch ich glaube, es entwickelt sich in einer anderen Form. Mein Leben — und vielleicht après tout auch das Deine — ist nicht mehr so sonnig wie damals, aber ich möchte doch nicht zurück, weil ich gerade durch Mühsal und Mißerfolg etwas Gutes entstehen sehe, nämlich die Fähigkeit, dieses Gefühl auszudrücken. Rappard war von einer solchen Zeichnung, wie sie C. M. hat, sehr eingenommen, übrigens auch von allen anderen ...

Ich will gern zugeben, daß Zeichnungen, in die mit der Feder hineingekritzelt ist, auf denen Lichter wieder herausgekratzt worden sind, etwas Kahles, Ungefälliges haben mögen für ein Auge, das ausschließlich an Aquarelle gewöhnt ist. Doch es gibt auch Menschen, die — ebenso wie es manchmal angenehm und erfrischend für einen gesunden Körper ist, mal bei starkem Wind einen Spaziergang machen — es gibt auch Liebhaber, sage ich, die vor diesem Ungefälligen, Kahlen keine Angst haben ...

Es wäre mir höchst angenehm, wenn sich unter Deinen Sachen vielleicht ein Rock und eine Hose fänden, die für mich geeignet wären und die Du nicht mehr trägst.

Denn wenn ich etwas kaufe, sehe ich vor allem darauf, daß es zur Arbeit in den Dünen oder im Hause so praktisch wie möglich ist; doch meine Ausgeh-Sachen werden allmählich etwas schäbig. Und wenn ich mich auch nicht schäme, in einem Alltagsanzug auf die Straße zu gehen, wenn ich arbeiten gehe, so schäme ich mich doch sehr in

Herrensachen, die nach einem heruntergekommenen Herrn aussehen. Meine Alltagssachen sind übrigens keineswegs schlampig, eben weil ich jetzt Sien habe, die sie instand hält und kleine Schäden ausbessert.

206 *Stadtkrankenhaus (4. Klasse, Saal 6, Nr. 9), Brouwersgracht*
Wenn Du etwa gegen Ende Juni herkommst, findest Du mich hoffentlich wieder an der Arbeit, doch jetzt im Augenblick bin ich im Krankenhaus, wo ich jedoch nur vierzehn Tage bleiben werde. Ich hatte schon etwa drei Wochen lang sehr unter Schlaflosigkeit und schleichendem Fieber gelitten und Schmerzen beim Wasserlassen gehabt. Und jetzt zeigte sich, daß ich eigentlich, aber in sehr leichtem Grade, das habe, was man einen »Tripper« nennt.

Deswegen muß ich nun ruhig hier im Bett liegenbleiben und viel Chininpillen schlucken, und ab und zu kriege ich auch Spritzen, entweder klares Wasser oder Alaunlösung, also so unschuldig wie nur möglich. Darum brauchst Du Dich auch nicht im geringsten zu beunruhigen. Aber Du weißt, so was darf man nicht leichtnehmen, und man muß hinterher sein, denn bei Nachlässigkeit veraltet die Sache und kann sich verschlimmern.

Zeuge dafür: Breitner, der auch noch immer hier liegt, wenn auch in einem anderen Saal; und wahrscheinlich geht er bald weg – er weiß nicht, daß ich hier bin. Tu mir den Gefallen und sprich nicht davon, denn die Leute denken manchmal, es ist etwas sehr Schlimmes, oder durch aufgebauschtes Gerede wird es sehr schlimm; aber ich sage Dir genau, was es ist, und Du brauchst es auch nicht zu verschweigen, wenn Dich etwa jemand geradezu danach fragen sollte, und keinesfalls brauchst Du es schwerzunehmen.

Ich habe natürlich vierzehn Tage vorausbezahlen müssen, 10 Gulden 50 für Verpflegung. Zwischen Leuten, die auf Rechnung der Armenkasse kostenlos verpflegt werden, und solchen, die 10 Gulden 50 bezahlen, wird in Kost und Behandlung kein Unterschied gemacht; man liegt zu zehnt in einem Saal, und ich muß Dir sagen, daß die Behandlung in jeder Hinsicht ausgezeichnet ist. Ich langweile mich nicht, und die tüchtige, praktische ärztliche Behandlung tut mir gut ...

Um so weniger unangenehm ist es mir, mal ein paar Tage ruhig hier zu liegen, als ich, falls nötig, von dem Arzt hier eine offizielle Erklärung kriegen kann, daß ich ganz entschieden nicht jemand bin, der nach Gheel oder unter Vormundschaft gehört.

Und falls das nicht genügt, auch noch, wenn ich mich drum bemühe, ein Zeugnis von dem Professor, der Direktor der Wöchnerinnenklinik in Leiden ist.

Aber die Personen, die vielleicht auf die Behauptung verfallen könnten, es wäre *der Gesellschaft* oder *der Familie* sehr damit gedient, wenn jemand wie ich für verrückt erklärt würde, sind vielleicht so fabelhaft große Leute, daß sie in solchen Dingen viel besser Bescheid wissen als z. B. der hiesige Arzt. Na ja.

207   (Um den 9. Juni 1882)

Weniges hat mich in letzter Zeit so gefreut, wie jetzt eben von zu Hause Dinge zu hören, die mich über ihre Stimmung dort recht beruhigen.

Sien war hier und hat mir gesagt, in meinem Atelier sei ein Paket angekommen, und ich habe ihr gesagt, sie solle es aufmachen und nachsehen, was drin ist, und wenn ein Brief drin wäre, solle sie ihn mitbringen. So habe ich erfahren, daß sie ein ganzes Paket geschickt haben mit allerlei Sachen, Oberkleidung und Unterwäsche und Zigarren, und im Brief lagen noch zehn Gulden.

Ich kann Dir nicht sagen, wie sehr es mich gerade jetzt bewegt hat.

208   22. Juni 1882

Ich liege jetzt in einem anderen Saal, mit Betten ohne Vorhänge, und besonders abends oder nachts gibt es sehr eigenartige Effekte. Der Doktor ist genau so, wie ich es am liebsten habe; er hat viel von manchen Rembrandt-Köpfen, eine prachtvolle Stirn und einen sehr sympathischen Ausdruck. Ich hoffe, ihm etwas abgeguckt zu haben, denn in Zukunft möchte ich mit den Modellen ungefähr so umspringen wie er mit den Kranken, nämlich sie nur kräftig anpacken, sie kurz und bündig in genau die Stellung bringen, die notwendig ist ...

Nun muß ich Dir noch berichten, daß Pa mich besucht hat in den ersten Tagen, als ich hier lag, wenn auch nur ganz kurz und sehr eilig, und im Grunde habe ich über nichts mit ihm sprechen können: eigentlich wäre mir sein Besuch zu einer anderen Zeit lieber gewesen, wenn wir beide wahrlich mehr davon gehabt hätten. Es war mir jetzt sehr sonderbar und kam mir beinahe wie ein Traum vor, wie übrigens die ganze Geschichte, daß ich hier krank liege.

Außer Sien, ihrer Mutter und Pa habe ich niemand anders gesehen, und das ist eigentlich auch das beste, obwohl die Tage doch recht einsam und trübselig sind. Manchmal denke ich unwillkürlich, daß es jetzt sehr viel düsterer und einsamer geworden ist als z. B. diesen Winter, als ich zum ersten Mal zu Mauve kam.

Es gibt mir jedesmal einen Stich ins Herz und ein Gefühl der Beklemmung, wenn ich daran denke, obwohl ich versuche, den ganzen Gedanken daran als nutzlosen Ballast über Bord zu schmeißen.

Vom Krankenwärter hörte ich, daß Breitner dieser Tage entlassen worden ist.

Ich glaube, hier in dieser Klasse macht der Doktor etwas kürzeren Prozeß als in den teureren. Tant mieux[20].

Vielleicht scheuen sie sich hier weniger, den Patienten ein bißchen weh zu tun, als in den höheren Klassen und stecken einem z. B. ganz schnell einen Katheter in die Blase ohne viel Federlesens oder »Formen«. Nun, meiner Meinung nach tant mieux, und noch mal: ich finde es hier ebenso nett wie im Wartesaal 3. Klasse. Wenn ich nur arbeiten könnte! aber ich muß mich fügen. Ich habe ein Buch von Dickens und meine Perspektive-Bücher mit hier.

209 1. Juli 1882

Seit ein paar Stunden bin ich in meinem Atelier und schreibe Dir gleich. Wie wunderbar es ist, wieder gesund zu werden, kann ich Dir gar nicht sagen und ebensowenig, wie schön mir alle Dinge auf dem Weg vom Krankenhaus hierher vorgekommen sind. Und wie das Licht heller und der Raum größer und alle Gegenstände und Gestalten bedeutender schienen! Es ist jedoch noch ein »Aber« dabei, denn schon nächsten Dienstag muß ich wieder zum Arzt und berichten, wie es mir geht; er hat mich darauf vorbereitet, daß ich dann vielleicht noch mal auf etwa vierzehn Tage, mag sein auch länger oder kürzer, ins Krankenhaus muß, je nachdem es sich als nötig herausstellt. Jedenfalls würde ich mich ungemein freuen, wenn es nicht wieder notwendig wäre.

Sobald ich was Verdächtiges spüre, muß ich wieder hin, und auch wenn ich nichts Besonderes merke, gehe ich am Dienstag zur Untersuchung. Die Harnröhre muß allmählich erweitert werden, aber das läßt sich nicht mit Gewalt machen oder beschleunigen. Die Sonden werden allmählich dicker, und jedesmal, wenn eine neue eingeführt wird, wird die Geschichte etwas mehr gedehnt, und das ist schmerzhaft, aber ganz besonders scheußlich, weil so ein Ding eine Zeitlang drin bleiben muß. Wenn es wieder rausgenommen wird, kommt Blut heraus, und man ist dann einige Tage ziemlich frei, und die Empfindlichkeit, die das mit sich bringt, verschwindet allmählich. In einer dieser Zwischenpausen bin ich nun hier. Unterdessen kann ich auch wieder ziemlich leicht Wasser lassen; dabei komme ich mir ganz groß-

20 Um so besser

artig vor, als wäre das was ganz Besonderes. Aber es muß wieder ganz normal werden, und das braucht seine Zeit. Doch über dem Gefühl, daß es einem besser geht, vergißt man alle möglichen Katheter und Sonden und Spritzen – bis man den Doktor wieder damit anrücken sieht. Und das ist dann kein sehr erfreulicher Augenblick.

Nun, das gehört auch zu den petites misères de la vie humaine. Aber was man mit Recht eine »grande misère«[21] nennen kann, ist eine Schwangerschaft und Entbindung; der letzte Brief von Sien klang sehr melancholisch, sie war noch nicht niedergekommen, doch erwartete es jede Stunde, und nun dieses Warten tagelang dauert, bin ich in großer Sorge; vor allem, um sie besuchen zu können, habe ich den Doktor gebeten, mir wenn möglich statt des Spazierengehens im Garten eine kurze Abwesenheit zu bewilligen. So fahre ich nun morgen früh mit ihrer Mutter und ihrem Kind zu ihr, denn Sonntag ist der einzige Tag, an dem sie Besuch haben darf. Den letzten Brief an mich hatte sie nicht selbst geschrieben, sondern die Pflegerin, die sogar darum bat, daß wir einmal kämen. Doch wir können es so treffen, daß wir nicht zugelassen werden können. Armes Mädel, sie ist doch sehr tapfer und läßt sich nicht leicht ins Bockshorn jagen; aus diesem letzten Schreiben ging hervor, daß nichts besonders Gefährliches vorlag, nur sehr große Schwäche. Wie ich mich im Krankenhaus nach ihr gesehnt habe und wie ich mich jetzt nach ihr sehne, kann ich Dir nicht sagen, und manchmal war ich gar nicht betrübt, daß ich selber auch was zu leiden hatte – lieber so, als völlig gesund daneben zu stehen, denn dann wäre es allzu ungleich verteilt.

Wenn alles gut geht, kommt Sien aber diesen Monat wieder nach Hause; hoffentlich ist es so! Doch das Sprichwort sagt: »Mal de mère dure longtemps.«[22] Daher liegt noch ein düsterer Schatten über dem wunderbaren Gefühl des Genesens. Ich kann morgen kaum erwarten, und gleichzeitig habe ich Angst davor.

Der erste Mensch, den ich hier auf dem Schenkweg getroffen habe, war mein Freund, der Zimmermann, der mir schon öfter mit irgendeiner kleinen Arbeit, z. B. mit dem Anfertigen von Geräten für die Perspektive geholfen hat. Und gleichzeitig ist er erster Geselle beim Besitzer des bewußten Ateliers, von dem ich Dir schrieb. Sein Meister war gerade auf dem Werkplatz (von dem Du eine Zeichnung hast, die mit den Wiesen im Hintergrund), und sie haben mich gleich mitgeschleppt und mir gezeigt, daß sie die Stube, die dann das Atelier werden würde, noch nicht hatten tapezieren lassen, weil sie noch

21 große Not
22 Mutterweh dauert lange

warten wollten, wie ich mich entscheiden würde. Ich sagte, daß ich das auch jetzt noch nicht könne. Na gut, sagte der Mann, aber ich könnte ruhig aus einer Anzahl Tapeten aussuchen, was ich haben wollte, dann würde er es eben tapezieren, und ich wäre an nichts gebunden.

Und obwohl ich sagte, daß ich das lieber nicht wolle, da ich wieder ins Krankenhaus müsse, sind sie jetzt schon dabei, weil sie es mir durchaus noch vor Dienstag zeigen wollen. Ich muß sagen, die Wohnung ist besonders behaglich und sieht äußerst nett und sauber aus ...

Aber das schönste an dem ganzen Gesundwerden ist, daß das Zeichnen auch wieder auflebt und das Gefühl für die Dinge, das eine Zeitlang wie betäubt war, so daß ich eine große Leere empfand. Ich habe wieder Freude an allem, was ich sehe. Und dann habe ich fast einen Monat lang keine Pfeife geraucht, und auch das ist, als wäre eine alte Bekannte wieder da. Ich kann Dir nicht sagen, wie sehr es mich freut, daß ich wieder hier im Atelier sitze, nachdem ich so lange in einer Umgebung von Nachttöpfen usw. gewesen bin, obwohl das Krankenhaus auch schön ist, und zwar *sehr* schön. Vor allem der Garten mit all den Leuten, die drin herumspazieren, Männern, Frauen, Kindern. Ich habe ein paar kleine Skizzen, aber als Patient ist man nicht frei, so zu arbeiten, wie es sich gehört, und auch nicht fähig dazu.

210 *Sonntag nachmittag (2. Juli 1882)*
Wie ich Dir gestern schrieb, bin ich in Leiden gewesen. Sien ist gestern nacht niedergekommen, sie hatte eine sehr schwere Entbindung, ist aber Gott sei Dank mit dem Leben davongekommen, und ein besonders hübscher kleiner Junge auch.

Ihre Mutter und ihr Kind und ich waren zusammen hingefahren; Du kannst Dir denken, daß wir in großer Spannung waren, denn wir wußten ja nicht, was wir hören würden, als wir im Krankenhaus die Schwester nach ihr fragten. Und schrecklich froh waren wir, als wir hörten, »heute nacht niedergekommen — aber Sie dürfen nicht viel mit ihr sprechen«. Ich werde dieses »Sie dürfen nicht viel mit ihr sprechen« nicht leicht vergessen, denn das hieß »Sie können noch mit ihr sprechen«, und es hätte ebensogut sein können »Sie werden sie nie wieder sprechen«. Theo, ich war so glücklich, als ich sie wiedersah; sie lag dicht am Fenster, das auf den Garten voll Sonne und Grün hinausging, in einer Art Halbschlaf zwischen Schlafen und Wachsein, vor lauter Erschöpfung; und da schaute sie auf und sah uns alle. Ach Junge, da hat sie aber Augen gemacht! Und sie hat sich so gefreut, uns zu sehen, und daß wir zufällig genau zwölf Stunden, nachdem es geschehen war, da waren, wo ja nur *eine* Stunde in der Woche Besuchszeit ist! Und sie wurde so frisch und heiter und war im Nu in jeder Weise wieder bei Bewußtsein und fragte nach allem.

Aber was ich nicht genug bewundern kann, ist das Kind; obwohl mit der Zange geholt, ist es nicht im mindesten verletzt und lag in seiner Wiege mit einem Ausdruck von Weltweisheit im Gesicht.

Sie sind doch tüchtig, diese Ärzte. Aber nach dem, was wir hörten, war es ein kritischer Fall. Fünf Professoren waren dabei, als es vor sich ging, und sie ist mit Chloroform betäubt worden. Ehe es soweit war, hat sie furchtbar viel ausgestanden, weil es mit dem Kind von abends um neun bis halb zwei nicht weiterging. Und jetzt hat sie noch viel Schmerzen. Aber als sie uns sah, vergaß sie alles, und sie sagte sogar zu mir, nun würden wir bald wieder beim Zeichnen sein, und ich habe durchaus nichts dagegen, wenn ihre Prophezeiung ganz genau eintrifft. Es hat keinen Riß oder so etwas gegeben, was in so einem Fall sehr leicht geschehen kann.

Sapperlot, ich bin so dankbar dafür! Aber der düstere Schatten droht noch immer, und Meister Albrecht Dürer wußte das sehr wohl, als er in der wunderschönen Radierung, die Du ja kennst, den Tod hinter das junge Paar stellte.

211 Dienstag mittag (4. Juli 1882)

Ich habe Nachricht von Sien, daß alles gut geht, Gott sei Dank. Wenn es so bleibt, wird sie vierzehn Tage nach ihrer Entbindung entlassen. Das hat mich dazu gedrängt, einen Entschluß wegen der neuen Wohnung zu fassen. Damit sie nach soviel Schmerzen bei ihrer Rückkehr ein freundliches Nest vorfindet, habe ich mit dem Besitzer eine Abmachung getroffen. Erstens, daß er mir jetzt gleich beim Umzug hilft, d. h. mir für einen Nachmittag ein paar Männer vom Zimmerplatz überläßt, die mein ganzes Hab und Gut rüberbringen sollen, denn ich selbst darf nicht schwer tragen, eigentlich überhaupt nicht. Und zweitens, daß ich ihm keine Miete zahle, bevor ich selbst oder die Frau endgültig einziehen.

212 (6. Juli 1882)

Ehe ich über verschiedene andere Dinge schreibe, muß ich Dir einmal sagen, daß die Stelle in Deinem Brief, wo Du Paris am Abend beschreibst, mir großen Eindruck gemacht hat. Weil es eine eigene Erinnerung wachrief, als auch ich »Paris tout gris«[23] gesehen habe und

---

23 *Paris ganz grau*

von diesem so besonders eigenartigen Effekt betroffen war; das schwarze Figürchen und das charakteristische weiße Pferd, die der Feinheit dieser eigenartigen grauen Töne zu ihrem Recht verhelfen, waren genauso dabei; diese kleine Note Dunkel und dies tonige Weiß sind der Schlüssel der Harmonie. Aber zufällig hat im Krankenhaus gerade jetzt wieder ein Künstler großen Eindruck auf mich gemacht, der dieses »Paris tout gris« mit Meisterhand beschreibt. In »Une page d'amour« von Emile Zola fand ich einige Stadtansichten meisterhaft, meisterhaft geschildert oder gezeichnet, ganz in der gleichen Stimmung wie die schlichte Stelle in Deinem Brief. Und dieses kleine Buch von ihm veranlaßt mich, ganz bestimmt *alles* von Zola zu lesen; bisher kannte ich von ihm nur ein paar kleine Bruchstücke, zu denen ich eine Illustration zu machen versucht habe: »Ce que je veux« und ein anderes Stück, das ein altes Bäuerlein beschreibt, genau wie eine Zeichnung von Millet.

Es steckt doch etwas verdammt Künstlerisches in Dir, Bruder — pflege es, laß es irgendwie Wurzel schlagen und dann aufsprießen; verschwende es nicht an Hinz und Kunz... Weißt Du wohl, daß mit *Worten* zeichnen, auch eine Kunst ist, die zuweilen eine verborgene, schlummernde Kraft verrät, ebenso wie das blaue oder graue Rauchwölkchen das Feuer im Herd verrät. —...

Und dann kommt es mir nicht ganz überflüssig vor, Dir noch einmal zu sagen, obwohl es nicht leicht zu sagen ist, was ich für Sien empfinde. Ich habe ein Gefühl, *zu Hause* zu sein, wenn ich mit ihr zusammen bin, ein Gefühl, als brächte sie meinen »*eigenen Herd*« mit, ein Gefühl, daß wir zusammengewachsen sind. Das ist ein inniges, tiefes Gefühl, ernst und nicht ohne einen dunklen Schatten aus ihrer und meiner recht düsteren Vergangenheit, ein Schatten, von dem ich Dir schon schrieb — als ob uns auch weiterhin etwas Düsteres bedrohe, gegen das unser Leben ein beständiges Ringen sein muß. Doch gleichzeitig fühle ich bei dem Gedanken an sie und an den geraden Weg, der vor mir liegt, eine große Ruhe und Klarheit. Du weißt, ich habe Dir voriges Jahr viel über K. geschrieben, so daß Du, glaube ich, übersehen kannst, was in mir vorgegangen ist... Ich weiß, ich habe damals viel an ein männliches Wort von Vater Millet denken müssen: »Il m'a toujours semblé que le suicide était une action de malhonnête homme«[24]. Die Leere, das unsagbare Elend im Inneren brachten mich soweit, daß ich dachte: ja, ich kann begreifen, daß es Menschen gibt, die ins Wasser gehen. Doch lag es mir ferne, die Handlungsweise solcher Menschen

24 *Es ist mir immer so vorgekommen, als sei der Selbstmord die Handlung eines unredlichen Menschen*

zu billigen; ich fand Halt an diesem Wort, das ich Dir eben schrieb, und es schien mir bei weitem die beste Lebensauffassung, sich zusammenzunehmen und in der Arbeit ein Heilmittel zu suchen ...

Worauf ich hinaus will, ist dies — was zwischen Sien und mir ist, ist *wirklich*; es ist kein Traum, *es ist die Realität.*

Sieh Dir das Ergebnis an; wenn Du nun herkommst, findest Du mich nicht mutlos oder melancholisch, sondern Du kommst in eine Umgebung, die Dich, glaube ich, befriedigen oder die Dir wenigstens gefallen wird. Ein junges Atelier, ein noch junger Haushalt in vollem Betrieb.

Kein mystisches oder geheimnisvolles Atelier, sondern eins, das mitten im vollen Leben Wurzel geschlagen hat. *Ein Atelier mit Wiege und Kinderstühlchen.* Wo also kein Stillstand ist, wo alles zu Tätigkeit stimmt und drängt und anspornt ... Würdest Du es anders haben wollen? Du weißt, ich habe es nicht immer leicht gehabt und bin manchmal sehr elend dran gewesen, und nun kommt durch Deine Hilfe meine Jugend zutage und meine eigentliche Entwicklung ...

Für mich ist es sonnenklar, daß man fühlen muß, was man macht, daß man in der Wirklichkeit des Familienlebens leben muß, will man das Familienleben — eine Mutter mit ihrem Kind, eine Waschfrau, eine Näherin, was es auch sei — mit Innigkeit wiedergeben. Durch hartnäckige Arbeit lernt allmählich die Hand dem Gefühl gehorchen. Aber wollte ich dieses Gefühl auslöschen, das Bewußtsein, einen eigenen Haushalt zu haben, so wäre das Selbstmord. Darum sage ich: En avant[25], trotz dunklen Schatten, Sorgen, Schwierigkeiten, veranlaßt leider auch durch die Einmischung und das Gerede der Leute ...

Denke nicht, daß ich mich für vollkommen hielte oder mir einbildete, ich hätte keine Schuld daran, daß viele Leute mich für einen unangenehmen Charakter halten. Oft bin ich gräßlich und auf ärgerliche Art melancholisch, reizbar, sehne mich nach Mitgefühl mit einer Art Hunger und Durst, und wenn ich dieses Mitgefühl nicht finde, gebe ich mich gleichgültig und scharf und gieße oft selbst noch Öl ins Feuer. Ich bin nicht gern in Gesellschaft, und der Umgang mit Menschen, das Reden mit ihnen ist mir oft peinlich und schwierig. Aber weißt Du, woher das kommt — wenn nicht alles, so doch sehr viel davon? Einfach durch Nervosität; bei meiner übergroßen Feinfühligkeit sowohl im Körperlichen wie im Seelischen habe ich mir das zugezogen in den Jahren, als es mir so jämmerlich schlecht ging. Frage einen Arzt, und er wird sofort begreifen, daß es gar nicht anders sein kann: auf kalter Straße oder im Freien verbrachte Nächte, Angst um

25 *Vorwärts*

den Lebensunterhalt, fortwährende Spannung, weil ich eigentlich stellenlos war, Verdruß mit Freunden und Familie — das sind mindestens zu drei Vierteln die Ursachen einiger Eigenheiten meines Temperaments, und alledem ist es zuzuschreiben, daß ich manchmal diese unangenehmen Anfälle oder Zeiten von Niedergeschlagenheit habe.

Aber hoffentlich wird weder Du noch sonst jemand, der sich die Mühe gibt, darüber nachzudenken, mich deswegen verurteilen oder unerträglich finden. Ich kämpfe dagegen an, aber davon wird mein Temperament nicht anders. Auch wenn ich meine schlechte Seite habe, zum Kuckuck, ich habe doch auch meine gute Seite, können sie das nicht auch mal in Betracht ziehen?

213   Donnerstag (6. Juli 1882)
Heute ist der letzte Abend, ehe ich wieder ins Krankenhaus gehe, und ich weiß nicht, was sie dort sagen werden; vielleicht bin ich nur kurze Zeit dort, vielleicht muß ich tagelang im Bett bleiben. Darum schreibe ich Dir noch mal von zu Hause. Im Atelier ist es jetzt so still und ruhig, es ist schon spät, draußen stürmt und regnet es, das macht die Stille drinnen noch größer. Wie sehr wünschte ich, Bruder, daß ich Dich in dieser ruhigen Stunde einmal hier hätte, wieviel hätte ich Dir zu zeigen! Das Atelier sieht so nett aus, finde ich, einfarbige, graubraune Tapete, gescheuerter Fußboden, auf Latten gespannter Mull vor den Fenstern, alles licht und hell. Und natürlich an den Wänden die Studien, eine Staffelei auf jeder Seite und ein großer Arbeitstisch aus rohem Holz. An das Atelier schließt sich eine Art Alkoven an, wo die Reißbretter, Mappen, Schachteln, Stöcke usw. stehen, dort liegen auch alle Drucke. Und in der Ecke ein Schrank mit all den Farbtöpfen und Flaschen und auch allen meinen Büchern.

Dann die kleine Wohnstube mit einem Tisch, ein paar Küchenstühlen, einem Petroleumkocher, einem großen Korbsessel für die Frau in der Ecke am Fenster, durch das man auf den Dir aus der Zeichnung bekannten Zimmerplatz und auf Wiesen hinaussieht, und daneben eine kleine eiserne Wiege mit grüner Wiegendecke. Dieses letztere Möbel kann ich nicht ohne Rührung ansehen, denn es ist eine starke, mächtige Gemütserregung, die den Menschen ergreift, wenn er neben der Frau, die er liebt, gesessen hat, mit einem Kindchen in der Wiege daneben. Und war es auch im Krankenhaus, wo sie lag und ich bei ihr saß, es ist immer die ewige Poesie der Christnacht mit dem Kind im Stall, wie die alten holländischen Maler es aufgefaßt haben, und Millet und Breton — doch ein Licht im Dunkel, eine Helligkeit mitten in finsterer Nacht. Ich habe denn auch die große Radierung nach Rembrandt darüber gehängt, die beiden Frauen neben der Wiege, von denen die eine bei Kerzenlicht aus der Bibel vorliest, während die großen Schlagschatten den ganzen Raum in tiefes Helldunkel bringen...

Das letzte, was ich mir angeschafft habe, waren ein paar Teller, Gabeln, Löffel, Messer, denn weder Sien noch ich hatten bis jetzt welche; ich dachte bei mir: und nun noch eins für Theo oder für Pa, wenn sie mal gucken kommen. Also Dein Fleckchen am Fenster und Dein Platz bei uns sind frei und warten auf Dich – – Also, will ich nur sagen – Du kommst doch bestimmt?

215 *(Mitte Juli 1882)*
Freitag erhielt ich Nachricht aus dem Krankenhaus in Leiden, daß Sien am Sonnabend nach Hause dürfe; ich bin also heute dort gewesen, und wir sind zusammen zurückgekommen, und nun ist sie hier auf dem Schenkweg; soweit ist alles wohl, sie und das Kleine. Glücklicherweise hat sie viel Milch, das Kleine ist ruhig.

Ich hätte viel drum gegeben, wenn Du sie heute gesehen hättest. Ihr Äußeres hat sich, das versichere ich Dir, seit diesem Winter stark verändert, es ist eine vollkommene Verwandlung.

Vielleicht habe ich diesen Winter etwas dazu getan, und das durch Deine Hilfe, aber natürlich kommt noch viel, viel mehr auf Rechnung des Professors, der sie behandelt hat. Doch weniger Anteil hat der Professor daran, daß die starke Zuneigung zwischen ihr und mir so günstig auf sie wirkt. Eine Frau verändert sich, wenn sie liebt und geliebt wird; ist niemand da, der sie gern hat, so verliert sie jeden Schwung und mit dem Charme ist es aus. Die Liebe bringt zum Vorschein, was in ihr steckt, und davon ist ganz sicher ihre Entwicklung abhängig. Die Natur muß ihren freien Lauf haben und den normalen Weg gehen; was eine Frau will, ist mit *einem* Manne zusammen sein, fürs ganze Leben. Das ist nicht immer möglich, aber es ist gegen die Natur, wenn es anders ist...

Der Professor hat entschieden Sympathie für sie, kennt sie auch von früher her... Er hat natürlich auch ziemlich ausführlich mit ihr über mich gesprochen, weiß von meiner Unpäßlichkeit und sagt, ich täte sehr recht daran, ins Krankenhaus zu gehen; er hat ihr sogar genau gesagt, wie ich es seiner Meinung nach gekriegt habe; nicht einmal, sondern *sehr oft* ist er darauf zurückgekommen, ob sie wirklich fest mit mir verbunden sei, ob ich sie nicht im Stich lassen würde, und als sie ihm das immer wieder versicherte, auch als er sagte, das mache sie ihm nur weis, hat er zuletzt gesagt: »Nun, wenn Sie Ihren Mann wirklich fest haben, dann ist viel für Sie gewonnen.«...

Jetzt hat sie zuweilen noch viele Schmerzen, besonders von der Zangenoperation her; auch sonst gibt es noch andere notgedrungene Folgen des Wochenbetts, die große Schwäche z. B.; aber es ist ihr anzusehen, daß sie eine Erneuerung und ein Aufblühen erlebt, eine Gesundung ihres Körpers und zugleich eine Gesundung ihrer Seele. Und hier ist jetzt eine Atmosphäre von »Zuhause« oder »Home«[26] oder »Eigener Herd«.

Ich kann verstehen, daß Michelet sagt: »La femme c'est une religion.[27]«

216   Dienstag vormittag (18. Juli 1882)
Ich habe Dir diesmal etwas über einen Besuch von Herrn Tersteeg zu berichten.

Er kam heute vormittag her und sah Sien und die Kinder. Ich hätte gewünscht, er hätte gegenüber einer jungen Mutter, die vor vierzehn Tagen entbunden hat, wenigstens ein freundliches Gesicht aufgesetzt. Aber selbst das schien zuviel verlangt.

Lieber Theo, mit mir hat er auf eine Art gesprochen, die Du Dir vielleicht vorstellen kannst.

Was die Frau und das Kind bedeuteten?

Wie könnte ich es mir einfallen lassen, mit einer Frau zusammenzuleben, und gar noch mit Kindern?

Wäre das nicht ebenso lächerlich, als wenn ich mit einer eigenen Equipage durch die Stadt fahren wollte. Worauf ich geantwortet habe, das sei entschieden etwas ganz anderes.

Ob ich nicht richtig im Kopfe sei? Das könne doch nur ein kranker Kopf und Körper ausgeheckt haben ... Er würde sich darum kümmern. Er würde schreiben ...

Ich fragte ihn, ob es nicht einigermaßen lächerlich wäre, wenn sie zu Hause einen empörten Brief von ihm bekämen und danach eine freundliche Einladung von mir, auf meine Kosten mich hier zu besuchen, um dieselbe Sache zu besprechen? Das zog insofern, als er aufblickte: würde ich denn selber schreiben? »Das fragen Sie?« sagte ich, »natürlich, aber Sie werden zugeben, daß der Augenblick jetzt wenig geeignet ist, denn zu Hause sitzen sie mitten im Umzugstrubel, und mit der Frau steht es so, daß die kleinste Aufregung ihr eine Gebärmuttersenkung eintragen kann, die nie wieder in Ordnung zu bringen ist. Ihr jetzt durch Angst, Spannung und Nervosität Aufregung zu verursachen, ist der reine Mord.« ...

26 *Heim*
27 *Die Frau, das ist eine Religion*

Du weißt, ich will es nicht verbergen, aber für Sien und für das kleine Kind und auch für mich ist es wünschenswert, daß solche Auftritte sich nicht wiederholen. Die Frau beunruhigen, heißt ihr einen *harten Schlag* versetzen ... Sie ist ein sehr, sehr liebes Mutterchen, so einfach, so touchant[28] — wenn man sie einmal kennt. Doch kam ein häßlicher Zug von Schmerz oder ich weiß nicht was in ihr Gesicht, als sie Tersteeg mit mir reden hörte und ein paar Worte auffing.

217   Mittwoch (19. Juli 1882)

Ich wollte Dir vorschlagen, das ganze Kapitel »standesamtliche Eheschließung« für unbestimmte Zeit ruhen zu lassen und jetzt auch nicht darüber zu reden, sondern erst dann, wenn ich durch Verkauf meiner Arbeiten die monatlichen hundertfünfzig Francs verdiene, also Deine Hilfe nicht mehr nötig sein wird. Mit Dir, aber mit Dir allein, will ich also abmachen: wir stellen vorläufig fest, daß ich sie nicht eher standesamtlich heirate, bis es mit dem Zeichnen so gut geht, daß ich unabhängig bin.

Je nachdem ich zu verdienen beginne, schickst Du allmählich weniger, und wenn schließlich das Geld von Dir ganz aufhören kann, dann sprechen wir einmal wieder über die auch standesamtliche Heirat.

Aber bis dahin wäre es völlig sinnlos, nach diesem Winter und besonders nach alledem, was in den letzten Monaten geschehen ist, mich von ihr loszureißen oder trennen zu wollen.

Was ich auch noch mal mit Dir besprechen möchte, ist der Zustand, in dem ich sie fand, und Dinge aus ihrer Vergangenheit. Das arme Geschöpf hat es schon besonders schlecht gehabt. Und doch steckt noch Lebenslust in ihr und ein feines Gefühl, das nicht abgestumpft ist.

Ich sage noch einmal, daß ich mich ganz besonders nach Dir sehne, abgeschieden von allem, wie ich bin, weil ich solches Bedürfnis nach Sympathie und Wärme habe.

Ich würde gern einmal mit Dir spazierengehen, *obwohl die Rijswijker Mühle nicht mehr steht*. Nun ja.

218   (Um den 20. Juli 1882)

Es ist schon spät, aber ich möchte Dir doch noch einmal schreiben. Du bist nicht hier, doch ich brauche Dich, und es ist mir, als wären wir manchmal einander nicht fern. Ich habe heute etwas mit mir selbst

---

28 rührend

verabredet, nämlich meine Krankheit, oder richtiger die Reste davon, als nicht mehr vorhanden zu betrachten. Es ist genug Zeit verloren, die Arbeit muß weitergehen. Also ob wohl oder nicht wohl, ich werde wieder zeichnen, regelmäßig von früh bis abends ...

Du mußt recht verstehen, wie ich die Kunst auffasse. Um zum Wahrhaftigen zu gelangen, muß man lange und viel arbeiten. Was ich will und mir als Ziel setze, ist verteufelt schwierig, und doch glaube ich nicht, daß ich zu hoch ziele.

Ich will Zeichnungen machen, die einige Menschen *bewegen und rühren.* »Sorrow« ist ein kleiner Anfang; vielleicht ist so eine kleine Landschaft wie die Allee von Meerdervoort oder die Rijswijker Wiesen oder die Fischtrocknerei auch ein kleiner Anfang; darin ist wenigstens etwas unmittelbar aus meinem eigenen Gemüt. Ob nun in Figur oder Landschaft – ich möchte nicht etwas Sentimental-Wehmütiges ausdrücken, sondern ernsten Schmerz.

Kurz, ich will es soweit bringen, daß man von meiner Arbeit sagt: dieser Mann fühlt tief, und dieser Mann fühlt fein. Trotz meiner sogenannten Grobheit, verstehst Du, vielleicht gerade darum.

Es scheint jetzt noch anspruchsvoll, so zu sprechen, aber das ist der Grund, warum ich alle Kraft dransetzen will.

Was bin ich in den Augen der meisten? – Eine Null oder ein Sonderling oder ein unangenehmer Mensch – jemand, der keine Stellung in der Gesellschaft hat oder haben wird, kurz, etwas Geringeres als die Geringsten.

Gut – angenommen, das alles stimmte, dann möchte ich durch meine Arbeit einmal zeigen, was im Herzen eines solchen Sonderlings, eines solchen Niemands steckt.

Das ist mein Streben – das beruht, malgré tout[29], weniger auf Groll als auf Liebe, mehr auf einem Gefühl heiterer Gelassenheit als auf Leidenschaft. Wenn ich auch oft elend dran bin, ist doch in mir eine ruhige, reine Harmonie und Musik. Im armseligsten Häuschen, im schmutzigsten Winkel sehe ich Bilder und Zeichnungen. Und wie mit unwiderstehlichem Drang geht mein Geist in dieser Richtung ...

Ich kann jetzt besser verstehen als vor einem guten halben Jahr, weshalb Mauve mal sagte: »Red mir doch nicht von Dupré, rede mir lieber von dem Grabenrand da oder von so was.« Das klingt wohl arg, und doch ist es vollkommen richtig. Daß man die Dinge selbst, die Wirklichkeit fühlt, ist wichtiger, als daß man Gemälde fühlt, wenigstens ist es fruchtbarer und erregender.

Weil ich so ein großes, so ein weites Gefühl für die Kunst und für

[29] *trotz allem*

das Leben habe, dessen Wesentliches die Kunst ist, klingt es mir so schrill und so falsch, wenn die Menschen nur immerzu hetzen. Ich für mein Teil finde doch in vielen modernen Bildern einen eigenartigen Reiz, den die alten nicht haben.

Für mich ist eine der höchsten und edelsten Ausdrucksformen der Kunst immer die englische, zum Beispiel Millais und Herkomer und Frank Holl. Was ich in bezug auf den Unterschied zwischen der alten und der heutigen Kunst sagen möchte, ist dies — vielleicht sind die Neuen in höherem Grade Denker... Rembrandt und Ruysdael sind erhaben, für uns ebenso wie für ihre Zeitgenossen; aber in den Modernen ist etwas, das uns mehr persönlich-intim berührt.

219   Sonntag morgen (23. Juli 1882)
Sehr nett finde ich es, daß auch Du dieser Tage »Le ventre de Paris« gelesen hast. Ich obendrein auch noch »Nana«. Hör mal, Zola ist eigentlich Balzac II.

Balzac I. beschreibt die Gesellschaft von 1815–1848; Zola beginnt, wo Balzac aufhört, und geht bis Sedan oder richtiger bis zur Jetztzeit. Ich finde es außerordentlich schön. Da muß ich Dich doch einmal fragen, was denkst Du von Madame François, die den armen Florent, der bewußtlos mitten auf der Straße liegt, wo die Gemüsekarren fahren, aufhebt und mitnimmt? Obwohl die anderen Gemüsehändler rufen: Laß ihn liegen, den Saufbold! Wir haben keine Zeit, Männer aus der Gosse aufzusammeln, usw. ...

Siehst Du, diese Humanität, die ist das Salz des Lebens, ohne das wäre mir das Leben nichts wert. Suffit.[30] ...

Nun werden wir, hoffe ich, wohl allmählich einig werden, weniger durch Worte als durch Zeichnungen. Ach, ich bekomme so einen Widerwillen gegen Worte ... Du mußt Dir also vorstellen, wie ich früh gegen vier schon vor meinem Bodenfenster sitze und mit meinem Perspektiv-Rahmen die Wiesen und den Hof absuche, wenn man in den kleinen Häusern ringsum die Feuer zum Kaffeekochen anzündet und der erste Arbeiter auf den Zimmerplatz geschlendert kommt.

Über die roten Ziegeldächer segelt ein Flug weißer Tauben daher, zwischen den schwarzen, rauchenden Schornsteinen durch. Und dahinter eine Unendlichkeit von feinem, weichem Grün, Meilen und Meilen flaches Wiesenland und ein grauer Himmel — so still, so friedlich wie Corot und van Goyen.

Dieser Blick über die Dachfirste und die Dachrinnen, wo Gras drin wächst, ganz früh am Morgen, wenn die ersten Zeichen des Lebens

30 genug

erwachen, der Vogel, der fliegt, und der Schornstein, der raucht, und ganz unten in der Tiefe die kleine Gestalt, die dahinschlendert — das ist denn auch der Vorwurf meines Aquarells. Ich hoffe, es wird Dir gefallen. Ob es mir in Zukunft gut gehen wird, hängt, glaube ich, mehr als von etwas anderem von meiner Arbeit ab. Wenn ich nur auf den Beinen bleibe, dann will ich so und nicht anders still meinen Kampf kämpfen: ruhig schaue ich durch mein Fensterchen nach den Dingen der Natur und zeichne sie treu und mit Liebe...

Mit ein paar Worten habe ich ja schon von der Humanität gesprochen, wie sie manchmal in einem Menschen stecken kann, so in Madame François in dem Buch von Zola. Humanitäre Pläne und Ideen habe ich jedoch nicht, als ob ich etwa dächte, ich könnte jedem Gutes tun; doch ich schäme mich nicht zu sagen (obwohl ich sehr wohl weiß, daß das Wort Humanität schlecht angeschrieben ist), daß ich immer das Bedürfnis hatte und auch behalten werde, irgendein Geschöpf liebzuhaben. Vorzugsweise — warum weiß ich selbst nicht — ein unglückliches oder mit Füßen getretenes oder verlassenes Geschöpf.

Ich habe einmal einen jämmerlich verbrannten Bergarbeiter gepflegt, sechs Wochen oder zwei Monate lang, ich habe mein Essen einen ganzen Winter durch mit einem alten Mann geteilt, ich weiß nicht, was noch alles, und jetzt Sien. Aber ich glaube bis heute noch nicht, daß das verrückt oder schlecht ist, ich finde, das ist so natürlich und selbstverständlich, daß ich nicht begreife, wie die Menschen für gewöhnlich so gleichgültig gegeneinander sein können. Ich füge noch hinzu: wenn das unrecht von mir wäre, so wäre es auch unrecht von Dir, mir so treulich zu helfen — daß so etwas unrecht sein sollte, wäre ja absurd.

220   Mittwoch morgen (26. Juli 1882)

Wenn Du kommst, richte ich es so ein, daß ich immer ganz in der Nähe des Hauses bleibe, solange Du in der Stadt bist, damit Du weißt, wo ich bin; und während Du Deinen Geschäften nachgehst und Besuche machst, arbeite ich wie gewöhnlich. Ich kann Dich überall treffen, wo Du mich hinbestellst, aber aus verschiedenen Gründen ist es in mancher Hinsicht besser, daß ich z. B. nicht mit Dir auf den Plaats oder zu Mauve gehe, scheint mir. Ich bin auch so an meinen Arbeitsanzug gewöhnt, mit dem ich mich in den Sand oder ins Gras setzen oder hinlegen kann, wie's gerade kommt (denn in den Dünen oder so benutze ich fast nie einen Stuhl, höchstens einen alten Fischkorb), so daß mein Kostüm wohl ein bißchen zu robinsonmäßig ist, als daß ich viel mit Dir herumlaufen könnte.

Ich sage Dir das im voraus, damit Du genau weißt, daß ich Dich nicht in Verlegenheit bringen werde, aber im übrigen kannst Du Dir wohl denken, *daß ich nach jedem halben Stündchen giere, das Du erübrigen kannst.* Ich glaube, wir werden uns auch wohler fühlen, wenn wir uns ganz mit dem Malen und Zeichnen befassen und vor allem anderen darüber reden. *Es sei denn, daß andere Dinge Dir nicht langweilig oder peinlich sind;* ist es nicht an dem, so habe ich natürlich vor Dir kein einziges Geheimnis, und Du hast in allem mein volles Vertrauen. Dann verlangt es mich auch sehr danach, Dir die Holzschnitte zu zeigen. Ich habe wieder einen wunderschönen, eine Zeichnung von Fildes, »Dickens' leerer Stuhl«, aus dem »Graphic« von 1870.

Aber noch einmal: jeder, der mit Liebe und Einsicht arbeitet, hat gerade in seiner aufrichtigen Liebe zu Natur und Kunst eine Art Panzer gegen die Meinung der Menschen. Die Natur ist auch streng und gewissermaßen hart, doch trügt sie nie und hilft immer vorwärts.

Ich halte es also für kein Unglück, wenn ich bei Tersteeg oder sonstwem in Ungnade falle, so leid es mir auch tut. Nicht *das* kann mich unglücklich machen; wenn ich jedoch keine Liebe zur Natur und zu meiner Arbeit hätte, so wäre ich unglücklich. Aber je schlechter ich mit den Menschen auskomme, um so mehr lerne ich, der Natur vertrauen und mich in sie vertiefen.

Alle diese Dinge machen mich innerlich immer freier — Du wirst ja sehen, daß ich keine Angst habe vor einem frischen Grün oder einem weichen Blau und den tausend verschiedenen Tönen von Grau, denn es gibt beinah keine Farbe, die nicht ein Grau ist: Rotgrau, Gelbgrau, Grüngrau, Blaugrau. Darauf läuft die ganze Farbenmischung hinaus.

Als ich wieder an die Fischtrocknerei kam, war in den Körben voll Sand im Vordergrund, die das Fortwehen des Dünensands verhindern sollen, ein üppiges, ganz frisches wildes Grün von Raps oder Rübsen aufgegangen. Vor zwei Monaten war alles ganz öde, bis auf das bißchen Gras im Gärtchen, und jetzt brachte dieses derbe, üppig aufgeschossene Grün als Gegensatz zu der Dürftigkeit alles übrigen eine ungeheuer reizvolle Wirkung zustande.

Ich hoffe, die Zeichnung gefällt Dir; der ferne Horizont, der Blick über die Dächer des Dorfes mit dem Kirchturm und den Dünen — alles war so schön. Ich habe es mit einer Freude gemacht, die ich Dir gar nicht beschreiben kann.

221 *(31. Juli 1882)*

Über das Schwarz in der Natur sind wir natürlich ganz einer Meinung, soviel ich sehe. Absolutes Schwarz kommt eigentlich nicht vor. Es ist jedoch, ebenso wie Weiß, in fast allen Farben enthalten und bildet die unendlichen, in Ton und Stärke verschiedenen Variationen von Grau. So daß man also in der Natur eigentlich nichts anderes sieht als Töne oder Stärken. Grundfarben gibt es nur drei —
rot, gelb, blau, »zusammengesetzte« sind orange, grün, violett.

Daraus entstehen durch Beimischung von Schwarz und etwas Weiß die unendlichen Variationen von Grau: *rot*grau, *gelb*grau, *blau*grau, *grün*grau, *orange*grau, *violett*grau. Zu sagen, wieviele verschiedene Grüngrau existieren, ist unmöglich, das variiert ins Unendliche.

Aber die ganze Chemie der Farben ist nicht verwickelter als diese paar einfachen Grundregeln. Das richtig zu begreifen, ist mehr wert als siebzig verschiedene Farbtuben — weil man nämlich mit den drei Hauptfarben und Weiß und Schwarz mehr als siebzig Töne und Stärken machen kann. Ein Kolorist ist, wer beim Sehen einer Farbe in der Natur sie ganz trocken zu analysieren weiß und sagt: dieses Graugrün da ist Gelb mit Schwarz und fast ohne Blau usw.

Kurz und gut, Kolorist ist, wer es versteht, die verschiedenen Graus der Natur auf der Palette zu erzeugen.

Um nun aber im Freien sich Notizen zu machen, Beobachtungen anzustellen oder eine kleine Skizze anzufertigen, ist ein stark ausgebildetes Gefühl für die Kontur unbedingt erforderlich, ebenso wie später für die weitere Ausführung.

Das aber fällt einem, glaube ich, nicht von selber zu, sondern erstens durch Beobachtung, ferner vor allem durch hartnäckiges Arbeiten und Suchen; und dann muß bestimmt auch noch das Studium von Anatomie und Perspektive dazu kommen...

Ich habe diesen alten Teufelskerl von einer Kopfweide noch einmal in Angriff genommen, und ich glaube, es ist das beste von den Aquarellen geworden. Eine düstere Landschaft — dieser tote Baum neben einem reglosen, mit Entengrütze bedeckten Wassertümpel, im Hintergrund, wo Bahngleise einander kreuzen, ein Wagenschuppen der Rheinbahn, schwarz verräucherte Gebäude, dann grüne Wiesen, ein Schlackenweg und ein Himmel, an dem die Wolken dahinjagen, grau mit einem leuchtend weißen Rand hier und da, und einem tiefen Blau dort, wo die Wolken einen Augenblick zerreißen. Kurz, ich habe es so machen wollen, wie ich mir denke, daß der kleine Bahnwärter in seinem Kittel und mit seiner kleinen roten Fahne es sehen und fühlen muß, wenn er denkt: Heute ist's aber trübe...

Gefühl für die Natur und Liebe zur Natur finden stets, früher oder später, Widerhall bei Menschen, die sich für Kunst interessieren. Pflicht des Malers ist es, sich ganz in die Natur zu vertiefen und seine ganze Intelligenz einzusetzen, sein Gefühl in seine Arbeit zu legen, so daß es anderen verständlich wird. Aber auf Verkäuflichkeit hinarbeiten ist meiner Meinung nach nicht gerade der rechte Weg, sondern heißt vielmehr, die Liebhaber beschwindeln. Das haben die echten Künstler nicht getan, sondern die Anziehungskraft, die sie früher oder später ausübten, beruhte auf ihrer Aufrichtigkeit ...

Wenn ich sehe, wie junge Maler *aus dem Kopf* komponieren und zeichnen – dann au hasard[31] *auch aus dem Kopf* allerlei hinschmieren – dann es auf Armeslänge von sich halten und ein höchst tiefsinniges, todernstes Gesicht machen, um herauszufinden, was es um Gottes willen etwa sein könnte, und schließlich, immer weiter aus dem Kopf, irgendwas daraus machen, dann wird mir weh und übel davon, und ich denke, das ist doch furchtbar langweilig und umständlich. The whole thing makes me sick![32] ...

Aber es kommt mir vor, als hätten die Maler hier eine Art, folgendermaßen zu argumentieren: Du mußt dies und das tun; tut man das nicht oder nicht gleich oder nicht genauso oder widerspricht man, so heißt es: »Also willst du es besser wissen als ich?«

Dann hat man sich zuweilen innerhalb von fünf Minuten so ineinander verrannt, daß keiner weder vor noch zurück kann. Am besten läuft es noch ab, wenn einer von beiden die Geistesgegenwart hat zu schweigen und sich irgendwie durch irgendein Mauseloch schleunigst davonmacht. Und fast möchte man sagen: Sapristi[33], die Maler sind auch schon wie eine Familie – nämlich eine unselige Vereinigung von Menschen mit einander widersprechenden Interessen, von denen jeder mit allen anderen uneins ist und nur dann zwei oder mehr der gleichen Ansicht sind, wenn es gilt, sich zusammenzutun, um einem anderen Familienmitglied das Leben schwer zu machen.

222   Sonnabend (5. August 1882)

Ich bin sehr dankbar dafür, daß Du einmal hier gewesen bist: ich finde es wunderbar, daß ich nun wieder Aussicht habe, ein Jahr lang geregelt ohne Ungemach arbeiten zu können; und durch das, was Du mir gegeben hast, hat sich mir obendrein im Malen ein neuer Horizont aufgetan.

31 *auf gut Glück*
32 *Von der ganzen Sache wird mir übel!*
33 *Potztausend*

Ich halte es für ein Vorrecht vor tausend anderen, daß Du mir so viele Hindernisse aus dem Weg räumst.

Zweifellos kann mancher oft nicht weiter, weil die Unkosten zu groß sind, und wie dankbar ich dafür bin, daß ich geregelt arbeiten kann, ach, das kann ich Dir gar nicht in Worten sagen. Um die Zeit einzuholen, die ich verloren habe, weil ich später als andere angefangen habe, muß ich mich doppelt anstrengen, und beim besten Willen müßte ich aufhören, wenn ich Dich nicht hätte.

223   (5. August 1882)

In meinem letzten Brief wirst Du eine kleine Skizze von dem bewußten Perspektivrahmen gefunden haben. Eben komme ich vom Schmied, der eiserne Spitzen an die Pfähle und eiserne Ecken an den Rahmen gemacht hat.

Dieser besteht aus zwei langen Stäben; daran wird der Rahmen mit starken hölzernen Stiften befestigt, entweder hoch- oder quergestellt.

Dadurch hat man am Strand oder auf der Wiese oder auf dem Feld einen Anblick *wie durch ein Fenster*. Die Senkrechten und Waagerechten des Rahmens, ferner die Diagonalen und das Kreuz, oder auch eine Einteilung in Quadrate ergeben einige feste Hauptpunkte, mit deren Hilfe man eine genaue Zeichnung machen kann, welche die großen Linien und Proportionen angibt.

Dann wenigstens, wenn man ein Gefühl für Perspektive hat, eine Vorstellung, warum und wieso die Perspektive bei den Linien eine scheinbare Veränderung der Richtung und bei den Maßen und Flächen eine Veränderung der Größe bewirkt. Ohne das nützt der Rahmen nichts oder fast nichts, und es *schwindelt* einem, wenn man durchguckt.

Du kannst Dir wohl vorstellen, wie herrlich es ist, dieses Visier auf das Meer zu richten, oder auf grüne Felder oder im Winter auf die beschneite Ebene oder im Herbst auf das wunderliche Netzwerk dünner und dicker Zweige und Stämme, oder auf einen stürmischen Wolkenhimmel.

Es gibt einem — bei *viel* Übung und bei *anhaltender* Übung — die Möglichkeit, blitzschnell zu zeichnen — und, wenn die Zeichnung einmal feststeht, blitzschnell zu *malen*.

Eigentlich ist er vor allem fürs *Malen* nützlich, denn Himmel — Erdboden — Meer — da *muß* der Pinsel dazukommen, oder richtiger, um das mit Zeichnen allein ausdrücken zu können, muß man die Handhabung des Pinsels kennen und im Griff haben. Ich glaube bestimmt, daß es auf mein *Zeichnen* ziemlich großen Einfluß haben wird, wenn ich mal eine Zeitlang male...

Was ich mir auch noch angeschafft habe, ist eine starke, warme Hose, und da ich gerade, ehe Du kamst, ein Paar derbe Schuhe gekauft hatte, bin ich nun gegen Wind und Wetter gewappnet. Auch will ich unbedingt durch dieses Landschaftsmalen einige *technische* Dinge dazulernen, die mir, das spüre ich, für die *Figur* noch fehlen — nämlich die Fähigkeit, verschiedene *Stoffe* auszudrücken und den *Ton* und die *Farbe*. Mit einem Wort, das Körperhafte, das Stoffliche der Dinge auszudrücken.

224 (Um den 10. August 1882)

Ich habe viel Zeit und Mühe auf das Zeichnen verwandt und werde das auch weiterhin tun, weil Zeichnen das Rückgrat des Malens ist, das Knochengerüst, das alles übrige stützt.

Als ich diesen Brief geschrieben hatte, war mir, als fehle etwas daran.

Ich dachte: ich muß es zuwege bringen, daß ich ihm schreiben kann, ich hätte so'n Stück Sand, Meer, Himmel angepackt, wie wir zusammen in Scheveningen sahen. Da habe ich den Brief zurückgehalten und bin heute morgen an den Strand marschiert und eben wiedergekommen mit einer ziemlich großen Ölstudie von Sand, Meer und Himmel und ein paar Fischerbooten und zwei Männlein am Strand.

Es ist noch Dünensand drauf, und ich versichere Dir, daß es nicht bei dieser einen bleiben wird.

225 (14. August 1882)

Vorigen Sonnabend abend habe ich eine Sache angepackt, von der ich schon oft geträumt hatte. —

Es ist ein Blick auf flache, grüne Wiesen mit Heuhaufen. Ein Schlackenweg mit einem Graben daneben geht mittendurch, und am Horizont, mitten im Bild, geht feuerrot die Sonne unter[34].

Ich kann den Effekt unmöglich so in der Eile zeichnen, doch hier hast Du die Komposition.

Aber es war ganz und gar eine Frage von Farbe und Ton, die Abstufung der Farbenskala am Himmel, erst ein lila Nebel — darin die rote Sonne, halb bedeckt von einer dunkelvioletten Wolke mit leuchtend rotem, feinem Rand; neben der Sonne zinnoberrote Reflexe. Darüber aber ein Streifen Gelb, der in Grün übergeht, und weiter oben

34 Hier im Original eine Skizze

ins Bläuliche, in das sogenannte cerulean blue[35], und dann hier und da lila und graue Wolken, die Reflexe von der Sonne auffangen.

Der Boden war eine Art Teppichgewebe von Grün-Grau-Braun, ein wahres Farbengewimmel von Schattierungen — das Wasser des Grabens leuchtet in diesem tonigen Grund.

Es ist etwas, das beispielsweise Emile Breton malen würde.

Dann habe ich noch ein großes Stück Dünenboden gemalt — dick aufgetragen und pastos.

Von diesen beiden, von dem kleinen Seestück und von dem Kartoffelfeld, *weiß ich sicher, daß niemand denken würde, es seien meine ersten Ölstudien.* Ehrlich gestanden: es überrascht mich ein bißchen, ich hatte gedacht, die ersten Sachen würden nach nichts aussehen, obwohl es, meinte ich, später schon besser werden würde und obwohl ich es selber sage: sie sehen wirklich nach etwas aus, und das wundert mich ein bißchen.

Ich glaube, es kommt daher, daß ich vorher, ehe ich zu malen anfing, so lange gezeichnet und die Perspektive studiert habe, damit ich das, was ich sah, gut zusammenbringen konnte.

Seitdem ich Farben und Malgerät gekauft hab, habe ich denn auch so gearbeitet und geschuftet, daß ich jetzt im Augenblick todmüde bin von sieben Studien in Öl. Es ist auch noch eine mit einer Figur dabei, einer Mutter mit einem Kind im Schatten eines großen Baumes, tonig gegen einen Dünengrund, der von der Sommersonne beschienen ist. Ein beinah italienischer Effekt. Ich habe mich buchstäblich nicht halten können, ich konnte nicht davon lassen oder mich ausruhen.

Es ist jetzt gerade ungefähr *zwei* Jahre her, daß ich im Borinage zu zeichnen angefangen habe.

226 Sonnabend abend
Wir haben hier in der ganzen Woche viel Wind, Sturm und Regen gehabt, und ich bin oft in Scheveningen gewesen, um es mir anzusehen.

Ich habe zwei kleine Seestücke davon mit nach Hause gebracht.

Schon in dem einen steckt viel Sand — aber das zweite, als es richtig stürmte und das Meer bis dicht an die Dünen kam, habe ich zweimal vollständig abkratzen müssen, weil es ganz mit einer dicken Sandschicht bedeckt war. Der Sturm war so arg, daß ich mich kaum auf den Füßen halten und wegen des stiebenden Sandes fast nichts sehen konnte.

[35] *himmelblau*

Ich habe doch versucht, es auf das Bild zu kriegen, nämlich nachdem ich es abgekratzt hatte, habe ich es in einem kleinen Wirtshaus hinter den Dünen sofort wieder draufgemalt, und dann bin ich wieder hingegangen und habe es mir noch mal angesehen. So daß ich doch ein paar Andenken daran habe ...

Dann wollte ich Dir noch mal sagen, daß ich über verschiedene Dinge in Deinem Brief ganz einer Meinung mit Dir bin.

Vor allem stimme ich Dir darin vollkommen bei, daß Pa und Ma mit all ihrem Für und Wider Menschen bleiben, wie sie in der heutigen Zeit sehr selten sind – und allmählich immer seltener werden; vielleicht ist das Neue gar nicht besser, und man muß sie also um so mehr schätzen.

Ich für mein Teil schätze sie denn auch sehr; jedoch ich fürchte, daß alles, worüber Du sie jetzt vorläufig beruhigt hast, wieder auftauchen wird, vor allem, wenn sie mich wiedersehen. Sie werden nie verstehen, was Malen ist, werden es nie in den Kopf kriegen können, daß die Figur eines Grabenden – ein paar Furchen gepflügter Boden – ein Stück Sand, Meer und Himmel ernst zu nehmende Bildstoffe sind und *so* schwer, aber auch *so* schön, daß es sehr wohl verlohnt, sein Leben dranzusetzen, um die Poesie wiederzugeben, die darin liegt.

Und wenn sie im Laufe der Zeit öfter als jetzt sehen würden, wie ich mich mit meiner Arbeit abschinde und quäle, wie ich immer wieder abkratze und verändere – wie ich einmal streng mit der Natur vergleiche – und dann wieder eine Veränderung anbringe, so daß sie den Fleck oder die Figur nicht mehr genau erkennen, dann wird das stets eine Enttäuschung für sie bleiben – sie werden nicht begreifen können, daß das Malen nicht so auf einmal geht, und immer wieder auf den Gedanken verfallen, »daß ich mich eigentlich nicht darauf verstehe« und daß richtige Maler ganz anders arbeiten würden.

Kurz, ich wage mir keine Illusionen zu machen ...

Dann schreibst Du über ein Stück Heide und Kiefernwald ganz in der Nähe – nun, ich habe ein immerwährendes Heimweh nach Heide und Kiefernwald mit den eigenartigen Gestalten. Eine Frau, die Reisig sammelt, ein Bäuerlein, das Sand holt – kurz, jenes Schlichte, das etwas Großes an sich hat wie das Meer. Immerfort beschäftigt mich der Gedanke, mich irgendwo ganz auf dem Lande niederzulassen, wenn sich mal die Gelegenheit bietet und die Umstände es nahelegen.

Obwohl ich hier Stoff im Überfluß habe – den Wald, den Strand, die Rijswijker Wiesen ganz in der Nähe, und also auch buchstäblich auf Schritt und Tritt ein Motiv. Daß man billiger wohnt, wäre auch ein Grund ...

Es ist im Malen etwas Unendliches — ich kann es Dir nicht so erklären —, aber gerade, um Stimmung auszudrücken, ist es so wunderbar. In den Farben liegen Harmonien und Kontraste verborgen, die von selbst mitwirken und die man sich in anderer Art nicht zunutze machen kann.

227 *Sonntag nachmittag (20. August 1882)*
Diese Woche habe ich im Wald ein paar ziemlich große Studien gemalt, die ich mehr auszuführen und mehr durchzuarbeiten versucht habe als die ersten. Am besten ist mir, glaube ich, eine gelungen, die nichts weiter ist als ein Stück umgegrabener Erdboden — weißer, schwarzer und brauner Sand nach einem Platzregen, so daß die Erdschollen hier und da Licht auffangen und lebendiger werden.

Als ich vor diesem Stück Boden eine Zeitlang gesessen und es gezeichnet hatte, kam wieder ein Gewitter mit gewaltigem Platzregen, das wohl eine Stunde anhielt. Ich war aber so erpicht darauf geworden, daß ich auf dem Posten blieb und so gut es ging, hinter einem dicken Baum Schutz suchte. Als es endlich vorbei war und die Krähen wieder ausflogen, war ich recht froh, daß ich es abgewartet hatte, denn der Waldboden hatte nach dem Regen einen herrlichen, satten Farbton bekommen.

Da ich *vor* dem Gewitter mit einem tiefen Horizont, kniend, angefangen hatte, mußte ich mich nun in den Dreck knien, und wegen derartiger Abenteuer, die sich in verschiedener Form des öfteren abspielen, ist es meiner Meinung nach nicht überflüssig, einen gewöhnlichen Arbeiteranzug zu tragen, an dem man nicht soviel verderben kann. Diesmal war das Ergebnis, daß ich dieses Stück Erdboden mit ins Atelier nehmen konnte — obschon Mauve mir gelegentlich — wohl mit Recht — mal gesagt hat, als wir über eine Studie von ihm selbst sprachen: »Es ist eine Schufterei, diese Erdklumpen zu zeichnen und Tiefe hineinzukriegen.«

Die andere Studie aus dem Wald sind große grüne Buchenstämme auf einem Waldboden mit dürren Zweigen und dem Figürchen eines Mädchens in Weiß. Da war die große Schwierigkeit, es hell zu halten und Luft zwischen die Stämme zu bringen, die in verschiedener Entfernung stehen, und dann der Standort und die relative Dicke der Stämme, wie sie durch die Perspektive verändert wird; es so zu machen, daß man drin atmen und herumgehen kann, daß man den Wald riecht ...

Was mich beim Malen angenehm überrascht, ist die Tatsache, daß man mit demselben Aufwand an Mühe wie beim Zeichnen etwas mit nach Hause bringt, das den Eindruck viel stärker – und zugleich auch richtiger – wiedergibt und viel erfreulicher anzusehen ist. Mit einem Wort, Malen ist dankbarer als Zeichnen ...

Dieser Tage habe ich ein ziemlich bedrückendes Buch teilweise gelesen, »Briefe und Tagebuch von Gerard Bilders«.

Der ist in dem Alter gestorben, in dem ich ungefähr anfing, und wenn ich das lese, bedaure ich nicht, daß ich spät angefangen habe. Gewiß war er unglücklich und ist oft verkannt worden, aber gleichzeitig finde ich auch eine große Schwäche bei ihm und in seinem Charakter etwas Krankhaftes. Es ist so 'ne Art Geschichte wie von einer Pflanze, die zu früh hochschießt und den Frost nicht verträgt und eines Nachts bis in die Wurzel getroffen wird und dann welkt. Erst hat er es gut – ist bei einem Meister – wie im Treibhaus – macht dort rasche Fortschritte, aber in Amsterdam steht er fast allein, und trotz seiner Tüchtigkeit kann er sich dort nicht behaupten und kommt schließlich wieder nach Hause zu seinem Vater, völlig entmutigt, unzufrieden, lustlos – und malt dort noch ein bißchen und stirbt schließlich an der Schwindsucht oder einer anderen Krankheit in seinem achtundzwanzigsten Lebensjahr.

Nicht gefällt mir an ihm, daß er, *während er malt,* über furchtbare Langeweile und Faulheit klagt wie über etwas, woran er nichts ändern kann, und immer dreht er sich in demselben, ihm zu engen kleinen Kreis seiner Freunde herum, und in Vergnügungen und einer Lebensweise, die ihm zum Halse heraushängen. Kurz und gut – er ist mir eine sympathische Gestalt, aber ich lese lieber das Leben von Vater Millet oder von Th. Rousseau oder von Daubigny.

Wenn man das Buch von Sensier über Millet liest, bekommt man Mut, und von Bilders' Buch wird einem ganz elend.

In Millets Briefen findet sich zwar immer mal wieder eine Aufzählung der Schwierigkeiten, aber doch »j'ai tout de même fait ceci ou cela«[36], und stets nimmt er sich neue Dinge vor, die er unbedingt tun will und auch durchführt.

Du darfst Dich nicht scheuen, mich zu tadeln. Tadel schlage ich nicht von vornherein in den Wind, doch vielfach ist mehr Zeit nötig, etwas zu ändern, als eine Änderung vorzuschlagen.

So habe ich jetzt noch Ratschläge in Anwendung gebracht, die Mauve mir im Januar gegeben hat, und zum Beispiel dieses Stück Erdboden gemalt in Erinnerung an ein Gespräch über eine Studie von ihm.

36 *habe ich trotzdem dies oder das gemacht*

228 Sonntag morgen (3. September 1882)

Der Wald wird schon sehr herbstlich — es gibt da Farbwirkungen, die ich nur selten auf holländischen Bildern gemalt sehe.

Gestern abend habe ich an einem etwas ansteigenden Stück Waldboden gearbeitet, der mit vermodertem und dürrem Buchenlaub bedeckt war. Der Boden war heller und dunkler rotbraun, je nachdem die Schlagschatten der Bäume mattere oder kräftigere halbausgewischte Streifen darüber warfen. Es kam darauf an — und ich fand es sehr schwierig —, die Tiefe der Farbe herauszukriegen, die gewaltige Kraft und Festigkeit dieses Bodens, und doch habe ich beim Malen gemerkt, wieviel Licht noch in dieser Dunkelheit steckte. Das Licht zu erhalten, und doch die Glut, die Tiefe dieser satten Farbe zu erhalten.

Denn kein Teppich ist denkbar, der so prächtig wäre wie dieses tiefe Braunrot in der Glut der durch die Bäume gedämpften Herbst-Abendsonne.

Aus diesem Boden wachsen junge Buchenstämme heraus, die auf der einen Seite Licht auffangen und da leuchtend grün sind, und die Schattenseite der Stämme — ein warmes, starkes Schwarzgrün.

Hinter diesen Stämmchen, hinter diesem braunroten Boden ist ein Himmel, ganz zart, blaugrau, warm, fast nicht blau, flimmernd. — Und dagegen steht noch ein dunstiger Rand Grünheit und ein Netzwerk aus Stämmchen und gelblichen Blättern. Ein paar Gestalten von Reisigsammlern wuseln herum wie dunkle Massen geheimnisvoller Schatten. Die weiße Haube einer Frau, die sich bückt, um einen dürren Zweig aufzuheben, belebt plötzlich das tiefe Rotbraun des Bodens. Ein Rock fängt Licht auf — ein Schlagschatten fällt — der dunkle Umriß eines Mannes taucht oben am Waldrand auf. Eine weiße Haube, Kappe, Schulter, Büste einer Frau heben sich gegen den Himmel ab. Diese Gestalten, groß und voll Poesie, erscheinen in der Dämmerung des tiefen Schattentons wie riesenhafte Terrakotten, die in einem Atelier halbfertig herumstehen.

Ich beschreibe Dir die Natur; inwieweit ich die in meiner Skizze wiedergegeben habe, weiß ich selbst nicht...

Als ich daran arbeitete, habe ich mir gesagt: ich gehe nicht weg, bevor nicht etwas Herbstabendliches drin ist, etwas Geheimnisvolles, etwas, wo Ernst drinsteckt. Ich muß aber — da diese Stimmung nicht anhält — schnell malen, die Figuren sind mit ein paar kräftigen Strichen in einem Zuge hingesetzt, mit einem derben, großen Pinsel. Es fiel mir auf, wie fest die Stämmchen im Boden steckten; ich hab sie mit dem Pinsel angefangen, aber weil der Boden schon dick aufgetragen war, versank ein Pinselstrich drin wie nichts, da hab ich die Wurzeln und Stämme aus der Tube hineingedrückt – und sie ein bißchen mit dem Pinsel modelliert.

Ja – nun stehen sie drin, wachsen draus heraus, sind kraftvoll drin verwurzelt. In gewissem Sinne bin ich froh, daß ich Malen nicht *gelernt* habe. Vielleicht hätte ich dann *gelernt*, an Effekten wie diesem vorbeizulaufen, jetzt sage ich, nein, gerade das muß ich haben, ist es nicht möglich, dann ist es eben nicht möglich, aber versuchen will ich es, obgleich ich nicht weiß, wie es gemacht werden muß. Wie ich es male, *weiß ich selbst nicht*, ich setze mich mit einem weißen Brett vor die Stelle hin, die mich packt, ich betrachte mir, was ich vor Augen habe, ich sage mir, dieses weiße Brett muß etwas werden – ich komme unzufrieden damit nach Hause – ich stelle es weg, und wenn ich ein bißchen ausgeruht bin, hole ich es vor und betrachte es mit einer Art Angst – dann bin ich noch immer unzufrieden, weil ich die wunderbare Natur noch zu lebhaft in Erinnerung habe, als daß ich zufrieden sein könnte –, aber doch sehe ich in meiner Arbeit einen Widerglanz von dem, was mich gepackt hatte, ich sehe, daß die Natur zu mir gesprochen, daß sie mir etwas gesagt hat, was ich in Schnellschrift aufgeschrieben habe. In meiner Schnellschrift mögen Worte sein, die nicht zu entziffern sind, Fehler oder Lücken – doch etwas ist geblieben von dem, was der Wald oder der Strand oder die Figur gesagt haben, und es ist nicht eine zahme oder konventionelle Sprache, die aus einer erlernten Arbeitsweise oder einem System entsprungen wäre und nicht aus der Natur selbst...

Du siehst, ich vertiefe mich mit aller Kraft ins Malen, ich vertiefe mich in die Farbe – bis jetzt habe ich mich davon zurückgehalten, und ich bedaure es nicht. Hätte ich nicht gezeichnet, so würde ich eine Figur, die wie eine halbfertige Terrakotta aussieht, nicht fühlen und nicht anpacken. Aber jetzt komme ich mir vor wie auf hoher See – das Malen muß vorwärtsgehen mit aller Kraft, die wir dransetzen können.

229 (9. September 1882)

Jetzt ist es Herbst im Walde – ich bin ganz erfüllt davon.

Zweierlei ist es, das mir den Herbst besonders lieb macht. Manchmal ist eine leise Schwermut in den fallenden Blättern, im gedämpften Licht, in dem duftigen Dunst um die Dinge, in der schlanken Anmut der Stämme.

Und ebensosehr liebe ich die kraftvollere, rauhe Seite, die starken Lichteffekte, auf so einem grabenden Bauern zum Beispiel, der in der Mittagssonne schwitzt...

Ich muß heute nachmittag noch auf den Kartoffelmarkt; dort malen kann man nicht wegen der vielen Leute, mit denen habe ich so schon genug Ärger. Man müßte nur überall in die Häuser hineingehen und sich ohne viel Federlesens an die Fenster setzen dürfen!

Na, es ist Sonnabend abend, da gibt's bestimmt irgendwas Typisches zu sehen.

230

Ich habe doch viele Skizzen mitgebracht, es war ganz besonders nett – aber als Probe für die Höflichkeit des Haager Publikums gegen Maler kann dienen, daß ein Kerl hinter mir oder wahrscheinlich aus einem Fenster mir plötzlich einen Priem Tabak aufs Papier spuckte – man wird doch oft recht belästigt. Aber da braucht man sich nichts weiter draus zu machen, denn die Leute sind nicht bösartig, sie verstehen nur nichts davon und halten jemanden wie mich wahrscheinlich für verrückt, wenn sie mich eine Zeichnung machen sehen mit großen Strichen und Kratzern, aus denen sie nicht klug werden.

In letzter Zeit gebe ich mich viel damit ab, auf der Straße Pferde zu zeichnen, ich würde bei Gelegenheit auch gern mal ein Pferd als Modell haben. Da habe ich gestern einen hinter mir sagen hören: »Das ist mir'n schöner Maler, der zeichnet den Hintern vom Pferd, statt es von vorn zu machen.« Diese Bemerkung fand ich sehr drollig ...

Kennst Du eine amerikanische Zeitschrift, die »Harper's Monthly Magazine« heißt? Da sind kleine Skizzen drin, die ausgezeichnet sind; ich selbst kenne das Blatt nur wenig, nur einen halben Jahrgang, und habe selber nur drei Nummern davon; aber da sind Sachen drin, vor denen ich sprachlos bin, unter anderem eine Glasbläserei und eine Eisengießerei, allerlei Szenen aus Fabrikbetrieben.

231 (17. September 1882)

Ich war dieser Tage noch ein paarmal in Scheveningen, und eines Abends hatte ich großes Glück, denn es kam gerade ein Ewer herein. Neben dem Denkmal steht eine Bretterbude, wo einer sitzt und Ausschau hält. Sobald der Ewer in Sicht kam, trat der Mann mit einer großen, blauen Flagge heraus, gefolgt von einer Bande Kinder, die ihm bis ans Knie reichten. Offenbar machte es ihnen viel Spaß, neben dem Mann mit der Flagge zu stehen, und sicher bildeten sie sich ein, auf diese Art beim Einfahren des Ewers mitzuhelfen. Ein paar Minuten, nachdem der Mann seine Flagge geschwenkt hatte, kam ein Kerl auf einem alten Pferd herbei, der den Anker holen mußte.

Dann gesellten sich noch verschiedene Männer und Frauen zu der

Gruppe — auch Mütter mit Kindern —, um die Schiffsmannschaft zu empfangen.

Als der Ewer nahe genug heran war, ging der Mann auf dem Pferd in See und kam mit dem Anker zurück.

Danach wurden die Männer auf dem Rücken von Kerlen mit hohen Wasserstiefeln an den Strand gebracht, und bei jedem neuen Ankömmling gab es ein großes Hallo zur Begrüßung.

Als sie alle an Land waren, marschierte die ganze Herde nach Hause wie ein Trupp Schafe oder eine Karawane, und der Kerl auf dem Kamel, ich meine auf dem Pferd, überragte alle wie ein mächtiges Gespenst. Natürlich hab ich die verschiedenen Geschehnisse mit größter Aufmerksamkeit zu skizzieren versucht...

Aber wie schwierig ist es, da Leben und Bewegung hineinzukriegen und die Figuren auf ihren Platz und voneinander loszukriegen! Es ist das große Problem des moutonner[37]; Gruppen von Figuren, die zwar ein Ganzes bilden, aber doch mit Köpfen und Schultern einer über den anderen wegucken, während im Vordergrund die Beine der ersten Gestalten sich kräftig abzeichnen und weiter oben die Röcke und Hosenröhren wieder eine Art Wirrwarr bilden, in dem doch noch Zeichnung steckt. Dann rechts und links, je nachdem man den Augenpunkt wählt, die größere Ausdehnung oder Verkürzung der Seiten... Und alles läuft auf dieselben Fragen von Licht und Schatten und Perspektive hinaus.

232

Es ist mit dem Zeichnen ähnlich wie mit dem Schreiben. Wenn man als Kind schreiben lernt, hat man ein Gefühl, als sei es unmöglich, daß man jemals dahinterkäme, und es erscheint einem wie ein Wunder, wenn man den Lehrer so schnell schreiben sieht. Aber mit der Zeit kriegt man es schließlich doch weg. Und ich glaube wirklich, daß man so auch zeichnen lernen muß, bis es ebenso leicht vonstatten geht, wie wenn man etwas aufschreibt, und daß man die Proportionen so im Kopfe haben und so sehen lernen muß, daß man alles, was man sieht, ganz nach Belieben in größerem und kleinerem Maßstab wiedergeben kann.

Wir haben zur Zeit sehr schönes häßliches Wetter, Regen, Wind, Gewitter, aber mit wunderbaren Effekten. Darum finde ich es schön, aber sonst ist es rauh und unfreundlich. Die Zeit, die man im Freien sitzen kann, wird schon sehr viel kürzer, und man muß sie ausnutzen, ehe der Winter kommt.

37 *Wörtlich: das Zusammendrängen der Schafe*

233 (Etwa 19. September 1882)

Ich habe noch eine Extra-Ausgabe gehabt, weil mein Malkasten entzweigegangen ist; ich mußte nämlich auf dem Gelände der Rheinbahn, wo die Kohlen verladen werden, von einer hohen Stelle runterspringen und so schnell wie möglich mein Zeug zusammenraffen, um mich vor einem durchgehenden Pferd zu retten.

Es ist sehr schön dort, ich habe um Erlaubnis bitten müssen, dort malen zu dürfen, denn es ist kein öffentliches Gelände; hoffentlich kann ich recht oft hingehen.

Vorläufig habe ich bei dieser Gelegenheit die Kohlenhaufen gemalt, wo die Männer herumhantieren; auch ein Karren und ein Pferd standen da.

Ferner habe ich noch eine Studie von einem Hofje mit einer Bleiche und Sonnenblumen. Es ist wunderbar draußen im Freien — das Laub hat allerlei Bronzetöne, grün, gelb, rötlich, alles warm und reich ...

Das Studienmachen betrachte ich als Säen, und das Bildermachen ist Ernten.

Ich glaube, man denkt viel gesünder, wenn die Gedanken aus unmittelbarer Berührung mit den Dingen erwachsen, als wenn man die Dinge mit der Absicht betrachtet, dies oder jenes darin zu finden.

So ist es nun auch mit der Frage des Kolorits. Es gibt Farben, die von selbst schön zueinander stehen, aber ich gebe mir große Mühe, es so zu machen, wie ich es sehe, *ehe* ich darangehe, es so zu machen, wie ich es fühle. Und doch — Gefühl ist etwas Großes, und ohne Gefühl würde man nichts erreichen.

234 Montag morgen (25. September 1882)

Du kannst Dir nicht vorstellen, wie ermüdend und störend es ist, daß einem die Leute immer so nah auf den Leib rücken.

Es macht mich manchmal so nervös, daß ich es aufgeben muß. So ist mir gestern früh, obwohl es noch sehr zeitig war und ich gehofft hatte, ungestört zu bleiben, eine Studie von den Kastanienbäumen am Bezuidenhout (die jetzt so prachtvoll sind) dadurch mißlungen. Und die Leute sind manchmal so frech und gemein. Na ja.

Aber es ist ja nicht nur der Ärger, den man davon hat, sondern auch die Ausgaben für Farbe usw., die dann doch verloren sind.

Natürlich lasse ich mich durch solche Sachen nicht unterkriegen, und ich werde mich durchschlagen so gut wie andere auch, doch ich fühle, daß ich mein Ziel viel schneller erreichen würde, wenn es weniger solche petites misères gäbe ...

Nun muß ich Dir noch berichten, daß ich ganz unerwartet einen sehr erfreulichen Besuch von Pa hatte; er ist bei mir im Hause und im Atelier gewesen, und das ist mir unendlich viel lieber, als daß er durch andere etwas über mich erfährt... Ich habe wieder viel über Nuenen gehört; dieser Kirchhof mit den alten Kreuzen läßt mir keine Ruhe, ich hoffe, mit der Zeit wird schon was draus werden, daß ich ihn einmal mache.

235   *(Um den 1. Oktober 1882)*
Erinnerst Du Dich vielleicht an das Büro der Staatslotterie von Moorman am Anfang der Spuistraat? Dort kam ich an einem regnerischen Morgen vorbei, als eine Menge Menschen davorstanden, um Lotterielose zu holen. Meistenteils waren es alte Frauen und die Art Leute, von denen man nicht weiß, was sie tun und wie sie leben, die aber doch, wie es scheint, sich tüchtig in der Welt herumschlagen und sich mühen und abrackern.

Natürlich ist, oberflächlich betrachtet, so ein Grüppchen Leute, die das »Heute Ziehung« offenbar sehr wichtig nehmen, für Dich und mich beinah etwas Lächerliches, denn die Lotterie ist Dir wie mir völlig gleichgültig.

Aber dieses Häuflein Menschen und ihr erwartungsvoller Ausdruck fesselten mich, und während ich dran zeichnete, bekam das Ganze eine tiefere Bedeutung für mich als im ersten Augenblick.

15   Die Staatslotterie. Oktober 1882

Dann nämlich wird es bedeutungsvoller, wenn man darin sieht: *die Armen und das Geld*. So ist es übrigens mit fast allen Figurengruppen; man muß einmal darüber nachdenken, ehe man begreift, was man vor sich hat; die Erwartung und die Illusionen, die sich an die Lotterie knüpfen, erscheinen uns einigermaßen kindisch — aber es wird ernst, wenn man sich einerseits das Elend vorstellt und andererseits im Gegensatz dazu diese Art von efforts de perdus[38] der armen Teufel, die sich einbilden, sie könnten womöglich gerettet werden, wenn sie ein Lotterielos nehmen und es mit den paar Pfennigen bezahlen, die sie sich vom Munde absparen.

Wie dem auch sei, ich habe ein großes Aquarell davon in Arbeit.

236   *Sonntag (8. Oktober 1882)*

Wie schön ist es jetzt im Freien! Ich tue, was ich kann, um die Herbststimmungen festzuhalten. Ich schreibe in großer Eile — glaube mir, Komponieren mit Figuren ist nicht so einfach, ich stecke tief in der Arbeit. Es ist wie mit dem Weben, man hat seine ganze Aufmerksamkeit nötig, um die Fäden auseinanderzuhalten, man muß verschiedene Dinge gleichzeitig überwachen und im Auge haben.

238   *(Um den 10. Oktober 1882)*

Ich sah dieser Tage — und ich habe ihn auch in meiner Sammlung — einen großen Holzschnitt von Roll, »Une grève de charbonniers«. Kennst Du diesen Maler vielleicht, und wenn ja, was hast Du von ihm gesehen? Der Holzschnitt stellt den Platz vor einer Grube dar mit einer großen Gruppe von Männern, Frauen und Kindern, die offenbar das Gebäude gestürmt haben. Sie stehen oder sitzen um einen umgeworfenen Karren und werden von berittenen Gendarmen im Zaume gehalten. Ein Mann will noch einen Stein werfen, aber eine Frau sucht seinen Arm festzuhalten. Die Typen sind hervorragend, und es ist derb und kühn gezeichnet und gewiß auch ganz in Übereinstimmung mit der Art des Vorwurfs gemalt. Es ist nicht wie Knaus oder Vautier, sondern sozusagen mit mehr Leidenschaft gemacht — fast gar keine Einzelheiten, alles zusammengeballt und vereinfacht —, aber es hat Stil. Es liegt viel Ausdruck und Stimmung und Gefühl darin, und die Bewegungen der Figuren — die verschiedenen Haltungen sind meisterhaft gemacht.

Es hat mich sehr gepackt, und ebenso Rappard, dem ich auch einen geschickt habe. Es war in der »Illustration«, aber in einer alten Nummer.

[38] *verzweifelten Anstrengungen*

Zufällig habe ich noch einen Holzschnitt von einem englischen Zeichner, Emslie; er stellt Männer dar, die in die Grube einfahren, um Verunglückten, wenn möglich, noch Hilfe zu bringen, während die Frauen dastehen und warten. Solche Vorwürfe sind sonst selten behandelt worden. Was den Holzschnitt von Roll betrifft – ich selber habe so einen Auftritt mit allem Drum und Dran erlebt; das Schöne an seinem Bild finde ich, daß es diesen Vorgang so richtig und wahrheitsgetreu darstellt, obwohl nur wenige Einzelheiten drin zu finden sind. Mir fiel dabei ein Wort von Corot ein: Il y a des tableaux où il n'y a rien, et *pourtant tout y est*.[39] Das Ganze hat in Komposition und Linien etwas Großes, Klassisches, wie ein gutes Historienbild, und das ist eine Eigenschaft, die heutzutage ebenso selten bleibt, wie sie immer gewesen ist und bleiben wird. Es erinnert mich etwas an Géricault, nämlich an das »Radeau de la Méduse«, und doch gleichzeitig zum Beispiel an Munkácsy...

Offen gestanden würde ich weder die altmodische noch die neue Auffassung missen wollen. In beiden Richtungen sind zu viele Dinge hors ligne[40], als daß ich für mein Teil der einen oder der anderen entschieden und grundsätzlich den Vorzug geben könnte. Und nicht in jeder Hinsicht sind die Veränderungen, die von den Neueren in die Kunst eingeführt werden, gleichzeitig auch Verbesserungen, nicht alles ist Fortschritt, weder im Werk noch in der Person der Künstler, und oft kommt es mir vor, als ob viele ihren Ausgangspunkt und auch ihr Ziel aus dem Auge verlören oder, mit anderen Worten, nicht bei der Stange blieben.

Deine Beschreibung jener Abendstimmung fand ich wieder sehr schön; es sieht heute hier ganz anders aus, aber in seiner Art ist es auch schön, zum Beispiel das Gelände bei der Rheinbahn. Im Vordergrund der Schlackenweg mit den Pappeln, die jetzt allmählich ihr Laub verlieren, dann der Graben voll Entengrütze, das hohe Ufer mit welkem Gras und Iris bewachsen, dann der graue oder braungraue Boden von umgegrabenen Kartoffelfeldchen oder von Stellen, die mit grünlich-violettem Rotkohl bepflanzt sind, hier und da ein ganz grelles Grün von frisch aufgeschossenem Herbstunkraut, überragt von Bohnenstangen mit verwelkten Stengeln und den rötlichen oder grünen oder schwarzen Bohnenhülsen; hinter diesem Stück Land die rot verrosteten und schwarzen Schienen im gelben Sand, hier und da aufgestapeltes altes Holz – Kohlenhaufen – ausrangierte Waggons, darüber rechts ein paar Dächer und der Lagerschuppen – links ein

39 *Es gibt Bilder, auf denen nichts ist, und* doch ist alles da
40 *außerhalb der Linie, ungewöhnlich*

16 Junger Handlanger. Oktober 1882

Ausblick auf weitgedehnte, feuchtgrüne Wiesen, in der Ferne am Horizont abgeschlossen durch einen grauen Streifen, in dem noch Bäume, rote Dächer und schwarze Fabrikschornsteine erkennbar sind. Über dem Ganzen ein gelblicher, aber doch grauer Wolkenhimmel, sehr frostig und winterlich, tief herabhängend; ab und zu stürzen feine Sprühregenschauer daraus nieder, und viele hungrige Krähen fliegen durch die Luft; doch fällt viel Licht auf alles, was sich besonders dann zeigt, wenn ein paar Figürchen mit blauen oder weißen Kitteln auf dem Gelände herumwuseln und die Schultern und Köpfe das Licht auffangen. Ich glaube freilich, daß es in Paris ziemlich viel heller aussehen wird und nicht so frostig. Denn bei uns kommt die feuchte Kälte bis ins Haus, und wenn man eine Pfeife ansteckt, ist es, als wäre was von dem Sprühregen drinnen. Aber es ist sehr schön.

Doch an solchen Tagen spürt man, wie gemütlich es wäre, wenn man einen Freund besuchen oder bei sich haben könnte, und gerade an solchen Tagen fühlt man manchmal eine gewisse Leere, wenn man nirgends hingehen kann und niemand kommt. Aber gerade dann spüre ich, was die Arbeit bedeutet, wie sie, unabhängig von Beifall oder Ablehnung, dem Leben Klang gibt, und wie man an Tagen, da man sonst melancholisch werden würde, froh ist, daß man einen Willen hat.

Ich hatte heute noch ein paar Stunden Modell, einen jungen Menschen mit einer Schaufel, Handlanger von Beruf, einen richtig typischen Kerl, platte Nase, dicke Lippen, ganz steiles, grobes Haar — und doch, wenn er etwas tut, ist Anmut in seiner Gestalt, oder besser gesagt: Haltung und Charakter. Ich glaube, ich werde diesen Winter noch sehr gute Modelle bekommen; der Meister vom Zimmerplatz hat mir versprochen, die Arbeiter zu mir zu schicken, die bei ihm nach Arbeit fragen, wie das in der flauen Zeit des öfteren vorkommt. Ich gebe ihnen immer gern ein paar Groschen für einen Vor- oder Nachmittag, denn das ist gerade, was ich brauche. Ich sehe keinen anderen Weg, als mit Modell zu arbeiten; man darf gewiß seine Einbildungskraft nicht ersticken, aber gerade das ständige Vor-Augen-Haben der Natur und das Ringen mit der Natur schärft die Einbildungskraft und macht sie treffsicherer ...

Doch wie wenig Frühling und Sommer haben wir eigentlich hier gehabt! Manchmal kommt es mir vor, als ob gar nichts zwischen vorigem Herbst und jetzt diesem gewesen sei, aber das kann wohl sein, weil die Zeit dazwischenliegt, wo ich krank war.

237 Sonntag nachmittag (22. Oktober 1882)

Ich kann Dir völlig beistimmen, wenn Du sagst: manchmal hat man Zeiten, da man stumpf ist gegen die Natur, da die Natur nicht mehr zu uns zu sprechen scheint.

Ich habe das so oft, und dann hilft es mir zuweilen, wenn ich etwas ganz anderes anpacke. Bin ich abgestumpft gegen Landschaft oder Lichteffekte, dann nehme ich Figuren in Angriff, und umgekehrt. Manchmal bleibt einem nichts weiter übrig als abzuwarten, bis es vorbeigeht, aber zuweilen gelingt es mir, die Fühllosigkeit dadurch wegzukriegen, daß ich die Motive wechsle, die mich gerade beschäftigen. Mit der Zeit aber fesseln mich Figuren immer stärker. Ich erinnere mich, früher eine Zeit gehabt zu haben, da das Gefühl für Landschaft sehr stark in mir war und ein Bild oder eine Zeichnung, worin ein Lichteffekt oder eine Landschaftsstimmung gut ausgedrückt war, mich viel mehr interessierte als eine Figur.

Figurenmaler flößten mir im allgemeinen sogar mehr eine Art ziemlich kühler Hochachtung ein, als daß ich warme Sympathie für sie empfunden hätte.

Ich erinnere mich aber noch sehr gut daran, daß mich damals doch eine Zeichnung von Daumier besonders gefesselt hat, ein alter Mann unter den Kastanienbäumen in den Champs Elysées (eine Illustration zu Balzac), obwohl die Zeichnung nicht weiter bedeutend war; doch ich weiß wohl, daß sie mir damals besonders auffiel, weil Daumiers Auffassung etwas so Tüchtiges, Männliches hatte, daß ich dachte: es muß doch gut sein, so zu fühlen und zu denken und eine Menge Dinge zu übersehen oder wegzulassen, um sich auf etwas zu konzentrieren, was zu denken gibt und den Menschen als Menschen unmittelbarer persönlich angeht als Wiesen oder Wolken.

Und deshalb ziehen mich auch immer wieder die Figuren der englischen Zeichner und der englischen Schriftsteller an, wegen ihrer montagmorgenhaften Nüchternheit und gewollten Sachlichkeit und Prosa und Analyse: das ist etwas Solides, Tüchtiges, etwas, woran man sich halten kann in Tagen, da man sich schlapp fühlt. Ebenso unter den französischen Schriftstellern die Gestalten Balzacs und Zolas...

Gerade jetzt ist der Anblick aus meinem Atelierfenster wunderbar. Die Stadt mit Türmen und Dächern und rauchenden Schornsteinen zeichnet sich als dunkle, düstere Silhouette gegen einen lichten Horizont ab. Dieses Licht ist jedoch nur ein breiter Streifen, darüber steht eine schwere Regenwolke, unten dichter zusammengeballt, oben vom Herbstwind in große Fetzen und Massen zerrissen, die davon wegtreiben. Der Lichtstreifen aber läßt in der düsteren Masse der Stadt hie und da nasse Dächer aufleuchten (auf einer Zeichnung müßte man es mit einem Strich Deckfarbe herausholen) und bewirkt, obwohl die dunkle Masse einen einheitlichen Ton hat, daß man noch die roten Ziegel und den Schiefer unterscheidet.

Der Schenkweg läuft durch den Vordergrund als glänzender Streifen in all der Nässe, die Pappeln haben gelbe Blätter, die Grabenränder und Wiesen sind tiefgrün, die Figürchen schwarz.

Ich würde es zeichnen, besser: zu zeichnen versuchen, wenn ich mich nicht den ganzen Nachmittag mit Figuren von Torfträgern abgequält hätte, die mir doch noch zu sehr im Kopf stecken, als daß da schon Platz für etwas Neues wäre, und sie müssen auch drin bleiben.

Ich sehne mich doch so oft nach Dir und denke so viel an Dich. Was Du mir über einige Künstlertypen in Paris schreibst, die mit Frauen leben, nicht so engherzig sind wie andere, vielleicht verzweifelt versuchen, sich jung zu erhalten, das finde ich sehr richtig gesehen. Solche gibt es dort und hier. Dort in Paris ist es vielleicht noch schwieriger als hier, sich im häuslichen Leben als Mensch etwas Frische zu bewahren, weil das dort fast noch mehr ein Gegen-den-Strom-Schwimmen bedeutet. Wie viele hat in Paris Verzweiflung gepackt – ruhige, vernünftige, logische, regelrechte Verzweiflung... Glaube ja nicht, ich sähe verächtlich herab auf Menschen, wie Du sie beschreibst, weil ihr Leben vielleicht nicht auf ernsten, durchdachten Grundsätzen beruht. Ich denke darüber etwa folgendermaßen: das Ergebnis muß eine Tat sein, keine abstrakte Idee. Nur dann finde ich Grundsätze gut und der Mühe wert, wenn sie sich zu Taten entwickeln, und ich halte es für wichtig, nachzudenken und zu versuchen, gewissenhaft zu sein, weil das die Arbeitskraft eines Menschen wesentlich bestimmt und die verschiedenen Taten zu einem Ganzen macht. Ich glaube, daß Menschen, wie Du sie beschreibst, mehr Festigkeit bekämen, wenn sie genauer überlegten, was sie tun; doch im übrigen sind sie mir bedeutend lieber als solche, die dauernd ihre Grundsätze ausposaunen, ohne sich die geringste Mühe zu geben oder auch nur daran zu denken, sie in die Praxis umzusetzen...

Was ist Zeichnen? Wie kommt man ans Ziel? Es ist ein Sichdurcharbeiten durch eine unsichtbare eiserne Wand, die zwischen dem, was man *fühlt*, und dem, was man *kann*, zu stehen scheint. Wie kann man durch diese Wand hindurchkommen? Da es nichts nützt, auf die Wand loszuschlagen, muß man sie meiner Meinung nach unterminieren und durchfeilen, langsam und geduldig; und wie soll man an so einer Arbeit assidu[41] bleiben, ohne sich davon abbringen oder ablenken zu lassen,

---
41 *fleißig, beharrlich*

wenn man nicht nachdächte und sein Leben nicht nach Grundsätzen regelte? Und wie es mit dem Künstlerischen ist, so ist es auch mit anderen Dingen. Das Große ist nicht etwas Zufälliges, es muß vielmehr entschieden *gewollt* werden. Ob im Menschen ursprünglich die Taten zu Grundsätzen oder die Grundsätze zu Taten führen sollen — das zu entscheiden ist mir unmöglich und scheint mir ebensowenig belangreich wie die Frage, was zuerst da war, die Henne oder das Ei. Aber ich halte es für etwas Wesentliches und sehr Wichtiges, daß man sich bestrebt, seine Denk- und Willenskraft auszubilden.

239 (29. Oktober 1882)

Es ist wieder Sonntag und wieder genauso regnerisch wie gewöhnlich. Überdies haben wir diese Woche Sturm gehabt, und das Laub an den Bäumen wird dünn. Ich kann Dir sagen, ich bin froh, daß der Ofen steht!

Als ich heute morgen mal dazu kam, meine Zeichnungen zu ordnen, nämlich die Studien nach Modell etwa seit der Zeit, als Du hier warst (die älteren Studien nicht mitgerechnet, und auch nicht, was ich in mein Skizzenbuch zeichne), fanden sich ungefähr hundert zusammen ...

Ich muß Dich mal fragen, ob von Daumier billige Blätter im Handel sind, und wenn ja, welche? Ich habe ihn immer sehr tüchtig gefunden, aber erst in letzter Zeit fange ich an zu vermuten, daß er noch bedeutender ist, als ich dachte. Wenn Du etwas Besonderes über ihn weißt oder wichtige Sachen von seinen Zeichnungen kennst, schreib mir bitte davon.

Ich habe wohl schon früher Karikaturen von ihm gesehen und vielleicht gerade dadurch eine verkehrte Vorstellung von ihm bekommen. Seine Figuren haben mir stets besonderen Eindruck gemacht, aber ich glaube, daß ich nur einen sehr kleinen Teil seiner Arbeiten kenne und daß beispielsweise die Karikaturen keineswegs das Übliche oder Bedeutendste von ihm sind.

Ich erinnere mich, daß wir voriges Jahr auf dem Weg nach Prinsenhage darüber gesprochen haben und daß Du damals sagtest, Du fändest Daumier schöner als Gavarni; damals habe ich für Gavarni Partei ergriffen und Dir von dem Buch erzählt, das ich über Gavarni gelesen hatte, das Du jetzt hast; aber ich muß sagen, obwohl ich seitdem Gavarni nicht weniger gern habe, vermute ich doch allmählich, daß ich nur einen ganz kleinen Teil von Daumiers Arbeiten kenne und *daß der Teil seines Werkes, den ich nicht kenne*, gerade die Dinge enthält, die mich am allermeisten interessieren würden (so sehr ich auch das schätze, was ich schon von ihm kenne). Und noch etwas anderes dämmert mir im Gedächtnis, aber vielleicht irre ich mich: daß Du von großen Zeichnungen sprachst, Typen und Bildnissen aus dem Volk, und auf die bin ich neugierig. Wenn mehr Sachen von ihm so schön sind wie ein Blatt, das ich neulich von ihm fand: »Les cinq âges d'un buveur«, oder wie die Figur eines alten Mannes unter dem Kastanienbaum, von der ich Dir schon berichtete, ja dann wäre er vielleicht der Größte von allen. Kannst Du mir da einige Aufschlüsse geben?

240   1. November 1882

Rappard schickte mir in einem Brief den Auszug eines Vortrags von Herkomer über die Holzschnitte der neueren Zeit. Ich kann Dir nicht das Ganze ausführlich wiedergeben, vielleicht hast Du den Artikel selbst gelesen (er hat in einer englischen Kunstzeitschrift gestanden, vielleicht im »Art Journal«). Er handelte vor allem von den Zeichnungen im »Graphic«. Herkomer erzählt, wie er selbst mit viel Eifer und großer Begeisterung daran mitgearbeitet hat, und erinnert vor allem an die prachtvollen Blätter aus den ersten Jahrgängen ... Dann spricht er über das Heute und kommt damit auf den eigentlichen Zweck seiner Darlegungen. Er sagt, die Holzschneider seien tüchtiger und geschickter denn je, »doch trotzdem sehe ich für mein Teil einen Niedergang, wenn ich an die ersten Anfänge des ›Graphic‹ zurückdenke. Und«, fährt er fort, »das liegt meines Erachtens an zwei Dingen, gegen die ich protestiere. Das eine geht die Herausgeber, das andere geht die Künstler an ...«

Die Herausgeber, sagt er, verlangen Sachen, die auf Effekt hin gemacht sind: »Korrektes, ehrliches Zeichnen wird nicht mehr verlangt, vollständig durchgeführte Zeichnungen sind nicht mehr gefragt, ein ›Schnipsel‹, das gerade die zufällig freie Ecke einer Seite ausfüllt, ist alles, was gewünscht wird. Die Herausgeber erklären, das Publikum fordere die Darstellung eines öffentlichen Ereignisses oder etwas Derartiges und sei zufrieden, wenn sie korrekt und unterhaltsam sei, aber die künstlerischen Qualitäten der Arbeit seien ihm gleichgültig. Ich glaube nicht, was sie sagen. Die einzige annehmbare Entschuldigung ist ›Mangel an guten Zeichnern‹.« — Dann kommt er auf die Künstler zu sprechen und sagt, er bedauere es, daß es heutzutage nur allzuoft der Holzschneider sei und nicht der Künstler, der die Blätter schön mache. Er spornt die Künstler an, das nicht mehr mitzumachen, sondern ernst und kraftvoll zu zeichnen, damit der Graveur bleibe, was er sein soll: ein Dolmetscher der Arbeit des Zeichners, und sich nicht zu seinem Herrn aufschwinge. Dann kommt der Schluß: ein kräftiges Wort an alle, eifrig bei der Sache zu bleiben und sich gegen jede Erschlaffung zu wehren.

Es klingt ein Vorwurf durch das, was er sagt, und er spricht nicht ohne eine gewisse Melancholie, als Kämpfer gegen die ihm unerträgliche Gleichgültigkeit.

»To you — the public — the art offers infinite pleasure and edification. For you it is really done. Therefore clamour loudly for good work, and be sure it will be forthcoming«[42], ist sein letztes Wort.

Es ist durch und durch gesund, tüchtig, ehrlich; seine Art zu sprechen macht auf mich den Eindruck wie manche Briefe von Millet. Für mich war es eine Ermutigung, und es tut mir von Herzen gut, einmal *so* reden zu hören.

Ich finde es furchtbar schade, daß für diejenige Kunst, die dem eigentlichen Volk am meisten zu sagen hat, hierzulande sozusagen keine Stimmung ist.

Wenn die Maler sich zusammentäten und dafür sorgten, daß ihre Arbeiten (die meines Erachtens doch für das Volk gemacht werden, wenigstens das ist für mich die höchste, edelste Aufgabe jedes Künstlers) auch in die Hände des Volkes kommen können und in den Bereich eines jeden gelangen, so ließen sich damit dieselben Ergebnisse erzielen wie in den ersten Jahren des »Graphic«...

Meine Liebe und Hochachtung für die großen Zeichner aus der Zeit Gavarnis, ebenso wie für die heutigen, wird um so größer, je mehr ich ihre Arbeiten kennenlerne, vor allem auch dadurch, daß ich mich bemühe, selber etwas von dem festzuhalten, was man alle Tage auf der Straße sieht.

Was ich an Herkomer, an Fildes, an Holl und den anderen Gründern des »Graphic« so schätze, warum sie mir noch sympathischer sind und auch bleiben werden als Gavarni und Daumier, ist folgendes: während die Letztgenannten die Gesellschaft mit boshafter Gehässigkeit zu betrachten scheinen, wählen die Erstgenannten — und auch Männer wie Millet, Breton, de Groux, Israels — Vorwürfe, die ebenso wahr sind wie die von Gavarni oder Daumier, die aber etwas Edles haben und ein ernsteres Gefühl verraten. Das vor allem muß bleiben, finde ich. Ein Künstler braucht kein Pastor und kein Klingelbeutelmann zu sein, aber er muß doch sicher ein warmes Herz für die Menschen haben, und ich finde zum Beispiel etwas Hochherziges darin, daß kein Winter

42 *»Ihnen — dem Publikum — bietet die Kunst unendliche Freude und Erbauung. Für Sie wird sie in Wirklichkeit gemacht. Schreien Sie deshalb laut nach guter Arbeit, und seien Sie überzeugt, sie wird zutage kommen.«*

vergangen ist, ohne daß der »Graphic« etwas brachte, um das Mitleid mit den Armen wachzuhalten; zum Beispiel habe ich ein Blatt von Woodville, das die Verteilung von Torfkarten in Irland darstellt; ein anderes von Staniland, betitelt »Help the Helpers«, zeigt allerlei Szenen aus einem Krankenhaus, wo es an Geld fehlt; »Christmas in the Workhouse« von Herkomer, »Homeless and Hungry« von Fildes usw. Das finde ich noch schöner als die Zeichnungen von Bertall und anderen für die »Vie élégante« oder andere élégances.

241

Man wird wohl zu der Erkenntnis genötigt sein, daß vieles Neue, worin man zunächst einen Fortschritt zu sehen glaubte, tatsächlich an Gediegenheit hinter dem Alten zurücksteht, und folglich wird sich ein Bedürfnis nach starken Männern einstellen, um die Geschichte wieder ins Lot zu bringen. Da ich mit Hin- und Herreden an der Sache selbst wenig ändern werde, halte ich es für ziemlich überflüssig, mehr darüber zu schreiben.

Aber ich kann Dir schwerlich beistimmen, wenn Du Deine Ansichten folgendermaßen ausdrückst: »Es liegt für mich im Wesen der Sache, daß die erhoffte Veränderung kommen wird.« Überlege Dir mal, wie viele große Männer entweder gestorben sind oder nicht mehr lange bei uns sein werden – Millet, Brion, Troyon, Rousseau, Daubigny, Corot und viele andere leben nicht mehr; und denke noch weiter zurück: Leys, Gavarni, de Groux (ich nenne nur ein paar); noch weiter Ingres, Delacroix und Géricault; und denke daran, wie alt die *moderne* Kunst schon ist, nimm noch die vielen dazu, die hochbejahrt sind.

Bis Millet und Jules Breton war meines Erachtens dennoch immer ein Fortschritt da, doch diese beiden Männer zu übertreffen – rede mir nicht davon.

Ihr Genie mag in früheren, jetzigen oder späteren Zeiten erreicht werden – es zu übertreffen, ist nicht möglich. Es gibt in diesen hohen Regionen eine Gleichheit der Genies, aber höher als bis auf den Gipfel des Berges kann man nicht steigen. Israels zum Beispiel mag ebenso groß wie Millet sein, von übertreffen oder kleiner sein ist beim Genie keine Rede.

Jetzt ist jedoch auf dem Gebiet der Kunst der Gipfel erreicht. Gewiß werden wir in den kommenden Jahren noch herrliche Dinge sehen, etwas Erhabeneres aber, als wir bereits gesehen haben – nein.

Und ich für mein Teil fürchte, daß vielleicht in wenigen Jahren eine Art *Panik* entstehen wird. *Seit Millet* ist es gewaltig bergab gegangen;

das Wort Dekadenz, jetzt geflüstert oder in versteckten Wendungen ausgesprochen (siehe Herkomer), wird dann wie eine Alarmglocke ertönen. Manch einer, beispielsweise ich selbst, verhält sich jetzt still, weil man doch schon in dem Rufe steht, ein mauvais coucheur zu sein, und weil es nichts hilft, darüber zu reden. Reden ist nicht das, was not tut – arbeiten muß man, wenn auch mit Trauer im Herzen; die Leute, die später am lautesten über Dekadenz schreien werden, werden selber die dekadentesten sein. Ich wiederhole – hieran werdet ihr sie erkennen, an ihren Werken; und es werden auch nicht die beredtesten sein, die die wahrsten Dinge sagen werden, siehe Millet selbst, siehe Herkomer; die sind wirklich keine Redner und sprechen beinah à contre cœur[43]

Wie dem auch sei, mit Worten zu widersprechen scheint mir höchst nebensächlich; aber jeder, der Interesse an der Sache hat, muß in seinem kleinen Kreis danach streben, etwas zu machen oder dabei zu helfen.

Ich habe wieder einmal an Bergarbeiterfrauen gearbeitet, die im Schnee Säcke mit Kohlen tragen, Aquarell. Vor allem habe ich etwa zwölf Figurenstudien dafür gezeichnet und drei Köpfe, ich bin noch nicht fertig. In dem Aquarell habe ich doch, glaub ich, die Stimmung herausbekommen, aber es ist mir im Charakter noch nicht groß genug.

242 (5. November 1882)
Dieser Tage las ich »Le Nabab« von Daudet. Ich finde es meisterhaft – u. a. den Spaziergang des Nabobs mit dem Bankier Hemerlingue in der Dämmerung auf dem Père-Lachaise, während Balzacs Büste, eine dunkle Silhouette gegen den Himmel, spöttisch auf die beiden niederblickt. Das ist genau wie eine Zeichnung von Daumier – Du schreibst mir von Daumier, daß er »La Révolution« gemacht hat – Denis Dussoubs. Als Du das schriebst, wußte ich nicht, wer Denis Dussoubs war, jetzt las ich es in »Histoire d'un crime« von Victor Hugo. Es ist eine edle Gestalt, ich wollte, ich kennte die Zeichnung von Daumier. Ich kann natürlich kein Buch über Paris lesen, ohne sofort an Dich zu denken. Ich kann auch kein Buch über Paris lesen, ohne nicht auch einigermaßen den Haag darin wiederzufinden, der zwar kleiner ist als Paris, aber doch auch eine Residenzstadt mit den entsprechenden Sitten.

Wenn Du in Deinem letzten Brief sagst: »Wie rätselhaft ist doch
43 widerwillig

die Natur!«, so kann ich das nur unterschreiben. Schon das Leben als Vorstellung ist ein Rätsel, die Wirklichkeit macht es zu einem Rätsel im Rätsel. Und wer sind wir, um es zu lösen? Dennoch machen wir ein winziges Teilchen dieser Gesellschaft aus, die uns die Frage aufdrängt: Wohin geht sie, zum Teufel oder zu Gott?

»Pourtant le soleil se lève«[44], sagt Victor Hugo...

Ich spüre eine Kraft in mir, die ich weiter ausbilden muß, ein Feuer, das ich nicht dämpfen, sondern anfachen muß, obwohl ich nicht weiß, zu welchem Ende es mich führen wird — wenn es ein düsteres wäre, würde ich mich nicht wundern. In einer Zeit wie der heutigen — was soll der Mensch sich da wünschen? Welches ist das verhältnismäßig glücklichste Los?

Unter manchen Umständen ist es besser, der Besiegte zu sein als der Sieger, zum Beispiel lieber Prometheus als Jupiter. Nun, es ist ein altes Wort, »laß kommen, was kommen muß«...

Ich habe heute an alten Zeichnungen aus Etten gearbeitet, weil ich hier auf dem Land die Kopfweiden in dem gleichen blätterlosen Zustand sah und mir wieder ins Gedächtnis kam, was ich voriges Jahr gesehen habe.

Manchmal verlangt es mich so sehr danach, Landschaften zu machen, wie nach einem weiten, erfrischenden Spaziergang; in der ganzen Natur, zum Beispiel in Bäumen, sehe ich Ausdruck und gewissermaßen eine Seele. So hat eine Reihe Kopfweiden manchmal etwas von einer Prozession von Waisenmännern. Das junge Korn kann etwas unsagbar Reines, Zartes haben, das uns z. B. ebenso rührt wie der Ausdruck eines schlafenden Kindchens.

Das zertretene Gras am Rande einer Straße hat etwas Müdes und Bestaubtes wie die Bewohner eines Armenviertels.

Als es neulich geschneit hatte, sah ich ein Grüppchen Wirsingkohl, das so verfroren in der Kälte stand und mich an ein paar Frauen erinnerte, die ich am frühen Morgen in ihren dünnen Röcken und alten Umschlagtüchern in einem Wasser- und Feuerkeller hatte stehen sehen...

Wie gut kann es dem Menschen in trübseliger Stimmung tun, am öden Strand hinzugehen und auf das graugrüne Meer mit den langen weißen Wellenkämmen hinauszublicken! Doch wenn man das Bedürfnis nach etwas Großem, etwas Unendlichem hat, nach etwas, worin man Gott sehen kann, so braucht man es nicht weit zu suchen; mir scheint, ich habe etwas Tieferes, Unendlicheres, Ewigeres als den Ozean im Augenausdruck eines kleinen Kindes gesehen, wenn es früh

---
44 *Dennoch geht die Sonne auf*

17 *Frau mit Wasserkessel. Oktober 1882*

aufwacht und kräht oder lacht, weil die liebe Sonne in seine Wiege scheint. Wenn es einen »rayon d'en haut«[45] gibt — hier kann man ihn vielleicht finden.

243 (Zwischen 6. und 9. November 1882)

In Erwartung näherer Angaben über das Verfahren habe ich mit Hilfe des Druckers von Smulders[46] eine Lithographie gemacht; hiermit habe ich das Vergnügen, Dir den allerersten Abzug davon zu schikken.

Diese Lithographie habe ich auf ein Stück präpariertes Papier gezeichnet, wahrscheinlich dasselbe, von dem Buhot[47] Dir berichtet hat ...

Du siehst, dieses Blatt habe ich so einfach wie möglich hingekritzelt; sollte es etwas von den alten Lithographien haben aus der Zeit, als für diesen Zweig der Kunst mehr Stimmung war, so bin ich's zufrieden.

Ich kann für etwa fünf Gulden hundert Abzüge bekommen und für etwas mehr den Stein als Eigentum. Lohnt sich das, glaubst Du? Ich würde schrecklich gern mehr davon machen. Zum Beispiel eine Serie von etwa dreißig Figuren ...

Vor allem teile mir über das Verfahren alles Wissenswerte mit, was Du herausfinden kannst. Worauf muß man mit autographischer Tinte arbeiten? Kann alles, was mit autographischer Tinte gezeichnet ist, gedruckt werden usw.

244 Dienstag (14. November 1882)

Ich halte es nicht für unwahrscheinlich, daß ich mit der Zeit Sachen machen werde, die in die Hände des Publikums gelangen; aber das läßt mich verhältnismäßig recht kalt und erscheint mir keineswegs als etwas Erfreuliches.

Zweierlei könnte mich dazu bringen; erstens, wenn ich bei einer illustrierten Zeitschrift beschäftigt würde und dann natürlich machen müßte, was das mit sich bringt; zweitens — doch das ist eine spätere Sorge, obwohl ich oft daran denke: wenn ich früher oder später mal etwas habe, das ein Ganzes bildet und ein Ziel verfolgt und etwas aussagt, so könnte ich dazukommen, es selbst herauszugeben, falls ich niemanden dafür fände. Doch nie würde ich das tun, ohne es Dir mitzuteilen und Dich um Rat zu fragen.

---

45 *Strahl von oben*
46 *Jos. Smulders & Co, Papierhandlung und Druckerei im Haag*
47 *Félix Buhot (1847–1898), Grafiker und Maler in Paris*

245 (Zwischen 16. und 18. November 1882)

Wir haben es hier bitter kalt, Schnee und Frost, aber doch sehr schön. In der Rolle mit Lithographien findest Du eine kleine Zeichnung, die mit Neutraltinte auf Whatman gemacht ist. Meine Frage ist nun: ließe sich eine auf solche Art hergestellte Zeichnung reproduzieren? Ferner: wären solche mit autographischer Tinte gemachte Zeichnungen für »Vie moderne« zu gebrauchen?

Ich bitte Dich sehr, schicke mir doch ein paar Nummern von »Vie moderne«, denn ich habe nur ganz wenige (drei, glaube ich) Blätter davon aus derselben, schon sehr alten Nummer, und ich würde mir so gern eine bessere und etwas vollständigere Vorstellung davon machen, was dieses Blatt eigentlich ist ...

Ich weiß nicht, ob Du es eingebildet oder so was Ähnliches von mir finden wirst, wenn ich Dir sage, daß folgendes mir Freude gemacht hat. Die Arbeiter von Smulders aus dem anderen Betrieb auf der Laan hatten den Stein mit dem Waisenmann gesehen und den Drucker gefragt, ob sie einen Abzug davon kriegen könnten, den sie sich aufhängen wollten. Kein Ergebnis meiner Arbeit könnte mir lieber sein, als daß gewöhnliche Arbeiter solche Blätter in ihre Stube oder Arbeitsstätte hängten. *For you – the public – it is really done* – ich finde, das ist ein wahres Wort von Herkomer.

246 Mittwoch morgen (22. November 1882)

Gleichzeitig mit diesem Brief erhältst Du die ersten épreuves einer Lithographie »Grabender« und einer Lithographie »Kaffeetrinker«. Sehr gern hörte ich so bald wie möglich, welchen Eindruck Du davon hast. Ich will sie nämlich auf dem Stein noch retuschieren und möchte dazu gern Deine Ansicht haben.

Die Zeichnungen waren schöner, vor allem mit dem Grabenden hatte ich mir große Mühe gegeben; jetzt ist durch das Übertragen und Drucken verschiedenes verlorengegangen. Doch finde ich, daß diese Drucke etwas Derbes, Unbekümmertes haben, was ich auch drin haben wollte, und das versöhnt mich einigermaßen damit, daß manches, was in der Zeichnung war, verlorengegangen ist.

247 (24. November 1882)

Heute und gestern habe ich zwei Figuren eines alten Mannes gezeichnet, der mit den Ellbogen auf den Knien und dem Kopf in den Händen dasitzt. So eine Zeichnung habe ich seinerzeit von Schuitemaker[48] gemacht und die Zeichnung immer aufgehoben, weil ich sie noch mal besser machen wollte.

48 *Landarbeiter in Etten*

18 Waisenmann, Kaffee trinkend. Oktober 1882

Vielleicht werde ich auch eine Lithographie daraus machen. Wie schön ist doch so ein alter Arbeiter in seinem geflickten Anzug, mit seinem kahlen Kopf!

Ich habe Zolas »Pot-Bouille« zu Ende gelesen; die stärkste Stelle finde ich die Entbindung der Köchin Adèle (Bretonne pouilleuse)[49] in dem dunklen Bodenkämmerchen. Josserand ist auch ganz vorzüglich und mit Gefühl gezeichnet, die übrigen Figuren ebenfalls; doch diese beiden, Josserand mit seinem nächtlichen Adressenschreiben und diese Dienstmädchenkammer, haben mir am meisten Eindruck gemacht.

Wie gut ist das Buch aufgebaut und wie bitter das Wort, mit dem es schließt: »Aujourd'hui toutes les maisons se valent, l'une ou l'autre c'est la même chose, c'est partout Cochon et Cie.«[50] Octave Mouret, eigentlich die Hauptgestalt, könnte man den nicht als Typus der Leute betrachten, über die Du mir neulich geschrieben hast, Du erinnerst Dich wohl? Er ist in vieler Hinsicht viel besser als die meisten, aber er wird Dir ebensowenig gefallen wie mir, und ich fühle etwas Leeres in ihm. Hätte er anders handeln können – er vielleicht nicht, doch Du und ich können anders und müssen anders handeln, scheint mir. Wir wurzeln doch in einer anderen Art von Familienleben als Mouret, und überdies wird in uns hoffentlich immer etwas von den Brabanter Feldern und der Brabanter Heide bleiben, was jahrelanges Stadtleben um so weniger auslöschen kann, als die Kunst es erneut und vermehrt...

Es ist leichter zu sagen, wie Mesdag[51] über ein gewisses Bild von Heyerdahl[52], das in der Stimmung an Murillo oder Rembrandt erinnerte und das er Dir nicht abkaufen wollte: »Ach, das ist die alte Manier, die haben wir nicht nötig« – als diese alte Manier durch etwas Gleichwertiges oder gar Besseres zu ersetzen. Und weil heutzutage viele so reden wie Mesdag, ohne weiter drüber nachzudenken, so kann es nichts schaden, wenn andere mal darüber nachdenken, ob wir wohl in der Welt sind, um niederzureißen statt weiterzubauen. Wie schnell ist man bei der Hand mit dem Wort »nicht mehr nötig«, und was für ein dummes und häßliches Wort ist es doch! In einem seiner Märchen legt es Andersen, glaube ich, nicht einem Menschen, sondern einem alten Schwein in den Mund. Wie man in den Wald ruft, so schallt es

---

49 *eine hundearme Bretonin*
50 *Heutzutage sind alle Häuser einander wert, das eine wie das andere, es ist alles das gleiche, überall ist es Schwein & Co.*
51 *Hendrik Willem Mesdag (1831–1915), populärer Meister der Haager Schule (Seestücke) und Sammler zeitgenössischer Kunst*
52 *Der schwedische Maler Hendrik Heyerdahl (1830–1907) in Paris*

heraus ... Ich fürchte, Theo, es wird so kommen, daß viele, die um des Neuen willen das Alte geopfert haben, das sehr bereuen werden.

Vor allem auch auf dem Gebiet der Kunst.

248 *Sonntag (26. November 1882)*

Gestern bin ich mal dazugekommen, ein Buch von Murger zu lesen, nämlich »Les buveurs d'eau«. Ich finde etwas von dem gleichen Reiz darin wie z. B. in den Zeichnungen von Nanteuil, Baron, Roqueplan, Tony Johannot, etwas Geistreiches, etwas Lebendiges ...

Es ist ein Hauch von der Zeit der Bohème darin (obwohl die damalige Wirklichkeit in dem Buch weggeschwindelt ist), und darum interessiert es mich, doch es läßt meines Erachtens Ursprünglichkeit und echtes Gefühl vermissen. Vielleicht sind andere Bücher von ihm, in denen keine Malertypen vorkommen, besser als dieses; es scheint, als hätten die Schriftsteller mit den Malertypen kein rechtes Glück. Balzac unter anderem (seine Maler sind ziemlich *un*interessant), sogar Zola mit seinem Claude Lantier; der ist wohl lebenswahr – gewiß gibt es Claude Lantiers –, aber es bleibt doch der Wunsch übrig, daß man noch mal eine andere Art Maler von Zola dargestellt sehen möchte als diesen Lantier, den Zola, glaube ich, nach der Natur gezeichnet hat, nach irgendeinem – und lange nicht dem schlechtesten – jener Richtung, die man, soviel ich weiß, Impressionisten nannte. Und die sind es nicht, die den Kern der Künstlergesamtheit ausmachen.

Umgekehrt sind mir wenig gute gezeichnete oder gemalte Typen von Schriftstellern bekannt; auch die Maler verfallen hier meistens ins Konventionelle und machen aus einem Schriftsteller einen Mann, der vor einem Tisch voller Papiere sitzt, und weiter nichts; oder sie gehen nicht einmal soweit, und es wird ein Herr mit einem Kragen und obendrein mit einem Gesicht ohne bestimmten Ausdruck ...

Nimm zum Beispiel den Victor Hugo von Bonnat; schön, sehr schön – aber noch schöner finde ich den Victor Hugo, den Victor Hugo selbst in Worten beschrieben hat, nichts weiter als die paar Worte:

Et moi je me taisais,
Tel qu'on voit se taire un coq sur la bruyère.[53]

Findest Du dieses kleine Figürchen auf der Heide nicht wunderbar? Ist es nicht ebenso lebendig wie ein kleiner General von 93 von Meissonier – etwa einen Zentimeter groß?

Es gibt ein Porträt Millets von Millet, das ich schön finde, nichts

---

53 *Und ich schwieg,*
Wie man einen Hahn auf der Heide schweigen sieht.

weiter als ein Kopf mit einer Art Schäfermütze auf, aber das Schauen – mit halbzugekniffenen Augen – das intensive Schauen eines Malers – wie schön ist das, auch dieses Hahnartige, wenn ich so sagen darf.

Es ist wieder Sonntag, heute morgen war ich auf der Rijswijker Straße; die Wiesen sind zum Teil überschwemmt, so daß ein Effekt von tonigem Grün und Silber herauskam, dazu die derben, schwarzen und grauen und grünen Stämme und Zweige der windgekrümmten alten Bäume im Vordergrund, die Silhouette des Dorfes mit dem spitzen Kirchturm gegen den hellen Himmel, im Hintergrund hier und da ein Zaun oder ein Misthaufen, auf dem ein Schwarm Krähen herumpickte. Wie würdest Du so etwas fühlen, wie gut würdest Du das malen, wenn Du nur wolltest!

Es war heute morgen besonders schön, und es tat mir gut, mich einmal tüchtig auszulaufen, denn durch das Zeichnen und die Lithographie war ich die ganze Woche über kaum aus dem Hause gekommen.

Von der Lithographie – einem alten Männlein – hoffe ich morgen den Probedruck zu kriegen.

Montag (27. November)
Mir scheint, einer der stärksten Beweise für die Existenz von »quelque chose là haut«[54], woran Millet glaubte, an das Dasein eines Gottes und einer Ewigkeit nämlich, ist das unsagbar Rührende, das im Ausdruck so eines alten Mannes liegen kann, vielleicht ohne daß er selbst sich dessen bewußt ist, wenn er so still in seinem Ofenwinkel sitzt. Zugleich ist da etwas Vornehmes, das nicht für die Würmer bestimmt sein kann...

Mir scheint, ein Maler ist darum glücklich, weil er in Harmonie mit der Natur ist, sobald er einigermaßen wiedergeben kann, was er sieht. Und das heißt viel: man weiß, was man zu tun hat, Stoff gibt es in Hülle und Fülle, und Carlyle sagt wohl mit Recht: »Blessed is he who has found his work.«[55]

Hat diese Arbeit – wie bei Millet, Dupré, Israels usw. – zum Ziel, Frieden zu bringen, sursum corda zu sagen, nämlich »Die Herzen in die Höhe«, dann ist sie doppelt beglückend – man ist dann auch nicht so allein, weil man denkt: ich sitze hier zwar einsam, aber während ich hier sitze und den Mund halte, redet vielleicht mein Werk mit meinem Freund, und wer es sieht, wird mir gewiß nicht Lieblosigkeit vorwerfen.

54 irgend etwas dort oben
55 Gesegnet ist, wer seine Arbeit gefunden hat

Aber glaube mir, die Unzufriedenheit mit stümperhafter Arbeit, das Mißlingen der Sachen, die Schwierigkeiten der Technik können einen furchtbar melancholisch machen. Ich versichere Dir, wenn ich so an Millet denke, an Israels, Breton, de Groux, an so viele andere, auch an Herkomer, dann kann ich ganz verzweifelt sein; man weiß erst, was diese Kerle bedeuten, wenn man selber an der Arbeit ist. Und nun gilt es, diese Verzweiflung und Melancholie hinunterzuwürgen, Geduld zu haben mit sich selbst, so wie man nun mal ist – nicht um auszuruhen, sondern um sich weiter abzuschuften trotz tausend Unvollkommenheiten und Fehlern, die oft so schwer zu überwinden sind –, das alles sind Gründe, warum ein Maler auch wieder nicht glücklich ist. –

Der Kampf mit sich selbst, das Arbeiten an sich selbst, das ständige Sichzusammenreißen – und alles noch erschwert durch die materiellen Mißlichkeiten.

Dieses Bild von Daumier muß schön gewesen sein.

Es ist rätselhaft, daß etwas, das doch so deutlich spricht wie z. B. dieser Daumier, nicht verstanden wird, wenigstens daß man nicht mal für einen niedrigen Preis mit Sicherheit einen Liebhaber dafür finden würde, wie Du sagst.

Das ist auch für manchen Maler etwas Unerträgliches oder wenigstens fast Unerträgliches: man will ehrlich sein, man ist es, man arbeitet wie ein Sklave, aber man kommt nicht ans Ziel, man muß die Arbeit aufgeben, man sieht keine Möglichkeit, sie durchzuführen, wenn man nicht mehr dafür ausgeben will, als man dafür bekommen wird, man kriegt ein Gefühl von Schuld, als versage man, als hielte man nicht, was man versprochen hat, man ist nicht ehrlich, wie man es sein würde, wenn die Arbeit mit dem natürlichen, ihr zukommenden Preis bezahlt würde. Man scheut sich, Freundschaften zu schließen, man hat Angst, sich zu regen, man möchte, wie früher die Aussätzigen, schon von weitem den Leuten zurufen: kommt mir nicht zu nahe, denn Umgang mit mir bringt euch Schaden und Verdruß; mit der ganzen Sorgen-Lawine auf dem Herzen muß man mit ruhiger Alltagsmiene an die Arbeit gehen, ohne mit der Wimper zu zucken, im gewöhnlichen Leben weiterwursteln, sich mit den Modellen rumärgern, mit dem Mann, der die Miete holen kommt, kurz, mit Hinz und Kunz. Kaltblütig muß man mit der einen Hand das Steuerruder festhalten, damit die Arbeit weitergeht, und mit der anderen Hand dafür zu sorgen trachten, daß man anderen keinen Schaden zufügt.

Und dann kommen Stürme, unvorhergesehene Dinge, man weiß nicht mehr aus noch ein und hat das Gefühl, als könnte man jeden Augenblick auf eine Klippe auffahren. Man kann nicht auftreten als

19 Der Kirchhof. Oktober/November 1882

einer, der anderen Vorteil bringen kann oder eine Sache im Kopf hat, die sich bezahlt machen wird, nein, im Gegenteil, es ist vorauszusehen, daß es auf ein Defizit hinausläuft – und doch, doch fühlt man eine Kraft in sich gären, man hat ein Werk zu schaffen, und es muß geschaffen werden.

Man möchte wie die Menschen von 1793 sagen: dies und das müssen wir tun, erst werden die, dann die, dann die letzten fallen, es ist unsere Pflicht, also versteht es sich von selbst, und mehr ist nicht nötig.

Doch ist es an der Zeit, sich zusammenzutun und zu sprechen?

Oder steht es nicht vielmehr so, da doch viele eingeschlafen sind und lieber nicht geweckt werden wollen, daß man versuchen muß, sich auf Dinge zu beschränken, die man allein bewältigen kann, für die man allein aufkommt und verantwortlich ist, so daß die Schlafenden ruhig weiterschlafen können? ...

Daß man vielfach Gefahr läuft, selber dabei zugrunde zu gehen, daß Maler sein so etwas ist wie sentinelle perdue[56] sein – das und anderes mehr, cela va sans dire[57]. Von mir darfst Du nicht denken, daß ich gar so viel Angst hätte – zum Beispiel, das Borinage zu malen wäre

56 *Wache auf verlorenem Posten*
57 *das versteht sich von selbst*

etwas so Schwieriges, in gewisser Hinsicht sogar Gefährliches, wie man es nur nötig hat, um ein Leben zu führen, dem Ruhe und Freude ziemlich fern bleiben. Aber ich würde es trotzdem in Angriff nehmen, wenn ich könnte, nämlich wenn ich nicht mit Sicherheit voraussähe, daß die Kosten meine Mittel übersteigen würden. Fände ich Leute, die sich dafür oder für ein ähnliches Unternehmen interessierten, so würde ich es wagen.

249 (*1. Dezember 1882*)

So ein Unternehmen nun, wie es das Zeichnen und Drucken einer Reihe von etwa dreißig Blättern Arbeitertypen wäre, Säer, Grabende, Holzhauer, Pflüger, Waschfrau, dazwischen auch mal eine Kinderwiege oder ein Waisenmann — kurz, das ganze, unabsehbare Feld steht einem offen, es gibt schönen Stoff in Fülle — darf man so etwas in Angriff nehmen, oder darf man nicht? — Es geht sogar noch tiefer: ist es Pflicht und Recht, oder ist es verkehrt? Das ist die Frage.

Wäre ich wohlhabend, so würde ich mich ohne Zögern entscheiden, ich würde sagen: en avant et plus vite que ça[58]...

Ich finde, man müßte folgendes festsetzen: da es nützlich und nötig ist, daß holländische Zeichnungen gemacht, gedruckt und verbreitet werden, die für Arbeiterwohnungen und Bauernhäuser, mit einem Wort, für jeden Werktätigen bestimmt sind, so verpflichten sich einige Leute, für dieses Ziel alles einzusetzen und ihre besten Kräfte einzuspannen.

Diese Vereinigung darf sich nicht auflösen, ehe die Sache verwirklicht ist, und muß so praktisch und gut wie möglich durchgeführt werden.

Der Preis der Blätter darf zehn, höchstens fünfzehn Cents nicht übersteigen. Mit der Herausgabe soll begonnen werden, sobald eine Reihe von dreißig Blättern gezeichnet und gedruckt ist und die damit verbundenen Kosten für Steine, Druckerlohn, Papier abgerechnet sind.

Diese dreißig Blätter sollen gleichzeitig erscheinen, aber auch einzeln käuflich sein; sie sollen zusammen ein Ganzes bilden, in Leinenumschlag, mit kurzem Text — nicht zu den Bildern, die sprechen für sich selbst —, um kurz und bündig zu erklären, wie und warum sie gemacht worden sind usw.

Der Daseinsgrund der Vereinigung ist folgender: Wenn die Zeichner allein dafür einstehen, so fallen ihnen sowohl die Mühe wie auch die Kosten zur Last, die Sache geht zugrunde, ehe sie auf halbem Wege

---

58 *los, und zwar schleunigst*

ist; also müssen die Lasten verteilt werden, so daß jeder sein Teil bekommt, das er tragen kann, und dann läßt sich die Sache bis zu Ende führen.

Was der Verkauf einbringt, soll erstens dazu dienen, den Leuten, die Geld vorgeschossen haben, dieses zurückzuzahlen, zweitens jedem, der eine Zeichnung dafür geliefert hat, eine noch näher zu bestimmende Vergütung zu geben.

Sind diese beiden Zahlungen erledigt, so bleibt der Rest für neue Ausgaben zur Fortsetzung der Arbeit.

Die Schöpfer dieses Unternehmens betrachten es als eine Pflicht. Da eigener Vorteil nicht der Zweck der Sache ist, dürfen, falls es sich nicht rentiert, weder die Geldleiher noch die Zeichner noch wer sonst etwa auf andere Weise daran beteiligt ist das Eingebrachte zurückfordern, so daß die Einlage verlorengeht; ebenso dürfen sie nicht *mehr* zurückfordern, als sie eingebracht haben, falls das Geschäft über Erwarten Erfolg haben sollte.

Im letzten Fall dient der Überschuß zur Fortsetzung der Arbeit, im ersten Falle bleiben den Mitgliedern wenigstens die Steine; doch sollen in *jedem Fall* die ersten siebenhundert Abzüge von jedem Stein nicht für die Vereinigung, sondern für das Volk bestimmt sein; geht die Vereinigung zugrunde, so werden diese Blätter kostenlos verbreitet. Sogleich nach der Herausgabe der ersten Serie von dreißig Blättern muß erwogen und beschlossen werden, ob das Unternehmen fortgesetzt werden soll oder nicht, und dann, aber nicht eher, kann, wer will, aus der Vereinigung austreten. Dies ist der Plan, der sich in mir entwickelt hat — nun sage ich zu Dir: How to do it? Machst Du mit?...

Und ich wäre dafür, daß in dieser Vereinigung alle ganz gleich wären, daß es kein Statut gäbe, keinen Präsidenten oder dies oder jenes, sondern nur einen Schriftsatz, der die Sache klarlegt und an dem, nachdem er endgültig aufgestellt und von den Mitgliedern unterzeichnet worden ist, nur einstimmig etwas geändert werden kann.

250
Breitner ist wirklich an der Realschule in Rotterdam angestellt, ein Ausweg für ihn. Aber wenn man es durchhalten *kann*, nichts anderes daneben zu machen und seine ganze Zeit der Arbeit widmen, so ist das meines Erachtens doch bei weitem vorzuziehen. Es ist, als läge etwas Verhängnisvolles darin, solche Stellungen anzunehmen; vielleicht sind gerade die Sorgen, gerade die dunkle Schattenseite des Künstlerlebens das Beste daran; es ist gewagt, so was zu sagen, und

es gibt Augenblicke, da man anders redet; viele gehen durch die Sorgen zugrunde — aber wer sich durchkämpft, gewinnt später dabei.

251 *(Zwischen 4. und 9. Dezember 1882)*

Ich weiß nicht, ob Du »Little Dorrit« von Dickens kennst und darin die Gestalt des Doyce, eines Mannes, den man als den Typus des Menschen ansehen kann, der sich das How to do it als Grundsatz gewählt hat.

Auch wenn Du diese prachtvolle Arbeitergestalt aus dem Buche nicht kennst, wirst Du doch den Charakter des Mannes aus diesem einen Wort heraus begreifen. Als da, was er wollte, nicht zustande kam, weil er auf Gleichgültigkeit und Ärgeres stieß und nicht weiter konnte, sagte er einfach:

»This misfortune alters nothing, the thing is just as true *now* (after the failure) as it was *then* (before the failure).«[59] Und was ihm in England mißlungen war, begann er von neuem auf dem Kontinent und setzte es dort ins Werk.

Was ich sagen wollte, ist dies: der Gedanke, Arbeitertypen aus dem Volk für das Volk zu zeichnen, diese als Volksausgabe zu verbreiten, das Ganze als affaire de devoir und de charité[59a] aufzufassen, so und nicht anders, dieser Gedanke ist derartig, daß man wohl, selbst wenn er nicht auf einmal glückte, davon sagen dürfte: »The thing is as true to-day as it was yesterday, and will be as true to-morrow.«[60]

Und deshalb kann man die Sache mit Ruhe und Gelassenheit anfangen und weiterführen, man braucht auch nicht am Erfolg zu zweifeln oder zu verzweifeln — falls man nicht erlahmt oder den Mut verliert.

Mir selbst habe ich gesagt, daß es auf der Hand liegt, was ich zu tun habe, nämlich mich aufs äußerste anzustrengen, um gute Zeichnungen zu machen. Und so sind denn seit meinem Brief über diese Sache einige neue entstanden. Zunächst ein Sämann. Ein großer, alter Kerl, eine lange, dunkle Silhouette gegen dunklen Acker. Weit in der Ferne eine kleine Heidehütte mit Moosdach und ein Stück Himmel mit einer Lerche. Das ist eine Art Hahnentypus, glattrasiertes Gesicht, Nase und Kinn ziemlich scharf, das Auge klein, der Mund eingefallen. Lange Beine mit Stiefeln.

59 *Dieses Mißgeschick ändert nichts, die Sache ist jetzt (nach dem Mißerfolg) genauso wahr wie damals (vor dem Mißerfolg).*
59a *Sache der Pflicht und der Nächstenliebe*
60 *Die Sache ist heute so wahr, wie sie gestern war, und wird morgen ebenso wahr sein.*

Dann ein zweiter Sämann mit hellbrauner Jacke und Hose, also hebt sich die Figur hell vom dunklen Acker ab, den eine Reihe Kopfweiden abschließt.

Dies ist ein ganz anderer Typus, mit Schifferbart und breiten Schultern; er hat etwas Gedrungenes, etwas von einem Ochsen insofern, als man seiner Haltung die Landarbeit anmerkt. Wenn Du willst, eher ein Eskimo-Typus, dicke Lippen, breite Nase.

Dann ein Schnitter mit einer großen Sense auf einer Wiese. Der Kopf mit einer braunen Wollmütze steht gegen den hellen Himmel.

Dann eins von diesen alten Kerlchen mit kurzer Jacke und großem, altem Zylinder, wie man sie manchmal in den Dünen trifft.

Er trägt einen Korb mit Torf nach Hause.

Bei diesen Zeichnungen habe ich nun versucht, meine Absicht noch deutlicher zu sagen als bei dem alten Mann mit dem Kopf in den Händen. Diese Kerle tun alle etwas, und daran vor allem muß bei der Auswahl der Motive im allgemeinen festgehalten werden, finde ich. Du weißt selbst, wie schön die zahlreichen ruhenden Figuren sind, die so sehr, sehr oft gemacht werden – öfter als Figuren bei der Arbeit.

Es ist immer sehr verlockend, eine Figur in Ruhestellung zu zeichnen; Bewegung darzustellen ist sehr schwierig, und Ruhe wirkt auf viele »angenehmer« als etwas anderes.

Doch dieses Angenehme darf die Wahrheit nicht aus dem Auge verlieren, und die Wahrheit ist, daß es mehr Plackerei im Leben gibt als Ausruhen ...

Ich sehe häufig Dinge, die ich erstaunlich schön finde und die mich obendrein auf den Gedanken bringen: dies oder das habe ich noch nie *so* gemalt gesehen. Um es zu malen – how to do it – müßte ich aber andere Dinge wieder sein lassen. Ich wüßte gern, ob Du darin mit mir einig bist, daß in Landschaft noch vieles ungetan ist, daß zum Beispiel Emile Breton Wirkungen herausgebracht hat – und in dieser Richtung auch weiterarbeitet –, die der Anfang von etwas Neuem sind; aber dieses Neue hat, wie mir scheint, seine volle Kraft noch nicht erreicht und wird von wenigen verstanden, von noch wenigeren gemacht. Vielen Landschaftern fehlt jene tiefdringende Naturkenntnis, wie Menschen sie haben, die von Kindheit an Felder gesehen und etwas dabei empfunden haben. Viele Landschafter geben etwas, das z. B. weder Dich noch mich als Menschen befriedigt (auch wenn wir sie als Künstler schätzen). Man nennt Emile Bretons Arbeiten oberflächlich, das sind sie nicht, er steht, was Empfindung betrifft, viel höher als mancher andere und weiß viel mehr, und sein Werk ist stichhaltig und überzeugend.

Tatsächlich zeigen sich auch auf dem Gebiet der Landschaft allmählich gewaltige Leeren, und ich möchte Herkomers Wort darauf anwenden: »Die Vermittler lassen es dahin kommen, daß ihre kluge Geschicklichkeit die Würde ihres Berufs zuschanden macht.« Und ich glaube, das Publikum wird allmählich sagen: »Erlöse uns von künstlerischen Bildkompositionen, gib uns das schlichte Feld wieder.«

Wie gut tut es, mal einen schönen Rousseau zu sehen, an dem hart gearbeitet worden ist, um treu und ehrlich zu sein, wie gut tut es, an Leute wie van Goyen zu denken, an Old Crome und Michel! Wie schön ist ein Isaac Ostade oder ein Ruysdael! Will ich die wiederhaben, oder will ich, daß man sie nachahmen soll? Nein, wohl aber, daß das Ehrliche, das Naive, das Treue erhalten bleiben soll.

Ich kenne alte Lithographien von Jules Dupré, entweder von ihm selbst oder Faksimiles seiner Skizzen, aber wieviel Saft und Kraft und wieviel Liebe steckt darin, und doch, wie frei und fröhlich sind sie gemacht!

Ein unbedingtes Kopieren der Natur ist auch nicht das Wahre, aber die Natur so zu kennen, daß alles, was man macht, frisch und wahr ist — das ist es, was vielen jetzt fehlt. Glaubst Du etwa, daß zum Beispiel de Bock[61] weiß, was Du weißt — nein, ganz entschieden nicht. Du wirst sagen: Aber jeder hat doch von klein auf Landschaften und Figuren gesehen. Frage: Ist auch jeder als Kind nachdenklich gewesen? Frage: Hat auch jeder, der sie gesehen hat, Heide, Felder, Äcker, Wald geliebt, und den Schnee und den Regen und den Sturm? Das hat *nicht* jeder so wie Du und ich, es ist eine besondere Art von Umwelt und Umständen, die dazu mitwirken müssen, es ist auch eine besondere Art von Temperament und Charakter, die dazu kommen muß, damit es Wurzel faßt ...

Weißt Du denn, wie hoch-, hochnötig es ist, daß der Kunst ehrliche Leute erhalten bleiben? Ich will nicht behaupten, es gäbe keine, aber Du fühlst selbst, was ich meine, und weißt ebensogut wie ich, daß eine Menge Leute, die malen, großartige Lügner sind ... Die Ursache des Übels ist häufig eine falsche Auffassung von den Bestrebungen der großen Landschafter. Fast niemand weiß, daß das Geheimnis guter Arbeit zum großen Teil Redlichkeit und ehrliches Gefühl ist.

252 (Um den 10. Dezember 1882)
Anbei ein Blatt aus der Christmasnumber[62] 1882 des »Graphic«. Lies es mal aufmerksam, es lohnt sich ...

61 *Der Landschafter Théophile de Bock (1851–1904) in Scheveningen*
62 *Weihnachtsnummer*

Sieh nun noch auf Seite 4 des Blattes, das ich Dir schicke, etwas Bezeichnendes: »*The Graphic when strong enough to walk alone, rented one house* and began to print with six machines.«[63]

Davor habe ich alle Hochachtung, da fühle ich etwas Heiliges, etwas Edles, etwas Erhabenes. Ich sehe mir nun diese Gruppe von großen Künstlern an und denke an das neblige London und an das Getriebe in diesem kleinen Unternehmen. Deutlicher noch sehe ich in meiner Phantasie die Zeichner in ihren verschiedenen Ateliers mit Begeisterung von der besten Art ihre Arbeit beginnen.

Ich sehe Millais mit der ersten Nummer des »Graphic« zu Charles Dickens laufen. Dickens war damals am Abend seines Lebens, hatte eine Fußlähmung und ging an einer Art Krücke. Millais sagt, während er ihm Luke Fildes' Zeichnung »Homeless and Hungry« zeigt, arme Leute und Landstreicher vor einem Nachtasyl, Millais sagt zu Dickens: »geben Sie ihm Ihren ›Edwin Drood‹ zu illustrieren«, und Dickens sagt: »einverstanden«.

»Edwin Drood« war Dickens' letztes Werk, und Luke Fildes, durch diese kleinen Illustrationen mit Dickens bekannt geworden, betritt sein Zimmer am Tage seines Todes, sieht seinen leeren Stuhl stehen, und so kommt es, daß eine der alten Nummern des »Graphic« die ergreifende Zeichnung enthält: »The Empty Chair«.

Empty chairs[64] – es gibt ihrer viele, es werden noch mehr dazukommen, und früher oder später werden an Stelle von Herkomer, Luke Fildes, Frank Holl, William Small usw. nur empty chairs bleiben. Und doch werden die Herausgeber und Kunsthändler, ohne auf eine Prophezeiung wie die von Herkomer zu hören, uns mit ähnlichen Worten wie im beiliegenden Blatt versichern, es stehe alles gut, und wir machten gewaltige Fortschritte.

Wie hart sind sie in ihren Herzen, wie sehr irren sie sich aber, wenn sie glauben, sie könnten jedem weismachen, die grandeur matérielle[65] wiege die grandeur morale[66] auf und auch ohne die letzte könnte Gutes zustande gebracht werden.

So steht es mit dem »Graphic«, so steht es mit anderen, mit sehr viel anderen Dingen auf dem Gebiete der Kunst. Die grandeur morale nimmt ab, die grandeur matérielle tritt an ihre Stelle...

Manchmal denke ich, wenn ich zum Beispiel nach England ginge

63 Als der »Graphic« stark genug war, auf eigenen Füßen zu stehen, mietete er ein Haus *und begann mit sechs Maschinen zu drucken.*
64 *Leere Stühle*
65 *materielle Größe*
66 *sittliche Größe*

und mich tüchtig umtäte, hätte ich vielleicht keine so schlechte Aussicht, eine Stellung zu finden.

Soweit zu kommen, war mein Ideal, war es und ist es après tout auch jetzt noch, das hat mich angestachelt, die ungeheuren ersten Schwierigkeiten zu überwinden. Aber manchmal wird mir das Herz schwer, wenn ich daran denke, wie die Dinge jetzt laufen; dann schwindet alle Freude. Ich bin gern bereit, bei meinen Zeichnungen meine ganze Kraft einzusetzen, aber all diese Redaktionen, und sich dort vorzustellen, ach, davor graut mir ...

Ich meine, es drückt etwas auf mich, denn ich fühle eine Kraft in mir, die sich infolge der Umstände nicht so entwickeln kann, wie es sonst möglich wäre, und daher bin ich oft elend. Eine Art innerlicher Kampf um das, was ich tun soll. Damit ist nicht so leicht fertig zu werden, wie es anfänglich scheinen mochte.

Ich wünschte, ich hätte eine Stellung, die mich vorwärtsbrächte; viele Stellungen, die vielleicht in meinem Bereich lägen, würden mich zu etwas ganz anderem führen, als ich beabsichtige ...

Ich sehe mit der Zeit immer deutlicher, daß die illustrierten Zeitschriften mit der oberflächlichen Strömung mitgehen, und ich glaube, es ist ihnen nicht darum zu tun, so gut zu sein, wie es ihre Pflicht wäre. Nein, die Seiten füllen mit Dingen, die weder Geld noch Mühe kosten, ab und zu eine gute Sache bringen, die aber auf billige mechanische Art reproduziert wird, und ferner soviel Geld wie möglich einstecken.

Diese Handlungsweise finde ich nicht klug; ich glaube, sie werden damit Bankrott machen und es zu allerletzt bitterlich bereuen; doch das liegt noch in weiter Ferne und ändert nichts daran, daß jetzt die Sachen eben sind, wie sie sind. Sich zu erneuern – daran denkt man nicht.

Angenommen, »Graphic«, »Illustration«, »Vie moderne« veröffentlichen eine Nummer, in der fade, salzlose Sachen sind. Trotzdem gehen soundso viele Wagenladungen und Schiffsfrachten davon weg, die Herausgeber reiben sich die Hände und sagen: »Auf diese Art geht's ebensogut, kein Hahn kräht danach, sie schlucken es auch so.«

Jawohl, aber wenn die Herren Herausgeber ihren Zeitschriften nachlaufen könnten und mitansehen, wie Tausende begierig nach dem Blatt greifen und es dann unwillkürlich irgendwie unzufrieden und enttäuscht aus der Hand legen, so würde ihre laute Begeisterung sich vielleicht ein bißchen abkühlen.

Das ist aber keineswegs der Fall; und wie Du aus dem Geschäftsbericht des »Graphic« siehst, fehlt es ihnen nicht an Selbstvertrauen.

Inzwischen drängen sich Leute als Mitarbeiter ein, die in der schwierigen, aber anständigen Zeit nicht aufgetaucht wären. Es begibt sich, was Zola »triomphe de la médiocrité«[67] nennt. Spießer und Nichtskönner treten an die Stelle von Arbeitern, Denkern, Künstlern, und man bemerkt es nicht einmal.

Das Publikum — ja, einerseits ist es unzufrieden, aber trotzdem findet materielle Größe auch Beifall; doch vergiß nicht, daß das nur Strohfeuer ist, und wer Beifall klatscht, tut es meistens nur, weil soviel Aufhebens davon gemacht wird. Am lendemain de fête[68] wird es Leere und Stille geben und Gleichgültigkeit nach all dem Lärm.

Der »Graphic« will Types of Beauty[69] (große Frauenköpfe) bringen, heißt es im Prospekt, sicher als Ersatz für die Heads of the People[70] von Herkomer, Small und Ridley.

Gut, aber manche Leute werden die Types of Beauty *nicht* bewundern und mit Bedauern an die alten Heads of the People zurückdenken (diese Reihe ist eingestellt). Der »Graphic« verkündet, sie werden Chromos!!! bringen. Gebt uns das Atelier von Swain wieder.

Ach, Theo, Junge, es drückt mir das Herz ab, das geht nicht gut aus. Hör mal, ich würde es mir zur höchsten Ehre gerechnet haben, es wäre mein Ideal gewesen, am »Graphic« mitzuarbeiten, als er anfing. Was Dickens als Schriftsteller war, was die Household Edition seiner Werke als Ausgabe war, etwas Derartiges war jener großartige Anfang des »Graphic«.

Und jetzt alles weg — wieder einmal das Materielle an Stelle des Sittlichen! Weißt Du, was ich von dem Blatt finde, das ich Dir schicke: es ist genau dieselbe Art zu reden, wie sie zum Beispiel Obach hat, der Geschäftsführer von G. & Co in London. Und so was hat Erfolg, *ja, so was hat Erfolg, darauf hört man, und das wird bewundert* . . .

Ich möchte etwas kürzer Gefaßtes, etwas Einfacheres, etwas Solideres, ich möchte mehr Seele und mehr Liebe und mehr Herz.

Daß ich nicht dagegen losschreien will oder kann, daß ich mich nicht dagegen *auflehnen* will, das kannst Du ruhig glauben. Allein es macht mich traurig, es nimmt mir die Lust, es bringt mich aus dem Gleichgewicht, und ich weiß selbst nicht mehr, was ich tun oder lassen soll. Was mich manchmal bedrückt, ist folgendes: früher, als ich anfing, dachte ich, wenn ich nur erst mal so- oder soweit bin, dann werde ich schon irgendwo eine Stellung finden, ich werde auf dem rechten Wege sein und mich durchs Leben schlagen.

67 *Triumph der Mittelmäßigkeit*
68 *Tag nach dem Fest*
69 *Schönheitstypen*
70 *Köpfe aus dem Volk*

20 *Lesender Mann. Dezember 1882*

Jetzt aber taucht etwas anderes auf, ich fürchte, oder richtiger, ich erwarte statt eines Arbeitskreises eine Art Gefängnis — ich erwarte Dinge wie: ja, dies und jenes an Ihrer Arbeit ist ganz gut (ich bezweifle, ob man das wirklich meint), doch Sie begreifen wohl, daß Sachen, wie Sie sie machen, unbrauchbar sind, wir müssen Aktuelleres bringen (siehe »Graphic«: we print on the Saturday what happened on the Thursday[71]).

Siehst Du, Theo, Junge, ich kann keine »Types of Beauty« machen, aber für »Heads of the People« setze ich meine ganze Kraft ein.

253 (Mitte Dezember 1882)

Ich habe jetzt wieder zwei Zeichnungen; die eine ein Mann, der in der Bibel liest, und die andere ein Mann, der vor dem Mittagessen, das vor ihm auf dem Tisch steht, sein Gebet spricht. Beide sind in der Stimmung ganz entschieden das, was man altmodisch nennen könnte, es sind ähnliche Figuren wie der alte Mann mit dem Kopf in den Händen... Und wenn ein wenig Empfindung oder Ausdruck hineingekommen ist, so darum, weil ich das selbst mitfühle.

Immer mehr spüre ich, wie schwer sich entscheiden läßt, welches die beste Arbeitsweise ist. Es gibt so viel Schönes auf der einen Seite und so viel auf der anderen Seite, außerdem auch so viel Falsches, daß man manchmal nicht mehr weiß, welchen Weg man wählen soll. Doch arbeiten muß man in jedem Fall. Ich selber glaube nicht, daß ich mich nicht irren könnte; ich bin mir vieler Irrtümer viel zu sehr bewußt, als daß ich sagen würde, dies oder das ist die richtige Art und Weise, dies oder das ist die falsche. Das versteht sich von selbst. Aber ich bin nicht gleichgültig, das halte ich für verkehrt; ich glaube, es ist unsere Pflicht zu versuchen, das Rechte zu tun, auch wenn wir wissen, daß wir nicht ohne Fehler zu begehen, nicht ohne repentirs[72] oder sorrows[73] durch die Welt kommen werden. Irgendwo habe ich mal gelesen: Some good must come by clinging to the right.[74] Was weiß ich, ob ich dieses oder jenes Ziel erreichen werde — wie kann ich im voraus wissen, ob die Schwierigkeiten nicht unüberwindbar sein werden?

Man muß schweigend weiterarbeiten und abwarten, wie es ausgehen wird. Verschließt sich die eine Aussicht, so tut vielleicht eine andere sich auf — eine Aussicht *muß* es geben und eine Zukunft ebenfalls, auch

---

71 *wir drucken am Sonnabend, was sich am Donnerstag ereignet hat*
72 *Reue*
73 *Sorgen, Leid*
74 *Irgend etwas Gutes muß dabei herauskommen, wenn man sich an das Rechte klammert*

wenn man ihre Geographie nicht kennt. Das Gewissen ist der Kompaß des Menschen, und obwohl manchmal Abweichungen von der Nadel vorkommen, obwohl man sich zuweilen dabei ertappt, daß man sich nur ungenau danach richtet, so muß man doch bestrebt sein, den Kurs einzuhalten.

255 (Um den 29. Dezember 1882)

Ich bedaure es sehr, daß es mir dieses Jahr noch nicht gelungen ist, eine verkäufliche Zeichnung zu machen; ich weiß wirklich nicht, woran es liegt, daß mir das nicht glückt. Ich wünschte, Du wärst wieder mal im Atelier. Ich glaube, ich habe Dir schon neulich geschrieben, daß ich jetzt eifrig an großen Köpfen arbeite, denn ich spürte, daß ich es nötig hatte, die Struktur eines Schädels genauer zu studieren und wie so eine Physiognomie gebaut ist. Die Arbeit beschäftigt mich stark, und ich finde jetzt manches heraus, wonach ich lange vergeblich gesucht habe. Nun, wenn Du mal kommst, wirst Du ja alles sehen.

Dieser Tage habe ich dauernd lästige Zahnschmerzen, die manchmal mein rechtes Auge und Ohr in Mitleidenschaft ziehen, und wahrscheinlich sind auch die Nerven dabei im Spiel. — Wenn man Zahnschmerzen hat, wird man gleichgültig gegen vieles, aber sonderbar — die Zeichnungen von Daumier z. B. sind so hervorragend, daß man den Zahnschmerz beinah darüber vergißt ...

Ich wünschte, Du wärst einmal wieder im Atelier — nicht, weil ich nicht weiterkönnte oder nicht wüßte, was ich machen soll, sondern vor allem, weil ich solche Angst habe, Du könntest vielleicht denken, ich käme nicht vorwärts. Obwohl ich Dir noch kein endgültiges Ergebnis vorweisen kann, würdest Du doch sehen, daß es sich allmählich herausschält und daß ich nach etwas Großem suche.

Ich stimme Dir völlig bei in dem, was Du neulich schriebst: »Es kommt eine Zeit, wo man das Zeichnen so beherrscht, daß das Format gleichgültig wird, und man die Proportionen so im Kopfe hat, daß man ebensogut im großen wie im kleinen Format arbeiten kann.« Nicht allein darin stimme ich Dir bei, sondern ich glaube auch, man kann und muß sich zu einer solchen Höhe emporarbeiten, bis man Komposition und Licht- und Schattenwirkungen soweit beherrscht, daß man in dem einmal gewählten Kreis auch die verschiedensten Motive und Sujets beherrscht, zum Beispiel heute einen Wartesaal dritter Klasse machen kann, morgen einen Regentag in einem Armenviertel, ein andermal ein Altmännerheim, dann wieder eine Kneipe oder Volksküche.

Soweit bin ich noch nicht — aber vielleicht dauert es gerade darum so lange, weil ich nach der Wurzel oder dem Ursprung vieler Dinge gleichzeitig suche.

257 *(3. Januar 1883)*

In echten *Studien* ist etwas vom Leben selbst; und wer sie macht, wird nicht sich selber, sondern die Natur darin respektieren und darum die *Studie* dem vorziehen, was er später vielleicht daraus machen wird; es sei denn, daß als Endergebnis vieler Studien etwas ganz anderes entstehe, nämlich *der Typus,* der sich aus vielen *Individuen* herauskristallisiert.

Das ist das Höchste in der Kunst, und *da* ist die Kunst manchmal der Natur überlegen — wie zum Beispiel in Millets Sämann mehr *Seele* ist als in einem gewöhnlichen Sämann auf dem Feld ...

Ich würde so wahnsinnig gern immer so weitermachen wie bisher, aber ich bin oft so traurig darüber, daß ich Dir dauernd zur Last sein muß. Aber vielleicht, wer weiß, findet sich allmählich doch irgend jemand, der sich für meine Sachen erwärmt und Dir die Bürde abnimmt, die Du Dir in der schwersten Zeit aufgeladen hast. Das könnte *dann* geschehen, wenn es sich augenfällig zeigt, daß meine Arbeit ernst zu nehmen ist, wenn sie deutlicher sprechen wird als jetzt.

259 *(Um den 11. Januar 1883)*

Als ich heute früh Deinen Brief las, war ich von dem, was Du schreibst, sehr bewegt. Das gehört zu den Dingen, von denen die Welt manchmal sagt, »was geht ihn denn das an«, und doch sind es nicht so sehr unser eigenes Tun als vielmehr die Umstände, die uns dazu zwingen. Und haben wir einmal die Lage begriffen, so kann ein so abgrundtiefes Mitleid wach werden, daß wir kein Zögern mehr kennen.

Und ich glaube, so ist es bei Dir — was kann ich Dir da anderes sagen, als daß mir scheint, in solchen Fällen sollten wir unserer ersten Eingebung folgen. Victor Hugo sagt: »Par-dessus la raison il y a la conscience«[75]; es gibt Dinge, die unser Gefühl als gut und wahr empfindet, wenn auch, von der Seite des Verstandes und der Berechnung her gesehen, vieles darin unerklärlich und dunkel bleibt. Und obwohl in der Gesellschaft, in der wir leben, dergleichen Handlungen für unbedacht oder verrückt oder ich weiß nicht was gelten — so läßt sich nicht viel dazu sagen, wenn es nun mal so um uns steht, daß verborgene Kräfte der Sympathie und Liebe in unserem Inneren wach geworden sind. Zwar können wir die Beweisführungen, welche die Welt meist gegen gefühlsmäßiges Handeln und agir par impulsion[76] anführt, nicht

---

75 *Über der Vernunft steht das Gewissen*
76 *aus Impuls handeln*

völlig durch andere Beweisführungen entkräften — aber auf Entkräften kommt es auch nicht an...

Wenn jemand eine solche Begegnung hat, so läßt sich voraussehen, daß er Kämpfe dadurch haben wird, vor allem auch Kämpfe mit sich selbst, weil man manchmal buchstäblich nicht weiß, was man tun oder lassen soll. Doch ist ein solcher Kampf, ja sind sogar die Irrtümer, die man vielleicht begeht, nicht besser, bilden und fördern sie uns nicht mehr als das systematische Ausweichen vor jeder Erschütterung? Dieses letztere ist es, was in meinen Augen viele sogenannte esprits forts[77] in Wirklichkeit zu esprits faibles[78] macht.

Du hast meine volle Symphathie in dieser Angelegenheit, und solltest Du dies oder jenes darüber hören wollen oder über die Zukunft sprechen oder irgend etwas überlegen, so bin ich stets ganz zu Deiner Verfügung, denn ich stehe ja selber Realitäten gegenüber und kann Dir berichten, was mir widerfahren ist, seit wir zum letzten Mal darüber gesprochen haben...

In der Kunst und in der Liebe ist es ganz dasselbe — ein Hin- und Herpendeln zwischen »je l'ai depuis longtemps«[79] und »je ne l'aurai jamais«[80], wie Michelet es ausdrückt. So schwankt man von Melancholie zu entrain[81] und Begeisterung, und so wird es immer bleiben, nur die Pendelschwingungen werden stärker. Victor Hugo spricht von »comme un phare à éclipse«[82], und so ist es auch.

Solltest Du mein Schreiben vom 5. oder 6. Januar mit der zweiten Rolle erhalten haben, so wirst Du Dich erinnern, daß ich schon damals à court[83] war. Und heute mußte ich nun die Miete bezahlen und drei Modelle, die ich hatte warten lassen müssen, und verschiedene Zeichenmaterialien mußte ich auch unbedingt haben. Ich arbeite zur Zeit sehr angestrengt und darf nicht aufhören, aber die Modelle fressen mir buchstäblich die Haare vom Kopf.

Kurz, es wäre so sehr, sehr erwünscht, daß ich mal was extra haben könnte, ob es wohl möglich wäre?... Jedenfalls verzeih mir, daß ich davon spreche, aber ich kann nicht gut anders.

---

77 *starke Geister*
78 *schwachen Geistern*
79 *ich habe es längst*
80 *ich werde es nie haben*
81 *Schwung, Eifer*
82 *wie ein Leuchtturm mit Blinkfeuer*
83 *knapp bei Kasse*

260 (Mitte Januar 1883)

Jetzt im Augenblick sitzt die Frau mit den Kindern bei mir. Wenn ich an voriges Jahr denke, so ist es ein großer Unterschied. Die Frau ist kräftiger und hält mehr aus, hat viel, sehr viel von dem Gehetzten verloren; das Kleine ist ein so liebes, gesundes, fröhliches Kerlchen, wie Du Dir nur vorstellen kannst, kräht wie ein Hahn, bekommt nichts weiter als die Brust und ist doch dick und mollig.

Und das kleine arme Mädelchen — aus der Zeichnung siehst Du, daß die einstige tiefe Misere nicht völlig verschwunden ist, und ich mache mir oft Sorgen deshalb, aber sie ist doch ganz anders als voriges Jahr; damals war es sehr, sehr schlimm, aber jetzt hat sie schon etwas richtig Kindliches.

Kurz und gut, obwohl noch nicht völlig normal, ist es doch ein besserer Zustand, als ich voriges Jahr zu hoffen gewagt hätte. Und wenn ich es mir überlege — wäre es besser gewesen, daß die Mutter eine Fehlgeburt gehabt hätte oder daß das Kind aus Mangel an Milch hingewelkt oder verkümmert wäre und daß das Mädelchen immer mehr in Unsauberkeit und Verwahrlosung geraten wäre und die Frau selber in wer weiß welch elende, kaum auszudenkende Lage? —

Siehst Du, da darf ich ja nicht zweifeln, und so sage ich: vorwärts, nur Mut ...

Ich für mein Teil wußte voriges Jahr nur *ein* Zuhause für sie, nämlich bei mir; aber hätte ich es anders einrichten können, so hätte ich sie nicht gleich zu mir genommen, gerade um Unannehmlichkeiten zu vermeiden, die jetzt nicht mehr vermieden werden konnten. Doch bei Dir liegt der Fall anders, und vielleicht kannst Du sie (nämlich die Frau, von der Du schreibst) vorläufig irgendwo unterbringen, wo sie ruhig und geborgen ist, bis sie wieder völlig hergestellt ist. Ich fürchte, ihre Genesung könnte etwas de longue haleine[84] sein, und überdies braucht man ja gegen die einmal bestehenden Vorurteile der Gesellschaft nicht zu sündigen, *wenn es sich vermeiden läßt. Läßt es sich nicht vermeiden*, dann muß das, was am schwersten wiegt, auch am schwersten ins Gewicht fallen ...

Weißt Du, mein Junge, tief im Herzen habe ich dies Jahr die Erfahrung gemacht, daß es doch unendlich viel besser ist, mit Frau und Kindern zu leben als ohne, obwohl es schlimme, sehr schlimme Augenblicke der Sorge und Mühe gibt — aber stets ist es wünschenswert, daß man einander vorher kennenlernt, das ist richtiger und vorsichtiger. Und das hätte ich auch getan, wenn es sich hätte einrichten lassen, aber damals gab es für sie kein anderes Zuhause als eben meines. Kurz, man

84 *Langwieriges*

muß die Umstände berücksichtigen, und manchmal läßt es sich nicht vermeiden, daß man Anstoß erregt. Ich will Dir also keineswegs raten, es aufzugeben, doch ich glaube, wir sind uns darüber einig, daß es gut ist, der Welt gegenüber vorsichtig zu sein, die sonst manchmal alles verdirbt. Also sei vorsichtig.

261

Dabei fällt mir ein, was Du voriges Jahr gesagt hast und was ich sehr wahr und richtig fand: »Heiraten ist so eine sonderbare Sache.« Ja, zum Teufel, das ist wirklich so. Damals hast Du zu mir gesagt: »Heirate sie nicht«, und ich habe Dir damals recht gegeben: die Verhältnisse lagen so, daß Grund genug war, vorläufig nicht davon zu sprechen. Und Du weißt, daß ich auch weiterhin nicht mehr davon gesprochen habe, Du weißt aber auch, daß sie und ich einander treu geblieben sind. Und gerade weil ich Dir nicht unrecht geben kann, als Du damals sagtest: »Heirate sie nicht«, bitte ich Dich, dieses Wort zu bedenken; übrigens glaube ich, daß Du auch von allein daran denkst, denn es ist nicht *ich,* der so spricht, sondern Du bist es selbst. Ich erinnere Dich nur deshalb daran, weil ich glaube, es war richtig, daß es nicht gleich geschehen ist. Laß also diesen Gedanken nicht aus den Augen, denn es ist gut, die Liebe so reifen zu lassen, daß Heiraten eigentlich zur unbedeutenden Nebensache wird. Das ist sicherer, und niemand kommt dadurch zu Schaden.

262 (Ende Januar 1883)

Wenn man das Wesentliche ins Auge faßt (abgesehen vom Unterschied zwischen den beiden fraglichen Personen), so ist Dir wie mir auf dem kalten, unbarmherzigen Straßenpflaster eine düstere, traurige Frauengestalt erschienen, und weder Du noch ich sind an ihr vorbeigegangen, sondern beide sind wir stehengeblieben und haben der inneren Stimme unseres Menschenherzens gehorcht.

Eine solche Begegnung hat etwas von einer Erscheinung – wenigstens wenn man zurückdenkt, sieht man ein bleiches Antlitz, einen traurigen Blick wie ein Ecce homo auf einem dunklen Hintergrund, alles andere verschwindet.

Das ist die Stimmung eines Ecce homo, und in Wirklichkeit ist es im Ausdruck das gleiche, nur daß es hier ein Frauenantlitz ist. Später wird es gewiß anders – aber das erste vergißt man deshalb nicht ...

Ich habe mich oft über manches geärgert, als ich in England war, aber Black & White und Dickens, *das* sind Dinge, die alles wiedergutmachen.

Nicht, daß ich alles Gegenwärtige ablehne, das sei ferne von mir, aber es ist mir, als ginge etwas aus der früheren Zeit verloren, etwas, das gut war und hätte bleiben sollen — besonders in der Kunst. Aber auch im Leben selbst. Vielleicht ist das zu unbestimmt ausgedrückt, aber ich kann es nicht anders sagen — ich weiß selbst nicht genau, was es ist... Too good to last[85] sagt die Welt, aber gerade weil es selten ist, *bleibt* das Gute. Nicht jeden Tag wird es hervorgebracht, niemals wird es fabrikmäßig zu erreichen sein, aber was davon da ist, das ist da, und das verschwindet nicht, sondern das bleibt. Und kommt später eine andere Art des Guten, so behält doch das erste seinen Wert; und deshalb sollte man nicht trauern, weil dies oder das nicht Allgemeingut wird; auch wenn es nicht Allgemeingut wird — was an Gutem oder Schönem einmal da ist, das ist eben da.

263   3. Februar 1883

Dieser Tage war ich sehr matt, ich habe mich, fürchte ich, etwas überarbeitet, und dieser »Bodensatz« des Arbeitens, diese Nachwehen der Überanstrengung, wie scheußlich sind die! Da hat das Leben eine Farbe wie schmutziges Wasser und wird so was wie ein Haufen Asche. Dann hätte man gern einmal einen Freund bei sich. Manchmal hellt das den grauen Nebel auf.

An solchen Tagen mache ich mir oft schreckliche Sorgen um die Zukunft und sehe schwarz in bezug auf meine Arbeit und fühle mich machtlos. Aber es ist gefährlich, zu viel darüber zu reden oder nachzugrübeln, also genug davon.

264   5. Februar 1883

In ein und derselben Liebe gibt es so viele verschiedene Zustände und Wandlungen, *gerade infolge der Treue* dieser selben Liebe gegenüber — daß es immer wieder anders wird.

Es ist noch ein schwieriges Zwischenstadium, diese Operation — ich an Deiner Stelle würde nicht viel davon sprechen, daß sie sich später eine Stellung suchen soll, da gerade wegen der Sache mit ihrem Fuß die Zukunft so unbestimmt ist —, laß es lieber unbestimmt. Denn ich fürchte, gerade in einer Krise mit großen Schmerzen könnte sich sehr zur Unzeit eine fixe Idee bei ihr festsetzen, »dies oder das *muß* ich tun«; das kommt bei kranken Frauen öfter vor und könnte sie möglicherweise etwas störrisch machen, entgegen dem Gefühl ihres Herzens, und Dir würde das weh tun, weil Du aus Zartgefühl gerade durch den Gedanken an eine Stellung ihre Zukunft *frei* und *unabhängig* lassen

---

85 *zu gut, als daß es von Dauer sein könnte*

wolltest — sie aber könnte es auffassen, als wäre sie Dir gleichgültiger, als es der Fall ist. Vielleicht habe ich dies oder jenes zu unbestimmt ausgedrückt, aber für Zartgefühl haben die Frauen längst nicht immer Verständnis, ebensowenig wie für Humor, und obwohl man gewiß mit Zartgefühl handeln muß, entstehen dadurch zuweilen Mißverständnisse (für die man freilich meines Erachtens nicht verantwortlich ist), die das Leben erschweren. Na ja.

Ich weiß nicht, ob zum Beispiel Heyerdahl etwas Malerisches an der Frau finden würde, mit der ich lebe — so in ihrem alltäglichen Tun und Lassen. Daumier aber bestimmt.

Ich habe über Heyerdahls Wort nachgedacht: »Je n'aime pas qu'une figure soit trop corrompue«[86] — gesagt beim Zeichnen nicht einer Frau, sondern eines alten Mannes mit einem Verband über dem Auge, und ich fand es *nicht* wahr. Es gibt solche Ruinen von Gesichtern, in denen doch etwas liegt, ich zum Beispiel finde es in der »Hille Bobbe« von Frans Hals sehr gut ausgedrückt oder in einigen Köpfen Rembrandts...

Junge, mir ist immer noch recht elend, und ich habe eine ziemlich deutliche Warnung erhalten, daß ich vorsichtig sein muß — manchmal kam es mir vor, als ermüdeten meine Augen, aber ich wollte mir nichts einbilden. Jetzt, besonders heute nacht, hat sich viel solche Feuchtigkeit abgesondert, wie man sie immer in den Augen hat, und die Wimpern klebten immerfort zusammen, und das Sehen strengt mich an, und es ist mir trüb vor den Augen.

Jetzt habe ich seit etwa Mitte Dezember unaufhörlich geschuftet, vor allem an diesen Köpfen...

Abends bei Sonnenuntergang gibt es manchmal Lichtwirkungen von dunklen Wolken mit silbernen Rändern, die ganz prachtvoll sind, zum Beispiel, wenn man im Bezuidenhout oder am Waldrand hingeht.

Du kennst das ja von früher; aus dem Atelierfenster ist es auch schön oder auf der Wiese, man spürt den Frühling in der Ferne, und ab und zu ist schon etwas Mildes in der Luft.

265   8. Februar 1883

Es wird Dir ein Stein vom Herzen sein, daß die Operation vorbei ist.

Was ist doch das Leben für ein Rätsel, und was für ein Rätsel im Rätsel ist die Liebe! Daß sie sich gleichbleibt, ist das einzige, was sie im buchstäblichen Sinne bestimmt nicht tut, doch anderseits sind die

---

86 *Ich mag es nicht, wenn ein Gesicht zu sehr entstellt ist*

Wandlungen eine Erscheinung wie Ebbe und Flut und ändern am Meer selbst nichts.

Seit ich Dir das vorige Mal schrieb, habe ich meinen Augen etwas Ruhe gegönnt und mich wohl dabei befunden, obgleich sie noch weh tun.

Weißt Du, was ich unwillkürlich dachte? Daß man es sich in der ersten Zeit des Malerlebens, ohne es zu wollen, manchmal recht schwer macht; weil man ein Gefühl hat, die Sache noch nicht zu beherrschen — weil man nicht weiß, ob man diese Unsicherheit überwinden wird — weil man so sehr gern vorwärtskommen möchte — weil man noch kein Zutrauen zu sich selbst hat —, *kann* man sich eines gewissen Gehetztseins nicht erwehren, und man hetzt sich selbst, obwohl man nicht gehetzt arbeiten will.

Man kann nichts daran ändern, und es ist eine Zeit, die man auch nicht missen kann und die, glaube ich, gar nicht anders sein darf oder kann.

Sogar in den Studien findet man dieses Gehetztsein und eine gewisse peinliche Genauigkeit, die das gerade Gegenteil von der ruhigen Breite ist, die man erstrebt, und doch ist man schlecht dran, wenn man unbedingt auf diese Breite hinarbeiten und sich gerade darauf verlegen will.

Dadurch entsteht manchmal eine Anstauung von nervöser Unruhe und Überspannung, und man fühlt einen Druck wie an manchen Sommertagen vor dem Gewitter. Ich habe das auch jetzt wieder gehabt, und wenn das über mich kommt, nehme ich eine andere Arbeit vor, um wieder von vorne anzufangen...

Je länger ich Daumier kenne, um so mehr möchte ich von ihm sehen. Er hat etwas Kerniges und »Abgeklärtes«, er ist geistreich und doch voll Gefühl und Leidenschaft; zuweilen scheint mir, zum Beispiel in den »Trinkern« und wahrscheinlich auch in der »Barrikade«, die ich nicht kenne, als fände ich da eine Leidenschaft, die man mit der Weißglut des Eisens vergleichen könnte.

Das ist zum Beispiel auch in manchen Köpfen von Frans Hals; es ist so unauffällig schlicht, daß es kalt scheint, und betrachtet man es eine Weile — so ist man erstaunt, daß jemand, der mit so viel Erregung arbeitet und ganz in der Natur aufgeht und sich verliert, gleichzeitig *diese* Geistesgegenwart hat, es mit *so* fester Hand hinzusetzen. In Studien und Zeichnungen von de Groux habe ich etwas Ähnliches gefunden. Vielleicht ist Lhermitte auch so ein Weißglühender. Und Menzel auch.

Auch bei Balzac und Zola gibt es manchmal Stellen, so im »Père

Goriot«, wo man in *Worten* einen Grad von Leidenschaft findet, der weißglühend ist...

Wenn man immer mehr dahinterkommt, daß man selbst nicht vollkommen, sondern mangelhaft ist, und daß es anderen ebenso geht, daß also ständig Schwierigkeiten auftreten, die das Gegenteil von Illusionen sind, so glaube ich, daß jeder, der dann nicht den Mut verliert und nicht gleichgültig wird, dadurch reift und daß man durchhalten muß, gerade um zu reifen.

Aber manchmal kann ich es gar nicht fassen, daß ich erst dreißig Jahre alt bin — ich fühle mich soviel älter.

Vor allem *dann*, wenn ich denke, daß mich die meisten, die ich kenne, für ein mißratenes Subjekt halten; ich glaube dann zuweilen, daß es wirklich so kommen könnte, wenn sich nicht noch einiges zum Guten wendet, und wenn ich denke, *es könnte so kommen*, dann fühle ich das so lebhaft, daß es mich furchtbar niederdrückt und mir alle Lust vergeht, als wäre es wirklich so. Bin ich aber normaler und ruhiger gestimmt, dann bin ich manchmal ganz froh, daß dreißig Jahre um sind und daß sie nicht vorbeigegangen sind, ohne daß ich etwas für die Zukunft gelernt habe, und ich fühle Kraft und Lust zu den nächsten dreißig Jahren, falls ich sie erlebe.

Und im Geist sehe ich Jahre ernster Arbeit vor mir, glücklichere Jahre, als es die ersten dreißig waren.

Wie es in Wirklichkeit sein wird, hängt nicht *allein* von mir ab, die Welt und die Umstände müssen auch das Ihre dazu tun.

Daß ich aus den Umständen, in denen ich lebe, das Bestmögliche heraushole und daß ich alle meine Kräfte anspanne, um weiterzukommen, das ist das Wichtigste, und dafür bin ich verantwortlich. Als arbeitender Mensch ist man mit dreißig Jahren gerade am Anfang jener Lebensperiode, in der man Festigkeit in sich spürt, und man fühlt sich jung und lebenslustig. Doch ist damit zugleich ein Stück Leben abgeschlossen, und es stimmt einen wehmütig, daß nun dies oder jenes nie wiederkehren wird. Und es ist keine abgeschmackte Sentimentalität, wenn man zuweilen eine gewisse Traurigkeit empfindet. Nun gut. Vieles fängt eigentlich erst an, wenn man etwa dreißig ist, und sicher ist dann noch nicht alles aus. Aber man erwartet nicht *das* vom Leben, was es nicht geben kann, wie man bereits erfahren hat. Vielmehr lernt man immer deutlicher erkennen: das Leben ist nur eine Art Düngezeit, und die Ernte findet nicht hier statt...

Wir haben ein paar richtige Frühlingstage gehabt, so letzten Montag, das habe ich sehr genossen.

Der Wechsel der Jahreszeiten ist etwas, was die einfachen Leute sehr stark fühlen. Zum Beispiel in einer Gegend wie der Geest und in den »Hofjes« oder den sogenannten »Geefhäuschen« ist der Winter immer eine drückende und schwere und bange Zeit und der Frühling eine wahre Erlösung. Wenn man darauf achtet, merkt man, daß so ein erster Frühlingstag eine Art Evangelium ist.

Und es ist herzbewegend zu sehen, wie an so einem Tag so viele graue, verwelkte Gesichter ins Freie kommen, nicht in irgendeiner bestimmten Absicht, nur als wollten sie sich überzeugen, daß der Frühling wirklich da ist. So drängen sich oft allerlei Leute, von denen man es nicht erwarten würde, auf dem Markt um eine Stelle, wo jemand Krokusse, Schneeglöckchen, Blausterne und andere Blumenzwiebeln verkauft. Manchmal ist ein verhutzelter Sekretär aus irgendeinem Ministerium dabei, so eine Art Josserand im kahlgescheuerten schwarzen Rock mit fettigem Kragen – *der* bei den Schneeglöckchen, das finde ich schön.

Ich glaube, die armen Leute haben mit den Malern das Gefühl für das Wetter und den Wechsel der Jahreszeiten gemein. Natürlich fühlt das jeder, aber für den besser gestellten Bürgerstand sind es keine so einschneidenden Ereignisse, oder es ändert im allgemeinen nicht viel an der Gemütsstimmung. Nett fand ich den Ausspruch eines Polderarbeiters: »Im Winter friere ich genauso wie das Winterkorn.«

266 *(11. Februar 1883)*

Ich gehe dieser Tage viel auf der Geest herum und in den Straßen und Gassen, wo ich voriges Jahr im Anfang viel mit der Frau herumgelaufen bin. Es war nasses Wetter, ich finde dann alles dort wunderschön; und als ich nach Hause kam, sagte ich zu der Frau, es ist noch genauso wie voriges Jahr. Ich schreibe das mit Bezug auf désenchantement[87]; nein, nein, es gibt wohl ein Welken und Wiederaufsprießen in der Liebe wie in der ganzen Natur, doch nicht ein völliges Absterben.

Wohl gibt es Ebbe und Flut, doch das Meer bleibt das Meer ...

Ich denke manchmal, daß damals, als ich zum ersten Mal zu G. & Co in den Haag kam, von den drei hier verbrachten Jahren zwei ziemlich unerfreulich waren; aber das letzte war viel netter; also wer weiß – vielleicht ergeht's mir auch jetzt wieder ähnlich ...

In fünfzig Jahren wird man, glaube ich, die *heutige* Zeit nicht zurückwünschen. Denn falls eine *»Zopfzeit«* sich daraus entwickelt, so wird man zu stumpfsinnig sein, um überhaupt darüber nachzudenken, und wenn eine Veränderung zum Guten kommt, tant mieux. Ich

---

87 *Entzauberung, Enttäuschung*

glaube, es ist nicht sinnlos, wenn man es für möglich hält, daß uns die Zukunft noch einmal eine Art Zopfzeit bescheren könnte, denn was man in der holländischen Geschichte die Zopfzeit nennt, hatte doch auch seine Ursache darin, daß man gewisse Grundsätze aufgab und das Natürliche durch das Konventionelle ersetzte... Es fällt mir manchmal wirklich schwer zu glauben, daß eine Zeitspanne von nur fünfzig Jahren genügen sollte, um eine völlige Veränderung herbeizuführen, so daß *alles* umgekehrt ist. Aber gerade wenn man zuweilen über die Geschichte nachdenkt, sieht man die verhältnismäßig schnellen und unaufhaltsamen Wandlungen. Und ich für mein Teil komme gerade dadurch zu dem Schluß, daß jeder Mensch ein wenn auch nur kleines Gewicht in die Waagschale legt und daß es nicht gleichgültig ist, wie man denkt und handelt. Der Kampf ist nur kurz, und es verlohnt sich, aufrichtig zu sein. Wenn viele aufrichtig sind und wollen, was sie wollen, dann wird die ganze Zeitspanne gut oder wenigstens energisch...

Ich bedaure es manchmal, daß die Frau, mit der ich lebe, Bücher ebensowenig verstehen kann wie Kunst. Aber (obwohl sie zu dergleichen ganz bestimmt nicht fähig ist) daß ich trotzdem so sehr an ihr hänge, ist das nicht ein Beweis, daß etwas Echtes, Aufrichtiges zwischen uns ist? Wer weiß, ob sie es nicht später vielleicht erfassen lernt und ob es dann nicht ein Band mehr zwischen uns wird, aber jetzt mit den Kindern, weißt Du, hat sie den Kopf schon voll. Und gerade durch die Kinder hat sie Zusammenhang mit der Wirklichkeit und lernt von selbst. Bücher und Wirklichkeit und Kunst sind für mich von gleicher Art. Langweilig würde ich jemanden finden, der außerhalb des wirklichen Lebens stünde, aber jemand, der ganz und gar drinsteht, weiß und fühlt von selbst.

Wenn ich die Kunst nicht im Wirklichen suchte, würde ich die Frau wahrscheinlich dumm finden oder so; nun hätte ich es zwar lieber anders, aber ich bin doch zufrieden, wie es ist.

Ich hoffe, diese Woche wieder regelmäßig arbeiten zu können; ich fühle so stark, daß ich doppelt arbeiten muß, um einzuholen, was ich zu spät angefangen habe, und gerade das Gefühl, daß ich, was mein Alter betrifft, hinter anderen zurückstehe, läßt mir keine Ruhe.

267 (Mitte Februar 1883)
Zuerst möchte ich Dir sagen, daß mir ein Stein vom Herzen ist, seit ich weiß, daß die Vergangenheit der Frau, von der Du schreibst, doch ganz anders ist, als ich erst unwillkürlich gedacht hatte. Daß sie nämlich nicht nur Not und Elend gekannt hat, sondern auch etwas

anderes; ich glaube, da wird sie Dich, auch Deine Bildung und Deinen weiteren Blick, vollkommen zu schätzen wissen — viel mehr als eine Frau, die von klein auf durch Not und Elend zerrieben worden ist und denkt, es müsse eben so sein.

Ich sehe zum Beispiel aus dem, was Du über Lesen sagst, daß sie ein Empfinden hat, das vielen anderen Frauen völlig abgeht...

Es ist ein tiefes Wort von Michelet:
»Pourquoi y a-t-il une femme seule sur la terre?«[88] Du hast einmal gesagt, oder richtiger, geschrieben: »Ernst ist besser als der feinste Spott«, und hier steht es ebenso, *muß* man eine solche Gestalt nicht ernst auffassen? Ich meine, das Leben von uns Männern ist so abhängig von unseren Beziehungen zu Frauen, und umgekehrt ist es natürlich ebenso, daß mir scheint, man dürfe nicht über Frauen spotten oder diese Dinge leichtnehmen. Wenn man aufmerksam liest, sind die petites misères de la vie conjugale[89] von Balzac sehr, sehr ernst und ehrlich gemeint, nicht um zu trennen, sondern um zusammenzuführen — doch das sehen nicht alle ein.

Als ich Deinen Brief las, kam es mir gleich in den Sinn, daß Du es hier mit einem Menschen zu tun hast, der sich zum Beispiel mit Dir in die Vergangenheit versetzen kann, der in der Kunst sehen lernen wird, was Du siehst, und das ist viel wert.

Ich beglückwünsche Dich dazu, daß sie nach dem, wie Du sie beschreibst, eine Frau ist, auf die Michelets Wort zutrifft: »une dame c'est une dame«[90].

268

Vor etwa einer Woche las ich Fritz Reuters »Ut mine Festungstid«; darin wird sehr lustig beschrieben, wie Fritz Reuter und andere, die Festungshaft hatten, sich das Leben so gemütlich wie nur irgend möglich machten und von ihrem »Platzmajur« verschiedene Vorrechte erlangten. Dieses Buch brachte mich auf den Gedanken, meinem Hauswirt mal tüchtig zuzusetzen, auch wegen gewisser Verbesserungen, die mir das Arbeiten erleichtern würden...

Jetzt habe ich durch einen neuen Vorstoß sechs Stück Läden und etwa sechs lange Bretter ergattert. Diese Läden werden nun durchgesägt, so daß handlichere Fensterläden entstehen und man je nach Wahl mehr oder weniger Licht ausschließen oder hereinlassen kann, entweder von oben oder von unten.

88 Warum gibt es auf der Welt eine Frau, die allein ist?
89 kleinen Nöte des Ehelebens
90 eine Dame ist eine Dame

268 a (Etwa 21. Februar 1883)

Wenn die Niedergeschlagenheit oder Unruhe bleibt, so beruht es, fürchte ich, darauf, daß Deine Kranke — trotz allen Beweisen aufrichtiger Treue und gerade weil Du alles für sie getan hast — von der Vorstellung gequält wird, sie müsse sich früher oder später von Dir trennen ...

Lieber Bruder, ich rede nicht ins Blaue hinein, sondern aus meiner eigenen Seele und eigenen Erfahrung heraus. Das kann ich Dir über den Fall sagen. Als die Frau niedergekommen war und die sehr schwere Entbindung ausgestanden hatte, war sie todschwach, aber doch zunächst wohlbehalten, und das Kindchen in der Wiege lebte und war ruhig.

Zwölf Stunden nach der Entbindung war ich bei ihr und fand sie völlig erschöpft. Als sie mich sah, richtete sie sich auf und wurde so munter und lebendig, als wäre nichts geschehen, und Lebensfreude und Dankbarkeit strahlten ihr aus den Augen. Und sie würde gesund werden, das versprach sie mir.

(Wie nötig es manchmal ist, sich so etwas *versprechen zu lassen*, und wie nötig es ist, gesund werden *zu wollen* — das hast Du schon selber begriffen, denn ich sehe es aus einem früheren Schreiben. Das hast Du richtig gesehen.)

Aber — ein paar Tage später bekam ich einen Brief von ihr, den ich nicht recht verstand und der mich enttäuschte; es hieß darin, »daß ich nun wohl sicher mit einer anderen Frau zusammen wäre« usw., kurz, sehr sonderbar und sogar unsinnig, denn ich war ja selber gerade erst aus dem Krankenhaus heraus und noch nicht ganz gesund. Aber soviel sah ich aus dem Brief, daß sie sich törichte Gedanken machte und ganz durcheinander war.

Sofort fuhr ich wieder zu ihr, das heißt, sobald ich *konnte*; in der Woche durfte ich sie nicht besuchen, also erst am nächsten Sonntag, das heißt acht Tage später. Ich fand sie wie *verdorrt* — buchstäblich wie ein Baum mit jungem Grün, über den ein kalter Wind hingegangen ist, der die Knospen zum Welken gebracht hat; und das Kindchen durch den Rückschlag ebenfalls krank und wie verschrumpelt.

Bei dem Kleinen war es Gelbsucht, wie der Doktor sagte, aber auch die Augen waren durch irgend etwas anderes angegriffen und wie blind, und die Frau, die *keine* Gelbsucht hatte, sah dürrgelb, grau, ich weiß nicht wie aus. Kurz, das Ganze offenbar in diesen acht Tagen — ich kann es nicht anders ausdrücken — verdorrt und verblüht, so daß ich einen Schrecken bekam.

Was tun? wie kam das, und was sollte man dazu sagen? ... Ich stellte mich böse und sagte: »So also hältst du dein Versprechen«; und ich wiederholte ihr Versprechen, daß sie gesund werden wolle, und zeigte mich sehr unzufrieden, daß der Kleine krank war, und sagte, es sei ihre Schuld, und fragte, was jener Brief zu bedeuten hätte, und, mit *einem* Wort, weil ich erkannt hatte, daß es ein anormaler Zustand war, redete ich auch *anormal*, nämlich hart mit ihr, während ich doch nichts anderes fühlte als inniges Mitleid. Das Ergebnis war eine Art Erwachen wie bei einer Schlafwandlerin, und ehe ich wegging – natürlich nicht, ohne daß ich selber auch einen anderen Ton angeschlagen hatte –, ließ ich sie das Versprechen, gesund zu werden, wiederholen, und plus vite que ça[91].

Lieber Bruder, von dem Augenblick an ist sie rasch gesund geworden, und bald darauf habe ich sie und das Kind aus dem Krankenhaus geholt; das Kind ist noch eine ganze Weile kränklich gewesen – vielleicht weil die Mutter in den ersten Tagen mehr an mich als an das Kleine dachte –, aber jetzt ist das Kind natürlich so gesund wie ein junges Karnickel und guckt genauso hell in die Welt aus den anfänglich fest geschlossenen Äuglein...

Schon seit Tagen stelle ich mir vor (vielleicht zu Unrecht – ich weiß es natürlich nicht genau, es gibt eben Dinge, die man unwillkürlich miteinander in Zusammenhang bringt), Deine Patientin müsse in einem ähnlichen Zustand sein wie die Frau von mir damals in den Tagen nach der Entbindung.

Ich habe mir das vorgestellt, seit ich Deinen Brief erhielt, in dem Du die Operation beschriebst, und es hat mir sozusagen keine Ruhe gelassen.

269 (Ende Februar 1883)
Nun, mein Junge, ich schreibe in Eile und habe noch viel zu tun und zu räumen; ich freue mich furchtbar über die Veränderung der Fenster.

Soweit ich vorläufig urteilen kann, ist sie sehr zweckmäßig. Du erinnerst Dich wohl noch von Deinem Besuch im vorigen Sommer her, daß das Licht zu grell war und sich nicht ändern ließ. An Hand der Skizze siehst Du wahrscheinlich, daß man jetzt den Lichteinfall bis ins Unendliche variieren und Effekte erzielen kann, wie man sie in kleinen Häusern sieht.

Und man hat den Vorteil – den man in den kleinen Häusern nicht hat –, daß man im Atelier den nötigen Abstand nehmen kann.

---

91 *und zwar schleunigst*

21 *Alter Schiffer. Januar/Februar 1883*

Heute nacht sehe ich wahrscheinlich sogar im Traum Kerle in Südwestern und Öljacken, auf die das Licht fällt, so daß reizvolle Seitenlichter entstehen und die Form betont wird.

272 *(Anfang März 1883)*

Wenn Du mir eine *sehr große* Freude machen willst, so schicke mir mit der Post ein paar Stücke Bergkreide. In dieser Bergkreide steckt *Seele* und Leben – gewöhnliche Zeichenkreide hat etwas Totes, finde ich. Zwei Geigen mögen von außen ungefähr gleich aussehen, doch zeigt sich manchmal beim Spielen, daß die eine einen schöneren Klang gibt, den die andere nicht hat.

In der Bergkreide steckt viel Klang oder Ton. Ich möchte beinah sagen, die Bergkreide versteht, was man will, sie hört klug und aufmerksam zu und gehorcht, während gewöhnliche Kreide gleichgültig ist und nicht mitarbeitet.

Die Bergkreide hat eine richtige Zigeunerseele; wenn es nicht zuviel von Dir verlangt ist, schicke mir was davon.

Wer weiß, vielleicht gelingt es mir jetzt bei dem besseren Licht und mit der Bergkreide und der Lithographen-Kreide, etwas für illustrierte Zeitschriften zu machen!

Aktuelles – das wird verlangt; wenn man damit solche Sachen meint, wie zum Beispiel eine Illumination zu Königs Geburtstag, so würde mir das bitter wenig Freude machen – doch falls es den Herren gefiele, zu dem »Aktuellen« Szenen aus dem alltäglichen Volksleben zu rechnen, so will ich gern meine besten Kräfte dafür einsetzen.

Wenn ich wieder Bergkreide habe, werde ich wieder mal ein paar Figuren von Waisenmännern machen.

Und von Suppenausgaben, wie das jetzt die erste ist, bekommst Du auch noch ganz andere Kompositionen... An dieser groben Skizze ist vieles, was mir nicht gefällt, aber ich weiß bestimmt, daß ich es in kurzer Zeit besser machen werde.

Kannst Du nicht verstehen, wenn Du dieses Trüppchen Leute so beisammen siehst, daß ich mich bei ihnen heimisch fühle?

Kürzlich las ich in »Felix Holt the Radical« von George Eliot folgenden Ausspruch: »Die Menschen, unter denen ich lebe, haben die gleichen Torheiten und Laster wie die Reichen, nur *haben sie ihre eigenen Formen* von Torheit und Laster – und sie haben nicht die sogenannten *Verfeinerungen* der Reichen, um ihre Fehler erträglicher zu machen. Mir macht das nicht viel aus – ich liebe diese Verfeinerungen nicht, aber manche Leute lieben sie und können nur schwer mit Leuten auskommen, die sie nicht haben.«

Ich würde es nicht mit diesen Worten ausgedrückt haben, doch ich habe oft dasselbe gefühlt.

Als Maler fühle ich mich bei ihnen nicht nur vollkommen heimisch und zufrieden, sondern ich finde in ihnen Wesenszüge, die mich manchmal an Zigeuner erinnern — wenigstens haben sie etwas ebenso Malerisches.

273 *(Um den 5. März 1883)*

Heute morgen machte ich einen Spaziergang vor die Stadt, in die Wiesen hinter dem Zuidbuitensingel, wo Maris früher gewohnt hat und wo auch der Müllabladeplatz ist. Da habe ich lange vor einer Reihe von Kopfweiden gestanden — den knorrigsten, verdrehtesten und verbiestertsten, die ich je gesehen habe — und hab sie mir angeguckt. Sie begrenzten ein Stück Gemüseland — frisch umgegraben — und spiegelten sich in einem schmutzigen — sehr schmutzigen — Wassergraben, aber es leuchteten doch schon ein paar Hälmchen Frühlingsgrün. Diese braunen, derben Baumrinden, die umgegrabene Erde, in der man die Fruchtbarkeit förmlich *sehen* konnte, das alles hatte etwas eigenartig Warmes in den dunklen, kräftigen Tönen, die mich gleich wieder auf die Bergkreide brachten. So will ich, wenn ich wieder welche habe, auch einmal Landschaft damit in Angriff nehmen.

274 *(Etwa 11. März 1883)*

Nun wir wollen hoffen, daß es nicht mehr so sehr, sehr lange dauert, bis Du wieder mal nach Holland kommst. Vergiß nur ja nicht, lieber Bruder, daß das Gefühl des ungeheuren Dankes, den ich Dir für Deine treue Hilfe schulde, immer frisch und lebendig in mir bleibt. Es würde mir schwerfallen, all meine vielen Gedanken darüber in Worte zu fassen. Immer bleibt es für mich eine Art Enttäuschung, daß ich in meinen Zeichnungen noch nicht das sehe, was ich drin haben möchte. Die Schwierigkeiten sind wirklich zahlreich und groß und nicht auf einmal zu überwinden. Fortschritte machen ist eine Art Bergmannsarbeit, die nicht so schnell vorwärtsgeht, wie man selbst möchte und wie auch andere es erwarten; aber wenn man vor einer solchen Arbeit steht, so ist das erste, was man bewahren muß, Geduld und Treue. Eigentlich denke ich nicht viel an die Schwierigkeiten, eben weil man schwindlig oder irre werden würde, wenn man darüber nachgrübeln wollte.

Ein Weber, der eine große Anzahl von Fäden leiten und zusammenweben muß, hat keine Zeit, darüber zu philosophieren, wie er alles zusammenfügen soll; vielmehr geht er so sehr in der Arbeit auf, daß er nicht denkt, sondern handelt, und mehr *fühlt*, wie alles in Ordnung kommen kann und muß, als daß er Erklärungen darüber abgeben könnte. Wenn auch weder Du noch ich bestimmte Pläne usw. fassen würden, falls wir wieder einmal miteinander reden könnten, so würde doch vielleicht dieses *Fühlen*, daß bei uns etwas im Werden ist, beiderseits stärker werden. Und das möchte ich gern ...

Meiner Ansicht nach bin ich oft *steinreich*, nicht an Geld, doch reich darum (obwohl jetzt nicht gerade alle Tage), weil ich meine Arbeit gefunden habe, weil ich etwas habe, wofür ich mit Herz und Seele lebe, was dem Leben Inhalt und Bedeutung gibt.

Meine Stimmung wechselt natürlich, doch bin ich im großen ganzen von einer gewissen heiteren Gelassenheit. Ich habe einen festen *Glauben* an die Kunst, ein festes *Vertrauen*, daß sie eine mächtige Strömung ist, die den Menschen in einen Hafen treibt — freilich muß er das Seinige dazu tun; jedenfalls halte ich es für ein so großes Glück, wenn ein Mensch seine Arbeit gefunden hat, daß ich mich nicht zu den Unglücklichen zähle. Ich meine, wenn ich auch gewisse recht große Mühsale hinter mir habe und wenn es auch dunkle Tage in meinem Leben gegeben hat, so würde ich doch nicht wollen, würde es nicht richtig finden, daß mich jemand zu den Unglücklichen rechnete.

Du schreibst etwas in Deinem Brief, was auch ich zuweilen fühle: »Ich weiß manchmal nicht, wie ich durchkommen soll.«

Weißt Du, oft fühle ich das, und in mehr als einer Hinsicht, nicht nur in finanzieller, auch gegenüber *der Kunst und dem Leben im allgemeinen*. Aber ob das etwas Besonderes ist? Ob nicht jeder Mensch, der über ein bißchen Unternehmungsgeist und Energie verfügt, solche Augenblicke hat?

Augenblicke der Wehmut, der Bedrängnis, der Seelenangst — ich glaube, die haben wir alle mehr oder weniger, und es ist der Zustand eines jeden seiner *selbst bewußten* Menschenlebens. Manche haben, scheint es, kein Bewußtsein ihrer selbst. Aber wer es hat, wenn er auch manchmal bedrückt ist, der ist *darum nicht* unglücklich und erlebt nichts Außergewöhnliches.

Und zuweilen ist auf einmal ein Ausweg da, eine neue innere Energie, und man steht wieder auf, bis man schließlich eines schönen Tages vielleicht nicht mehr wieder aufsteht, aber das ist nichts Außergewöhnliches, und wie gesagt, das menschliche Leben bringt das eben mit sich, meines Erachtens.

275 *(Um den 21. März 1883)*

Es freute mich, wieder einmal etwas ausführlicher über Deine Kranke zu hören, um so mehr als ich den Eindruck hatte, daß man diese Nachrichten sehr günstig nennen kann.

Sehr schön ist, was Du von ihrem Einfluß auf andere schreibst. An solche Dinge glaube ich: der Einfluß, den ein guter Mensch zuwege bringt, reicht oft weit. Der Vergleich mit Sauerteig ist sehr hübsch. *Zwei* gute Menschen – Mann und Frau vereint – vom gleichen Wollen und Streben, vom gleichen Ernst erfüllt – was die nicht vermöchten!

Darüber habe ich oft nachgedacht ...

Diese Woche habe ich eifrig Schubkarren gezeichnet; ein Kerlchen, von hinten gesehen, ist, glaube ich, ziemlich gut geworden. Van der Weele[92] war bei mir, und wir haben Holzschnitte angesehen, höchst gemütlich auf einem Schubkarren – denn ich arbeitete gerade mit Modell. Er möchte auch welche sammeln und will versuchen, aus dem Nachlaß von Stam, dem Holzschneider, eine Anzahl zu bekommen, die dieser zusammengebracht hat. Ich habe Dir noch nicht geschrieben, daß ich nach und nach fast den ganzen »Graphic« vollständig habe. Von Anfang 1870 an. Natürlich nicht alles, es ist zuviel Ballast dabei, aber doch das Schönste ...

Deine Beschreibung von dem Droschkenstand und der ehrwürdigen Bedürfnisanstalt mit den Anschlagzetteln darauf ist wirklich sehr gut, ja, ewig schade, daß Du nicht zeichnest. Da wir gerade von Anschlagzetteln reden, der Ort, wo sie angeschlagen sind, ist oft eine sonderbare Parodie auf das Angeschlagene oder umgekehrt.

Um nur ein Beispiel aus vielen zu nehmen: an der Tür des Leihhauses sah ich in großen Buchstaben angeschlagen: *Prospekt Eigener Herd*.

N. B. »*Eigener Herd*« ist eine Zeitschrift, wie Du vielleicht weißt. Das fand ich sehr gut; wenn man mehr darauf achtete, würde man noch Besseres finden ...

Obwohl ich jetzt nicht die Absicht habe, große Bilder für Ausstellungen zu machen, so möchte ich doch nicht weniger arbeiten als z. B. Rappard.

Ich finde sogar etwas Anregendes darin, daß der eine in dieser, der andere in jener Richtung arbeitet und man doch miteinander sympathisiert. Konkurrenz, die dem Neid entspringt, ist ganz etwas anderes, als daß man *gerade aus Achtung* voreinander sein Bestes tut, um die Arbeit so gut wie möglich zu machen. Les extrêmes se touchent[93]; im Neid sehe ich nicht das geringste Heil, doch ich würde eine

---
92 *Der befreundete Landschafter Herman Johannes van der Weele (1852–1930)*
93 *Die Extreme berühren sich*

Freundschaft verachten, in der man sich nicht anstrengen müßte, um miteinander Schritt zu halten.

276 (Ende März 1883)
Die kalten Tage, die wir vorige Woche hatten, waren eigentlich dies Jahr erst der richtige Winter. Es war wunderbar schön mit dem Schnee und den eigenartigen Himmeln. Das Schmelzen des Schnees war fast noch schöner.

Aber es war *typisches* Winterwetter, wenn ich es so nennen darf — so ein Wetter, das alte Erinnerungen weckt; die gewöhnlichsten Dinge sehen so aus, daß einem unwillkürlich Geschichten aus der Postwagenzeit dabei einfallen.

Da hast Du zum Beispiel eine kleine Skizze, die ich während so einer Träumerei gemacht habe. Sie stellt ein Herrchen dar, das im Dorfgasthof hat übernachten müssen, weil der Postwagen Verspätung hatte oder irgend so was. Nun ist er zeitig aufgestanden, und während er sich gegen die Kälte ein Gläschen Branntwein einschenken läßt, bezahlt er die Wirtin (eine Frau mit Bauernhaube); es ist noch sehr früh am Morgen, »la piquette du jour«[94], er muß den Postwagen erreichen; der Mond scheint noch, durchs Fenster der Gaststube sieht man den Schnee schimmern, und alle Gegenstände werfen eigenartige, verschrobene Schlagschatten.

Diese Geschichte ist eigentlich gar nichts, und die Skizze ist auch nichts, aber vielleicht zeigt es Dir doch, was ich meine, nämlich, daß alles dieser Tage ein je ne sais quoi hatte, so daß einem die Lust ankam, es aufs Papier zu kritzeln.

Kurz, die ganze Natur ist eine unsagbar schöne Black & White exhibition[94a], wenn es diese Schnee-Effekte gibt...

Ich meine, es ist ein gewisser Unterschied, ob man zehn Zeichnungen macht oder hundert Zeichnungen oder Skizzen oder Studien.

Gewiß nicht wegen der Quantität — von der Quantität wollen wir mal absehen —, aber das Schwarz-Weiß hat eine gewisse Schmiegsamkeit, die es einem ermöglicht, eine Figur, die man schön findet, vielleicht in zehn verschiedenen Haltungen zu zeichnen, während man sie zum Beispiel mit Aquarell oder wenn man sie malte, nur in einer Haltung machen würde. Angenommen nun, unter den zehn wären neun schlechte — ich hoffe wirklich, das Verhältnis von gut zu schlecht wird nicht immer so sein, aber nimm es nur mal so an. Wenn Du nun selber im Atelier wärst, so würde wohl keine Woche vergehen, ohne

94 Wörtlich: der Nachwein des Tages
94a Schwarz-Weiß-(Graphik-)Ausstellung

daß ich Dir nicht *eine,* sondern *eine gewisse Anzahl* von Studien vorlegen könnte; und es würde mich wundern, wenn Du aus dieser gewissen Anzahl nicht jedesmal dies oder jenes aussondern könntest, was Dir gefiele.

Deshalb brauchen die übrigen nicht ganz umsonst gemacht zu sein, denn auch in mancher Hinsicht mißlungene Studien können sich später mal für irgendeine neue Komposition als nützlich und brauchbar erweisen ...

Dieser Tage habe ich mit größtem Vergnügen wieder einmal »Olle Kamellen« von Fritz Reuter gelesen; das ist genau wie Knaus oder Vautier.

Kennst Du einen gewissen Zeichner Régamey? Seine Sachen haben viel Charakter, ich habe Holzschnitte von ihm, unter anderem Zeichnungen, die er im Gefängnis gemacht hat, und Zigeuner und Japaner. Wenn Du kommst, mußt Du Dir mal wieder meine Holzschnitte ansehen, ich habe seitdem noch einiges dazubekommen.

Es wird Dir vielleicht zumute sein, als ob die Sonne schöner scheine, als ob alle Dinge einen neuen Reiz bekommen hätten. Ich wenigstens glaube, eine ernste Liebe bringt das immer mit sich, und das ist etwas Herrliches. Und wer da glaubt, man könne dann nicht klar denken, der ist meiner Ansicht nach im Irrtum, denn gerade dann denkt man sehr klar, und man ist tätiger als sonst. Liebe ist etwas Ewiges, sie ändert wohl ihre Erscheinungsform, doch nicht ihr eigentliches Wesen. Und zwischen einem Liebenden und demselben Menschen *vor* dieser Zeit ist derselbe Unterschied wie zwischen einer Lampe, die angezündet ist, und einer, die nicht brennt. Die Lampe war zwar da, es war eine gute Lampe, aber jetzt gibt sie obendrein Licht und erfüllt so ihre eigentliche Aufgabe. Und man wird ruhiger in vieler Hinsicht und gerade dadurch vielleicht auch besser in der Arbeit.

Wie schön hier die alten Hofjes sind, dafür kann ich keine Worte finden. Israels macht sie zwar sozusagen vollkommen, aber ich wundre mich doch, daß verhältnismäßig so wenige einen Blick dafür haben. Hier im Haag sehe ich fast jeden Tag eine Welt, an der sehr viele vorbeilaufen und die sehr verschieden ist von dem, was die meisten machen. Ich würde das nicht zu sagen wagen, wenn ich nicht aus Erfahrung wüßte, daß auch Figurenmaler tatsächlich daran *vorbeilaufen;* doch ich erinnere mich, daß ich mit ihnen dort gewesen bin, und wenn diese oder jene Gestalt mich fesselte, bekam ich immer wieder zu hören: »Ach, dieses schmutzige Volk« oder »die Art Leute«, kurz, Redewendungen, die man von einem Maler nicht erwarten sollte.

Ja, das hat mir manchmal zu denken gegeben; ich entsinne mich unter anderem eines Gesprächs mit Henkes[95], der doch oft so gut sah und sieht, das mich aufs äußerste erstaunte. Es ist gerade, als ob sie dem Ernstesten, dem Schönsten absichtlich aus dem Wege gingen, als ob sie sich freiwillig einen Maulkorb umhingen oder die Flügel beschnitten. Und wenn manche mir mit der Zeit immer mehr Hochachtung abzwingen, so denke ich unwillkürlich von anderen, daß sie der Sterilität verfallen werden, wenn sie so weitermachen. Die alte *Bohème* war gerade insofern sehr stark, als sie produktiv war.

277

Das Drucken ist mir immer wie ein Wunder erschienen, ein ähnliches Wunder wie das, daß aus einem Getreidekorn eine Ähre entsteht. Ein alltägliches Wunder, um so größer gerade, weil es alltäglich ist; man sät eine Zeichnung auf den Stein oder in die Kupferplatte, und man erntet eine Menge davon.

Kannst Du verstehen, daß ich über so was beim Arbeiten viel nachdenke und solche Gedanken sehr liebe? Nun, jetzt ist es mir vor allem darum zu tun, daß die Saatkörner (nämlich die Zeichnungen selbst) besser in der Qualität werden, und wenn es auch etwas länger dauert: falls die Ernte besser dadurch wird, bin ich zufrieden, aber diese Ernte habe ich immer im Auge.

Ich lese jetzt »Les Misérables« von Victor Hugo — ein Buch, an das ich schon alte Erinnerungen habe, doch gleichzeitig hatte ich das Bedürfnis, es einmal wieder zu lesen, wie man große Sehnsucht haben kann, irgendein Bild wiederzusehen. Es ist unsagbar schön, die Gestalt des Monseigneur Myriel oder Bienvenu finde ich von erhabener Größe.

Du sprachst in Deinem letzten Brief im Zusammenhang mit Deiner Kranken über »Einfluß ausüben«. Dieser Mgr. Myriel erinnert mich an Corot oder Millet — obschon er Priester war und die beiden anderen Maler — insofern, als in der Malerwelt Corot und auch Millet oder Breton, ganz abgesehen von ihrem eigenen Werk, in anderen soviel Energie wach gemacht haben, die ohne sie nicht zur Entfaltung gekommen wäre.

Du kennst doch »Les Misérables« und gewiß auch die Illustrationen, die Brion dazu gezeichnet hat — sehr gut und überzeugend. Mir scheint, so ein Buch sollte man immer wieder mal lesen, gerade um gewisse Gefühle lebendig zu erhalten. Die Menschenliebe vor allem und den

---

95 *Der Genremaler Gerke Henkes (geb. 1844) im Haag*

Glauben an das Dasein von etwas Höherem, kurz von dem quelque chose là-haut.

Ich hatte mich heute nachmittag ein paar Stunden lang darin vertieft und kam gegen Sonnenuntergang ins Atelier. Aus dem Fenster sah ich auf einen breiten, dunklen Vordergrund, umgegrabene Gärten und Felder, meistenteils warmschwarze Erde, sehr tief im Ton. Schräg durch läuft ein kleiner Weg von gelblichem Sand, mit grünen Grasrändern und dünnen, schmächtigen Pappelbäumchen. Als Hintergrund die graue Silhouette der Stadt mit dem runden Dach des Bahnhofs, mit Türmen und Schornsteinen. Und überall noch die Rückseiten von Häusern, doch in der Abendstunde wird alles im Ton zusammengefaßt, und so wirkt das Ganze im großen betrachtet einfach: ein Vordergrund von schwarzer, umgegrabener Erde, mittendurch ein Weg, dahinter eine graue Stadtsilhouette mit Türmen — gleich darüber, fast am Horizont, die rote Sonne.

Es war genau wie eine Seite aus Hugo und hätte Dich sicher sehr gepackt — gewiß würdest Du es viel besser beschreiben als ich. Und ich habe dabei an Dich gedacht.

278 (Anfang April 1883)
Dank für Deine guten Wünsche zu meinem Geburtstag; es war zufällig ein sehr schöner Tag für mich, denn ich hatte gerade ein ausgezeichnetes Modell für einen Grabenden.

Das kann ich Dir versichern, mit der Arbeit geht es je länger, desto besser; ich fühle sozusagen mehr Lebenswärme dadurch, und ich denke dabei an Dich als den, der es mir ermöglicht, daß ich arbeiten kann. Ohne verhängnisvolle Hindernisse nämlich, ohne ausgesprochene Hemmungen. Die Schwierigkeiten sind manchmal gerade ein Reiz. Nun muß noch die Zeit kommen, da wir noch mehr Energie dahintersetzen können.

Mein Ideal ist, allmählich mit immer mehr Modellen zu arbeiten, mit einer ganzen Herde armer Leutchen, für die das Atelier an kalten Tagen, wenn sie ohne Arbeit sind oder irgend etwas brauchen, eine Art harbour of refuge[96] sein könnte, von dem sie wissen, daß es da Feuer, Essen, Trinken und ein paar Groschen zu verdienen gibt. Das ist jetzt nur in ganz kleinem Maßstab so, aber hoffentlich nimmt es mit der Zeit größeren Umfang an.

Vorläufig beschränke ich mich nur auf einige wenige, und dabei will ich auch bleiben — keinen einzigen von ihnen kann ich entbehren, wohl aber könnte ich noch einige dazu gebrauchen. Du schreibst von ein paar

[96] *Zufluchtshafen*

Liebhabern, die möglicherweise in einiger Zeit meine Arbeit tel quel[97] nehmen würden, auch wenn sie nicht geradezu ein Handelsartikel wird. Nun, das glaube ich tatsächlich auch. Wenn es mir gelingen möchte, etwas Wärme und Liebe in die Arbeit zu legen, dann wird sie ihre Freunde finden. Weiterarbeiten, darauf kommt es an.

Es freut mich, daß es mit Deiner Kranken vorangeht, wenn auch nur langsam.

279 (Um den 11. April 1883)

Wie sehr sonderbar ist das doch eigentlich! Man selber sieht das, was man tut, als etwas Einfaches und Natürliches an — als etwas Selbstverständliches —, und dann ist man mehr oder weniger erstaunt, daß andere die Beweggründe, die einen zu so etwas drängen, nicht auch bei sich selbst wiederfinden. Und kommt beinah zu dem Schluß, daß manche Menschen gewisse Gefühlsnerven in sich abgetötet haben — nämlich die, welche man in ihrer Gesamtheit das Gewissen nennt. Nun, ich beklage solche Menschen, sie reisen meines Erachtens ohne Kompaß durchs Leben.

Man sollte denken, Menschenliebe dürfe man bei jedem Menschen voraussetzen als die Grundlage von so ungefähr allem. Aber manche glauben, es gäbe bessere Fundamente. Da bin ich nicht sehr neugierig darauf. Mir genügt das alte Fundament, das so viele Jahrhunderte lang geprüft und für gut befunden worden ist ...

Mag eine Frau von Natur noch so gut und edel sein — wenn sie ohne Mittel ist und von ihrer eigenen Familie nicht beschützt wird, so ist sie, scheint mir, in der gegenwärtigen Gesellschaft in großer, unmittelbarer Gefahr, im Strudel der Prostitution zu versinken. Was ist selbstverständlicher, als daß man solchen Frauen hilft? Und wenn es sich nicht anders machen läßt, wenn die Umstände dahin führen, ja dann il faut y mettre sa peau[98] und sie heiraten ... So, nun weißt Du, wie ich denke über die Frage: »Wie weit darf man gehen, wenn man sich um eine unglückliche Frau kümmert?« *Antwort*: »Bis ins Unendliche.« Jedoch in der Überzeugung, daß Treubleiben das erste und Wichtigste in jeder Liebe ist, erinnere ich Dich an Deine eigenen Worte: »Heiraten (nämlich auf dem Standesamt) ist so 'ne sonderbare Sache.« Dieser Dein Ausspruch drückt genau aus, wie es sich verhält, und ich erkläre, in diesem Punkte nicht zu wissen, was besser oder schlechter ist, heiraten oder nicht heiraten. Es ist, was man »puzzling«[99]

97 *wie sie ist*
98 *muß man seine Haut dran wagen*
99 *verwirrend*

22 Waisenmann, den Zylinder in der Hand. Oktober 1882

nennt, it puzzles me too[100], und ich für mein Teil wünschte sehr, man hätte nichts damit zu tun. Ich finde den Ausspruch sehr richtig: »Wenn man heiratet, heiratet man nicht nur die Frau selbst, sondern obendrein ihre Familie«, und das kann manchmal recht verhängnisvoll und kläglich sein, wenn es üble Leute sind ...

Ich bin dabei, den letzten Teil von »Les Misérables« zu lesen; die Gestalt der Fantine, einer Prostituierten, hat mir tiefen Eindruck gemacht – ach, ich weiß so gut wie andere, daß man in der Wirklichkeit nicht gerade einer Fantine begegnet, doch trotzdem ist diese Gestalt Hugos, wie übrigens alle seine Gestalten, *wahr*, denn das ist der eigentliche Wesenskern dessen, was man in Wirklichkeit sieht.

Es ist der Typus – von dem man nur Einzelmenschen begegnet.

280   (Um den 21. April 1883)

In irgendeiner Vorrede von Zola steht ein Wort, ich glaube in folgender Form: »Diese Frauen sind jedoch nicht schlecht, aber mitten in den Klatschereien und Verleumdungen der Vorstädte ist es ihnen unmöglich, einen geraden Lebensweg zu gehen, und das ist die Ursache, daß sie fehlgehen und fallen.« Wenn die Frau soviel Bildung hat, daß sie Dir im Denken und Verstehen folgen und also an Deinem Gemütsleben teilhaben kann, so wird das zu einem starken Band, das viele Schwierigkeiten ausgleicht. Wenn Du mit ihrer Familie Beziehungen anknüpfst, wären vielleicht insofern Schwierigkeiten vorauszusehen, als man dadurch manchmal ins Offizielle gerät (die Leute sind oft sehr indiskret), während man es mehr privat und nicht offiziell gemeint hatte. Handeln und schweigen sind nicht die Sache eines jeden, und manche ältere und weisere Familienmitglieder machen gleich einen großen Lärm, so daß man bereut, gesprochen zu haben. Gerade auch weil sie es nicht lassen können zu intrigieren, und kurz und gut – es sind wahrscheinlich Wölfe ...

Überdies bin ich der festen Zuversicht, daß Liebe, wenn sie aufrichtig ist, nicht vergeht, wenigstens dann nicht, wenn man gleichzeitig mit Vernunft handelt. Doch eigentlich möchte ich das auch wieder ausstreichen, weil es nicht richtig ist, denn Liebe kann bestimmt vergehen – doch ist etwas wie eine Kraft der Wiedergeburt in der Liebe ...

Neulich kam ich am Hause von Israels vorbei – ich bin nie drin gewesen – die Haustür stand offen, da der Flur gescheuert wurde; ich sah Bilder im Gang hängen, und weißt Du, was? Den großen Herkomer: »Last Muster Sunday at Chelsea« und ein Photo nach dem

100   es verwirrt auch mich

bewußten Bild von Roll: »Grève de Charbonniers«, von dem ich Dir seinerzeit schrieb, wie Du Dich vielleicht erinnerst.

281 (Wohl 1. Mai 1883)
Damals hast Du mir viel erzählt von diesen schwedischen Malern Heyerdahl – Edelfeldt... Weißt Du, wer vielleicht der tüchtigste von all diesen Schweden ist? Vielleicht ein gewisser Wilhelm Leibl, ein Mann, der sich ganz selbst gebildet hat.

Ich habe von ihm die Reproduktion eines Bildes, mit dem er plötzlich hervorgetreten ist, ich glaube, auf der Ausstellung in Wien, im Jahre 82. Es stellt drei Frauen in einer Kirchenbank dar, eine sitzende Figur von einer jungen Frau in karierter Tracht (Tirol), zwei kniende alte Frauen in Schwarz mit Tüchern um den Kopf. Wunderbar in der Empfindung, und gezeichnet wie Memling oder Quinten Massys. Dieses Bild hat, wie es scheint, viel Aufsehen unter den Künstlern erregt; wie es seitdem mit dem Mann weitergegangen ist, weiß ich nicht...

Ich schrieb Dir doch über die Beziehungen von Frauen zu ihren Müttern – und da kann ich Dir versichern, daß neun Zehntel von den Schwierigkeiten, die ich mit der Frau hatte, direkt oder indirekt darin ihren Ursprung hatten.

Und doch sind diese Mütter, obwohl sie unsagbar töricht handeln, nicht geradezu schlecht. Aber sie wissen nicht, was sie tun – Frauen so um die Fünfzig haben oft etwas Mißtrauisches, und gerade ihre eigene Verschlagenheit und ihr Argwohn wird ihnen zum Unheil.

Ich erzähle Dir später mal, wenn Du willst, ein paar Besonderheiten. Ich weiß nicht, ob alle Frauen mit zunehmendem Alter zielbewußter werden; dann wollen sie ihre Töchter lenken und zurechtweisen und fassen es glattweg verkehrt an. In manchen Fällen mag ihr System eine raison d'être haben, aber sie dürfen nicht grundsätzlich und a priori annehmen, daß alle Männer Betrüger und Narren sind, und daraus folgern, daß die Frauen sie betrügen müßten und daß sie selbst alle Weisheit gepachtet hätten. Wird dieses System der Mutter unglücklicherweise auf einen Mann angewendet, der es ehrlich und redlich meint, so ist er schlimm dran.

Es gehört zu den Dingen, die heutzutage so allgemein sind, daß wohl jeder aus eigener Erfahrung genug Beispiele nennen kann, und wir dürfen nicht glauben, daß uns etwas Ungewöhnliches widerfährt.

Nun, wir sind eben noch nicht in einer Zeit, da die Vernunft, nicht nur in dem Sinne von raison[101], sondern gleichzeitig im Sinne von

101 Vernunft

conscience[102] von jedermann respektiert wird. Daran zu arbeiten, daß diese Zeit komme, ist unsere Pflicht, und bei der Beurteilung von Charakteren die Umstände der heutigen Gesellschaft in Betracht zu ziehen, ist eines der ersten Gebote der Menschenliebe.

282 *(Anfang Mai 1883)*
Als heute früh das Geld von Dir kam, war ich etwa eine Woche lang ohne Geld gewesen — d. h. buchstäblich ohne einen Cent. Außerdem war mein ganzes Zeichenmaterial aufgebraucht ... Es tut mir schrecklich leid, daß ich darum bitten muß, aber wenn es Dir einigermaßen möglich ist, schicke mir noch etwa zehn Francs. Es hängt eine Woche Arbeit davon ab, denn von Rappard werde ich nicht gleich Antwort haben können; ich bin schon à court und habe Modelle bestellt.

283
Ich habe für nächste Woche eine Verabredung mit v. d. Weele, in den Dünen zu *malen*; er will mir einiges erklären, was mir noch unklar ist.

Ich habe dieser Tage in den Dünen gearbeitet, aber ich sehne mich nach Modell, sonst komme ich nicht vorwärts.

Mit *einem* Wort, ich sorge mich ein bißchen. Schreib also so bald wie möglich; im übrigen geht es mit der Arbeit schön vorwärts, und ich glaube, Du würdest ein paar von den Zeichnungen, die ich jetzt mache, gut finden.

284 *(Um den 8. Mai 1883)*
Michelet sagt mit Recht: »Une femme est une malade.«[103] Sie sind veränderlich, Theo, veränderlich wie das Wetter. Nun, wer ein Auge dafür hat, der sieht etwas Schönes und Gutes in *jedem* Wetter, der findet Schnee schön, und brennende Sonne schön, und Sturm schön, und Stille schön, Kälte und Hitze, liebt alle Jahreszeiten und mag keinen Tag des Jahres missen, und im Grunde ist er damit zufrieden, daß die Dinge sind, wie sie eben sind; doch auch wenn man das Wetter und das wechselnde Jahr so betrachtet und ebenso die wechselnde weibliche Natur und wenn man im Grunde auch glaubt, daß eine raison in all dem Rätselhaften steckt und die Dinge hinnimmt, wo man sie nicht begreift — auch wenn man es so auffaßt, sage ich, ist doch unsere eigene Natur und Anschauungsweise nicht stets und in jedem Augenblick in Harmonie und Übereinstimmung mit der Natur der

---
102 *Gewissen*
103 *Eine Frau ist eine Kranke*

Frau, mit der wir verbunden sind, und man fühlt seinerseits entweder Sorge oder Unzufriedenheit oder Zweifel, trotz allem Glauben und gutem Mut und aller Gelassenheit, die man vielleicht hat.

Die endgültige Genesung der Frau sei eine Sache von Jahren, hat mir der Professor gesagt, der sie entbunden hat. So bleibt zum Beispiel ihr Nervensystem immer äußerst reizbar, und das Unbeständige, Veränderliche der Frauen hat sie sehr stark.

Die große Gefahr ist — das wirst Du verstehen — ein etwaiger Rückfall in ihre früheren Verirrungen.

Diese Gefahr, obwohl sittlicher Art, steht in Zusammenhang mit dem Physischen. Und dieses Hin- und Herpendeln zwischen Besserung und Rückfall in frühere falsche Gewohnheiten, wie ich es mal nennen will, darüber mache ich mir dauernd und oft ernstliche Sorge. Sie kann so schlechter Laune sein, daß es fast unerträglich ist, selbst für mich — jähzornig ist sie, macht mit Absicht alles verkehrt, kurz, manchmal verzweifle ich. Es geht dann wieder vorüber, und mehrfach hat sie hinterher zu mir gesagt: *»Ich weiß dann selber nicht, was ich tue.«* ...

Aber diese Verkehrtheiten müssen aufhören — Gewohnheiten wie Trägheit, Gleichgültigkeit, Mangel an Arbeitslust und Geschicklichkeit, ach, eine Menge Dinge. Doch alles hat dieselbe Wurzel: falsche Erziehung, Jahre einer völlig verkehrten Lebensauffassung, unheilvolle Einflüsse durch schlechte Gesellschaft. Das sage ich Dir im Vertrauen und nicht aus Verzweiflung, doch damit Du begreifst, daß es für mich nicht eine Liebe aus Mondenschein und Rosenduft ist, sondern etwas so Prosaisches wie ein Montagmorgen.

Es gibt ein kleines Bild von Tissot, das stellt eine kleine Frauengestalt im Schnee zwischen verwelkten Blumen dar. Voie des fleurs, voie des pleurs.[104] —

Nun, die Frau wandelt nicht mehr auf einer voie des fleurs wie damals, als sie jünger war und tat, was sie wollte, und ihren Neigungen folgte, sondern das Leben ist dorniger für sie geworden und eine voie des pleurs, besonders voriges Jahr, aber dieses Jahr hat auch Dornen, und die nächsten Jahre auch noch — jedoch wenn sie durchhält, kommt sie obenauf.

Aber manchmal gibt es eine Krisis — jedesmal dann, wenn ich es wage, irgendeinen Fehler zu tadeln, den ich schon lange still beobachtet habe. So zum Beispiel, um nur etwas zu nennen, daß sie die Sachen nicht ausbessert und die Kleider für die Kinder nicht selber näht. Aber schließlich endet es damit, daß sie sich eines schönen Tages darüber hermacht; es ist in dieser Hinsicht schon viel besser geworden und in

104 Weg voll Blumen, Weg voll Tränen

anderen Hinsichten auch. Ich muß mich selbst auch in so vielem ändern, gerade ich muß dafür sorgen, daß sie an mir ein Vorbild hat, was Arbeiten und Geduld betrifft, und es ist verdammt schwer, lieber Bruder, so zu sein, daß man einem anderen indirekt ein Beispiel gibt; da versage ich wohl auch manchmal; ich muß mich selber bessern, damit auch sie Lust dazu bekommt.

Dem Jungchen vor allem geht es ausgezeichnet; das Mädelchen ist früher sehr krank gewesen und vernachlässigt worden.

Aber das kleine Kerlchen ist ein wahres Wunder an Lebenslust und scheint sich schon jetzt gegen gesellschaftliche Einrichtungen und Konventionen auflehnen zu wollen. Soviel ich weiß, werden *alle* Kinder mit einer Art Brotbrei ernährt. Aber den hat er mit der größten Entschiedenheit abgelehnt; obwohl er noch keine Zähne hat, beißt er tüchtig in ein Stück Brot hinein und verzehrt allerlei Eßwaren, immer unter viel Lachen und Krähen und allerhand Lauten, aber bei Brei und solchem Zeug macht er den Mund ganz fest zu. Oft sitzt er bei mir im Atelier auf dem Fußboden in einer Ecke auf ein paar Säcken oder dergleichen, er kräht die Zeichnungen an und ist im Atelier immer schön ruhig, weil er da nach den Sachen an den Wänden guckt, ach, es ist ein so lieber kleiner Kerl.

285 (Etwa 20. Mai 1883)

Ich sah Arnold in der Stadt mit einem andern, vielleicht war es Trip[105]; sie gingen mit Mauve, aber ich sah sie nur ganz von weitem. Da Mauve in der Mitte ging, dachte ich: »Le Christ entre deux larrons«[106]; die Gruppe als tonige Silhouette gegen eine besonnte Mauer machte den Eindruck, als würde jemand von zwei Gendarmen abgeführt.

287 (Um den 31. Mai 1883)

Diese Woche habe ich fleißig an einer großen Zeichnung gearbeitet, von der ich Dir eine kleine Skizze schicke.

Als ich mit Rappard sprach, sagte er: »Diese allerersten Zeichnungen von dir waren doch gut, du müßtest mal wieder was in derselben Art machen.«

Weißt Du noch, daß ich Dir ganz im Anfang mal ein paar Skizzen geschickt habe: »Winter Tale«, »Shadows Passing« und einige andere? *Du* hast damals gesagt, Du fändest, die Bewegung der Figuren wäre nicht gut genug ausgedrückt, erinnerst Du Dich noch? Das war voll-

---

105 *Arnold und Tripp, Kunsthändler im Haag und in Paris*
106 *Christus zwischen zwei Schächern*

23 Torfgräber in den Dünen. Mai/Juni 1883

kommen richtig, aber nun habe ich mich seit ein paar Jahren mit der Figur herumgeplagt, um etwas Bewegung und auch etwas Struktur hineinzubekommen. Und gerade durch diese Plackerei war mir die Lust zum Komponieren und zum freien Waltenlassen der Phantasie einigermaßen vergangen. Als Rappard mit einer gewissen Wärme von jener allerersten Zeit sprach, wurde mir das wieder lebendig. Mag diese kleine Skizze auch oberflächlich sein, so glaube ich doch, daß Du etwas von jenem Allerersten drin wiederfinden wirst, aber eben mit mehr Bewegung.

Das sind *Torfgräber* in den Dünen — die eigentliche Zeichnung ist jetzt ungefähr 1 Meter zu $^1/_2$ Meter groß.

Es ist in der Natur ein wunderbar schöner Anblick, aus dem unendlich viele Motive herauszuholen sind; ich war in den letzten Wochen viel draußen und habe allerlei Studien gemacht. Rappard hat einiges davon gesehen, aber als er hier war, wußten wir noch nicht, wie etwas daraus zu machen wäre. Doch seitdem ist diese Komposition entstanden. Und als ich es erst mal so einigermaßen zusammengebracht hatte, ging es recht gut vorwärts, und ich saß schon früh um vier auf dem Dachboden, um daran zu arbeiten.

Nun ich einmal wieder mit dem Komponieren angefangen habe, will ich auch noch andere Kompositionen ausführen, die ich im Kopf habe und für die schon Studien vorhanden sind.

288   (3. Juni 1883)

Daß in meinem eigenen Fall — bei meinen geringen Einkünften — Pa und Ma gegen das Heiraten Einwände erhoben haben, weil eben kein Geld da war — das kann ich einigermaßen billigen — und wenigstens begreifen, daß sie so sprachen und es nicht zugeben wollten. Aber Theo, daß sie jetzt in *Deinem* Fall denselben Einwand vorbringen, Dir gegenüber, der eine feste Stellung hat und ein schönes Einkommen (wohlgemerkt: ansehnlicher als ihr eigenes) — das finde ich unsagbar anmaßend und durch und durch gottlos. Eigentlich sind Pastoren die gottlosesten Menschen in der Gesellschaft und dürre Materialisten. Nicht gerade auf der Kanzel, aber im Privatleben; vom moralischen Standpunkt aus kann man vielleicht in gewissen Fällen, wo *Brotmangel* im buchstäblichen Sinn vorauszusehen ist, gegen Heiraten Bedenken haben, doch meiner Meinung nach wird im Moralischen dieser Einwand völlig hinfällig, sobald von *Brot*mangel im buchstäblichen Sinn nicht die Rede sein kann. Und es wäre lächerlich, in Deinem Fall jetzt schon gleich *Brot*mangel vorauszusehen.

Angenommen, jemand wie der alte Herr Goupil erhöbe Einwände wegen des Geldes — von seinem Standpunkt aus, dem Standpunkt eines reichen Kaufmanns, erwartet man nichts anderes.

Aber von Pa und Ma, die demütig und mit dem Einfachen zufrieden sein müßten, finde ich es sehr häßlich, so zu reden, und ich schäme mich gewissermaßen, daß sie so sind ...

Ich würde ich weiß nicht was tun wollen, wenn ich es dadurch ungeschehen machen könnte. Ich würde stolz auf Pa sein mögen, weil er ein wahrhaft armer Dorfpfarrer im reinen Sinn des Evangeliums wäre, aber ich finde es so kläglich, wenn Pa auf solche Dinge verfällt, die nicht mit »the dignity of his calling«[107] in Einklang stehen. Ich finde, man kann von Pa mit Recht erwarten, daß er mitwirke, wo es um die Erhaltung einer armen, einsamen Frau geht. Für sie Partei zu ergreifen, wäre das richtige, eben weil sie arm und einsam ist.

Daß er es nicht tut, ist ein gewaltiger Fehler von Pa, und es ist unmenschlich von jedem, der so handelt; doppelt unmenschlich von einem Diener des Evangeliums. Einer solchen Frau im Wege zu stehen, ihre Rettung zu *verhindern*, ist ungeheuerlich.

Nun weiß ich freilich sehr gut, daß fast alle Pastoren sprechen würden wie Pa — und darum rechne ich für mein Teil diese ganze Sippschaft zu den gottlosesten Menschen, die es in der menschlichen Gesellschaft gibt ...

Als Pa hier war, sprach er sehr mißbilligend über mein Zusammenleben mit der Frau; ich sagte darauf, daß ich mich nicht weigere, sie zu heiraten.

Da *wich* Pa *aus* und redete drüber hin. Er wollte nicht geradezu

---
107 *der Würde seines Berufs*

sagen, daß ich sie verlassen solle, aber bedauerte es, daß ich Beziehungen zu ihr hatte.

Ich habe übrigens wenig mit Pa darüber gesprochen, gerade weil ich nicht einsehen kann, daß ausgerechnet er der Mensch wäre, der sich damit zu befassen hätte. Du hast Deine Pflicht getan und es Pa und Ma mitgeteilt, doch nun sie so reden, geben sie Dir, finde ich, das Recht, sie in Zukunft von vertraulichen Mitteilungen auszuschließen und ihnen weniger darüber zu sagen, als wenn sie einsichtiger wären. Sie haben insofern unrecht, als sie in diesem Fall nicht demütig und human genug sind...

Es verlangt mich sehr danach, Theo, daß Du wieder mal ins Atelier kommst, denn es sind wieder viele Studien da, und jetzt kannst Du auch sehen, welches Ziel mir vorschwebt, wenn ich die Studien mache, aus denen sich noch viel mehr herausholen läßt.

Ich habe mir einen Rahmen oder vielmehr ein Passepartout aus gewöhnlichem Holz machen lassen und das wie Nußbaumholz getönt, mit schwarzem Innenrand, das schließt die Zeichnung gut ab, und es läßt sich sehr schön in dem Rahmen arbeiten. Ich habe mich auf größere Kompositionen eingerichtet und habe wieder Keilrahmen für zwei neue dastehen; gern würde ich auch mal das Holzfällen im Wald machen und den Müllabladeplatz mit den chiffonniers[108] und das Kartoffelhacken in den Dünen.

Es war gut, daß ich Rappard mal besucht habe, denn seine freundschaftliche Teilnahme hat meine Arbeitslust neu belebt, wo ich nicht genug Selbstvertrauen hatte.

Aber wenn Du diese Zeichnungen siehst, Theo, und die Studien, dann wirst Du verstehen, daß ich dies Jahr soviel Sorge und Mühe gehabt habe, wie ich nur ertragen konnte. Es ist rasend schwer, die Figur zu schmieden. Wahrhaftig, es ist damit wie mit dem Eisen – man arbeitet an einem Modell und arbeitet immer weiter, im Anfang geht es nicht, aber endlich wird es gefügig, und man findet die Figur, so wie das Eisen schmiedbar wird, wenn es glühend ist, und *dann* muß man dabeibleiben und weitermachen. Für diese beiden Zeichnungen habe ich andauernd Modell gehabt und mich von früh bis spät abgerackert.

Es ist eine Enttäuschung, von Dir zu hören, daß die Geschäfte nicht besonders gut gehen; wenn die Lage schwieriger wird, so laß uns die Energie verdoppeln. Ich werde doppelte Aufmerksamkeit auf meine Zeichnungen verwenden, aber vorläufig sei auch Du doppelt aufmerksam mit dem Geldschicken. Es bedeutet für mich Modell,

108 Lumpensammlern

Atelier, Brot; eine Einschränkung Deiner Sendungen hat so was wie Ersticken und Ertrinken zur Folge — ich meine, ich kann es jetzt ebensowenig entbehren oder mit weniger auskommen, wie ich die Luft entbehren kann. Ich habe diese zwei Zeichnungen schon lange im Sinn gehabt, aber ich hatte das Geld nicht, um sie auszuführen; jetzt, weil Rappard mir was geborgt hat, sind sie vom Stapel gelaufen. Die Schaffenskraft kann man nicht zurückhalten, es muß heraus, was man fühlt.

Weißt Du, was ich mir oft überlege? Ob ich nicht in England Beziehungen zum »Graphic« oder zu den »London News« kriegen könnte. Ich würde jetzt, wo es mir gut von der Hand geht, so furchtbar gern an einigen größeren Kompositionen weiterarbeiten, die für illustrierte Zeitschriften geeignet wären ...

Ich würde darauf hinarbeiten, gegen ein monatliches Entgelt fest angestellt zu werden, das wäre mir lieber, als ab und zu eine Zeichnung verhältnismäßig teuer zu verkaufen.

Und ich würde mich zu einer Reihe von Kompositionen verpflichten, etwa in der Ausführung wie die beiden, die jetzt auf der Staffelei stehen, oder wie andere, die ich noch dazu machen werde.

Meiner Meinung nach wäre es das beste, selbst einmal mit Studien und Zeichnungen nach London zu fahren und die Leiter der verschiedenen Betriebe aufzusuchen oder lieber noch die Zeichner Herkomer, Green, Boughton (einige sind freilich jetzt in Amerika) oder andere, wenn sie in London sind. Und ich könnte dort auch besser als anderswo Auskunft über die verschiedenen Verfahren erhalten. Wer

24 *Arbeiter in der Sandgrube. Juni 1883*

weiß, vielleicht führe Rappard mit und würde auch Zeichnungen mitnehmen. So etwas Ähnliches, ohne sich starr an den Plan zu halten, sollte man doch machen, finde ich.

Ich glaube, ich könnte es auf mich nehmen, ungefähr jeden Monat eine große Zeichnung für eine Doppelseite (double page engraving) der illustrierten Zeitschrift zu liefern, und ich würde mich auch auf die anderen Formate verlegen, Vollseite (whole page) und halbe Seite (half page) ...

Glaubst Du nicht auch, daß man im selben Stil, in dem ich jetzt Torfstecher und Sandarbeiter angepackt habe, auch eine Menge anderes, Holzfäller usw. machen könnte, das lebendig genug wäre, um als Illustration zu dienen?

Doch noch einmal: das Geld von Dir ist mir vollkommen unentbehrlich, solange ich keine Stellung gefunden habe. Was ich heute von Dir erhielt, ist genausoviel, wie ich gleich wieder ausgeben muß; ich muß noch drei Modelle bezahlen, die ein paarmal dagewesen sind, ich muß den Zimmermann bezahlen, Miete bezahlen, den Bäcker und den Kaufmann und den Schuster bezahlen und wieder einiges einkaufen. Nun, ich habe zwei weiße Bogen für neue Kompositionen vor der Nase und muß mich doch an die Arbeit machen. Wieder müßte ich Tag für Tag Modell nehmen und ringen, bis ich es aufs Papier brächte. Quand bien même mache ich mich dran, aber Du verstehst, daß ich in ein paar Tagen vollkommen à sec[109] bin, und dann diese fürchterlichen acht langen Tage des Nicht-weiter-Kommens und Wartens, Wartens, bis wieder der Zehnte ist.

Ja, Junge, könnten wir nur jemanden finden, der die Zeichnungen nähme! Für mich ist das Arbeiten ein unbedingtes Bedürfnis, ich kann es eigentlich nicht auf die lange Bank schieben, ich habe an nichts anderem mehr Freude als an der Arbeit, das heißt, die Freude an etwas anderem hört sofort auf und ich werde melancholisch, wenn ich mit der Arbeit nicht weiterkann. Ich habe dann ein Gefühl wie ein Weber, der sieht, daß seine Fäden sich verwirren und das Muster, das er auf dem Webstuhl hat, zum Teufel geht, daß alles Denken, alle Anstrengung vergeblich ist.

Suche es also so zu deichseln, daß wir mit aller Willenskraft durchhalten! Ich will um Erlaubnis bitten, in dem Altmänner- und Frauenstift arbeiten zu dürfen. Ich habe schon viele Studien von Waisenmännern, aber ich muß auch Frauen haben und die ganze Umgebung an Ort und Stelle.

Nun, Du hast selbst für eine Frau zu sorgen, Du weißt also zur

109 *auf dem trocknen*

Genüge, daß ich es auch nicht leicht habe, und dazu noch die beiden Kleinen ...

Theo, die Schwierigkeiten, die ich mit der Frau hatte, als ich Dir neulich schrieb, weißt Du, was das war? — *Ihre* Familie versuchte, sie mir abspenstig zu machen; ich habe mich um *niemanden* von ihnen, außer um die Mutter, jemals gekümmert, weil ich fand, es sei ihnen nicht zu trauen. Je mehr ich die Geschichte dieser Familie zu ergründen suchte, um so mehr bin ich in dieser Meinung bestärkt worden. Aber gerade, weil ich sie nicht beachtet habe, intrigieren sie gegen mich, und so ist es zu einem hinterlistigen Vorgehen gekommen. Ich habe der Frau gesagt, wie ich über die Absichten ihrer Angehörigen denke, und weiterhin, daß sie zwischen ihrer Familie und mir wählen müsse, daß ich aber mit keinem von ihnen umgehen wolle, in erster Linie, weil ich glaubte, der Verkehr mit ihrer Familie würde sie zu ihrem alten, schlechten Lebenswandel zurückführen. Die Familie hatte ihr vorgeschlagen, zusammen mit ihrer Mutter dem einen Bruder, der von seiner Frau getrennt lebt und ein bekanntes mauvais sujet[110] ist, den Haushalt zu führen. Der Grund, warum sie ihr rieten, von mir wegzugehen, war: ich verdiente zu wenig, ich wäre nicht gut zu ihr und täte es nur wegen des Modellstehens, und ich würde sie eines Tages im Stich lassen. Nota bene, des kleinen Kindes wegen habe ich das ganze Jahr lang recht wenig von ihrem Modellstehen haben können, nicht wahr. Nun, ich überlasse es Dir zu entscheiden, inwieweit dieser Verdacht gegen mich begründet war. Na, das wurde also hinter meinem Rücken alles schön im stillen besprochen, und schließlich hat es mir die Frau erzählt. Ich sagte, mache was du willst, aber ich verlasse dich nicht, es sei denn, daß du dein früheres Leben wieder aufnimmst. Das Elend ist, Theo, daß man auf diese Art versucht, wenn es mal recht knapp bei uns war, die Frau irrezumachen, zum Beispiel sucht dieser Taugenichts von einem Bruder sie zu bewegen, das frühere Leben wieder aufzunehmen. Nun, ich will nur das eine sagen: ich fände es tüchtig und großzügig von ihr, wenn sie alle Beziehungen zu ihrer Familie abbräche. Ich selber rate ihr ab hinzugehen, aber wenn sie gehen will, lasse ich sie gehen. Und die Versuchung, zum Beispiel ihr Kind vorzuführen, bringt sie immer wieder zu der Familie zurück. Dieser Einfluß ist unheilvoll, und sie ist ihm zugänglich, gerade weil er von ihrer Familie kommt, und sie machen sie unsicher, indem sie sagen: »Er läßt dich ja doch im Stich«, und auf diese Art versucht man, sie dazu zu bewegen, daß sie *mich* im Stich läßt.

110 Taugenichts

290 (3. Juni 1883)

Ich war heute früh in einem Hofje, Junge, bei einem alten Weiblein (mit dem ich wegen Modellstehen verhandeln mußte); die hat zwei uneheliche Kinder ihrer Tochter, welche ausgehalten wird, wie man es nennt, bis jetzt großgezogen. Verschiedenes hat mich sehr betroffen, zunächst die Verwahrlosung der armen Schäfchen, obschon die Großmutter doch tut, was sie kann, und es noch viel Schlimmere gibt; auch die treue Redlichkeit der Großmutter hat mich tief bewegt, und ich sage mir, wenn ein altes Weiblein ihre runzligen Hände für so etwas rührt, dann dürfen doch wir Männer die unsern nicht schonen. Ich sah auch die Mutter selbst, die einen Augenblick kam, um nach dem Rechten zu sehen, in liederlichen, zerrissenen Kleidern mit wirrem, unordentlichem Haar. Und ich dachte, es ist doch ein Unterschied zwischen der Frau, mit der ich lebe, so wie sie jetzt ist und wie sie vor einem Jahr war, als ich sie fand, und zwischen den Kindern dort und hier. Ach, wenn man mal die Wirklichkeit vor Augen hat, dann ist es sonnenklar, daß es etwas Gutes ist, für Menschen zu sorgen, die sonst verwelken und verdorren würden...

Doch was Dich betrifft, so sehe ich voraus, daß Du mit gewissen Dingen zu kämpfen haben wirst wie jeder Mensch – Dingen noch anderer Art, die übrigens in jedem Leben vorkommen. Du mußt darauf gefaßt sein, daß Du in der Frau, für die Du sorgst, allmählich ganz andere Dinge sehen wirst als jetzt, in ihrem Charakter nämlich. Um es mit einem Wort rundheraus zu sagen, Du wirst von ihr enttäuscht werden und vielleicht zu ihr sagen: »Wie hast du dich verändert«, und sie sagt dasselbe zu Dir. Dann wäre es, finde ich, ein Schritt vorwärts, wenn Ihr Euch trotz der gegenseitigen »Veränderung« nicht aneinander ärgern würdet, wenn *Du* gelernt hättest, Dinge von *ihr* zu ertragen, und *sie* gelernt hätte, Dinge von *Dir* zu ertragen, oder mit anderen Worten, wenn Ihr einander nehmen würdet, wie Ihr seid. Siehst Du, das ist eine Krise, der niemand entgeht, eine Krise, durch die manche fester miteinander verbunden, andere wieder voneinander getrennt werden, was immer sehr beklagenswert ist, wenn man sich einmal zusammengetan hat. Mit einem Wort: *Durchhalten* ist nicht immer leicht.

Und hier in meinem Fall bin ich gerade jetzt sehr froh gewesen, daß *Kinder* da waren, dadurch ließ sich der Weg der Pflicht deutlicher erkennen. Sowohl für die Frau als auch für mich. Der Mensch hat keinen besseren Freund als die *Pflicht,* und wenn das manchmal auch eine grobe und harte Herrin ist – solange man bei ihr arbeitet, wird man nicht leicht Bankrott machen.

Und wenn ich voraussehe, daß Du vielleicht mehr als der gewöhnliche Durchschnitt zu kämpfen haben wirst, so gründet sich meine Annahme darauf, daß diese Frau wahrscheinlich auch aus einem sogenannten niederen Stand ist. Und was zum Beispiel Pa darüber sagt – Du kennst seine Denkweise hinreichend genug, als daß ich sie zu wiederholen brauchte –, das ist wirklich wahr, wenigstens in vielen Hinsichten gebe ich es zu. Doch gibt es Fälle, wie jetzt den Deinen, wo es darum geht, ein Leben über Wasser zu halten, und dann – ja, dann wird selbst Pa unsicher werden, oder richtiger, ich glaube eigentlich, daß dann auch *sein* Herz entscheiden wird: »Je vote pour la vie.«[111] Ach, siehst Du, *wenn* ich manchmal zweifle, dann frage ich mich: »Würdest du denn ein *Richter* sein mögen, der ein Todesurteil spricht?« Und jedesmal habe ich nur *eine* Antwort: »Nein, ich bin ein für allemal für Abschaffung der gesetzlichen und der anderen Todesstrafen, für Abschaffung der Bannflüche und anderer peines capitales[112].« Leben zu *erhalten,* zu achten, dazu sind wir berufen, das ist unsere Pflicht, das können wir immer verantworten, auch wenn die Welt uns unrecht gibt, auch wenn es uns nicht zum Vorteil gereicht...

Daß Du einige Menschen wegen der Frau gegen Dich aufbringen wirst, dazu möchte ich sagen: nach einer festen Verbindung zu trachten, ist meiner Meinung nach etwas, was man nie zu bereuen hat – im Gegensatz zu vielen, die grundsätzlich nur Beziehungen sans conséquences[113] anknüpfen.

Durch eine feste Verbindung findet man eine große innere Ruhe und ist meiner Meinung nach in Harmonie mit der Natur, während man gegen die ewigen sittlichen Gesetze verstößt, wenn man sich den Folgen der Verbindung mit einer Frau zu entziehen sucht. Und wer sein Leben in Harmonie mit den ewigen Gesetzen der Natur und der Sittlichkeit regelt, der wirkt dadurch meines Erachtens an der Reform und dem Fortschritt und der Gesundung von Dingen mit, die in der heutigen Gesellschaft in Verwirrung und Unordnung sind. Zweifle also nicht daran, daß Deine Handlungsweise vernünftig ist; gegenüber zynischen und tadelnden Bemerkungen der Menschen kannst Du gar nicht ruhig und gleichgültig genug sein...

Doch weißt Du, was eine Gefahr ist, die ich jetzt besser erkenne als früher? Du hast es nicht nur mit Deiner eigenen Auffassung der Dinge zu tun, sondern auch damit, wie die Frau sie auffaßt, mit der Du zusammen bist... Kurz, die Frau kann durch starke Erschütte-

---

111 *Ich stimme für das Leben*
112 *Todesstrafen*
113 *ohne Folgerungen*

rungen, die sie mit Dir erlebt und zu überwinden hat, sich stark verändern; zum Guten oder zum Schlechten, je nachdem, wie sie die Dinge auffaßt; sie kann durch das Gegen-den-Strom-Schwimmen an Charakter gewinnen oder verlieren.

Und das Rückschrittliche liegt nun einmal in der weiblichen Natur.

Doch weil die Frau von Dir etwas Intellektuelles an sich hat und weil sie nicht ungebildet ist, glaube ich, daß sie deswegen doppeltes Vertrauen verdient...

Und was meine Finanzlage angeht, so wisse: was Du einigermaßen entbehren kannst, ist mir unbedingt nötig wie die Luft, meine Produktivität hängt davon ab; doch ich glaube, Du brauchtest Dich nicht zu scheuen, einige Schritte zu tun, um meine Arbeiten zu empfehlen, denn das wird nicht mißlingen; ich glaube Dir versichern zu können, daß wir Freunde dafür finden werden. Um es Dir auch von mir aus leichter zu machen, habe ich an C. M. geschrieben, obschon es mir durchaus kein Vergnügen war, das kannst Du mir glauben! Und ich wollte Dich mal fragen, ob *Du* vielleicht ein paar Worte an Tersteeg schreiben könntest, daß ich jetzt diese großen Zeichnungen unter den Händen habe. Siehst Du, mein Junge, wenn *jetzt* zum Beispiel Mauve einmal zu mir käme, vielleicht, vielleicht ließen sich Bilder daraus machen — die Studien und Kompositionen sind, glaube ich, genug durchgearbeitet, um als Grundlage für ein Bild zu dienen. Wenn ich über Mittel verfügte, wäre ich gar nicht darauf aus, sie zu verkaufen, sondern ich würde dann meine Arbeiten lieber zusammenhalten, bis sie ein schönes Ganzes bildeten. Und denke dran, daß ich Dein Kommen ungeduldig herbeisehne; ich glaube, lieber Bruder, Du wirst sehen, daß bei Deiner Aufopferung und Treue gegen mich doch etwas herausgekommen ist und noch mehr herauskommen wird.

Und »Zukunftsbilder« sich auszumalen kann man nicht lassen. Auch dann nicht, wenn man bestimmt weiß, daß nichts sicher und hinreichend genau vorauszusehen ist.

289 (Um den 5. Juni 1883)
Ich war heute schon um vier Uhr früh draußen, ich habe vor, die chiffonniers in Angriff zu nehmen, oder richtiger, der Angriff hat bereits begonnen. Für diese Zeichnung brauche ich Studien von Pferden; heute habe ich zwei im Stall der Rheinbahn gemacht, und wahrscheinlich bekomme ich auch ein altes Pferd auf dem Müllabladeplatz.

Die Sache dort am Müllplatz ist wunderbar, aber sehr verwickelt und schwierig und wird viel Kampf kosten. Ganz frühzeitig habe ich schon ein paar Entwürfe gemacht. Der eine, wo man einen Durchblick auf ein ganz kleines leuchtendes Fleckchen von frischem Grün hat, wird wohl der endgültige werden.

Es ist so ähnlich wie obenstehende Skizze; alles, auch die Frauen im Vordergrund und das weiße Pferd im Hintergrund, muß in clair-obscur kommen gegen den kleinen grünen Fleck mit einem Spalt Himmel drüber. So daß man den Gegensatz herauskriegt zwischen den düsteren Schuppen, die sich in der Perspektive überschneiden, und all dem Dreck und den grauen Gestalten einerseits und etwas Reinem und Frischem anderseits.

Im tonigen clair-obscur bilden die Frauengruppen und das Pferd hellere Stellen und die chiffonniers und Müllhaufen dunklere Flächen. Im Vordergrund allerlei zerbrochene und weggeworfene Gegenstände, Teile von alten Körben, eine verrostete Straßenlaterne, zerbrochene Töpfe usw.

Während der Arbeit an diesen beiden Zeichnungen sind so viele Ideen und soviel Lust zu noch anderen Sachen in mir wach geworden, daß ich gar nicht weiß, wo ich zuerst anfangen soll, aber jetzt habe ich mich nun mal für den Müllabladeplatz entschieden...

Obwohl ich beinah nichts mehr habe, hab ich doch für diese neue Zeichnung wieder Modelle bestellt, und für das, was ich im Augenblick noch habe, bekomme ich heute vielleicht einen Scheveninger Hut und Schultermantel.

Wenn ich den Schultermantel mit den Flicken erwischen kann, Junge, dann habe ich meine Frauenfigur für den Vordergrund der Zeichnung mit den chiffonniers, das weiß ich bestimmt.

291 *(Um den 6. Juni 1883)*
Es liegt mir am Herzen, mal mit Dir darüber zu sprechen, daß Pa ein alter Mann ist und so innig an Dir hängt; ich glaube, Du wirst dahinterkommen, daß er sich mit Deiner Auffassung abfinden wird, wenn es nicht anders geht, selbst wenn sie der seinen entgegengesetzt ist; doch nie könnte er sich damit abfinden, daß eine Entfremdung zwischen Euch einträte oder Ihr weniger Umgang miteinander hättet. Nun, ich kenne Pa ja auch einigermaßen, und ich glaube, Anzeichen einer gewissen Melancholie zu bemerken.

Und von einem humanen Standpunkt aus gesehen, nehme ich, was ich damals geschrieben habe, zurück: »Dadurch, daß sie so reden, haben sie gezeigt, daß sie Deines Vertrauens nicht würdig sind, und

Du brauchst sie weiterhin nicht zu unterrichten«, oder so ähnlich, ich weiß es nicht mehr genau. Aber verstehe mich recht: Nicht weil ich das, was sie gesagt haben, weniger ablehne, sondern weil ich glaube, daß man es in diesem Fall nicht so schwernehmen darf und daß keine dringende Notwendigkeit besteht, dagegen zu Felde zu ziehen, solange es Worte bleiben. Es dadurch abzuschneiden, daß man zum Beispiel sagt: »Du siehst die Zukunft doch wohl ein bißchen düster«, und »Du kannst doch nicht von mir verlangen, daß ich so handle, als ob der Weltuntergang bevorstünde«, scheint mir in diesem Fall ebenso klug wie ihre Worte schwerzunehmen.

Ich habe den Eindruck, als sei Pa etwas melancholisch, als sorge er sich um Dich und als mache er sich schwere Gedanken — aber noch einmal: Direkt schreibt Pa keine Silbe darüber, und als er hier war, sprach er mit keinem Wort davon, aber gerade, daß er *nicht* darüber spricht, ist etwas Anormales ...

Nun noch ein paar Worte über die Arbeit; ich habe heute um die Erlaubnis nachgesucht, im Altersheim Skizzen machen zu dürfen, nämlich vom Männersaal, vom Frauensaal und vom Garten. Aus dem Fenster habe ich einen alten Gartenarbeiter an einem krummen Apfelbaum skizziert und die Werkstatt des Zimmermanns dort, wo ich mit zwei Waisenmännern Tee getrunken habe.

In den Männersaal darf ich als Besucher kommen, es war sehr nett dort, gar nicht zu sagen, wie nett.

Ein Kerlchen mit langem, magerem Hals in einem Rollstuhl war einfach unbezahlbar. In der Zimmermannswerkstatt mit diesen beiden alten Leutchen und dem Blick auf den kühlen, grünen Garten war es genauso wie zum Beispiel auf der Photographie von Bingham nach dem kleinen Bild von Meissonier, wo die zwei Pastoren beim Trinken sitzen. Vielleicht weißt Du, was ich meine. Ob ich die Erlaubnis bekomme, ist nicht ganz sicher; man muß beim beratenden Diakonus darum nachsuchen, das habe ich getan, und nun muß ich mir noch die Antwort holen.

Im übrigen geht mir die Zeichnung vom Müllabladeplatz sehr im Kopf herum. Ich schrieb Dir ja, daß ich Aussicht hätte, einen Scheveningschen Schultermantel zu bekommen; nun, den habe ich jetzt, und einen alten Hut habe ich zugekriegt, doch der ist nicht besonders schön; aber der Schultermantel ist großartig, ich habe gleich damit zu arbeiten angefangen. Ich freue mich ebenso darüber wie seinerzeit über den Südwester.

Und mit der Skizze des Müllabladeplatzes bin ich soweit, daß ich die schafstallartige Wirkung von innen gegen außen, das Licht in den düsteren Schuppen einigermaßen drin habe, und auch die Gruppe der Frauen, die ihre Mülleimer leeren, beginnt sich zu entwickeln und Form zu kriegen.

Nun, das Hin und Her der Schubkarren und der Chiffonniers mit Mistgabeln, das Getriebe in den Schuppen muß noch ausgedrückt werden, ohne daß der Gesamteffekt von Hell und Dunkel verlorengeht. Im Gegenteil muß er dadurch verstärkt werden.

Ich glaube, Du wirst auch von Dir aus Pa's Worte ähnlich auffassen, und ich sage Dir also nichts Neues, aber ich würde mich freuen, wenn mit einiger bonhomie[114] der Friede erhalten werden könnte. Diesen Winter war Pa ebensosehr wie jetzt dagegen, daß ich mit der Frau zusammenlebte, und doch schickte er mir eine Art warmen Mantel, »ob ich den vielleicht gebrauchen könnte«, ohne genau zu sagen wozu, doch offenbar in dem Gedanken, »sie könne vielleicht frieren«. Siehst Du, das ist doch das Rechte, und für *eine* solche Tat würde ich mit Freuden drei Säcke voll Worte hinnehmen.

Denn ich selber gehöre auch nicht zu den Menschen, die nie mit Worten Fehler begehen — solche Menschen wären vollkommen —, und ich habe auch nicht den geringsten Anspruch auf Vollkommenheit. Ich wollte Dir also sagen: in jedem Fall hat Pa gegen mein Zusammenleben mit der Frau vieles einzuwenden, sicher *noch viel* mehr als bei Dir, und trotzdem hat er im Winter doch so was gedacht wie »dieses verwünschte Weib — aber frieren soll sie doch nicht«. Und jetzt denkt er vielleicht in Deinem Fall: »Das arme katholische Weib soll doch nicht so allein sein« oder so was Ähnliches; mach Dir also keine Sorgen, hab guten Mut, und beruhige Pa und Ma.

292 *(Um den 10. Juni 1883)*
Nun, seit ich Dir neulich schrieb, habe ich mich mit der Zeichnung vom Müllabladeplatz arg geschunden. Es ist ein prachtvoller Vorwurf.

Die erste Zeichnung hat schon so viele Veränderungen durchgemacht, ist an verschiedenen Stellen mal hier weiß und dann wieder schwarz gewesen, daß ich sie auf einen zweiten Bogen übertragen habe, weil der erste zu verarbeitet war. Und jetzt arbeite ich von neuem daran. Ich muß deswegen frühzeitig aufstehen, denn dann sehe ich die Effekte, die ich brauche. Könnte ich es nur so herauskriegen, wie es in Gedanken vor mir steht!

Nun, diese zweite Zeichnung ist in derselben Größe wie die beiden früheren vom Torfstich und von der Sandgrube und paßt in den Rahmen...

114 *Gutmütigkeit*

Was Du darüber sagst, daß zu viel Verkehr mit Malern *nicht* gut sei, aber einiger Verkehr doch, das finde ich sehr richtig. Aus diesem Grunde freue ich mich auch, daß v. d. Weele herkommt.

Ja, manchmal kann man Sehnsucht danach haben, mit Leuten zu reden, die was davon verstehen. Vor allem dann, wenn man im gleichen Geiste arbeitet und sucht, kann man sich gegenseitig sehr stärken und anregen, und man wird nicht so leicht entmutigt.

Man kann nicht immer fern der Heimat leben, und die Heimat ist nicht nur die Natur, sondern es müssen auch Menschenherzen dazukommen, die dasselbe suchen und empfinden. Dann erst ist die Heimat vollständig, und man fühlt sich wie zu Hause.

293

Weißt Du noch, daß ich Dir vor einiger Zeit schrieb: »Ich sitze vor zwei großen weißen Bogen und weiß noch nicht, wie ich was draufkriegen soll?«

Nun, seitdem ist auf den einen der Müllabladeplatz gekommen, und in den letzten Tagen habe ich auch mit dem zweiten gute Fortschritte gemacht. Das soll was mit Kohlen werden, wie ich es vom Atelierfenster aus auf dem Gelände der Rheinbahn sehe. Da liegen große Kohlenhaufen, und da arbeiten Männer dran, und es kommen allerhand Leutchen mit Schubkarren, um einen Sack Kohlen zu kaufen; an manchen Tagen geht es sehr geschäftig zu, und besonders nett war es im Winter, als Schnee lag.

Ich hatte schon lange daran gedacht, und neulich am Abend sah ich es besonders schön und habe meine Skizze gemacht; die ist so gut gelungen, daß ich seitdem wenig daran geändert habe, was die großen Linien der Komposition angeht. Damals habe ich einen Kerl an Ort und Stelle gehabt, der auf die Haufen hinaufgeklettert war und sich mal hierhin, mal dorthin stellte, so daß ich die Proportionen der Gestalt in verschiedenen Stellungen sehen konnte. Seitdem habe ich mehrere Figurenstudien dafür gemacht, obwohl die Figürchen nur klein werden.

Und während ich an diesen Studien arbeite, beginnt sich der Plan zu einer noch größeren Zeichnung bei mir zu befestigen, nämlich der Entwurf zu dem Kartoffelhacken; es steht mir so deutlich vor Augen, daß Du vielleicht auch was dran finden wirst. Die Landschaft soll ein flaches Gelände sein und eine Dünenlinie. Die Figuren ungefähr einen Fuß hoch, die Komposition im Breitformat, eins zu zwei. Ganz vorn in der einen Ecke kniende Figuren von Frauen, die die Kartoffeln aufsammeln, als repoussoir. Eine Reihe grabender Männer und Frauen im Mittelgrund. Und die Perspektive des Geländes so genommen, daß ich an die andere Ecke der Zeichnung, den Sammlerinnen entgegengesetzt, die Stelle kriege, wo die Schubkarren ankommen.

Nun, außer den knienden Frauen könnte ich Dir alle anderen Figuren schon in großen Studien zeigen.

Ja, dieser Tage wollte ich nun mit der Zeichnung anfangen, das Gelände habe ich auch so einigermaßen im Kopf; nun will ich mir noch in aller Ruhe ein schönes Kartoffelfeld suchen und für die Linien der Landschaft Studien davon machen.

Gegen den Herbst, wenn die Kartoffeln gehackt werden, müßte die Zeichnung fertig sein, wenigstens als durchgearbeitete Skizze, und dann hätte ich nur noch den Ton zu geben und die letzte Hand anzulegen.

Im vorigen Jahr habe ich es hier gesehen, im vorvorigen Jahr in 't Heike, wo es wunderbar war, und noch ein Jahr vorher im Borinage, wo es die Bergarbeiter machten. Nun steht es mir ausgereift vor Augen.

294 *(Mitte Juni 1883)*

Es ist, glaube ich, die kräftigste Zeichnung, die ich bisher gemacht habe, und über die Auffassung denke ich ähnlich, wie Rappard es in seinem Brief sagt. Ich komme — genau wie er — zu derselben Arbeitsweise wie gewisse Engländer, ohne sie nachzuahmen; wahrscheinlich deshalb, weil mich in der Natur dieselben Dinge anziehen, die nur von verhältnismäßig wenigen gemacht werden, und so muß man, wenn man sie macht, eine Arbeitsweise suchen, die wiedergibt, was man fühlt; und um auszudrücken, was man will, muß man sich ein wenig außerhalb der gewohnten Gleise bewegen.

(Gerade wie Rappard auf seiner Zeichnung allerlei Maschinen in vollem Gang gezeichnet hat, an die sich sonst fast niemand heranwagen würde — Maschinen, die alles andere sind, als was *gewöhnlich* für malerisch gilt.)

Weißt Du, wie die Zeichnung von Rappard wirkt? Genauso, als lese man die Beschreibung einer Fabrik von Zola oder Daudet oder Lemonier! ...

Beim Komponieren einer Zeichnung spielt das Denken und das *Durch*denken eine fast noch größere Rolle als beim Malen, und ich befinde mich sehr wohl dabei, z. B. jetzt bei der letzten habe ich einen Tag und die halbe Nacht durchgearbeitet. Aber auf die Art kann man auch produktiv werden — es nimmt einen dann auch völlig in Anspruch. Doch gerade wenn die Arbeit einen so stark fesselt, muß man dabeibleiben, bis man sozusagen dabei umfällt. Ich bin völlig à sec, wenn Du kannst, schicke etwas früher.

Ich werde heute nacht wegen der Zeichnung wohl wieder wenig schlafen, aber es ist sehr gemütlich mit einem Pfeifchen, nachts, wenn alles still ist; und wenn es hell wird und die Sonne aufgeht, das ist göttlich.

295 (Etwa 21. Juni 1883)

Es ist noch nicht vier. Gestern abend hat es gewittert und heute nacht geregnet. Jetzt regnet es nicht mehr, aber alles ist noch naß und der Himmel grau, doch hier und da von dunkleren oder helleren Wolkenmassen gebrochen, die sich grauviolett und gelblichweiß dahinwälzen. Das Grün ist grau und tonig, weil es noch so früh am Morgen ist; auf dem nassen Weg kommt ein Bauer in indigoblauem Kittel auf einem braunen Pferd angeritten, das er vom Lande hereingeholt hat.

Die Stadt im Hintergrund ist eine graue Silhouette, aber auch tonig, wobei die roten, nassen Dächer sehr lebendig wirken. Es hat mehr von Daubigny als von Corot, durch die verschiedenen Farben des Bodens und durch das Grün, durch das Herzhafte des Ganzen. Du würdest Dich sicher auch so dran freuen wie ich, wenn Du es sehen könntest. Es gibt nichts Schöneres als die Natur am frühen Morgen ...

Neulich las ich einen merkwürdigen Ausspruch bei Taine (Kritik über Dickens), er sagt: »*Le fond du caractère Anglais c'est l'absence du bonheur.*«[115] Völlig befriedigend finde ich dieses Wort nicht, es erklärt nicht alles, aber es ist doch verteufelt gut gesagt und drückt sehr viel Wahres aus.

Echt englisch ist das Wort von Carlyle: The result of an idea must not be a feeling but an *action*.[116] Diese Lebensauffassung, die den Menschen dazu bestimmt, sein Streben nicht in erster Linie auf materielles Glück, sondern vor allem auf seine Arbeit, auf seine Leistung zu richten, ist vielleicht ein nationaler Charakterzug, und es findet sich in England manches Beispiel dafür ...

Weißt Du, woran ich dieser Tage noch gedacht habe? An das Buch über Gavarni, das Du hast; ich erinnere mich daran, daß Gavarnis Zeichnungen von Londoner Besoffenen, Bettlern und ähnlichen Gestalten ihm nach seiner eigenen Aussage erst dann leicht von der Hand gingen, als er eine Zeitlang dort gewesen war, ich glaube, nach einem Jahr; in einem Brief schreibt er darüber, man brauche eine gewisse Zeit, um sich in einer Umgebung einzugewöhnen.

115 Der Grundzug des englischen Charakters ist der Mangel an Glück.
116 Das Ergebnis einer Idee soll kein Gefühl, sondern eine Tat sein.

Nun, ich beginne mich hier richtig einzugewöhnen, verglichen mit dem Anfang, und was ich in der ersten Zeit hier gemacht habe, finde ich jetzt sehr oberflächlich. Und gerade die Hoffnung, mich kräftiger und immer kräftiger auszudrücken und es noch besser zu machen, bringt es mit sich, daß es mir eine gute Zeit scheint, denn an Motiven und Modellen (soweit ich sie bezahlen kann) fehlt es mir jetzt nicht. Ich bin voll von Gedanken und Plänen, und so erdrücken mich die Sorgen noch nicht.

Aber man muß doch bezahlen, und alles kostet Geld, und man muß sich mit Hindernissen herumquälen, als müßte man sich durch eine Dornenhecke durchzwängen.

297 (Etwa 2. Juli 1883)
Ich hoffe, Du schreibst mir recht viel über »*Les Cent chefs-d'œuvre*«, es muß guttun, so was gesehen zu haben. Und wenn man dabei bedenkt — seinerzeit gab es ein paar Leute, die nach landläufiger Meinung für ziemlich anrüchig galten, was ihren Charakter, ihre Ziele und ihr Genie betraf, Leute, von denen man sich die albernsten Dinge erzählte, Millet, Corot, Daubigny usw., die man mehr oder weniger ansah wie der Gendarm einen streunenden zottigen Hund oder einen Landstreicher ohne Papiere; und die Zeit geht drüber hin, und siehe da — »les cent chefs-d'œuvre«[117], und wenn cent[118] nicht genug ist, dann innombrable[119]. Was aus den Gendarmen wird, davon wollen wir nicht reden. Von *denen* bleibt wenig übrig, außer als Kuriosität ein paar Strafbefehle. Doch ich finde, es bleibt ein Drama, die Geschichte der großen Männer — wenn sie es auch in ihrem Leben nicht nur mit Gendarmen zu tun hatten —, denn meist sind sie doch nicht mehr da, wenn ihr Werk öffentlich anerkannt wird; und solange sie am Leben waren, standen sie jahrelang unter einem gewissen Druck, weil sie angefeindet wurden und sich unter Schwierigkeiten durchs Leben schlagen mußten. Und immer wieder, wenn ich von einer öffentlichen Anerkennung der Verdienste dieses oder jenes Mannes höre, stelle ich mir um so lebhafter die stillen, etwas düsteren Gestalten derer vor, die persönlich wenig Freunde hatten, und so in ihrer Schlichtheit finde ich sie *noch* größer und ergreifender.

Es gibt eine Radierung von Legros — »Carlyle in His Study«, die kommt mir oft in den Sinn, wenn ich mir Millet oder irgendeinen anderen vorstellen will, wie er war. Victor Hugo sagt über Aischylos:

117 *die hundert Meisterwerke*
118 *hundert*
119 *unzählige*

»On tua l'homme, puis on dit: élevons pour Eschyle une statue de bronze«[120] — etwas Ähnliches schwebt mir stets vor, wenn ich von der Ausstellung der Werke irgendeines Künstlers höre; deshalb schaue ich wenig auf die »statue de bronze« — nicht, weil ich es nicht richtig fände, daß man etwas öffentlich anerkennt, sondern wegen der arrière-pensée: on tua l'homme; Aischylos wurde bloß verbannt, aber auch hier war Verbannung ein Todesurteil, wie das öfter vorkommt...

Jetzt ist noch ein Sämann in Arbeit auf einem großen Feld mit Erdschollen, der, glaube ich, besser ist als die anderen Sämänner, die ich schon versucht habe. Mindestens an die sechs Stück habe ich als Studie von der Figur selbst, aber jetzt habe ich ihn mal in den Raum gestellt, mehr als ausgesprochene Zeichnung, und Land und Himmel sorgfältig dazu studiert.

Und dann habe ich Studien vom Verbrennen des Unkrauts und des Kartoffelkrauts und von einem Kerl mit einem Sack Kartoffeln auf dem Buckel und von einem anderen mit einem Schubkarren. Angenommen, ich wäre im Irrtum und bereit, meine Ansicht zu ändern — wenn ich da nun mit dem besten Willen über Tersteegs Meinung nachdenke, daß ich aquarellieren müßte, dann kann ich mir nicht vorstellen, daß der Kerl mit dem Sack, der Sämann, der alte Kartoffelhacker, die Schubkarren, der Unkrautverbrenner ihren persönlichen Charakter behalten würden, wenn ich sie mit Aquarell in Angriff nähme. Das Ergebnis wäre etwas sehr Mittelmäßiges, von jener Art Mittelmäßigkeit, mit der ich mich nicht abgeben möchte. Jetzt steckt jedenfalls Charakter drin, etwas, das — wenn auch nur von ferne — mit dem übereinstimmt, was zum Beispiel Lhermitte sucht.

Für jemanden, der ausgesprochen das Ungeschliffene, das Breite und Kraftvolle der Figuren auszudrücken sucht, ist Aquarell nicht das geeignetste Mittel. Sucht man ausschließlich Ton oder Farbe, dann ist es etwas anderes, dazu eignet sich Aquarell ausgezeichnet. Nun gebe ich zwar gern zu, daß man von denselben Gestalten von einem anderen Gesichtspunkt aus (nämlich auf Ton und Farbe hin) und mit einer anderen Zielsetzung andere Studien machen könnte — doch frage ich: wenn meine Stimmung und mein persönliches Gefühl mich in allererster Linie den Charakter, die Struktur, die Bewegung der Figuren wahrnehmen läßt, darf man es mir da verübeln, wenn ich diesem Gefühl nachgebe und nicht ein Aquarell, sondern eine Zeichnung nur in Schwarz oder Braun mache?...

120 *Man tötete den Mann, dann sagte man: errichten wir dem Aischylos eine Bronzestatue*

Tersteeg wird für mich wahrscheinlich »the everlasting no«[121] bleiben. Nicht nur ich, sondern fast alle, die einen eigenen Weg suchen, haben so jemanden hinter oder neben sich – einen ewigen Entmutiger. Manchmal kann es einen bedrücken und unglücklich machen, man fühlt sich sozusagen in Grund und Boden gedonnert. Aber wie gesagt, es ist the everlasting no; hingegen findet man im Vorbild charaktervoller Männer ein everlasting yes[122] und sieht in ihnen la foi du charbonnier[123].

Aber das Leben wird zuweilen düster und die Zukunft dunkel, wenn das Arbeiten Geld kostet, und man spürt, daß es immer mehr bergab geht, je härter man arbeitet, statt daß einen die Arbeit über Wasser hielte und man durch größere Anstrengungen die Schwierigkeiten und Kosten überwinden könnte ...

Ich denke manchmal daran, nach England zu gehen; in London ist wieder eine neue bedeutende Zeitschrift gegründet worden, auf gleicher Höhe wie »London News« und »Graphic« – »The Pictorial News«. Vielleicht gäbe es da Arbeit und Verdienst, aber was läßt sich mit Sicherheit davon sagen?

Ich habe Dich in letzter Zeit nicht nach Einzelheiten über die Frau gefragt, weil ich ja die Gewißheit habe, daß Ihr einander liebt; das ist das Wichtigste, und wenn man dies eine weiß, braucht man nach Einzelheiten nicht zu fragen.

Ich hoffe, Du kommst recht bald mal – ein Jahr ist lang, wenn man einander nicht gesehen und immer aneinander gedacht hat. Jetzt ist unser Männlein gerade ein Jahr geworden, am 1. Juli, er ist das fröhlichste, netteste Kind, das Du Dir vorstellen kannst, und ich glaube, daß dieses Kind sich so gut entwickelt und ihr etwas zu tun gibt und ihre Gedanken in Anspruch nimmt, wird viel dazu beitragen, daß die Frau sich zurechtfindet und wieder ganz in Ordnung kommt. Sonst denke ich manchmal, es wäre vielleicht gut für sie, wenn sie einmal eine Zeitlang ganz auf dem Lande lebte und die Stadt nicht mehr sähe und von ihrer Familie fort wäre ... Aber Umziehen kostet auch wieder eine Masse Geld. Und ich würde auch gern verheiratet sein, ehe ich umzöge, falls wirklich etwas daraus würde, daß ich aufs Land oder nach London ginge. Ich entbehre hier freilich den nötigen Austausch mit anderen, und ich sehe nicht ab, daß es damit besser werden wird. Après tout ist mir der eine Ort ebenso recht wie der andere, und am liebsten ziehe ich so selten wie möglich um.

121 *das ewige Nein*
122 *ewiges Ja*
123 *den Köhlerglauben*

Ich las »Mes haines« von Zola – es stehen schon sehr gescheite Sachen drin, obwohl er m. E. sehr im Irrtum ist, wenn er in seinen allgemeinen Betrachtungen Millet nicht einmal nennt. Folgendes finde ich aber sehr richtig: »Beobachten Sie, daß alles, was dem *Publikum* gefällt, immer das Banalste ist, das, was man Jahr für Jahr sieht; man ist an derartige Plattheiten, an so hübsche Lügen gewöhnt, daß man mit aller Gewalt die starken Wahrheiten ablehnt.«

298 (Um den 7. Juli 1883)
Wenn es Dir geht wie mir, dann hast Du wohl manchmal plötzlich das Verlangen, den oder jenen, den du lange nicht gesehen hast, wieder mal aufzustöbern. So ging es mir mit de Bock, und ich möchte Dir mal schreiben, was ich bei ihm gesehen habe, weil Du ihn ja auch von früher her kennst, sogar besser als ich.

Das erste, was ich bei ihm im Flur sah, war eine große Skizze – eine riesenhafte Windmühle, ganz verschneit, an einer Art Gracht oder Kanal. Halb romantisch, halb realistisch – eine Stilkombination, die mir nicht unsympathisch ist. Aber es war noch lange nicht fertig – doch energisch angepackt und von schöner, kräftiger Wirkung. Kurz, etwas, das man immer mit Vergnügen sieht, und daß es nicht fertig ist, stört mich nicht; ich würde das Ding von ihm gern im Atelier hängen haben, so wie es ist, weil es so lebendig ist ...

Der Eindruck, den ich von ihm selbst hatte, war ungefähr der gleiche wie voriges Jahr, vielleicht eine Kleinigkeit positiver und ernster. Einige Skizzen fand ich reifer und richtiger in Ton und Farbe als voriges Jahr und die Tiefen bestimmter. Aber ich fand die relative Proportion der verschiedenen Tiefen und der Massen doch noch immer zu unbestimmt gelassen; daß sie diese Proportionen so im Auge behalten, ist das Echte bei Corot und Rousseau und Diaz, Daubigny, Dupré. Sie alle haben das gemein, daß sie m. E. sehr auf diese Dinge achten, und auch die Hintergründe sind bei ihnen immer ausdrucksvoll, nicht so unbestimmt.

Es ist aber viel Tüchtiges in de Bocks Arbeit, und man würde sie mit mehr Vergnügen sehen, wenn die Sachen nicht gar so traumhaft dastünden.

Er müßte etwas mehr Realist werden, dann würde seine Arbeit genialer sein. Ich kann nicht verstehen, warum er nicht ein bißchen mehr Abwechslung hineinbringt; ich habe diese Woche zum Beispiel auch ein paar Landschaftsstudien gemacht, die eine gestern bei de Bock, ein Kartoffelfeld in den Dünen, am Tag vorher eine Stelle unter den Kastanienbäumen, neulich ein Gelände mit Kohlenhaufen. Ich komme ja verhältnismäßig selten dazu, Landschaft zu zeichnen, aber wenn ich mal dazukomme, habe ich gleich drei sehr verschiedenartige Motive.

Warum tut er, der ein ausgesprochener Landschafter ist, das nicht viel, viel öfter, statt dieser ewigen Düne mit einem Bäumchen und ein bißchen Strandhafer? Sehr schön an sich, aber es gibt so vieles, das ebensoschön ist und das ihn doch eigentlich locken müßte.

299   *(Etwa 10. Juli 1883)*
Breitner, den ich überhaupt nicht mehr erwartet hatte, weil er seinerzeit den Verkehr ganz abgebrochen zu haben schien, kam gestern angerückt. Das freute mich, weil ich damals, im Anfang, als ich hier war, sehr gern mit ihm herumgelaufen bin. Ich meine, mit ihm ausgegangen, nicht aufs Land, sondern in der Stadt, auf der Suche nach Figuren oder hübschen Szenen.

Es ist hier im Haag kein einziger, mit dem ich in der Stadt selbst herumgestreift wäre, die meisten finden die Stadt häßlich und laufen an allem vorbei. Und dabei ist es doch in der Stadt auch oft sehr schön, nicht wahr? Gestern sah ich z. B. auf dem Noordeinde Arbeiter, die dabei waren, den Teil der Straße gegenüber dem Schloß abzubrechen, Kerle, die vom Kalkstaub ganz weiß waren, mit Karren und Pferden. Es war kühles, windiges Wetter, der Himmel grau, das Ganze hatte viel Charakter.

Ich füge noch ein paar Worte hinzu, um Dir etwas Näheres über Breitner zu berichten, denn ich komme eben aus seinem provisorischen Atelier hier... Denk Dir, ich komme also in das Bodenkämmerchen, das er bei Siebenhaar hat. Die Hauptmöblierung bestand in einigen leeren Streichholzschachteln, ferner einem Rasiermesser oder so was Ähnlichem und einer Kiste mit einem Bett drin. An den Kamin gelehnt sehe ich was stehen, drei unendlich lange Streifen, die ich zuerst für Fensterläden hielt. Doch bei näherer Betrachtung zeigte sich, daß es Bilder in diesem Format waren...

Von weitem gesehen sind es verblichene Farbflächen wie auf einer verschossenen, vermoderten und verschimmelten Tapete; und in dieser Hinsicht hat es Qualitäten, die für mich jedoch völlig ungenießbar sind.

Wie man auf so was kommen kann, ist mir ganz unbegreiflich. Es ist so was Ähnliches, wie man im Fieber sieht, ganz unmöglich und ohne jede Bedeutung, wie in einem Traum, der weder Hand noch Fuß hat.

Ich glaube ganz einfach, daß Breitner noch nicht wieder gesund ist und es wirklich gemacht hat, als er noch Fieber hatte ... In manchen Augenblicken sind mir die Sachen von Hoffmann und Edgar Poe (»Contes fantastiques«, »Raven« usw.) sehr lieb, aber *dies* finde ich ungenießbar, weil die Phantasie plump ist und ohne Sinn, und weil so gut wie keine Beziehungen zur Wirklichkeit bestehen.

Unter den Typen aus dem Volk, die ich gezeichnet habe, sind verschiedene, die einen ausgesprochenen, wie mancher sagen würde, altmodischen Charakter haben, auch was die Auffassung betrifft, zum Beispiel ein Grabender; der hat mehr von den Figuren, die man zuweilen auf den in Holz geschnittenen Flachreliefs gotischer Kirchenstühle sieht, als von einer heutigen Zeichnung. Sehr oft denke ich an die Brabanter Gestalten, die mir so besonders sympathisch sind.
Was ich auch furchtbar gern haben würde und glaube ich, auch machen könnte, vorausgesetzt, daß er geduldig Modell stünde, ist Pa auf einem Heideweg; die Figur streng und charaktervoll gezeichnet, und, wie gesagt, ein Stück braunes Heideland, durch das ein schmaler weißer Sandpfad führt, und ein Himmel, der kraftvoll und bewegt angelegt und durchgeführt ist.
Dann zum Beispiel Pa und Ma Arm in Arm — in einer herbstlichen Umgebung oder an einer Buchenhecke mit dürren Blättern.
Ich würde auch Pa's Figur dabei haben mögen, wenn ich mal ein Bauernbegräbnis mache, was ich mir bestimmt vorgenommen habe, obwohl es viel Mühe machen würde. Abgesehen von Unterschieden in religiösen Anschauungen, die hier ja unwichtig sind, ist mir die Gestalt eines armen Dorfpastors als Typus und Charakter eine der sympathischsten, die es überhaupt gibt, und ich wäre nicht ich, wenn ich das nicht mal in Angriff nähme.
Wenn Du herkommst, würde ich sehr gern mal mit Dir überlegen, wie es sich machen ließe, daß ich mal hinführe. Wenn Du zum Beispiel meine Zeichnungen von Waisenmännern siehst, wirst Du gut verstehen, was ich will und wie ich es meine.
Es ist mir darum zu tun, eine Zeichnung zu machen, die freilich nicht jeder begreifen wird: die Figur vereinfacht, nur das Wesentliche ausgedrückt, mit absichtlicher Weglassung all jener Einzelheiten, die nicht zum eigentlichen Charakter gehören und nur zufällig sind. Es soll nämlich nicht das Porträt von Pa sein, sondern vielmehr der Typus eines armen Dorfpastors, der einen Kranken besuchen geht. Und das untergehakte Paar an der Buchenhecke der Typus eines Mannes und einer Frau, die zusammen alt geworden sind und in Liebe und Treue

ausgeharrt haben, viel mehr als die Porträts von Pa und Ma, obwohl die beiden hoffentlich dazu Modell stehen werden. Aber sie müssen wissen, daß es um etwas Ernstes geht, was sie von sich aus vielleicht nicht einsehen würden, wenn die Ähnlichkeit nicht genau ist. Deshalb würde man sie ein bißchen darauf vorbereiten müssen, daß sie, falls es dazu käme, *so* stehenbleiben müßten, wie ich sie stelle, und daß sie nichts verändern dürften. Na, das würde wohl gehen, und ich arbeite nicht so langsam, daß es eine große Anstrengung für sie sein müßte. Mir läge sehr viel daran, es zu machen. Das Vereinfachen der Figur ist etwas, womit ich mich sehr viel beschäftige. Nun, unter den Figuren, die ich Dir zeigen will, wirst Du ja selbst ein paar solche sehen.

Wenn ich nach Brabant ginge, so würde das, glaube ich, ganz entschieden kein Ausflug und keine Vergnügungsreise sein, sondern eine kurze Zeit sehr harter und blitzschneller Arbeit. Was den Ausdruck einer Gestalt betrifft, so komme ich allmählich immer mehr zu der Überzeugung, daß der nicht so sehr in den Gesichtszügen als vielmehr in der ganzen Haltung liegt. Weniges finde ich so abscheulich wie die meisten akademischen têtes d'expression[124]. Da sehe ich mir lieber »die Nacht« von Michelangelo an oder einen »Trinker« von Daumier, oder die »Grabenden« von Millet und den bewußten großen Holzschnitt von ihm, »La bergère«, oder ein altes Pferd von Mauve usw.

300 (Mitte Juli 1883)
Ehe ich nach Scheveningen fahre, will ich noch ein wenig mit Dir plaudern. Ich habe es bei de Bock durchgesetzt, daß ich ein pied-à-terre[125] bei ihm bekomme, vielleicht werde ich ab und zu auch mal bei Blommers vorsprechen. Und dann will ich Scheveningen vollkommen als Hauptsache betrachten, früh hinfahren und den Tag über dort bleiben, oder, wenn ich unbedingt zu Hause sein muß, das auf die Mittagsstunde verlegen, wenn es zu warm ist, und dann abends wieder hinausfahren. Das wird mir zu neuen Anregungen verhelfen und auch zu Ruhe – nicht durch Müßiggang, sondern durch Wechsel von Umgebung und Tätigkeit.

301 (22. Juli 1883)
Für Dein Schreiben, für das Beigelegte danke ich Dir, obwohl ich ein Gefühl von Traurigkeit nicht unterdrücken kann, wenn Du sagst: »Für die Zukunft kann ich Dir wenig Hoffnung geben.«
Wenn Du das nur im Hinblick auf das Finanzielle meinst, so werde

124 ausdrucksvollen Köpfe
125 Absteigequartier

ich deshalb den Kopf nicht hängen lassen; aber wenn ich es als auf meine Arbeit gemünzt auffassen soll, so weiß ich nicht recht, womit ich es verdient habe. Es fällt gerade damit zusammen, daß ich Dir die Abzüge von Photos nach einigen meiner letzten Zeichnungen schicken kann, die ich Dir schon früher versprochen hatte, die ich aber nicht abholen konnte, weil ich ganz abgebrannt war.

Ich weiß nicht, wie Du dies Wort gemeint hast, ich kann es auch nicht wissen, Dein Brief ist zu kurz, doch es hat mir einen unerwarteten Stoß gegeben, mitten vor die Brust. Aber ich möchte doch gern wissen, wie es damit steht, ob Du etwas davon bemerkt hast, daß ich keine Fortschritte mache oder so.

Was das Finanzielle angeht, so wirst Du Dich erinnern, daß Du mir vor Monaten über schlechte Zeiten schriebst; meine Antwort war: gut, das ist für uns beide ein Grund, uns doppelt anzustrengen; sieh Du zu, daß Du mir das Allernötigste schicken kannst, ich will alles dransetzen, wieder ein Stück vorwärtszukommen, so daß wir vielleicht etwas bei illustrierten Zeitschriften unterbringen können.

Seitdem habe ich mehrere Kompositionen in Angriff genommen, in denen mehr ein eigentliches sujet[125a] steckte als in den bloßen Figurenstudien...

Ich würde Deine Worte nicht so schwernehmen, Bruder, wenn Du nicht etwas hinzugefügt hättest, was mir Sorge macht; Du sagst: »Laß uns auf bessere Zeiten hoffen.«

Sieh, das ist eines von den Dingen, mit denen man, finde ich, vorsichtig sein muß. *Hoffnung auf bessere Zeiten darf nicht ein Gefühl, sondern muß ein Handeln im Heute sein.* Mein Handeln ist insofern von Deinem Handeln abhängig, als ich nicht weiter könnte und verzweifeln müßte, wenn Du weniger schicktest.

Gerade weil ich die Hoffnung auf bessere Zeiten in mir lebendig fühlte, habe ich mich immer wieder mit aller Kraft in die Arbeit gestürzt — in die Arbeit des »Heute«, ohne weiter an die Zukunft zu denken, im Vertrauen darauf, daß es Lohn für die Arbeit geben würde, obschon die Ausgaben für Essen, Trinken und Kleider immer wieder eingeschränkt werden mußten, Woche auf Woche mehr und mehr.

Ich stand jetzt gerade vor der Frage, ob ich nach Scheveningen gehen, vor der Frage, ob ich malen sollte. Ich dachte: vorwärts, durchhalten. Aber jetzt wünschte ich fast, ich hätte nicht damit angefangen, Junge, denn es sind erneute Ausgaben und ich habe nichts.

Die Wochen sind dahingegangen, in letzter Zeit viele Wochen und Monate, in denen die Ausgaben immer wieder etwas größer waren als

125a Gegenstand, Thema

das, was ich trotz allem Kopfzerbrechen und Sparen aufbringen konnte. Wenn das Geld von Dir kommt, muß ich nicht nur zehn Tage lang damit auskommen, sondern erst einmal gleich so viel abbezahlen, daß es die zehn nächsten Tage, vom allerersten an, on ne peut plus manger[126] heißt. Und die Frau muß dem Kind die Brust geben, und das Kind ist kräftig und wächst, und oft sitzt sie da und hat keine Milch.

Na, und ich sitze in den Dünen oder irgendwo anders, zuweilen auch mit einem ungeheuern Gefühl von Mattigkeit, weil ich nichts im Leibe habe.

Von allen die Schuhe geflickt und kaputt, und noch andere petites misères, daß man Falten und Runzeln davon kriegt.

Ach, das alles wäre nichts, Theo, wenn ich nur weiter denken könnte: es wird *doch* gehen, nur durchhalten! Jetzt aber sind die paar Worte von Dir »für die Zukunft kann ich wenig Hoffnung geben« für mich wie »the hair that breaks the camel's back at last«[127]. Die Last ist manchmal so schwer, daß dieses *eine* Härchen mehr das Tier zusammenbrechen läßt...

Und ich male so gern.

Jetzt, da ich mich von neuem damit befaßt habe, gefielen mir die Sachen vom vorigen Jahr wieder besser, und ich habe wieder gemalte Sachen ins Atelier gehängt.

Dem Meer, das ich so sehr liebe, ist nur mit Malen beizukommen, anders ist es nicht zu packen.

Ach Theo, ich hoffe nur, daß Du den Mut nicht verlierst, aber wirklich, wenn Du von »keine Hoffnung für die Zukunft geben« redest, dann werde ich melancholisch, denn Du mußt den Mut und die Energie haben, weiter zu schicken, sonst sitze ich fest, und es steht nicht in meiner Macht, vorwärtszukommen, denn die, welche Freunde sein könnten, sind mir feind geworden und scheinen es bleiben zu wollen...

So schließe ich für heute mit der Frage: Theo, als Du mir zuerst vom Malen sprachst und wir hätten damals meine heutigen Arbeiten voraussehen können – hätten wir da geschwankt, ob ich Maler werden sollte (oder meinetwegen Zeichner, das ist gleich)?

Ich glaube nicht, daß wir damals geschwankt hätten, wenn wir zum Beispiel diese Photos hätten voraussehen können, denn nicht wahr, es muß doch eine Malerhand und ein Malerauge dasein, um so einen Vorwurf aus den Dünen in dieser oder jener Form zu gestalten.

126 man kann nicht mehr essen
127 das Haar, das schließlich dem Kamel den Rücken bricht

Aber wenn ich sehe, wie kalt und ablehnend die Menschen bleiben, fühle ich mich jetzt oft so elend, daß ich den Mut verliere. Na, ich finde mich dann schon wieder zurecht und gehe wieder an die Arbeit und lache drüber, und weil ich im Heute arbeite und keinen Tag vergehen lasse, ohne zu arbeiten, glaube ich, daß ich mir Hoffnung auf die Zukunft machen darf; freilich, dauernd bewußt ist es mir nicht, denn ich sage Dir ja, es bleibt mir kein Platz im Hirn zum Philosophieren über die Zukunft, weder um mich zu entmutigen, noch um mich zu trösten; das Heute festzuhalten und nicht ungenützt vorbeigehen zu lassen, das ist, glaube ich, unsere Pflicht. Versuche also auch Du, Dich im Hinblick auf mich an das Heute zu halten, und laß uns durchführen, was wir durchführen können, lieber heute als morgen.

Aber Theo, falls es nur eine Geldfrage ist, so brauchst Du mich nicht zu schonen, wenn Du nur als Freund und Bruder etwas Sympathie für meine Arbeit behältst, ob sie nun verkäuflich ist oder nicht. Wenn ich nur in dieser Hinsicht Deine Sympathie behalte, dann kommt es mir auf das andere bitter wenig an, dann müssen wir ruhig und kaltblütig Rat schaffen. Wenn in Zukunft in finanzieller Hinsicht keine Hoffnung ist, möchte ich vorschlagen, in ein Dorf zu ziehen, *ganz aufs Land*; da würde man die Hälfte der Miete sparen und für dasselbe Geld, das man hier für *schlechte* Nahrungsmittel bezahlt, *gut* und gesund essen; das tut der Frau und den Kleinen not, und mir eigentlich auch.

Und gleichzeitig hätte man es vielleicht auch mit Modellen leichter.

Ich finde es nicht in der Ordnung, Theo, daß man mehr ausgibt, als man erhält — aber wenn es darum geht, entweder weiterzuarbeiten oder mit der Arbeit aufzuhören, dann bin ich für Weiterarbeiten bis zum Äußersten.

Millet und andere vor uns haben durchgehalten bis zum Gerichtsvollzieher, und manche haben im Gefängnis gesessen, oder sie mußten umziehen, hier- und dahin, doch daß sie aufgehört hätten, sehe ich nirgends.

Und bei mir ist es noch im Anfang, aber wie einen dunklen Schatten sehe ich es in der Ferne, und es verdüstert mir oft das Arbeiten.

302   Sonntagabend (22. Juli 1883)
Ob es Fieber ist oder ob es die Nerven sind oder was anderes, weiß ich nicht — aber ich fühle mich nicht wohl. Ich denke an die Worte in Deinem Brief im Zusammenhang mit verschiedenen anderen Dingen — mehr als nötig, hoffe ich. Und ich habe ein Gefühl der Unruhe,

das ich nicht loswerden kann, obwohl ich versucht habe, es beiseite zu schieben.

Es ist ja nichts, oder ist etwas? Wenn etwas ist, dann sag es rundheraus, was etwa droht.

Schreib auf jeden Fall, wenn möglich postwendend, ob etwas ist oder nicht. Ich kann nichts dafür, wenn es unbegründet ist, aber mir ist auf einmal so elend geworden, es kann eine Folge der Überanstrengung sein.

Schreibe mir jedenfalls, Junge, hast Du die Photos bekommen? Ich gehe noch ein Stück spazieren, vielleicht wird es da besser.

Außer dem, was ich Dir schrieb, ist eigentlich nichts Besonderes mit mir los, und soweit geht alles ganz gut — aber vielleicht habe ich ein bißchen Fieber abgekriegt oder so was, jedenfalls fühle ich mich elend.

Ich habe wieder nach rechts und links bezahlen müssen, Hauswirt, Farbe, Bäcker, Kaufmann, Schuster, was weiß ich, und was übrigbleibt, ist wenig. Aber das scheußlichste ist, daß man nach vielen solchen Wochen manchmal spürt, wie die Kräfte nicht mehr zulangen, um alles zu ertragen, daß man eine allgemeine Ermüdung zu fühlen beginnt.

Auch wenn Du jetzt nicht gleich was schicken kannst, Bruder, so sieh doch zu, daß Du mir mal schreibst, wenn möglich umgehend.

Und was nun die Zukunft anlangt — wenn Gefahr droht, sag es mir ruhig, homme avisé en vaut deux[128], es ist besser, man weiß genau, womit man vielleicht zu kämpfen hat. Ich habe heute noch gearbeitet, aber plötzlich hat mich ein Unbehagen überfallen, das mir durch Mark und Bein geht, ich weiß nicht genau, was die Ursache ist.

In solchen Augenblicken möchte man aus Eisen sein und kann sich wütend ärgern, daß man nur Fleisch und Knochen ist.

Ich hatte Dir heute früh geschrieben, doch als ich den Brief weggebracht hatte, war es gerade, als ob all die Schwierigkeiten, die ich so oft und so reichlich gehabt habe, sich auf einmal zusammenballten, und es wurde zu viel für mich, weil ich die Zukunft nicht mehr verstand. Anders kann ich es nicht sagen, und ich kann nicht einsehen, warum es mit meiner Arbeit nicht gut gehen sollte.

Mein ganzes Herz habe ich daran gesetzt, und das kam mir wie ein Irrtum vor, wenigstens im Augenblick...

Ich habe gedacht, es wäre doch besser gewesen, wenn ich damals im Borinage irgendwo krank geworden und draufgegangen wäre,

128 ein Gewarnter ist doppelt klug

statt zu malen. Denn Dir bin ich nur zur Last, und ich kann es doch nicht ändern. Denn um ein guter Künstler zu werden, muß man viele Stadien durchmachen; deswegen ist das, was man in der Zwischenzeit macht, noch nicht schlecht, wenn man sich ehrlich bemüht; aber es müßte Leute geben, die das Werk eines Künstlers im Zusammenhang sähen, in seiner Richtung und seinem Streben, und nicht verlangten – ich weiß nicht, was sie eigentlich wollen.

Ich sehe jetzt alles schwarz. Wenn ich noch allein wäre, aber es ist der Gedanke an die Frau und die Kinder, die armen Geschöpfe, die man behüten möchte und für die man sich verantwortlich fühlt.

Es geht in letzter Zeit gut mit der Frau.

Ich kann mit ihnen nicht davon sprechen, aber heute so allein ist mir allzu bange geworden. Arbeiten ist das einzige, was man tun kann; wenn das nichts hilft, weiß man sich keinen Rat mehr.

303 (23. Juli 1883)
Nun hatte ich gehofft, von diesen zehn oder zwölf Zeichnungen würden sich vielleicht ein paar verkaufen lassen, aber daraus wird wohl auch wieder nichts.

Na, après tout hoffe ich, daß ich nicht schlappmache, was auch kommen möge; und dann habe ich die Hoffnung, daß ein gewisses Arbeitsfieber, eine Arbeitswut mich drüber wegbringt, wie ein Schiff durch eine starke Welle über ein Riff oder eine Sandbank geschleudert werden kann, so daß es gerade durch das Unwetter vorm Untergang bewahrt bleibt. Aber solche Manöver glücken nicht immer, und es wäre wünschenswert, daß man die Stelle durch einiges Lavieren umfahren könnte. Après tout, wenn es mißglückt, was ist schon an mir verloren, so sehr hänge ich auch nicht daran. Doch im allgemeinen sucht man das Leben fruchtbringend zu gestalten, statt es hinwelken zu lassen, und denkt zuweilen, eigentlich hat man selber doch auch ein Leben, dem es nicht gleichgültig ist, wie man damit umspringt.

Aber es steht nicht in meiner Macht. Wenn ich nicht manchmal ein bißchen was extra habe, so muß ich jedesmal wieder, wenn ich das Gewohnte erhalte, soviel davon hingeben, daß für die bevorstehenden zehn Tage nicht viel übrigbleibt, und am letzten Tag läuft man mit einem sehr schwachen und flauen Gefühl im Magen herum, und dann bekommt so ein Sandweg in den Dünen etwas Wüstenartiges.

304
Vor allem bin ich froh, daß die Düsternisse der Zukunft an unserer Freundschaft nichts ändern können und nichts damit zu tun haben. Ferner freue ich mich, daß Du bald herkommst und daß Du Fort-

schritte in der Arbeit spürst. Die Verteilung Deiner Einkünfte direkt und indirekt unter nicht weniger als sechs Personen ist allerdings merkwürdig.

Doch die weitere Aufteilung meiner hundertfünfzig Francs unter vier lebende Wesen, wobei noch alle Unkosten für Modell, Zeichengerät, Malutensilien, Miete abgehen — die gibt auch zu denken, nicht wahr?

Wenn es möglich wäre, daß wir Anfang des Jahres — ich rechne damit, daß Du dann hier bist — diese hundertfünfzig Francs aus meiner Arbeit herausholten, so wäre das wunderbar. Wir müssen da Rat schaffen.

Es ist schade, daß ich mit dem Malen nicht schon ein wenig weiter bin, ich muß Dir das noch mal von Anfang an auseinandersetzen.

Als Du vorigen Sommer hier warst, habe ich Geld von Dir bekommen, damit ich mich mal tüchtig ins Zeug legen sollte. Ich habe damals Stam[129] und Leurs[130] davon bezahlen müssen und habe noch einiges dazu gekauft und gleich bezahlt und bin an die Arbeit gegangen. Außerdem hast Du dann etwas später geschrieben, Du würdest Geld hereinkriegen und dann »würde es an Farbe und am Malkasten nicht fehlen«. Doch das sollte nicht sein, denn von jener Zeit an hast Du, wie Du Dich erinnern wirst, selbst viel Mißgeschick gehabt. Jedoch zu Anfang des Winters oder richtiger gegen Herbstende habe ich wieder etwas extra bekommen. Davon ging dann wieder Geld für Leurs ab, ich hatte in den Herbsttagen doch gemalt, zum Beispiel, als wir die Stürme in Scheveningen hatten. Wir standen damals vor dem Winter, und ich hielt es nicht für angebracht, bei den größeren Ausgaben für Heizmaterial usw. mich in neue Unkosten zu stürzen, da von dem Extrageld wenig übrig war. Nun, ich habe dann wieder tüchtig Modell genommen, und ganz bestimmt habe ich in der Zeit von damals bis jetzt im Figürlichen Fortschritte gemacht, das fühle ich.

Aber während ich diese Figurenstudien gemacht habe, war es absolut unmöglich, Farben zu kaufen oder zu aquarellieren, denn Du wirst Dich erinnern, daß Du mehrmals geglaubt hattest, Du könntest etwas schicken, und daß dann nichts draus geworden ist. Erst dachtest Du, im März, aber schließlich hast Du Dir selber noch Geld borgen müssen. Und hast für die Frau sorgen müssen und dann die Sache mit H. v. G.[131] gehabt und später eine flaue Zeit im Geschäftlichen.

Nun, ich habe es manchmal doch durchsetzen wollen, wenn ich

129 Holzschneiderwerkstatt im Haag
130 Farbenhändler im Haag
131 Der Vetter Hendrik van Gogh

dachte, ich könnte es einigermaßen einrichten; ich habe mir Geld von Rappard geborgt, ich habe von Pa was extra bekommen. Aber wie es geht — wenn der Maikäfer, der am Faden hängt, mal ein Endchen fliegen kann, stößt er gleich wieder auf etwas Schlimmes.

Ich habe manche Sachen angefangen, doch sobald der Monat vorbei war, mußte ich, um die Rechnung zu bezahlen, wochenlang krumm liegen, manchmal fast unerträglich eingeschränkt.

Also habe ich nicht immer tun können, was mir am Herzen lag und liegt ...

Sieh nur zu, daß Du recht bald herkommst, Bruder, denn ich weiß nicht, wie lange ich noch durchhalten kann. Das alles ist etwas zuviel für mich, ich fühle, daß ich bald zusammenbreche.

Ich sage es Dir rundheraus, allmählich wird mir angst, daß ich auf diese Art nicht ans Ziel komme; meine Konstitution wäre an sich kräftig genug, wenn ich nicht zu lange hätte hungern müssen, aber immer wieder ist es so gewesen: entweder hungern — oder weniger arbeiten, und wenn irgend möglich habe ich das erstere gewählt, bis ich jetzt zu schwach geworden bin. Wie das aushalten? Die Wirkung davon sehe ich so deutlich und klar in meiner Arbeit, daß ich mir Sorge mache, wie ich weiterkommen soll.

Du darfst über all dies nicht sprechen, Bruder, denn wenn gewisse Leute das wüßten, hieße es gleich: »Siehst du wohl, das haben wir längst vorausgesehen und vorausgesagt«, und helfen würden sie mir doch nicht, sondern mir obendrein die Möglichkeit abschneiden, mich allmählich wieder zu kräftigen und zu erholen.

In meiner jetzigen Lage können meine Arbeiten nicht anders sein, als sie sind.

Wenn ich meine körperliche Schwäche überwinden kann, wollen wir sehen, daß ich vorwärtskomme; ich habe es aufgeschoben und immer wieder aufgeschoben, etwas für mich zu tun, weil ich für andere sorgen muß und für die Arbeit. Aber jetzt weiß ich nicht mehr aus noch ein; Fortschritte in der Arbeit sind nicht zu erwarten, ehe ich nicht etwas kräftiger bin; es hat sich in letzter Zeit allzu deutlich gezeigt, daß mein Körperzustand Einfluß auf meine Arbeit hat. Ich versichere Dir, es ist nichts anderes als eine Schwächung infolge von Überanstrengung und schlechter Ernährung. Manche Leute haben über mich geredet, als hätte ich eine Art Krankheit, die würden gleich wieder davon anfangen, eine sehr häßliche Klatscherei; also behalte es für Dich und sprich nicht weiter davon, wenn Du herkommst. Aber die Trockenheit in der Arbeit ist sozusagen ohne meine Schuld zustande gekommen und wird sich ändern, wenn ich mich wieder aufrappeln kann.

305 (Ende Juli 1883)

Heute morgen kommt ein Mann zu mir, der vor drei Wochen eine Lampe für mich repariert hat und von dem ich gleichzeitig etwas Tongeschirr gekauft hatte, das er mir förmlich aufdrängte.

Er kam mir eine Standpauke halten, weil ich seinen Nachbarn bezahlt hätte und ihn nicht. Und das mit dem nötigen Lärm, unter Flüchen und Schimpfen usw. Ich sage ihm, daß ich ihn bezahlen werde, sobald ich Geld bekomme, daß ich aber im Augenblick keines habe, doch das ist Öl ins Feuer. Ich ersuche ihn zu gehen, und endlich schiebe ich ihn zur Tür hinaus, er aber — vielleicht wollte er es absichtlich darauf ankommen lassen — packt mich am Kragen und schleudert mich gegen die Wand, daß ich der Länge lang hinfalle. Das ist so ein Beispiel, an dem Du sehen kannst, mit welchen petites misères man sich rumschlagen muß. So ein Kerl ist natürlich stärker als ich — die genieren sich nicht! Vom selben Schlag sind all die kleinen Ladenbesitzer usw., mit denen man es im täglichen Leben zu tun hat. Sie kommen selber und fragen, ob man nicht dies oder jenes von ihnen nehmen will, oder, wenn man zu einem anderen geht, bitten sie um Kundschaft, aber wenn man mal unglücklicherweise länger als acht Tage mit der Bezahlung warten muß, dann wird geschimpft und Lärm geschlagen. So sind sie nun mal, und was soll man dazu sagen, sie sitzen auch oft in der Klemme. Ich schreibe Dir den Vorfall, damit Du siehst, wie notwendig es ist, daß ich wenn irgend möglich etwas Geld verdiene...

Der Vorfall heute morgen zeigt mir, daß unbedingt Rat geschafft und eine kleinere Wohnung genommen werden muß, und zwar in irgendeinem Dorf, wenn sich hier keine Möglichkeit findet, ein bißchen mehr Bewegungsfreiheit zu bekommen. Sonst ist das Atelier hier recht praktisch, und an schönen Dingen zum Zeichnen ist kein Mangel. Das Meer hat man auch nicht überall.

Es ist wahr, was ich Dir schrieb, daß ich mich nicht kräftig fühle; es läuft jetzt darauf hinaus, daß ich Schmerzen zwischen den Schultern und am Lendenwirbel habe, was öfter mal vorkommt, aber ich weiß aus Erfahrung, daß man dann ein bißchen aufpassen muß, sonst wird man zu schwach und erholt sich nicht mehr so leicht.

Ich lasse den Dingen so ziemlich ihren Lauf. Die Verhältnisse sind in der letzten Zeit ein bißchen zu schwer für mich geworden, und mein Plan, durch fleißiges, vernünftiges Arbeiten frühere Freunde wieder für mich zu gewinnen, ist fehlgeschlagen.

Theo, über *eine* Sache zu sprechen, wäre wohl gut — ich will nicht sagen, daß es jetzt gleich in Frage stünde, aber die Zeiten könnten noch schlimmer werden, und für diesen Fall möchte ich, daß wir etwas darüber abmachen.

Meine Studien und alles, was an Arbeiten im Atelier ist, sind ganz und gar Dein Eigentum. Jetzt ist, wie gesagt, nicht davon die Rede, aber in Zukunft zum Beispiel – wegen Nicht-Bezahlung der Steuern – kann man mein Hab und Gut verkaufen; doch für diesen Fall möchte ich meine Arbeiten in Sicherheit bringen, weg aus dem Hause. Es sind meine Studien, die ich für spätere Arbeiten schwer entbehren kann, Sachen, die mich viel Mühe gekostet haben.

Hier in unserer Straße gibt es bis auf den heutigen Tag keinen einzigen, der Steuern zahlt, doch sind alle mit verschiedenen Summen veranlagt; auch bei mir sind schon zweimal die Beamten zur Einschätzung dagewesen, ich habe ihnen aber meine vier Küchenstühle und den Tisch aus rohem Holz gezeigt und gesagt, ich fiele nicht unter die Leute, die hoch eingeschätzt werden müßten. Wenn sie bei einem Maler Teppiche, Klaviere, Antiquitäten und solche Sachen fänden, hätten sie vielleicht nicht unrecht, so einen als zahlungsfähig anzukreiden; aber ich könnte nicht mal meine Farbenrechnung bezahlen, und bei mir gäbe es keine Luxusartikel, sondern Kinder, und also sei für sie nichts zu holen.

Dann haben sie mir Formulare und Mahnungen geschickt, aber ich habe mich nicht darum gekümmert, und als sie noch mal wiedergekommen sind, habe ich gesagt, es hätte keinen Zweck, denn ich steckte mir bloß meine Pfeife damit an; ich hätte eben nichts, und meine vier Stühle, Tisch usw. brächten doch nichts ein und wären neu nicht soviel wert wie das, was sie dafür ansetzen wollten. Seidem haben sie mich auch in Ruhe gelassen, jetzt schon monatelang, und die anderen hier in der Straße bezahlen auch nicht.

Doch da wir nun mal davon reden – für so einen Fall wüßte ich gern, wo meine Studien in Sicherheit wären.

Nun, ich könnte sie z. B. zu v. d. Weele oder so jemandem bringen. Und meine Malgeräte auch...

Am Verkauf an sich – wenn nicht das Weiter-arbeiten-Können davon abhinge – wäre mir sonst nicht viel gelegen; ich sage Dir ganz offen: von den Anschauungen über Kunst, die ich mir in meiner Zeit bei Goupil angeeignet hatte, haben sich, soweit sie die Praxis betreffen, nur wenige bewährt, obwohl ich meinem Geschmack treugeblieben bin. Künstlerisches Schaffen geht nicht so vor sich, wie man sich das als Kunsthändler denkt, und das Malerleben ist anders, die Lernzeit ist anders. In welcher Hinsicht, das würde ich schwer sagen können, aber Daubignys Wort: »Ce ne sont pas mes tableaux que j'estime davantage, qui me rapportent le plus«[132] glaube ich jetzt; aber wenn ich es gehört hätte, als ich bei G. & Co war, so hätte ich gedacht, er sage das nur so par manière de dire[133].

Es ist nicht so, daß ich den Mut verloren hätte oder etwa aufgeben wollte, sondern ich habe mehr Kraft verausgabt, als ich entbehren kann, und meine Kräfte sind mehr oder minder épuisé[134]

Alles in allem ist es das wichtigste, daß wir uns auch weiterhin gut verstehen und die Freundschaft warmhalten. Kommt Unheil, so wollen wir ihm Trotz bieten, aber laß uns treu zusammenhalten, Bruder.

Ich gewinne dabei alles, denn ohne Dich hätte ich nicht so lange durchhalten können, Du gewinnst nichts dabei außer dem Gefühl, einem Menschen zu einer Laufbahn zu verhelfen, der sonst keine gehabt hätte.

Und später — wer weiß, was wir dann noch zusammen machen werden.

306   *(Ende Juli 1883)*
Du schreibst in Deinem Brief von dem Zwiespalt, in den man geraten kann, wenn man sich fragt, ob man für die unglücklichen Folgen einer guten Tat verantwortlich ist — ob man nicht besser daran täte, so zu handeln, daß man ohne Unheil dabei wegkommt, auch wenn man weiß, daß es nicht das Rechte ist — nun, diesen Zwiespalt kenne ich auch.

Wenn man dem Gewissen folgt — das Gewissen ist für mich die allerhöchste Vernunft — die Vernunft in der Vernunft —, so kommt man in Versuchung zu glauben, man habe falsch oder töricht gehandelt; vor allem gerät man in Verwirrung, wenn oberflächlichere Menschen sich darüber lustig machen, weil sie selbst so viel klüger und erfolgreicher sind. Ja, es ist da manchmal schwer, und wenn es soweit kommt, daß die Schwierigkeiten sich zur Springflut steigern, kann man dahin kommen zu bereuen, daß man ist, wie man ist, und zu wünschen, man wäre weniger gewissenhaft gewesen.

Ich hoffe, Du machst Dir von mir keine andere Vorstellung, als daß auch ich dauernd denselben inneren Kampf kämpfe und oft auch einen müden Kopf habe und daß ich in vielen Fällen auch nicht zu ent-

---
132 *Nicht diejenigen meiner Bilder schätze ich besonders hoch, die mir am meisten einbringen*
133 *als Redensart*
134 *erschöpft*

scheiden weiß, ob man besser oder schlechter daran täte, dieses oder jenes zu tun.

Solange ich an der Arbeit bin, fühle ich ein unbegrenztes Vertrauen in die Kunst und bin zuversichtlich, daß ich mein Ziel erreichen werde; aber an Tagen körperlicher Übermüdung oder wenn es finanzielle Hindernisse gibt, fühle ich diesen Glauben weniger stark, und es überkommt mich der Zweifel, den ich dadurch zu überwinden suche, daß ich mich gleich wieder tüchtig an die Arbeit mache. Und so ist es auch mit der Frau und den Kindern; wenn ich bei ihnen bin und das kleine Männlein kommt auf Händen und Füßen auf mich zugekrochen, krähend vor Freude, dann zweifle ich nicht im mindesten, daß es ist, wie es sein soll.

Schon oft hat mich dieses Kind ruhig gemacht.

Wenn ich zu Hause bin, ist er von mir nicht fortzukriegen; wenn ich über der Arbeit sitze, kommt er und zupft mich am Rock oder arbeitet sich an meinen Beinen hoch, bis ich ihn auf den Schoß nehme. Im Atelier kräht er alles an, sitzt still da und spielt mit einem Stück Papier, einem Endchen Bindfaden oder einem alten Pinsel; er ist fast immer vergnügt; wenn er sich diese Stimmung sein Leben lang erhält, dann wird er mal gescheiter sein als ich.

Ja, was soll man dazu sagen – zuzeiten fühlt man eben, daß es ein gewisses Verhängnis gibt, welches das Gute zu einem schlechten Ende und umgekehrt das Schlechte zu einem guten Ende führt. Ich glaube, man kann solche Gedanken zum Teil als Folge von Überanstrengung ansehen, und wenn sie einen überkommen, so darf man nicht glauben, die Dinge wären wirklich so schwarz, wie man sie sieht; aber weil man verrückt würde, wenn man darüber nachgrübeln wollte, so ist es im Gegenteil das Vernünftigste, sich körperlich zu kräftigen, und wenn das geschehen ist, wieder tüchtig an die Arbeit zu gehen; und wenn auch das noch nicht hilft, sollte man *immer an diesen beiden Mitteln festhalten* und etwas Schlimmes darin sehen, wenn man seine Melancholie nicht los wird. Auf die Dauer wird man dann an Willenskraft zunehmen und das Leben durchhalten. Es bleibt etwas Unergründliches, es bleiben sorrow und Melancholie, aber diesem ewigdauernden Negativen steht als Positives die Arbeit gegenüber, die man auf diese Art doch zustande bringt. Wenn das Leben so einfach wäre oder die Dinge so lägen wie in der Geschichte von dem braven Hendrik oder in einer durchschnittlichen Pastorenpredigt, so wäre es nicht weiter schwierig, sich einen Weg zu bahnen. Aber so ist es nun einmal nicht, die Dinge sind unendlich viel verwickelter, und Gut und Böse an sich kommen ebensowenig vor wie Schwarz und Weiß in der Natur. Nur muß man dafür sorgen, nicht dem undurchsichtigen Schwarz zu verfallen – der ausgesprochenen Schlechtigkeit, und noch mehr hüten muß man sich vor dem Weiß einer übertünchten Wand, nämlich vor Scheinheiligkeit und ewigem Pharisäertum. Wer mutig der Vernunft zu folgen sucht und vor allem dem Gewissen, der allerhöchsten Vernunft – der erhabenen Vernunft –, und sich bemüht, ehrlich zu sein, der wird, glaube ich, schwerlich ganz in die Irre geraten, wenn auch Fehler und Anecken und Schwachheiten ihm nicht erspart bleiben werden und er Vollkommenheit nicht erreichen wird. Und ich glaube, es wird dann ein tiefes Gefühl des Mitleids und der bonhomie wach werden, umfassender als jenes wohlbemessene Mitgefühl, das die Pastoren als Spezialität gepachtet haben.

Mag sein, daß man bei einem solchen Verhalten weder von der einen noch von der anderen Partei als etwas Bedeutendes angesehen, sondern zu den Mittelmäßigen gerechnet wird, mag sein, daß man sich selbst nur als ein gewöhnlicher Mensch unter Menschen fühlt – aber bei alledem wird man schließlich zu einer ziemlich gefestigten heiteren Gelassenheit kommen. Man wird dazu kommen, sein Gewissen so zu entwickeln und zu schärfen, daß es zur Stimme eines besseren und höheren Ichs wird, dem das gewöhnliche Ich als Diener gehorcht. Und man wird nicht in Skeptizismus und Zynismus verfallen, nicht zur Schar der Spötter gehören. Das geht nicht auf einmal.

307 (29./30. Juli 1883)
Gestern und vorgestern bin ich mal ein wenig in der Gegend von Loosduinen herumgelaufen, bin auch vom Dorf ans Meer gegangen und habe viele Kornfelder dort gefunden; freilich so schön wie die Brabanter sind sie nicht, aber es muß da doch Schnitter, Sämänner, Ährenleser geben, lauter Dinge, die ich dies Jahr entbehrt habe und derentwegen ich manchmal Verlangen nach etwas anderem hatte.

Ich weiß nicht, ob Du diese Gegend kennst, ich jedenfalls bin in früheren Jahren nie dort gewesen.

Ich habe am Strand eine Studie gemalt. Es gibt da ein paar Molen oder Buhnen – piers – jetées –, und zwar sehr gute, aus verwitterten Steinen und geflochtenen Zweigen. Auf eine davon habe ich mich gesetzt und die steigende Flut gemalt, bis sie so nahe kam, daß ich meine Malsachen zusammenpacken mußte ...

Gewiß bist Du mit mir einer Meinung, daß die Dünen in der Umgebung vom Haag und von Scheveningen in den letzten zehn Jahren viel von ihrer ursprünglichen Schönheit eingebüßt und einen anderen, mehr leichtfertigen Charakter bekommen haben, mit jedem

Jahr mehr. Aber nicht nur zehn, sondern dreißig oder sogar vierzig und fünfzig Jahre muß man zurückgehen, wenn man auf die Zeit stoßen will, da man die Dünen in ihrem wahren Charakter zu malen anfing. Damals war alles noch mehr ruysdaelartig als jetzt.

Wenn man etwas sehen will, was an eine Daubigny-, eine Corot-Stimmung erinnert, so muß man weiter weggehen, dorthin, wo der Boden beinah jungfräulich ist, unberührt von den Fußstapfen der Badegäste. Scheveningen ist ohne Frage sehr schön, aber jungfräulich ist die Natur da schon lange nicht mehr; nun, diese Jungfräulichkeit der Natur fand ich auf dem Spaziergang, von dem ich Dir schrieb, in ungewöhnlichem Maße.

So ungefähr sah der Pier aus[135].

Selten hat in der letzten Zeit die Stille, die Natur allein *so* zu mir gesprochen...

Wenn Du kommst, wäre es vielleicht schön, wenn wir mal dort zusammen wären, nichts von Zivilisation weit und breit, nur ein armseliger Karren mit Muscheln auf dem weißen Weg und dann Sträucher, von denen jeder einzelne *der* »Buisson« von Ruysdael zu sein scheint.

Sonst ist die Landschaft größtenteils sehr einfach: eben und flach, verwitterter Dünenboden, höchstens ein bißchen wellig. Ich glaube, wenn wir zusammen dort wären, würde diese Gegend uns beide so stimmen, daß wir wegen meiner Arbeit keinen Zweifel hätten, sondern mit Sicherheit fühlen würden, was wir anstreben müssen. War es nur ein zufälliger Zusammenklang meiner etwas düsteren Gemütsstimmung mit dieser Umgebung, oder würde ich auch in Zukunft wieder dieselben Eindrücke haben — ich weiß es nicht; aber sollte ich wieder einmal das Bedürfnis haben, die Gegenwart ein wenig zu vergessen und an die Zeit zu denken, als die große Revolution in der Kunst begann, deren Führer Millet, Daubigny, Breton, Troyon, Corot sind, so gehe ich wieder an dieselbe Stelle.

308 (Anfang August 1883)

Sehr gern wüßte ich, ob Du es wieder so machen willst wie voriges Jahr, erst ein paar Tage nach Hause und dann direkt hierher.

Wir wollen abmachen, daß Du zu Hause lieber nicht von Schwierigkeiten in der Zukunft sprichst oder von den geringen Absatzmöglichkeiten für meine Arbeiten. Wenigstens nicht gleich — laß uns erst miteinander davon reden und sehen, was sich tun läßt. Theo, ich möchte so furchtbar gern die Kartoffelhacker malen. Ich glaube, es

---

135 Hier im Original eine Skizze

würde gut werden. Und selbst wenn es sich nicht verkauft, wird es uns doch helfen, weiterzukommen, weil manche Leute ihre Meinung ändern, wenn sie etwas gesehen haben, was sie nicht erwartet hatten...

Ich fühle mich noch nicht ganz wohl, aber glücklicherweise belebt mich die Arbeit, so daß ich die Schwäche nicht so sehr spüre, solange ich arbeite; aber in den Zwischenpausen, wenn ich nicht vor der Natur sitze, überfällt sie mich immer wieder. Eine Art Schwindel manchmal und auch Kopfschmerz zuweilen, es ist eben Entkräftung. Ich habe es immer wieder aufgeschoben und aufgeschoben, etwas für mich zu tun, weil es stets andere Dinge gab, die nötiger waren, und das hat ein bißchen zu lange gedauert.

Aber Du wirst begreifen, daß die Arbeit sehr wichtig ist, und gerade weil ich schon soviel getan habe, könnte ich nicht aufhören...

Eine sehr schwere Sorge ist dieser Tage zum größten Teil von mir abgefallen. Voriges Jahr habe ich wiederholt versucht, Figurenstudien zu malen, aber damals wurden sie so, daß ich verzweifelt darüber war. Jetzt habe ich wieder damit angefangen, und jetzt gibt es nichts mehr, was mir die Ausführung direkt schwer machte, weil ich viel leichter zeichne als voriges Jahr. Damals wurde ich immer wieder irre, wenn während des Malens meine Skizze nicht mehr deutlich war, und dann mußte ich viel Zeit darauf verwenden, diese Skizze neu zu machen, so daß, wenn ich das Modell nur kurze Zeit haben konnte, einfach nichts zustande kam.

Aber jetzt ist es mir völlig gleichgültig, wenn die Zeichnung verschwindet; ich mache sie jetzt gleich mit dem Pinsel, und es kommt doch genug Form hinein, daß ich was von der Studie habe. Darum sage ich, daß ich jetzt meinen Weg klarer sehe; ich weiß wohl, daß ich noch viele Studien werde machen müssen, aber die werden mir nicht schwerer fallen, als wenn ich sie zeichnen würde; darum: dies Jahr viel malen, dann kommen wir vorwärts.

309 *(Zwischen 4. und 8. August 1883)*
Es ist dieser Tage beim Malen ein gewisses Empfinden für die Farbe in mir wach geworden, stärker und anders, als ich es bisher gefühlt habe.

Es könnte leicht sei, daß mein Unbehagen in diesen Tagen mit einer Art Umschwung in der Arbeitsweise zusammenhängt, nach dem ich schon öfter gesucht und über den ich schon viel nachgedacht habe.

Oft schon habe ich versucht, weniger trocken zu arbeiten, aber es wurde immer wieder ungefähr dasselbe. Doch daß mich jetzt diese

Entkräftung daran hindert, wie gewöhnlich zu arbeiten, scheint eher günstig als hinderlich zu wirken; ich lasse mich nämlich etwas gehen, und statt scharf nach den Gelenken zu spähen und herauszuklamüsern, wie alles zusammengefügt ist, kneife ich die Augen halb zusammen, und es ist, als brächte mich das unmittelbarer dazu, die Dinge als ein Nebeneinander von Farbflecken zu sehen.

Ich bin sehr neugierig, wie das weitergehen und wozu es führen wird.

Ich habe mich wohl manchmal darüber gewundert, daß ich nicht stärker Kolorist war, weil mein Temperament gerade das erwarten lassen sollte – und doch hat sich das bis heute wenig entwickelt.

Noch einmal: ich bin neugierig, wie es weitergehen wird – daß meine letzten Ölstudien anders sind, sehe ich deutlich ... So glaube ich, daß die letzten, die weniger pastos sind, doch allmählich bestimmter in der Farbe werden, denn die Farben sind mehr durcheinandergearbeitet und die Pinselstriche übereinandergelegt, so daß es mehr ineinanderschmilzt und z. B. mehr von der Weichheit der Wolken oder des Grases hat ...

Zum Beispiel diese beiden Studien, die ich gemacht habe, als es regnete – eine schmutzige Straße mit einer kleinen Figur; es kommt mir vor, als wäre das gerade das Gegenteil von einigen anderen Studien – wenn ich sie ansehe, finde ich die Stimmung dieses trübseligen Regentages wieder; und in der Figur – obwohl es nur ein paar Farbflecke sind – ist eine Art Leben, das nicht durch die Richtigkeit der Zeichnung zustande kommt, denn es ist sozusagen gar nicht gezeichnet. Was ich sagen will, ist folgendes: ich glaube, daß in diesen Studien etwas von dem Geheimnisvollen liegt, das sich einem aufdrängt, wenn man die Natur mit halb zugekniffenen Augen ansieht, so daß sich die Formen zu Farbflecken vereinfachen.

Es muß Zeit darüber hingehen, aber vorläufig sehe ich in verschiedenen Studien etwas Neues in der Farbe und im Ton.

Dieser Tage muß ich manchmal an eine Erzählung denken, die ich in einer englischen Zeitschrift las, eine Malergeschichte, in der ein Mann vorkommt, der auch in einer sorgenvollen Zeit schwach und müde geworden war; da geht er nun in eine abgelegene Gegend, wo Torffelder sind, und in dieser schwermütigen Natur findet er gewissermaßen sich selbst und kommt dahin, die Natur so zu malen, wie er sie fühlt und sieht. Das war in der Erzählung ganz richtig beschrieben, offenbar von jemandem, der etwas von Kunst verstand; es hat mich sehr gefesselt, als ich es las, und nun muß ich dieser Tage öfter daran denken.

Aufs Geratewohl und ohne besonderen Anlaß schreibe ich noch etwas dazu, was mir öfter durch den Kopf geht.

Nicht nur habe ich verhältnismäßig spät mit Zeichnen angefangen, sondern es kann leicht noch dazukommen, daß ich nicht auf gar zu viele Lebensjahre mehr rechnen darf. Wenn ich so ganz kaltblütig daran denke und meine Pläne überlege und berechne, dann liegt es in der Natur der Sache, daß ich unmöglich etwas Sicheres darüber wissen kann.

Doch durch Vergleiche mit anderen Leuten, deren Leben man kennt, oder im Vergleich mit solchen, bei denen man gewisse Parallelen zu erkennen glaubt, kann man doch ungefähre Annahmen machen, die nicht völlig unbegründet sind. Was nun die Zeitspanne betrifft, die ich noch zum Arbeiten vor mir habe, so glaube ich, ohne Voreiligkeit folgendes annehmen zu dürfen: eine gewisse Anzahl von Jahren wird mein Korpus es quand bien même[136] noch aushalten — eine gewisse Anzahl, sagen wir etwa zwischen sechs und zehn. Um so mehr darf ich das annehmen, da augenblicklich noch kein richtiges »quand bien même« vorhanden ist.

Das ist die Zeitspanne, mit der ich *fest* rechne; wollte ich weiterhin etwas Bestimmtes über mich selbst aussagen, so käme mir das wie leeres Spekulieren vor, vor allem, weil es ja gerade von diesen ersten zehn Jahren abhängt, ob nach dieser Zeit noch etwas da sein wird oder nicht.

Verbraucht man sich zu sehr in diesen Jahren, so kommt man nicht über die Vierzig; erhält man sich aber so rüstig, daß man gewissen Erschütterungen Widerstand leisten und diese mehr oder minder komplizierten körperlichen Schwierigkeiten überwinden kann, die den Menschen in diesem Alter heimzusuchen pflegen, so ist man zwischen vierzig und fünfzig wieder in einem neuen, verhältnismäßig normalen Fahrwasser.

Doch Berechnungen dieser Art sind *jetzt nicht* an der Tagesordnung, wohl aber Pläne für eine Zeitspanne von fünf bis zehn Jahren, wie ich am Anfang schon sagte. Es ist *nicht* meine Absicht, mich zu schonen, auf Gemütserregungen und Schwierigkeiten viel Rücksicht zu nehmen — es ist mir ziemlich gleichgültig, ob ich länger oder kürzer lebe, überdies bin ich nicht dazu geeignet, mich in körperlichen Dingen so zu gängeln, wie es zum Beispiel ein Arzt bis zu einem gewissen Grade tun kann.

Ich lebe also weiter als *ein Unwissender*, der aber das *eine* weiß: *innerhalb einiger Jahre muß ich eine bestimmte Arbeit vollbringen*; zu *übereilen* brauche ich mich nicht, denn das führt zu nichts Gutem —

136 trotz alledem

doch ich muß in aller Ruhe und Gelassenheit weiterarbeiten, so regelmäßig und gesammelt wie möglich, so kurz und bündig wie möglich; die Welt geht mich nur insofern etwas an, als ich sozusagen eine gewisse Schuld und Verpflichtung habe – weil ich nämlich dreißig Jahre lang auf dieser Welt umhermarschiert bin –, aus Dankbarkeit ein bestimmtes Andenken in Form von Zeichen- und Malarbeit zu hinterlassen – nicht geschaffen, um dieser oder jener Richtung zu gefallen, sondern um ein aufrichtiges menschliches Gefühl zum Ausdruck zu bringen. Diese Arbeit also ist das Ziel – und wenn man sich aufs innigste in diesen Gedanken vertieft, so vereinfacht sich alles Tun und Lassen in der Weise, daß es kein wirres Durcheinander ist, sondern immer das gleiche Streben. Jetzt geht die Arbeit langsam – ein Grund mehr, daß ich keine Zeit verlieren darf. Guillaume Régamey war jemand, der, glaube ich, keinen sehr bekannten Namen hinterlassen hat (Du weißt, es gibt zwei Régameys, F. Régamey malt Japaner und ist sein Bruder), doch er ist eine Persönlichkeit, vor der ich große Achtung habe. Er starb im Alter von achtunddreißig Jahren, und eine Zeitspanne von sechs, sieben Jahren hat er fast ausschließlich Zeichnungen gewidmet, die ein sehr eigenartiges cachet[137] haben und gemacht sind in einer Zeit, wo er nicht ohne physische Schwierigkeiten arbeitete. Das ist einer von vielen, ein sehr Guter von vielen Guten.

Ich nenne ihn nicht so sehr, um mich mit ihm zu vergleichen – *so gut wie er bin ich nicht* –, aber um ein bestimmtes Beispiel von einer gewissen Selbstbeherrschung und Willenskraft anzuführen: er hielt unter schwierigen Umständen an einem befeuernden Gedanken fest, der ihm den Weg zeigte, wie er in heiterer Gelassenheit gute Arbeit verrichten konnte. So sehe ich auch mich selbst – als einen, der in wenigen Jahren etwas schaffen muß, worin Herz und Liebe steckt, und zwar mit Willenskraft schaffen. Lebe ich länger, tant mieux, aber daran denke ich nicht.

In diesen paar Jahren *muß etwas getan werden*; dieser Gedanke ist mein Leitfaden, wenn ich Pläne für meine Arbeit mache. Ein gewisses Verlangen, alle Kraft daranzusetzen, wird Dir nun um so verständlicher sein, gleichzeitig eine gewisse Entschlossenheit, mit einfachen Mitteln zu arbeiten. Und vielleicht kannst Du auch verstehen, daß ich meine Studien nicht als etwas für sich betrachte, sondern immer das Werk als Ganzes im Sinn habe.

137 Gepräge

310   (Um den 10. August 1883)

Wenn ich an Rappard schrieb, ich glaubte nicht auf der Welt zu sein, um meinen Körper gesund zu erhalten, so wollte ich damit sagen, daß es Lagen gibt, in denen man wählen muß zwischen Arbeiten und Nicht-Essen einerseits und Essen und Das-Arbeiten-sein-Lassen anderseits — dann nämlich, wenn die Arbeit Unkosten macht und vorläufig kein Geld einbringt. Nun wähle ich in manchen Fällen das erstere und halte das nicht für falsch, weil unsere Arbeiten bleiben, aber wir selbst doch keinesfalls; etwas tun heißt leben, und lieber will ich damit ein paar Jahre ausfüllen, als viele Jahre nur darüber nachdenken und es immer wieder aufschieben. Und damals sagte ich noch zu Rappard, ich für mein Teil glaube an die Wahrheit des geheimnisvollen Wortes: »Wer sein Leben erhalten will, der wird es verlieren; wer aber sein Leben verlieret um eines höheren willen, der wird's erhalten.«

312   (17. August 1883)

Zwischen Dir und mir gibt es ein Band, das die Zeit bei fortgesetzter Arbeit nur verstärken kann — das ist die Kunst; und ich habe die Hoffnung, daß wir uns après tout auch weiterhin verstehen.

Ich fürchte, ich habe über die Arbeit etwas zu Dir gesagt, was ich anders hätte sagen sollen, und ich habe ein unbestimmtes Gefühl, als hätte ich Dich irgendwie verstimmt, denn bei Deiner Abreise schien doch irgendwas los zu sein.

Ich hoffe, das wird sich klären.

In bezug auf die Arbeit wird mir, seit ich darauf achte, die Magerkeit der Ausführung immer deutlicher.

Das würde mich beunruhigen, sähe ich darin nicht die natürliche Folge der Anstrengung, die man machen muß, um die allerersten Schwierigkeiten zu meistern (dieselbe Erscheinung glaube ich übrigens auch in den ersten Arbeiten sehr vieler mir sympathischer Künstler zu bemerken). Und wenn ich auf die letzten Jahre zurückblicke, so sehe ich, daß sie übervoll von Mühseligkeiten waren. Da diese Mühseligkeiten jetzt überwunden sind, hoffe ich, daß eine andere Schaffensperiode kommen wird.

Dieser Fehler geht durch alle meine Arbeiten und muß unbedingt abgestellt werden; wir müssen also auf entsprechende Maßregeln bedacht sein, die uns zu einer Zeit der Ruhe verhelfen. Und darauf müssen wir also hinarbeiten, sonst bleibt es so. Wie meine Arbeit ist, so bin ich selber, das mußt Du ein wenig berücksichtigen. Ich weiß nicht, ob Du glaubst, es wäre besser, *jetzt* jemanden, wie zum Beispiel

Herkomer, Green oder Small aufzusuchen, oder zu warten, bis die Arbeit und auch ich selbst etwas zur Ruhe gekommen sind. Ich wäre für das letztere, es kann sich vielleicht schon bald in mir klären, aber jetzt möchte ich mich lieber nicht gleich in die verwickelten Londoner Geschäfte stürzen und darin herumlavieren.

Nun noch ein paar Worte über das, was Du mir beim Abschied gesagt hast. Hoffentlich wirst Du nicht vergessen, daß dies und jenes, was meine Kleidung usw. betrifft, einigermaßen übertrieben war. Verhält es sich wirklich so, nun, dann bin ich gern der erste, der seinen Fehler einsieht, doch es kommt mir vor, als wäre das eine alte Geschichte, die mehr von früher her wieder aufgewärmt worden ist, als daß sie sich auf neuerliche Beobachtung gründete – wenn ich draußen auf dem Lande bin oder im Atelier, ist es natürlich etwas anderes...

Wenn ich deswegen heftig geworden bin, so deshalb, weil ich schon soviel darüber zu hören bekommen habe; einmal bin ich gut und einmal weniger gut angezogen, das ist eine Geschichte, wie die von dem Bauern, seinem Sohne und dem Esel, deren Moral Dir ja bekannt ist: daß man es den Leuten schwer recht machen kann.

Von Dir hat es mich nicht so sehr geärgert als vielmehr verwundert, weil Du doch sehr gut weißt, wieviel Verdruß ich schon damit gehabt habe; es ist eine Klatscherei daraus geworden, die doch nie aufhören wird, was ich auch tue. Na, jedenfalls habe ich jetzt den neuen Anzug von Dir und den älteren, der doch auch noch recht gut ist, und so ist die Geschichte vorläufig abgetan, nicht wahr, und nun Schluß damit.

Und dann wollte ich Dir noch mal sagen, wie ich über den Verkauf denke. Ich glaube, es ist am besten, wenn wir ruhig weiterarbeiten und abwarten, bis die Liebhaber von selbst sich zu meinen Sachen hingezogen fühlen, statt daß man sie ihnen anpreist und erklärt und etwas dazu sagt. Wenigstens wenn meine Arbeiten abgelehnt werden oder nicht gefallen, muß man sich möglichst würdig und ruhig verhalten. Ich fürchte, wenn ich irgendwo auftrete, werden meine Bemühungen mehr schaden als nützen, und ich wünschte, ich hätte nichts damit zu tun.

Es ist mir so peinlich, mit den meisten Leuten zu reden; ich habe keine Angst davor, doch ich weiß, daß ich einen unangenehmen Eindruck mache.

Die Möglichkeit, das zu ändern, scheitert daran, daß die Arbeit darunter leiden würde, wenn man anders lebte. Und wenn man nur mit der Arbeit durchhält, kommt das später schon ins Lot...

Es tut mir schrecklich leid, daß ich Dir das Leben schwer mache

— vielleicht hellt es sich auf; wenn Du aber schwankst, so sage es mir rundheraus, denn lieber gebe ich alles auf, als daß ich Dir eine Last aufbürde, die schwerer ist, als Du sie tragen kannst. Dann gehe ich eben nach London, gleich jetzt, und suche mir n'importe[138] was, und wenn es Koffertragen wäre, und lasse die Kunst für bessere Zeiten, wenigstens das Atelier und das Malen.

Wenn ich auf die Vergangenheit zurückblicke, stoße ich immer wieder auf die noch nicht ganz aufgeklärten unheilvollen Geschehnisse, die sich in den Monaten August 1881 bis Februar 1882 zusammendrängen.

Darum nenne ich unwillkürlich immer dieselben Namen. Was Dich zu verwundern schien.

Lieber Bruder, sieh in mir nichts anderes als einen gewöhnlichen Maler, der vor gewöhnlichen Schwierigkeiten steht, und denke nicht, daß etwas Besonderes geschieht, wenn düstere Zeiten kommen.

Ich meine, stelle Dir die Zukunft weder schwarz noch sehr licht vor, Du tust besser daran, weiterhin an das Grau zu glauben. Ich bin bestrebt, das ebenfalls zu tun, und rechne es mir als Fehler an, wenn ich davon abweiche.

Was die Frau angeht, so wirst Du gewiß begreifen, daß ich von mir aus nichts Übereiltes tun kann.

Um noch einmal auf das zurückzukommen, was Du beim Abschied gesagt hast: »Ich denke allmählich immer mehr wie Pa.«

Gut, sei es an dem — Du sagst damit die Wahrheit, und obwohl ich, wie gesagt, nicht genauso zu denken oder zu handeln glaube, respektiere ich diese Wesensart und kenne vielleicht ihre schwache Seite, doch auch ihre gute Seite. Und wenn ich mir sage, daß ich mit Pa zweifellos leichter reden und besser mit ihm übereinstimmen könnte, falls er etwas von Kunst verstünde, so glaube ich, daß wir, Du und ich, uns auch weiterhin verstehen werden unter der Voraussetzung, daß Du wie Pa wirst plus Dein Wissen um Kunst.

Mit Pa habe ich wiederholt Zerwürfnisse gehabt, aber nie ist das Band ganz zerrissen.

Also lassen wir doch einfach der Natur ihren Lauf; Du wirst werden, was Du werden wirst, und ich werde auch nicht genauso bleiben, wie ich jetzt bin; wir wollen nichts Törichtes voneinander denken, und wir werden schon weiter durchkommen. Und laß uns daran denken, daß wir einander von klein auf kennen, und daß tausend andere Dinge uns mehr und mehr zusammenbringen können...

138 egal was

25 Alter Schiffer. Januar/Februar 1883

26 Bahnwärterhaus. Herbst 1881

27 Baumstudie. April 1882

28 Blinder Mann. April 1882

29 Trauernde Frau. April/Mai 1882

30 Stillende Mutter. 1881
31 Sien mit Zigarre am Ofen. April 1882

32 Blick über die Dächer aus dem Atelier. Juli 1882

33 Die Fabrik. Frühjahr 1882

34 Kohlen tragende Frauen. November 1882

35 Säender Bauer. März/April 1883

Es liegt mir schwer auf dem Herzen, daß ich Dinge gesagt habe, die ich notfalls gern ganz zurücknehmen würde oder noch lieber ungesagt gelassen hätte, oder — angenommen, Du gäbst zu, daß ein Körnchen Wahrheit darin steckte — nur als sehr übertrieben gelten lassen möchte. Denn Du mußt immer daran denken, daß der ständige Hauptgedanke, neben dem alles andere verschwindet, meine Dankbarkeit gegen Dich ist und bleiben wird, wie die Zukunft sich auch gestalten mag!

Ferner: *sollte* es mir in Zukunft einmal nicht so gut gehen, so würde ich das in keinem Fall als Deine Schuld ansehen — wohlgemerkt: in *keinem Fall* — verstehst Du — also auch nicht, wenn Du Deine Hilfe ganz einstellen müßtest.

Das zu sagen, wäre überflüssig, wenn ich mich nicht hätte gehenlassen, mehr weil meine Nerven zu erregt waren, als daß ich bei ruhiger Besinnung fände, Du hättest Dich damals bestimmter äußern müssen. Denk nicht mehr dran, Du tust mir einen Gefallen, wenn Du es als ungesagt betrachtest. Ich glaube, wenn das Bewußte in Ordnung kommt, so kommt es durch die Zeit von selbst in Ordnung, wenn ich ruhig bin. Doch wenn ich nervös bin, suche ich mal hier, mal dort die Ursache. So geht es auch mit anderen Dingen, die ich nicht alle anführen will; aber später erinnere ich mich auch an das, was ich in der Nervosität gesagt habe, und manchmal kann auch ein Körnchen Wahrheit drinstecken; doch nicht alle Grundsätze stehen unbedingt fest, und wenn man nervös und angespannt ist, scheinen sie oft wichtiger, als sie sind.

Von mir aus will ich auch nicht mehr davon reden, wenn auch beim Abschied irgend etwas los zu sein schien. Ich denke gründlich nach über das, was Du sagst, und ich schrieb Dir schon über Kleidung; ich lehne das nicht ab und gebe Dir vollkommen recht — und auch ohne daß Du es gesagt hättest, weiß ich es —, daß, wenn ich je zu Herkomer oder so jemandem ginge, auf die äußere Erscheinung geachtet wird. Ferner, was Du über Pa gesagt hast — jetzt war mehr Anlaß als sonst, an Pa zu schreiben, und Du sollst selbst den Brief lesen. Und so mit allem. Um es kurz zu machen, wenn ich ein Urteil fälle über Menschen, Umstände, Kreise, wo ich nicht verkehre, so ist es begreiflich, daß ich nicht ins Schwarze treffe, sondern ins Blaue hinein rede und die Dinge sehr phantastisch sehe, so wie gegen das Licht gesehen alles sonderbar erscheint.

Du, der ihnen näher steht, begreifst nicht, wie es möglich ist, daß sie, aus einiger zeitlichen Entfernung gesehen, doch etwas diesen Eindruck machen. Und selbst wenn ich völlig falsch sähe, so würde man bei einigem Nachdenken vielleicht begreifen, daß ich unter den gegebenen Umständen und nach allem, was geschehen ist, schwerlich anders reden kann.

313
Es fällt mir jedoch schwer, über diese eigentlich so einfachen, gewöhnlichen Dinge zu sprechen, weil sie unglücklicherweise mit viel tieferen Dingen in Zusammenhang stehen.

Nichts ist mehr »angoisse«[139] als der seelische Kampf zwischen Pflicht und Liebe, beides in hohem Sinne aufgefaßt.

Wenn ich Dir sage, ich wähle meine Pflicht, so weißt Du alles.

Ein paar Worte, die wir unterwegs darüber sprachen, haben mir gezeigt, daß sich in dieser Sache in meinem Innern nichts verändert hat, es ist und bleibt eine Wunde, über die ich hinlebe, aber sie sitzt in der Tiefe und kann nicht heilen – in Jahren wird es noch sein wie am ersten Tag...

Von *ihr*[140] habe ich nie geglaubt und glaube es auch jetzt nicht und werde es nie glauben, daß finanzielle Gründe für sie ausschlaggebend waren, welche die Grenze dessen, was ehrlich und billig ist, überschritten hätten. Sie ging so weit, wie es vernünftig war, andere sind darüber hinausgegangen. Weiterhin begreifst Du aber, daß ich mir nicht einbilde, sie hätte mich geliebt, und was wir unterwegs gesagt haben, bleibt unter uns. Seitdem sind Dinge geschehen, die nicht geschehen wären, wenn ich nicht in einem gewissen Augenblick erstens vor einem entschiedenen »nein« gestanden hätte, und zweitens vor einem Versprechen, ich würde ihr nicht mehr in den Weg kommen. In ihr habe ich ein Pflichtgefühl respektiert – ihr habe ich nie etwas Niedriges zugetraut und werde das auch nie tun.

Ich weiß das eine, daß es erstens darauf ankommt, vom Wege der Pflicht nicht abzuweichen, und daß man es mit der Pflicht genau nehmen muß. Pflicht ist etwas Unbedingtes.

Die Folgen? Wir sind nicht für sie verantwortlich, wohl aber für die erste Entschließung, ob man seine Pflicht tun soll oder nicht. Da hast Du das genaue Gegenteil von dem Grundsatz: der Zweck heiligt die Mittel.

Und meine eigene Zukunft ist ein Kelch, der nicht an mir vorübergehen kann, es sei denn, ich trinke ihn aus.

Also fiat voluntas[141].

139 *Herzenspein*
140 *Kee Vos (hier nicht namentlich genannt)*
141 *es geschehe (Dein) Wille*

Viele Grüße — glückliche Reise — schreibe bald — aber Du begreifst, daß ich die Zukunft mit Gelassenheit hinnehmen werde, ohne daß auch nur ein Zucken meines Gesichts diesen Kampf in der allertiefsten Tiefe verrät.

314 *(19. August 1883)*
Ich wüßte gern, ob Ihr, Pa und Du, Euch einigermaßen in meine Gefühle hineindenken könnt, was das Zusammenbleiben mit der Frau betrifft. Ich wünschte, das wäre möglich, ich wünschte, wir würden, statt die Frau auf die Straße zu schicken, ihr Versprechen, sich zu bessern, mit herzlichem Vergeben und Vergessen beantworten.

Es ist besser, sie bleibt am Leben, als daß sie zugrunde geht.

Heute früh sagt sie zu mir: »Das wieder anzufangen, was ich früher gemacht habe, daran denke ich selber nicht, und ich habe mit Mutter auch nicht so darüber gesprochen; ich weiß nur, daß ich doch nicht genug verdiene, wenn ich fort muß, weil ich ja auch für die Kinder Kostgeld bezahlen muß, und wenn ich deshalb wieder auf die Straße ginge, so täte ich es, weil ich muß, nicht weil ich will.« Ich glaube, ich habe Dir mal geschrieben, was zwischen uns vorgegangen ist, als sie im Krankenhaus war und ich noch nicht beschlossen hatte, ob ich sie zu mir nehmen sollte oder nicht. Sie hat damals auch nichts verlangt, was von ihrem gewöhnlichen Verhalten sehr absticht.

Wie sie sich ausdrückte, weiß ich nicht mehr genau, aber sie hatte etwas an sich wie ein Schaf, das sagen würde: muß ich geschlachtet werden, so wehre ich mich nicht dagegen.

Kurz, etwas so Herzzerreißendes, daß ich nicht anders kann als völlig verzeihen; ja, eher fühle ich mich selbst schuldig, als daß ich sie anklagen würde. Aber davon habe ich nichts gesagt und sie nur versprechen lassen, daß sie ordentlicher werden wird und fleißiger, daß sie besser Modell stehen und nicht zu ihrer Mutter gehen wird usw. ...

Übrigens habe ich von Anfang an gewußt, daß sie Jahre nötig haben würde, ehe sie wieder ganz in Ordnung kommt, also ist noch Hoffnung.

Nun, das kleine Jungchen hängt schrecklich an mir; jetzt wo es zu kriechen und zu stehen anfängt, ist es immer bei mir, wohin ich im Hause auch gehe.

Sieh Theo, ich glaube, wenn wir unser Handeln von dem bestimmen lassen, was wir fest und deutlich fühlen, so können wir wohl in Irrtümer verfallen und ein paar Mal tüchtig anstoßen, doch ich glaube, vor großem Unheil und vor Verzweiflung werden wir bewahrt bleiben, wenn wir fragen, was unsere Pflicht ist, und dann tun, was getan werden muß – so gut wir eben können. Ebenso ist es mit der Arbeit – daß sie noch unzulänglich ist, bezweifle ich nicht, doch ebensowenig bezweifle ich, daß ich nicht völlig irre gehe, sondern, wenn auch nach vielem Suchen, zu etwas Gutem gelangen werde.

Und ich halte es für gefährlich, den Fortschritt anderswo zu suchen als einzig und allein in der Arbeit ... Bei treuem Weiterarbeiten, ob es nun kürzer oder länger dauert, erfolgreich oder weniger erfolgreich ist, kann es nicht ausbleiben, daß man früher oder später unter den Malern einem Freund für allezeit begegnet, wie zum Beispiel Mauve oder Herkomer es sein könnten.

Und vielleicht *eher*, wenn man ganz im Stillen *arbeitet*, als wenn man ihn darum *bittet* oder ihn besucht, was bei mir um so weniger Aussicht auf Erfolg hat, weil ich allerlei Absonderlichkeiten an mir habe, die Du mehr empfindest als ich; ich selbst merke wohl einiges davon, aber so viel doch nicht, daß ich mich nicht manchmal wundern müßte, wie schwer es immer für mich ist, den Menschen ein wenig Vertrauen einzuflößen ...

Ob ich mit der Frau in Zukunft glücklich sein werde, das weiß ich nicht, und es könnte wohl sein, daß es nicht so käme – sicher wird immer etwas daran fehlen –, aber Glück ist nicht das, wofür wir verantwortlich sind, wohl aber sind wir verantwortlich dafür, wieweit wir unserem Gewissen folgen. Adieu, mein Junge, und wenn Du magst, schreibe mir noch ein paar Worte, solange Du in Nuenen bist. Ich kann nicht anders sprechen.

Du mußt nun mal den Brief an Pa lesen.

Wenn ich die Frau verließe, würde sie vielleicht verrückt werden; bei ihren Anfällen von unerträglich schlechter Laune ist es mir schon mehrmals gelungen, sie dadurch zu beruhigen, daß ich eine Angst, die sie bedrückte, von ihr nahm; im Laufe dieses Jahres hat sie einsehen gelernt, daß sie an mir einen wahren Freund hat, der manchmal in dieselben Schwächen verfällt wie sie und begreift, wo der Schuh drückt; dies alles hat bewirkt, daß ein gewisses je ne sais quoi an Ruhe über sie gekommen ist, wenn ich bei ihr bin; auf die Dauer wird es hoffentlich noch besser mit ihr werden, besonders dann, wenn alles, was sie in die Vergangenheit zurückzerrt, nichts Anziehendes mehr für sie hat – am besten, davon hört sie nichts mehr. Von hier wegzuziehen ist jedoch wünschenswert, muß aber gleichzeitig eine Sparmaßnahme sein. Man hat ihr zum Beispiel gesagt, ich würde sie wegen der Kinder verlassen. Das stimmt natürlich nicht, das würde für mich nie ein Beweggrund sein, doch es ist eins von den Dingen, die sie verwirren und wünschen lassen, sie hätte die Kinder nicht.

Theo, mit ihr steht es so, daß sie zwar lernt, daß man ihr aber immer wieder dasselbe zeigen muß, und sie kann einen schon mutlos machen; doch wenn sie mal dazu kommt zu sagen, was sie will und meint — freilich geschieht das nicht oft —, so ist es seltsam, wie rein sie ist, trotz ihrer Verdorbenheit. Gerade als wäre in der Ruine ihrer Seele und ihres Herzens und ihres Geistes ganz tief drinnen etwas unverletzt geblieben.

Und in solchen Augenblicken sieht sie aus wie eine Mater Dolorosa von Delacroix oder wie manche Köpfe von Ary Scheffer.

Daran glaube ich, und nun ich das wieder gesehen habe, respektiere ich diese Tiefe und halte den Mund über ihre Fehler.

315 *(Um den 20. August 1883)*

Was nun mich selbst betrifft, so scheint mir der billigste Weg unter den gegebenen Umständen der vernünftigste — und das hieße wohl, in ein Dorf ziehen. Wenn es bei den einhundertfünfzig Francs im Monat bleiben kann, so glaube ich, daß wir damit alles oder fast alles bestreiten können.

Lieber Bruder, Du siehst, daß für mich keinesfalls viel Bewegungsfreiheit dabei herauskommen kann. Ich will versuchen, nicht darüber zu klagen, und mir verbeißen, was ich verbeißen kann.

Meine Überzeugung, daß die Arbeit eigentlich mehr fordert, bleibt bestehen, auch daß ich etwas mehr für Essen und andere Lebensbedürfnisse sollte ausgeben können, doch wenn ich mit weniger auskommen muß — vielleicht ist après tout mein Leben das Essen nicht wert, was soll ich viel Aufhebens davon machen. Unmittelbar schuld daran ist niemand, ich selber bin's aber auch nicht.

Eines aber siehst Du hoffentlich ein — daß man *mehr* nicht tun kann, als am Essen sparen, an der Kleidung, an allem, was Komfort ist, an allem, was eigentlich nötig ist. Wo man sogar darin sich eingeschränkt hat, kann doch von Mangel an gutem Willen nicht die Rede sein, nicht wahr?...

Meine Vorstellung vom Geldverdienen ist so einfach wie nur möglich, nämlich, daß es durch die Arbeit zustande kommen muß, und daß unter den gegebenen Umständen nichts für mich dabei herauskäme, wenn ich persönlich mit den Leuten reden würde... Wenn es möglich ist, laß mich weiter so machen wie bisher. Wenn nicht, wenn Du willst, daß ich mit meinen Arbeiten Leute aufsuche, so weigere ich mich nicht, falls Du es mir rätst.

Doch lieber Bruder, Menschenhirne können nicht alles ertragen. Ein Beweis dafür ist Rappard, der Gehirnfieber bekommen hat und nun bis nach Deutschland gefahren ist, um es loszuwerden; mich nun regt es mehr auf, als mir zuträglich ist, wenn ich zu Leuten gehen und mit ihnen über meine Arbeit reden soll. Und was kommt dabei heraus? Eine Ablehnung oder ein paar nichtssagende Redensarten...

Jetzt bist Du nun in Nuenen.

Ich wünschte sehr, Bruder, es wäre kein Grund vorhanden, daß ich nicht auch dort bin. Ich würde so gern mit Dir auf den alten Bauernkirchhof gehen oder zu einem Weber. Das ist nun nicht so — warum nicht — ach, weil ich begreife, daß ich bei der herrschenden Stimmung ein trouble fête[142] scheinen würde.

Theo, noch einmal — ich begreife es nicht ganz und finde es etwas zu weit gegangen, daß Ihr, sowohl Du als Pa, Euch geniert, ein Stück mit mir auf der Straße zu gehen. Ich bleibe doch von selber weg, auch wenn mein Herz nach Zusammensein verlangt.

Wo es um meine Arbeit geht, sind alle meine Gedanken so klar geordnet und so entschieden, daß ich glaube, Du tust gut daran anzunehmen, was ich sage: laß mich so, wie ich bin, nur weitermachen, meine Zeichnungen werden gut werden, selbst wenn es zwischen uns bleibt wie bisher; aber weil das Gutwerden abhängt — ein bißchen abhängt von dem Geld für meine Auslagen und Unkosten — und nicht einzig und allein von meinen Anstrengungen —, sei mit dem Geld so freigebig, wie Du sein kannst, und wenn Du eine Möglichkeit siehst, noch etwas Hilfe von anderer Seite ausfindig zu machen, so lasse es nicht aus den Augen. Aber in diesen wenigen Zeilen steht auch eigentlich alles, was ich zu sagen habe.

Du darfst Dich durch meine Handlungsweise, als ich von Goupil wegging, nicht über meine eigentliche Wesensart irreführen lassen. Wäre damals das Geschäft das für mich gewesen, was die Kunst jetzt für mich ist, so hätte ich entschlossener gehandelt. Aber es war mir damals zweifelhaft, ob das der rechte Beruf für mich sei oder nicht, und ich verhielt mich eher passiv. Als man mich fragte: »Würden Sie nicht weggehen?«, sagte ich: »Sie finden, daß ich weggehen sollte? Also gehe ich« — mehr nicht. Es ist damals mehr geschwiegen als gesprochen worden.

Hätte man es damals anders behandelt, hätte man gesagt: »Wir verstehen Ihre Handlungsweise in diesem oder jenem Punkte nicht«, so wäre es anders gekommen. Ich sage Dir, Bruder, Takt und Verschwiegenheit werden nicht immer verstanden. Tant pis[143] vielleicht.

142 *Störenfried*
143 *Um so schlimmer*

Jetzt ist es besser, glaube ich, daß ich meinen jetzigen Beruf habe, aber als ich von Goupil wegging, waren andere Gründe als Kleider maßgebend, wenigstens bei mir. Es bestand damals ein halber oder ganzer Plan, mir in dem neuen Geschäft in London eine Stellung bei den Gemälden zu geben, wozu ich mich erstens nicht für geeignet hielt und zweitens keine Lust hatte. Ich wäre recht gern in dem Geschäft geblieben, wenn es nicht gerade eine Stellung gewesen wäre, die den Verkehr mit Besuchern verlangt hätte.

Kurzum, wenn man mich damals gefragt hätte, haben Sie Freude am Geschäft, wäre meine Antwort gewesen: »Ja freilich.« — »Wollen Sie dableiben?« — »Ja, wenn Sie finden, ich bin wert, was ich verdiene, und mich nicht für hemmend oder schädlich halten.« Und dann hätte ich um eine Stellung vielleicht in der Druckerei gebeten, oder auch um die in London, unter etwas anderen Bedingungen, und ich hätte sie, glaube ich, auch bekommen.

Man hat mich jedoch nichts gefragt, sondern nur gesagt: »Vous êtes un employé honnête et active, mais vous donnez un exemple mauvais pour les autres«[144]; darauf habe ich nichts erwidert, weil ich keinen Einfluß darauf nehmen wollte, ob ich bleiben sollte oder nicht. Ich hätte aber eine Menge dagegen vorbringen können, wenn ich gewollt hätte, und wohl auch Dinge, die ein Grund gewesen wären, daß ich hätte bleiben können. Ich sage das, weil ich nicht recht verstehe, daß Du nicht weißt, daß es damals um ganz andere Dinge ging als um Kleidung...

Ich denke, Du wirst diesen Brief verstehen und auch verstehen, daß es bei mir kein Bösewerden gibt, wenn mir etwas über Kleider gesagt wird.

Nein, ich werde innerlich immer ruhiger und gesammelter, und um mich böse zu machen, wäre etwas ganz anderes nötig. Wohin ich auch käme, würde ich ungefähr derselbe sein — und vielleicht wirklich im Anfang überall einen schlechten Eindruck machen. Doch daß dieser schlechte Eindruck für immer bleiben würde, auch bei Menschen, mit denen ich mal unter vier Augen spräche, das bezweifle ich.

Jetzt, von diesem Augenblick an, vertiefe ich mich wieder ganz in meine Arbeit.

316 (21. August 1883)
Ich habe eine kleine Karte von Drenthe vor mir liegen. Darauf sehe ich einen großen weißen Fleck ohne Pünktchen von Dörfern, durch-

---

144 *Sie sind ein anständiger und fleißiger Angestellter, aber Sie geben den andern ein schlechtes Beispiel*

schnitten vom Hoogeveenschen Kanal, der plötzlich endet, und quer durch den weißen Fleck steht das Wort »Veenen«[145] auf der Karte.

Rund um den weißen Fleck sind eine Anzahl schwarzer Pünktchen mit Dorfnamen und ein roter Punkt für das Städtchen Hoogeveen.

An der Grenze ein See – der Schwarze See – ein Name, der zu denken gibt. Ich sehe im Geiste allerlei Baggerleute an den Ufern.

Einige Dorfnamen, wie Oosterheuvelen und Erica, haben auch etwas an sich, was zu denken gibt. Nun, teile mir mal mit, was Du von einem schnellen Umzug in diese Gegend hältst.

Wenn es zustande käme, würde ich mich im Anfang nach Rappards Erfahrungen richten. Dann würde ich seinen Rat befolgen und in jene weltverlassene Gegend gehen, von der ich Dir schreibe, wie sie auf der Karte aussieht. Ich will versuchen, dieser Tage eine genaue Karte von Drenthe zu bekommen, wo die Art des Geländes angegeben ist.

Zwar hätten wir dann zunächst eine sofortige Ausgabe, aber ich glaube, auf die Dauer würden wir viel sparen. Wichtiger noch scheint mir, daß ich in einer gewiß sehr anregenden Gegend wäre, die schon an sich in jeder Hinsicht ernst stimmen würde; meine Arbeit könnte dadurch nur besser werden.

Wie groß würde die Ausgabe sein? Ich werde es Dir demnächst mal genauer ausrechnen. Ich nehme an, die ganze Familie wird als zweieinhalb Personen gelten, es könnte aber auch sein, daß sie das Fahrgeld für drei Personen verlangen ...

Wie sehr es mich freut, was Du über die Arbeit sagst, kann ich Dir gar nicht sagen; ich bin froh, daß Du sagst, es wäre eigentlich eine falsche Politik, nebenher eine andere Arbeit zu machen.

Man verfällt dadurch in halbe Maßnahmen, die einen zu einem halben Menschen machen. Daß *noch mehr* als jetzt quelque chose de mâle[146] hineinkommt – darauf müssen wir hinarbeiten! Daß Du etwas davon schon jetzt siehst, wirst Du, glaube ich, nicht zurückzunehmen brauchen, besonders dann nicht, wenn ich wieder bei Kräften bin. Es ist jetzt freilich recht lästig, daß mein Magen nicht einmal das gewöhnliche Essen mehr verträgt; *Appetit* hätte ich, wenn ich dem nachgäbe – nur auf saure Äpfel.

317 (*Um den 22. August 1883*)

Wie wenig fest die Frau in ihrem Charakter ist, kannst Du daraus ersehen, daß sie trotz ihres ausdrücklichen, erst kürzlich gegebenen Versprechens, nicht mehr zu ihrer Mutter zu gehen, doch wieder hin-

---

145 *Torfmoore*
146 *etwas Männliches*

gegangen ist. Ich habe sie daraufhin gefragt, ob sie erwarten könne, daß ich ihr zutraue, ein Treuegelöbnis auf immer zu halten, wenn sie ein solches Versprechen nicht einmal drei Tage lang halten kann.

Denn ich finde das sehr häßlich von ihr und muß beinah daraus schließen, daß sie mehr zu dieser Gesellschaft als zu mir gehört. Sie sagt dann aber wieder, es täte ihr leid, aber — morgen macht sie's wieder so, das denke *ich* allmählich von ihr; sie aber sagt — o nein. Auf diese Art wird es mir beinah leid, daß ich die Dinge so ernst nehme. Als ich mir ihr Versprechen geben ließ, habe ich zu ihr gesagt: auf drei Arten hängt es mit Hurerei zusammen, wenn du dorthin gehst; erstens, weil du selbst damals bei deiner Mutter gewohnt hast und sie dich selber dazu angetrieben hat, auf die Straße zu gehen; dann, weil sie mitten in einer sehr üblen Gegend wohnt, die zu meiden du mehr Grund hast als jemand anders; und drittens wohnt die Hure von deinem Bruder dort im Haus.

Sie grämt und sorgt sich um viele Dinge, das weiß ich; sie sorgt sich manchmal so, daß man Mitleid hat; — aber sie hätte mir schon seit langem, schon ganz von Anfang an vertrauen müssen; daraus ist nie etwas geworden, obwohl ich es ihr schon ganz im Anfang gesagt und auch gezeigt habe. Sie hat mehr darauf gehört und es auch geglaubt, daß ich sie im Stich lassen würde; und wenn das schließlich und endlich geschähe, gerade weil sie es so auffaßt, so würde es die Schuld ihrer Familie sein, mehr als die ihre, denn die Familie bringt sie damit dauernd in Verwirrung.

Aber es ist auch jetzt nicht ganz und gar unmöglich, daß sie noch in Ordnung käme, wenn sie zum Beispiel eine Zeitlang auf dem Lande lebte, weg von dem ganzen Familienrummel; aber — wer bürgt mir dafür, daß es dann dort nicht heißt: »Hier ist es ja gräßlich, *warum hast du mich hierher geschleppt?*« Sie macht mir Angst davor, auch wenn ich mir die größte Mühe gebe, nicht auf das Äußerste zu verfallen, nämlich sie zu verlassen ...

Wie ich ihr jetzt gegenüberstehe, das stimmt in manchem überein mit der Stelle in »L'assommoir«, wo der Schmied sieht, daß Gervaise auf den falschen Weg gerät und er nichts über sie vermag, denn sie ist treulos, und weil sie alles trübe und unklar sieht, kann sie sich nicht entschließen, Partei zu ergreifen.

Ich habe mit der Frau mehr Mitleid als je zuvor, weil ich sehe, daß sie weder Rast noch Ruhe hat.

Ich glaube, sie hat im Augenblick keinen besseren Freund als mich, niemanden, der ihr so von Herzen gern helfen würde, wenn sie es mir nur möglich machte. Aber sie sucht mein Vertrauen nicht, und gerade weil sie ihr Vertrauen denen schenkt, die eigentlich ihre Feinde sind, macht sie mich vollkommen machtlos; ich glaube, sie sieht gar nicht ein, daß es unrecht ist, was sie tut — oder sie *will* es nicht begreifen, denke ich manchmal.

Die Zeit, daß ich böse wurde, wenn sie Dummheiten machte, liegt schon längst hinter mir. Wenn ich sie *jetzt* in dieselben Fehler verfallen sehe, so wundere ich mich nicht mehr, und wenn ich wüßte, daß es ihre Rettung wäre, würde ich mich, glaube ich, damit abfinden können. Weil ich so von ihr denke, daß ich sie »quand bien même« nicht für schlecht halte. Doch ich halte sie nicht für schlecht — sie hat ja nie gesehen, was *gut* war, *wie kann* sie gut sein?

Ich meine, sie ist nicht verantwortlich wie jemand, der einsieht, daß zwischen Böse und Gut ein Unterschied ist; zu dieser Einsicht ist sie im Grunde nie gekommen, höchstens aus Instinkt, und sehr unklar und verwirrt. Was Du gesagt hast — daß es ihr vermutlich guttun würde, wenn sie von mir weg wäre —, würde ich wahrscheinlich selber finden, wenn sie dann nicht erstens ihrer Familie in die Hände fiele und zweitens sich vom einzigen trennen müßte, was sie jetzt noch verhältnismäßig aufrechthält, nämlich von ihren Kindern. Es ist ein Fall, wo man keinen Ausweg sieht. Ich weiß nicht, ob ich es verständlich ausdrücke, aber meiner Ansicht nach steht es so: im Grunde will sie bei mir sein und hängt sie an mir, aber sie kann nicht sehen, daß sie sich selbst von mir entfernt, und sobald ich etwas darüber sage, heißt es gleich: »Ach, ich weiß es schon, du nimmst mich ja doch nicht.«

Das sind nun aber die *guten* Zeiten, und die *schlechten* sind noch ärger. Dann sagt sie rundheraus: »Na ja, ich bin eben gleichgültig und faul, so bin ich immer gewesen, und da läßt sich auch nichts dran ändern«; oder »Na ja, ich bin eben eine Hure«, oder »Es läuft eben doch drauf hinaus, daß ich ins Wasser gehe«.

Denkt man einmal nach über ihren verwahrlosten, halb oder richtiger ganz verdorbenen, ich möchte sagen, *durch die Gosse gezerrten* Charakter, dann sage ich mir: après tout kann sie nicht anders sein, als sie ist, und von mir würde ich es töricht und eingebildet finden, wenn ich sie mit einem großen, feierlich klingenden Wort verurteilte.

Du wirst jetzt vielleicht besser als früher verstehen, wie ich dazu gekommen bin, auf sie anzuwenden, was der Pfarrer Bienvenu aus Victor Hugos »Misérables« von häßlichen und sogar giftigen Tieren zu sagen pflegte: »Pauvre bête, ce n'est pas sa faute qu'elle est ainsi«[147]...

Ich hoffe, Du bist nicht dagegen — da die Dinge nun einmal so liegen

147 *Armes Tier, es ist nicht seine Schuld, daß es so ist*

— da wir unbedingt vorwärtskommen wollen — da wir darüber nachgedacht haben — da es meine Absicht ist, mit ihr zusammenzubleiben, *wenn* es möglich ist, nämlich wenn sie selbst es nicht absolut unmöglich macht — also ich hoffe, Du bist nicht dagegen, daß ich meinen Entschluß sogleich durchführe und nach Drenthe gehe. Ob die Frau mitgeht oder nicht, hängt von ihr ab; *ich weiß*, sie überlegt mit ihrer Mutter. *Was*, weiß ich nicht. Ich frage auch nicht danach.

Aber will sie mitgehen, ach, dann soll sie nur mitgehen. Sie verlassen heißt sie in die Prostitution zurückstoßen — das *kann* dieselbe Hand nicht tun, die ihr herauszuhelfen versucht hat, nicht wahr? ...

Es freut mich auch weiter so sehr, daß Du jetzt eine bessere Meinung von meinen Arbeiten hast — diese bessere Meinung stimmt mit Rappards Meinung überein — auch van der Weele glaubt, daß etwas in meinen Arbeiten steckt. Ich meinesteils glaube, daß es im Leben eines jeden Malers eine Periode gibt, in der er schlechte Sachen macht, und daß diese Zeit bei mir schon eine Weile hinter mir liegt. Ferner, daß es bei mir langsam, aber sicher vorwärtsgeht und daß später von meinen besseren Arbeiten ein *Abglanz* auf meine jetzigen Sachen fallen wird, und dann wird sich deutlicher zeigen, daß schon jetzt etwas Einfaches, Wahrhaftiges darin liegt und, wie Du selbst sagst, eine männliche Auffassung und Betrachtungsweise.

318   (2. September 1883)

Es mag richtig sein, was Du schreibst — was wir auch schon besprochen haben — was ich vor- und nachdem auch selbst schon öfter gedacht habe: wenn die Frau gezwungen wäre, von mir wegzugehen und auf eigenen Füßen zu stehen, würde sie den rechten Weg einschlagen. Da sie jedoch zwei Kinder hat, ist es ein sehr schwieriger Fall, aber was soll ich dazu sagen — unter den gegebenen Umständen ist es etwas, wozu sie selbst mich nötigt und *die Umstände noch viel mehr nötigen*. Ich unterstreiche dieses letztere.

Weißt Du, was ich getan habe? Ich habe heute einen ruhigen Tag mit ihr gehabt, habe lang und breit mit ihr darüber gesprochen, ihr ausführlich erklärt, wie es um mich steht, daß ich um meiner Arbeit willen fort *muß* und ein Jahr mit wenig Ausgaben und einigem Verdienst haben *muß,* um das vergangene auszugleichen, das etwas allzuschwer für mich war. Ich habe ihr gesagt, ich sähe voraus, daß ich ihr sehr bald doch nicht mehr helfen könnte, wenn ich mit ihr zusammenbliebe, und dann hier, wo es so teuer ist, doch wieder in Schulden geriete und nicht mehr herauskönnte. Kurzum, daß sie und ich vernünftig sein und als Freunde auseinandergehen müßten. Bei ihrer Familie müsse sie es durchsetzen, daß sie die Kinder zu sich nehmen, und sie selbst müsse in Dienst gehen.

Daß ich es hier kaum durchhalten könnte, ist jetzt so deutlich, daß sie es wohl selber einsieht.

Und so haben wir abgemacht, weil wir zur Zeit beide in der Klemme sitzen und es nur noch schlimmer würde, wenn wir zusammenblieben, daß wir uns für eine Zeit oder für immer trennen wollen, wie es kommen mag.

Ich füge hinzu »oder für immer«, denn beide müssen wir ja leben – sie um ihrer Kinder und ich um meiner Arbeit willen, quand bien même, und wir müssen manches gegen unseren Willen tun, und – vielleicht können wir nicht so gut sein, wie wir sein möchten. Ich habe zu ihr gesagt: »Ganz anständig wirst du wohl nicht durchkommen, aber bleibe anständig, soweit es irgend möglich ist, ich will auch möglichst anständig sein, doch ich weiß schon im voraus, daß ich alles andere als sehr gut durchs Leben kommen werde.«

Also ich sage: »Solange ich nur weiß, daß du dir Mühe gibst und nicht allen Halt verlierst und gut zu den Kindern bist, wie ich gut zu ihnen gewesen bin, das weißt du ja – und wenn du so lebst, daß die Kinder an dir eine Mutter haben, auch wenn du nur ein armes Dienstmädel bist, auch wenn du nur eine arme Hure bist, dann bist und bleibst du mit all deinen verteufelten Fehlern in meinen Augen *gut*. Und ich, obwohl ich gewiß ähnliche angenehme Eigenschaften habe, werde hoffentlich in einer Hinsicht nicht anders werden, als ich war: nämlich wenn ich eine Frau mit einem dicken Bauch oder sonstwie in der Patsche sehe, werde ich hoffentlich mir das Meine denken und tun, was ich tun kann. Wenn es mit dir so stünde wie damals, als ich dich kennenlernte, so würdest du ein Zuhause bei mir haben – eine Zuflucht vor dem Sturm, solange ich ein Dach überm Kopf habe und ein Stück Brot; aber jetzt steht es nicht mehr so, und der Sturm ist vorbei; du kannst, glaube ich, den rechten Weg auch ohne mich finden – nun, du mußt es eben probieren.

Ich für mein Teil will auch versuchen, den rechten Weg zu finden, ich muß hart arbeiten, tue du das auch.« So auf diese Art habe ich darüber gesprochen.

Ach Bruder, Du siehst wohl, wir würden nicht auseinandergehen, wenn wir nicht müßten. Ich sage Dir, wir würden nicht auseinandergehen, wenn wir nicht müßten. Haben wir einander nicht immer wieder unsere Fehler verziehen und uns versöhnt? Wir kennen einander *so*, daß wir einander nicht mehr schlecht finden können. Ob es Liebe ist, weiß ich nicht, aber was zwischen uns ist, ist zwischen uns.

Was das Müssen angeht — siehst Du, ich will auch nicht ins Fortwursteln verfallen, ich will weiterarbeiten, geradewegs weiter — mit aller Kraft tun, was getan werden muß in meiner Arbeit als Maler. Ich weiß, damit kann ich nichts Falsches tun; das heißt, ich weiß nicht, wie es für sie oder für mich ausgehen wird, wenn ich tüchtig weiterarbeite, aber sicher wird es *besser* ausgehen, wenn ich mich notfalls eine Zeitlang allein durchschlage, als daß wir beide nicht vom Fleck kämen, weil wir einander in die Räder fahren würden, wenn wir zusammenblieben.

319
Ich hatte mit der Frau gesprochen, wie ich Dir schrieb...

Und dann war ich ins Freie gegangen, weit weg, um einmal mit der Natur zu sprechen. Da kam ich nach Voorburg und von dort bis Leidschendam. Du kennst die Natur dort — herrliche Bäume voll gelassener Hoheit neben grünen, abscheulichen Spielzeugschachtel-Gartenhäuschen und allem, was die plumpe Phantasie des im Ruhestand lebenden Holländers an Abgeschmacktheiten in Gestalt von Blumenbeetchen, Lauben und Veranden zu ersinnen weiß. Die Häuser meist häßlich, manche auch alt und vornehm. Nun, in dem Augenblick wälzte sich hoch über den Wiesen, unendlich wie die Wüste, ein Wolkenungetüm nach dem anderen heran, und der Wind warf sich zuerst auf die Landhäuser mit ihren Bäumen am andern Ufer des Kanals, wo der schwarze Schlackenweg entlanggeht. Diese Bäume, sie waren wunderbar — ein Drama in jeder einzelnen *Figur*, hätte ich bald gesagt, aber ich meine in jedem Baum. Und das Ganze war beinah noch schöner als die windgepeitschten Bäume für sich betrachtet, gerade weil der Augenblick derartig war, daß sogar die albernen Gartenhäuschen, naßgeregnet und verweht wie sie waren, merkwürdig einprägsam wurden.

Ich sah darin ein Gleichnis, wie auch ein Mensch von abgeschmackten Formen und Konventionen oder ein anderer voll Verschrobenheit und Launen zu einer dramatischen Gestalt von eigenartigem Charakter werden kann, wenn ein wahrer Schmerz ihn ergreift, ein Unglück ihn erschüttert. Es ging mir auch durch den Kopf, daß die Gesellschaft von heute, während sie untergeht, sich auch manchmal wie eine große, düstere Silhouette abzeichnet, wenn man sie gegen das Licht einer Erneuerung betrachtet.

Ja, das Drama des Sturms in der Natur, das Drama des Schmerzes im Leben ist für mich wohl das beste. Ein »Paradou« ist schön, aber Gethsemane ist doch schöner.

Ach, ein kleines bißchen Licht, ein kleines bißchen Glück muß sein, doch vor allem, um die Form fühlbar zu machen, die Linien der Silhouette zum Sprechen zu bringen, mag dann das Ganze auch düster sein.

Ich muß sagen, die Frau hält sich gut. Es ist ihr schmerzlich und mir auch, doch sie ist nicht mutlos und gibt sich viel Mühe.

Ich hatte neulich noch ein Stück Zeug gekauft, das ich als Leinwand für meine Studien herrichten wollte; das habe ich jetzt ihr gegeben zu Hemden für die kleinen Kerle, und Sachen von mir lasse ich auch für sie umarbeiten, damit sie noch allerlei mitbekommen – daran näht sie fleißig.

Wenn ich sage, wir gehen als *Freunde* auseinander, so ist das die Wahrheit – aber auseinandergehen tun wir bestimmt, und seither habe ich mich auch besser damit abgefunden, als ich erst dachte, denn was ihr fehlte, ist solcherart, daß es sowohl für mich wie auch für sie verhängnisvoll gewesen wäre, wenn wir aneinander gebunden wären, da ja sozusagen einer für die Fehler des anderen verantwortlich ist.

Doch die Sorge bleibt – wie wird es übers Jahr mit ihr stehen? Zu mir ins Haus nehme ich sie bestimmt *nicht* wieder, aber ich möchte sie doch nicht aus den Augen verlieren, dazu habe ich sie und die Kinder zu lieb.

Gerade weil es etwas anderes war und ist als eine Leidenschaft, ist das auch möglich.

Ich hoffe, der Plan mit Drenthe verwirklicht sich ...

Ich möchte es in Drenthe mit dem Malen soweit bringen, daß ich in den Zeichenverein aufgenommen werde, wenn ich zurückkomme. Und das hängt wieder zusammen mit einem zweiten Plan, nach England zu gehen.

Ich glaube, es ist erlaubt, Zukunftspläne zu schmieden, wenn man nur nicht in den Wolken baut oder auf allzu unsicherem Boden; das gilt auch für den Plan mit England ...

Wenn ich das Reisegeld habe, fahre ich hin, obwohl ich nicht viel Malutensilien vorrätig habe. Denn die Zeit der Herbststimmungen ist schon da, und ich hoffe, noch etwas davon zu erwischen. Doch hoffentlich läßt es sich machen, daß ich der Frau für die erste Zeit noch etwas gebe. Aber wenn ich *weg kann, gehe ich weg.*

320 *(Um den 7. September 1883)*

Da der Entschluß einmal gefaßt ist, will ich nun meinen Reiseplan rasch und energisch durchführen. Als erstes galt es, die Wohnung zu kündigen – das ist bereits geschehen. Das zweite ist, was mit meinen

Sachen werden soll, denn in einer Zeit, da ich noch nicht weiß, wo ich länger bleiben werde, würden sie mir zur Last fallen und Unkosten verursachen.

Ich lasse sie *hier im Hause* auf dem Boden, das habe ich mit dem Hauswirt ausgemacht...

Lieber Bruder — wenn Du nachfühlen könntest, was in mir vorgeht, wie ich sozusagen ein Stück von mir selbst der Frau hingegeben und alles andere vergessen habe und nur darauf aus war, ihr wieder aufzuhelfen — wenn Du mir diese Art Wehmut angesichts des Lebens nachfühlen könntest, die mich aber nicht gleichgültig macht — im Gegenteil, lieber will ich Schmerz empfinden, als gleichgültig werden und vergessen —, wenn Du ganz nachfühlen könntest, daß ich meine ruhige Zuversicht »put in *worship* of sorrow«[148] und nicht auf Illusionen gründe, so würde vielleicht auch für Dich, Bruder, mein Inneres ganz anders und losgelöster vom Leben sein, als Du es Dir jetzt vorstellen kannst, ich werde gewiß nicht mehr viel von der Frau sprechen, aber denken werde ich viel an sie.

Was ich Dir in einem früheren Brief schrieb, daß die Frau bestimmte Versprechen einfach gebrochen hätte — das war eine recht ernste Sache; sie hatte nämlich Schritte getan, als Dirne in ein Hurenhaus zu gehen; die Mutter hatte die Sache ausbaldowert und sie dazu aufgehetzt.

Die Frau selbst hat es gleich darauf bereut und den Plan aufgegeben, aber trotzdem ist es sehr, sehr schwach von ihr, *gerade in diesem Augenblick* so etwas zu tun; aber so ist sie — wenigstens bis heute; die Kraft, einem solchen Vorschlag ein unbedingtes *Nein* entgegenzusetzen, die fehlt ihr bisher noch.

Kurz, sie drängt mich zu Maßnahmen, die ich oft und immer wieder aufgeschoben habe. Jedoch habe ich bei dieser Gelegenheit etwas wie eine Krisis bei ihr bemerkt — ich hoffe ein »bis hierher und nicht weiter«. Und so kommt es, daß sie selber unsere Trennung als eine mögliche Wendung zum Guten betrachtet. Und weil sie nun mal mit der Mutter so unheilvoll zusammenhängt, müssen die beiden gemeinsam entweder den schlechten oder den guten Weg gehen...

Mit so jemandem *müßte man von Natur aus miséricorde*[149] *haben*. Das ist etwas, was ich gern von ganzem Herzen glauben möchte, und ich finde es gottlos von mir, daß ich nicht völlig überzeugt davon und jetzt noch nicht imstande bin, mich ruhig in alles zu fügen und, mindestens

---
148 *auf die* Anbetung *des Leides richte*
149 *Erbarmen*

jetzt noch nicht, mich mit allem abzufinden, was in Ordnung zu bringen ich mich so sehr gequält habe.

321   (Um den 8. September 1883)

Warum, warum ist die Frau so unvernünftig?

Was Musset »un enfant du siècle«[150] genannt hat, das ist sie ganz und gar — und manchmal muß ich an Mussets eigenes verpfuschtes Leben denken, wenn ich mir ihre Zukunft vorstelle.

In Musset war etwas Hohes — nun, sie hat auch ein je ne sais quoi, obwohl sie bestimmt keine Künstlerin ist. *Wäre sie das nur ein wenig!* Sie hat ihre Kinder, und wenn die mehr noch als bisher zum Mittelpunkt ihres Lebens werden, so hat sie einen festen Halt; aber auch da ist noch nicht alles, wie es sein sollte, obwohl meiner Meinung nach ihre Mutterliebe, wenn auch noch unvollkommen, das Beste in ihrem Charakter ist.

Ich glaube, wenn ich einmal von ihr fort bin, wird sie manches bereuen und sich bessern wollen und mich nötig haben. Ich will in diesem Fall auch helfen, doch ich werde zu hören kriegen, was Du mir von der Frau erzählt hast, die Deinen Weg gekreuzt hat: »Tu m'as trouvée bien en bas, *il faut que je remonte.*«[151] Aber statt »il faut que je remonte« wird sie sagen »l'abîme m'attire«[152]

Ich habe mal gehört, daß zwischen Musset und George Sand Beziehungen bestanden hätten. George war ruhig, positiv, sehr fleißig, Musset war lâche[153], gleichgültig, vernachlässigte sogar seine Arbeit. Es kam zwischen den beiden Charakteren zu einer Krisis und zur Trennung. Danach bei Musset Reue und ein verzweifelter Versuch, das alte Verhältnis wiederherzustellen, doch nicht, ehe er noch tiefer im Schmutz versunken war; inzwischen hatte George ihre Sachen in Ordnung gebracht, saß eifrig über einer neuen Arbeit und sagte: »Es ist zu spät, *jetzt geht* es nicht mehr.« ...

Wenn ich dieses Sphinxhafte in ihr sehe, so kenne ich das schon von früher, bei ihr und auch bei anderen, und es ist ein sehr schlechtes Zeichen. Das schwermütige In-den-Abgrund-Starren ist auch von Unheil, und das Mittel, davon loszukommen, ist harte Arbeit.

Ach Theo — sie legt die Hände schon wieder zu oft in den Schoß — Schwermut, wenn sie überhaupt zu überwinden ist, muß durch angestrengte Arbeit überwunden werden, und wer das selbst nicht

---

150 ein Kind des Jahrhunderts
151 Du hast mich tief unten gefunden, ich muß wieder aufsteigen
152 der Abgrund lockt mich
153 faul, schlapp

fühlt, nun, der ist ihr für immer verfallen und geht regelrecht zugrunde.

322 (10. September 1883)

Theo, beim Fortgehen werde ich bestimmt sehr traurig sein, viel trauriger, als wenn ich die Überzeugung hätte, daß die Frau energisch wäre und ihr guter Wille nicht fragwürdig. Nun, das Wichtigste weißt Du, denn ich habe Dir ja dies und das erzählt. Ich für mein Teil muß durchhalten, sonst würde ich selber untergehen, ohne ihr dadurch zu nützen. Solange sie nicht aus eigenem Antrieb tatkräftiger wird, nämlich auf die Dauer, statt nur in kurzen Anfällen, kommt sie nicht weiter; und wenn sie drei Helfer hätte statt meiner, würden die auch nichts ausrichten können, falls sie nicht selber das Ihre dazu tut.

Aber die Kinder, die einem ans Herz gewachsen sind!

Ich habe nicht alles für sie tun können, aber wenn die Frau gewollt hätte! Ich will aber nicht viel drüber jammern, denn ich muß quand même durchhalten ...

Ich habe mir einen Paß fürs Inland ausstellen lassen, gültig für zwölf Monate. Damit kann ich gehen, wohin ich will, und in jedem Ort so lange bleiben, wie es mir beliebt.

Drenthe · September bis Dezember 1883

In Drenthe, einer der niederländischen Nordprovinzen, logiert Vincent zunächst in Hoogeveen, nach etwa vier Wochen in Neu-Amsterdam. Die ursprüngliche Heidelandschaft und die scheinbar urtümliche Lebensart in jener Region voll kleinbäuerlicher Armut befestigen seine ländlich-bäuerlich geprägten, insgeheim rebellisch bewegten Ideale: »Ein einfacher Bauer, der arbeite und bei seiner Arbeit denke«, so protokolliert er den Eltern seine Gespräche mit Heidebauern, »sei für mich der gebildete Mann... Und ferner gerate man meiner Ansicht nach um so tiefer ins Dunkel von Unbildung und Dummheit und Schlechtigkeit, je näher man den großen Städten komme.« Beunruhigt von beruflichen Konflikten des Bruders Theo, der um seine Pariser Stellung bei Goupil & Cie fürchten muß, heimgesucht von den Erfahrungen früherer Jahre und entmutigt von der Einsamkeit des herannahenden Winters, begibt sich Vincent Anfang Dezember 1883 zu den Eltern nach Nuenen, wo der Vater seit August 1882 amtiert.

323 Hoogeveen, Dienstag abend (11. September 1883)
Eben bin ich hier angekommen.

Von der Landschaft habe ich vom Zuge aus schöne Teile der Veluwe gesehen, aber als wir hier in die Gegend kamen, war alles schon dunkel. So kann ich noch nichts darüber sagen.

Ich sitze in einer großen Gaststube wie in Brabant; eine Frau, ein nettes Figürchen, sitzt dabei und schält Kartoffeln.

Ich habe mich mit allerlei Leuten unterhalten und will an einem der nächsten Tage mit dem Schleppboot den ganzen Hoogeveenschen Kanal durch die Torfgegend fahren, quer durch den südöstlichen Winkel von Drenthe.

Nördlich von hier bis nach Assen hin scheint wunderschöne Heide zu sein. Ich bin sehr neugierig, wie Du Dir denken kannst.

324
Nun bin ich schon ein paar Tage hier und kreuz und quer herumgelaufen; da kann ich Dir mehr über die Gegend sagen, in der ich nun gelandet bin.

Ich lege eine kleine Skizze bei nach meiner ersten Ölstudie aus der Gegend hier, eine Hütte auf der Heide.

Eine Hütte, die nur aus Stangen und Soden besteht.

Von der Art habe ich etwa sechs Stück, auch von innen gesehen, davon will ich noch mehr Studien machen...

Draußen im Freien habe ich prachtvolle Gestalten gesehen, die durch einen Ausdruck von nüchternem Ernst fesseln. Eine Frauenbrust zum Beispiel hat dieses keuchende Auf und Ab, das genaue Gegenteil von volupté[1] —, und manchmal, wenn das arme Geschöpf alt oder krank ist, erweckt das Mitleid und sonst Ehrfurcht. Und die Schwermut, die meist über allem liegt, ist von gesunder Art, wie in den Zeichnungen Millets.

Glücklicherweise tragen die Männer hier kurze Hosen, da kommt die Form des Beins besser heraus, und die Bewegungen werden ausdrucksvoller.

Um Dir nur eins zu nennen, was mir auf meinen Entdeckungsfahrten etwas Neues zu sehen und zu fühlen gab, will ich Dir berichten, daß die torfbeladenen Schleppboote hier von Männern, Frauen, Kindern, weißen und schwarzen Pferden gezogen werden, *mitten in der Heide,* gerade wie die holländischen, z. B. auf dem Rijswijker Leinpfad.

Die Heide ist wundervoll, ich habe Schafställe und Schäfer gesehen, schöner als in Brabant.

Die Backöfen sind ähnlich wie auf Th. Rousseaus »Four communal«, sie stehen in den Gärten unter alten Apfelbäumen oder mitten zwischen Sellerie und Kohl.

Auch Bienenstöcke gibt es viele.

Man kann es vielen Menschen ansehen, daß ihnen etwas fehlt; gesund ist es hier nicht gerade, glaube ich, vielleicht ist das schmutzige Trinkwasser schuld daran; ich habe ein paar etwa siebzehnjährige Mädchen gesehen, oder noch jünger, die etwas sehr Schönes und Jugendliches hatten, auch in den Gesichtszügen; aber meist sind sie schon früh fané[2]. Doch das nimmt der Gestalt nichts von der großen, edlen Haltung, die manche haben, wenn sie auch, in der Nähe gesehen, sehr verblüht sind...

Ich will Dir ein Beispiel dafür geben, wie *echt* es hier in der Gegend ist. Während ich die Hütte malte, kamen zwei Schafe und eine Ziege und fingen *auf dem Dach* dieses Wohnhauses zu grasen an. Die Ziege kletterte auf den First und guckte zum Schornstein hinein.

Die Frau hatte wohl auf dem Dach was rumoren gehört, sie kam eilig heraus und warf ihren Besen nach besagter Ziege, die wie eine Gemse heruntersprang.

1 *Wollust*
2 *verwelkt*

Die beiden Weiler auf der Heide, wo ich gewesen bin und wo dieses Ereignis vor sich ging, heißen Stuufzand und Zwartschaap. Ich bin auch noch in verschiedenen anderen Orten gewesen, und nun kannst Du Dir denken, wie ursprünglich es hier noch ist, denn après tout ist Hoogeveen eine Stadt, und doch gibt es da ganz in der Nähe noch Schafhirten, jene Backöfen, Sodenhütten usw.

Ich denke manchmal mit großer Traurigkeit an die Frau und die Kinder; wären sie nur gut aufgehoben; ach, die Frau ist selber schuld, könnte man wohl sagen, und es wäre wahr; doch ihr Unglück ist, fürchte ich, größer als ihre Schuld ...

Ich weiß, daß sie nicht gut ist, daß ich das volle Recht habe, so zu handeln, wie ich handle, daß es *nicht möglich* war, bei ihr zu bleiben, daß es eigentlich auch *nicht möglich* war, sie hierher mitzunehmen, daß es sogar klug und vernünftig war, was ich getan habe, alles, was Du willst – aber das ändert nichts daran, daß es mir durch und durch geht, wenn ich so ein armes Wesen sehe, fiebrig und elend, und daß mir das Herz wehtut. Wieviel Trauriges gibt es doch im Leben! Nun, man darf nicht schwermütig werden und muß nach etwas anderem suchen, und arbeiten ist gut, aber es gibt Augenblicke, da man seine Ruhe nur in dem Bewußtsein findet: auch mich wird das Unglück nicht verschonen.

325   (Mitte September 1883)

Schön ist es hier überall, wohin man auch geht. Die Heide ist viel ausgedehnter als in Brabant, wenigstens bei Zundert oder Etten; etwas eintönig, besonders mittags und wenn die Sonne scheint; aber gerade diese Stimmung, die ich schon ein paarmal ergebnislos zu malen versucht habe, möchte ich nicht missen. Das Meer ist auch nicht immer malerisch, doch auch diese Augenblicke und Stimmungen muß man betrachten, wenn man sich über den eigentlichen Charakter nicht täuschen will. Dann, in der heißen Mittagsstunde, ist die Heide oft alles andere als lieblich, denn sie ist agaçant[3], langweilig und ermüdend wie die Wüste, ebenso unwirtlich und beinah feindselig. Das zu malen in diesem vollen Licht und das Zurückweichen der Tiefen bis ins Unendliche wiederzugeben – das ist etwas, wovon einem schwindlig wird.

Darum darf man aber nicht glauben, man müsse sie sentimental auffassen, im Gegenteil, das ist sie fast nie. Derselbe agaçant langweilige Fleck kann erhaben schön werden wie auf einem Bild von Dupré, wenn abends eine armselige Gestalt durch die Dämmerung

3 *aufreizend*

36 *Junge Frau aus Drenthe. Herbst 1883*

schleicht, wenn die weithin sich dehnende, von der Sonne versengte Erdkruste dunkel gegen die feinen lila Töne des Abendhimmels und das dunkelblaue, allerletzte Streifchen am Horizont steht, das Erde und Himmel scheidet. Und auch die Menschen haben das an sich, die Bauern und Frauen; nicht immer sind sie interessant, aber wenn man geduldig ist, sieht man das Millethafte doch ganz und gar.

Gestern habe ich einen der eigenartigsten Friedhöfe entdeckt, die ich je gesehen habe; stelle Dir ein Stück Heide vor mit einer dichten Hecke von Fichtenbäumchen rings herum, so daß man glauben könnte, es wäre ein gewöhnliches Fichtengehölz. Jedoch es ist ein Eingang da — ein kurzer Zugangsweg, und dann stößt man auf eine Anzahl Gräber, mit Büschelgras und Heide bewachsen. Viele mit weißen Pfählen, auf denen die Namen stehen.

326   *(Um den 20. September 1883)*

Vergiß nicht zu melden, wie die Sache mit C. M. abgelaufen ist, ob Du ihm geschrieben hast, daß ich hier bin, und ob auch dieser Brief unbeantwortet geblieben ist... Versteh mich recht, Bruder, begreife doch ein für allemal: so erwünscht es auch sein mag, geldliche Hilfe zu bekommen — das Wichtigste ist es deswegen noch lange nicht. Das Wichtigste ist, daß er zu weit darin geht, meine Rechte außer acht zu lassen — die mir als Menschen zukommen, auch wenn ich ein Fremder wäre (von Verwandtschaft spreche ich nie, darauf berufe ich mich nie); ich will nicht als mauvais sujet behandelt, will nicht verurteilt werden oder mich irgendeiner Sache beschuldigen lassen, ohne selbst dazu gehört zu werden. Ich habe das *Recht*, das *volle Recht*, eine Antwort zu *verlangen* und, falls er schweigt, das als sehr grobe Beleidigung aufzufassen ...

Als es damals um den Plan zu studieren ging, hatte ich nämlich meine Zweifel, ob das Versprechen, es durchzuführen, aufrichtig und wohlüberlegt sei; ich war damals der Meinung, *sie* hätten den Plan übereilt gemacht und *ich* hätte übereilt zugestimmt, und meines Erachtens ist es das einzig Richtige gewesen, damals Schluß zu machen, ich habe es selber absichtlich herbeigeführt und so angelegt, daß die Schande des Aufgebens auf mich und auf keinen andern kam. Du verstehst: ich habe doch andere Sprachen gelernt, ich hätte auch dieses elende bißchen Latein usw. bewältigen können, aber ich habe erklärt, es mache mir Schwierigkeiten. Das war eine Flause, denn damals wollte ich Gönnern gegenüber lieber nicht sagen, daß ich die ganze Universität, die theologische wenigstens, für einen unbeschreiblichen Schwindel halte, wo lauter Pharisäertum gezüchtet wird. Daß es mir an Wagemut nicht fehlte, suchte ich dadurch zu beweisen, daß ich ins Borinage ging, wo ich es bestimmt schwerer hatte, als wenn ich Student geworden wäre.

Ich dachte, C. M. zum Beispiel müßte mich besser kennen; um so mehr Grund habe ich, ihn wenig feinfühlig zu finden, wenn ich bedenke, daß er mich seither mit einem gewissen Mißtrauen behandelt hat. *Damals* und *jetzt* habe ich eine Menge Dinge für mich behalten, die ich hätte sagen können, und wenn ich ihn einmal darüber zur Rede stelle, wird ihm bei manchem doch das Gewissen schlagen...

Nun, ich kann Dir sagen, daß der Aufenthalt im Freien und das Leben hier mich sehr kräftigen; ach, hätte doch die arme Frau es auch mal haben können... Ach Theo, wenn sie keine Angehörigen gehabt hätte, würde sie sich soviel besser gehalten haben. Frauen wie sie sind wohl wirklich schlecht, aber erstens unendlich — jawohl unendlich — mehr bemitleidenswert als schlecht, und zweitens haben sie eine gewisse Leidenschaft, eine gewisse Wärme, die etwas so Menschliches hat, daß sich die Braven wohl mal ein Beispiel dran nehmen könnten, und ich halte es mit Jesu Wort — der sagte zu den oberflächlich Gebildeten, den anständigen Leuten von damals: »Die Huren mögen wohl eher ins Himmelreich kommen denn ihr.«

Frauen wie sie können verhängnisvoll schlecht sein (ich spreche hier nicht einmal von den vollblütigen, wollüstigen Nanas, sondern von den Nervöseren, Denkenden unter ihnen); Frauen wie sie rechtfertigen Proudhons Wort voll und ganz: »La femme est la désolation du juste«; was wir »la raison« nennen, das ist ihnen gleichgültig, sie handeln schnurstracks und frevelhaft dagegen, ich weiß es wohl; aber andererseits haben sie doch dieses echt Menschliche, welches bewirkt, daß man nicht ohne sie sein mag oder kann und fühlt, daß Gutes in ihnen ist, sogar etwas gewaltig Gutes, wenn man es auch nicht anders definieren kann als ein je ne sais quoi, qui fait qu'on les aime après tout[4]. Gavarni meinte es ernst, als er sagte: »Avec chacune que j'ai quittée, j'ai senti quelque chose se mourir en moi.«[5] Und das schönste Wort und das *beste*, das ich über die Frauenfrage kenne, kennst Du auch: »O femme, que j'aurais aimée«[6], und damit möchte man in die Ewigkeit eingehen — und nichts weiter davon wissen wollen als das...

Ich erkläre Dir, Bruder, ich bin nicht gut im Sinne der Pastoren; ich weiß auch, daß Huren, um deutlich zu reden, schlecht sind, aber ich fühle doch etwas Menschliches in ihnen, welches bewirkt, daß ich

4 *ein Ich-weiß-nicht-was, das bewirkt, daß man sie trotzdem liebt*
5 *Mit jeder, die ich verlassen habe, fühlte ich etwas in mir ersterben.*
6 *O Frau, die ich* geliebt haben würde

nicht die geringsten Bedenken habe, mit ihnen zu verkehren; ich sehe nichts besonders Schlechtes an ihnen, ich bedaure nicht im geringsten, daß ich welche kenne oder gekannt habe. Wenn unsere Gesellschaft sauber und geordnet wäre, o ja, dann wären sie Verführerinnen, jetzt sehe ich oft in ihnen eher soeurs de charité[7] als etwas anderes.

Und *jetzt*, wie auch in anderen Verfallsperioden einer Kultur, hat sich durch die Verderbtheit der Gesellschaft das Verhältnis von Gut und Böse vielfach umgekehrt, und man trifft wieder das Rechte mit dem alten Wort: »Die Ersten werden die Letzten sein, und die Letzten werden die Ersten sein.«

Ich bin wie Du auf dem Père Lachaise gewesen, ich habe Marmorgräber gesehen, vor denen ich eine unbeschreibliche Ehrfurcht empfinde; dieselbe Ehrfurcht empfand ich vor dem bescheidenen Grabstein der Geliebten Bérangers, den ich eigens aufgesucht habe (wenn ich mich recht erinnere, steht er in einem Winkelchen hinter dem seinen), und ich dachte auch noch besonders an die Geliebte Corots. Stille Musen waren solche Frauen, und das Gefühlsstarke dieser sanftmütigen Meister, das Innige, das Eindringliche ihrer Poesie — läßt mich immer und überall den Einfluß eines fraulichen Elements spüren.

328 *(Um den 25. September 1883)*

Weil es mir ein Bedürfnis ist, ganz offen zu reden, kann ich Dir nicht verbergen, daß mich ein Gefühl großer Niedergeschlagenheit und Besorgnis überfallen hat, ein je ne sais quoi von Mutlosigkeit und Verzweiflung, so stark, daß es sich gar nicht sagen läßt. Und wenn ich keinen Trost finden kann, so überwältigt es mich auf unerträgliche Weise.

Ich nehme es mir sehr zu Herzen, daß ich im allgemeinen so schlecht mit den Menschen auskomme; das bekümmert mich sehr, und zwar, weil dabei auch der Erfolg und die Durchführung der Arbeit im Spiele ist.

Und obendrein sorge ich mich um das Schicksal der Frau, um das Schicksal meines lieben, armen, kleinen Männleins und des anderen Kindes. Ich möchte noch helfen, und ich kann nicht.

Ich bin an einem Punkt angelangt, wo ich Kredit nötig hätte, Vertrauen und ein wenig Wärme — und sieh, ich finde kein Vertrauen.

Du bist da eine Ausnahme, aber gerade daß alles so auf Dir lastet, läßt mich um so stärker fühlen, wie trüb und düster alles ist.

Und wenn ich mein bißchen Zeug ansehe — es ist zu armselig, zu unzulänglich, zu abgenutzt. Wir haben hier jetzt trostlose Regentage,

---

7 *barmherzige Schwestern*

und wenn ich in das Bodenkämmerchen komme, wo ich mich installiert habe, so ist alles von einer merkwürdigen Trübseligkeit; durch einen einzigen Glasziegel fällt das Licht auf einen leeren Malkasten, auf ein Bündel Pinsel, deren Haar kaum mehr was taugt, kurz, es ist so wunderlich trübselig, daß es glücklicherweise auch eine komische Seite hat, und wenn man nicht darüber weinen will, kann man auch seinen Spaß dran haben. Das alles steht in einem höchst sonderbaren Verhältnis zu meinen Plänen – in einem höchst sonderbaren Verhältnis zum Ernst der Arbeit – und hier hört denn auch das Lachen auf...

Hätte ich alles im voraus gewußt, so hätte ich voriges Jahr, als die Frau aus dem Krankenhaus kam, mit ihr hierher gehen müssen, dann wären keine Schulden entstanden, und dann wären wir wohl auch jetzt nicht auseinandergegangen, denn sie ist weniger schuld an ihrem verkehrten Handeln als ihre Angehörigen, die sehr gemein intrigiert haben, quasi *für*, im Grunde aber *gegen* sie...

Ich will aber sagen, soweit bin ich noch nicht, daß ich mich mit dem Gedanken an Trennung ruhig abfinden könnte, bis jetzt sorge ich mich viel zu sehr um ihr Schicksal, gerade weil sie mich darüber im dunkeln läßt.

Und außerdem haben mich jetzt dieser Tage düstere Gedanken über die Zukunft vollkommen überwältigt, auch weil meine Ausrüstung als Maler in einem so elenden Zustand ist, weil keine Möglichkeit besteht, die nützlichen Dinge zu tun, wie es eigentlich sein müßte. Wenn ich es bezahlen könnte, würde ich meine Sachen, die noch im Haag stehen, hierher kommen lassen, denn ich habe schon gesehen, daß es hier sehr viel Schönes gibt, ich würde mir entweder diesen alten Boden als Atelier einrichten (indem ich ein bißchen mehr Licht hereinließe) oder irgendeinen anderen Raum auftreiben. Und dann würde ich mein ganzes Malgerät erneuern und ergänzen müssen.

Ich wünschte, ich könnte das einmal wirklich von Grund auf tun; wenn jemand soviel Zutrauen zu mir hätte, daß das möglich wäre, so wäre ich meine größten Sorgen los. Aber entweder fällt alles Dir zur Last, oder ich finde niemanden, der Zutrauen zu mir hat – das ist der Kreis, in dem meine Gedanken sich dauernd bewegen, und einen Ausweg sehe ich nicht...

Und dann – was will ich denn; manchmal denke ich mir: ich habe gearbeitet und mich eingeschränkt und doch nicht vermeiden können, Schulden zu machen; ich bin der Frau treu gewesen und doch in Untreue verfallen; ich habe Intrigen gehaßt, und doch habe ich weder Kredit noch irgendwelches Hab und Gut. Ich schätze Deine Treue nicht gering ein, im Gegenteil, vielmehr frage ich mich, ob ich Dir nicht sagen müßte: gib es auf mit mir, es wird ja doch nichts; es ist zuviel für einen einzigen, und es besteht keine Aussicht, von anderer Seite Hilfe zu bekommen; beweist das nicht genug, daß wir es aufgeben müssen?

329   *(Um den 26. September 1883)*
Du weißt ja selbst einigermaßen, wie es mir im Borinage ergangen ist. Nun, ich fürchte nur allzusehr, daß es mir hier wieder genauso ergehen wird, und ich muß einige Sicherheit haben, ehe ich mich weiter wage und sonst — na ja, da fahre ich eben wieder weg (ach, Du weißt, ich sage das nur so, denn ich will ja gerade hierbleiben). Ich habe nun mal keine Freude daran, ich sah schon damals kein Heil darin und jetzt noch viel weniger, auf einen solchen Tiefpunkt zu kommen, daß man selbst das Dach überm Kopf entbehren muß und wie ein Landstreicher weiterlaufen und weiterlaufen bis ins Unendliche, ohne irgendwo Ruhe oder Essen oder Obdach zu finden, und obendrein ohne irgendeine Arbeitsmöglichkeit. Sieh Dir doch auf der Karte an, wie weit es von Mons nach Courrières ist, den Weg habe ich zu Fuß gemacht, von Valenciennes hin und zurück bis Mons, und dabei hatte ich keine zwei Francs in der Tasche — drei Tage und drei Nächte Anfang März, in Regen und Wind, ohne Dach überm Kopf.

Soweit ist es jetzt natürlich noch nicht gekommen, aber zu diesen früheren Erlebnissen würde es kommen, Bruder, wenn ich mich ohne Sicherheit weit wagen würde, wenn ich meine Angelegenheiten nicht auf vernünftige Weise in Ordnung brächte, wenn ich, wie gesagt, mich ohne Rückendeckung weit ins Land hinein wagen würde... Die *Erfahrung* zwingt mich dazu, eine feste, unabänderliche Übereinkunft zu treffen; wenn Du am eigenen Leibe erlebt hättest, was ich auf jener Wanderung im Borinage gelitten habe, hättest Du in meinem jetzigen Fall genau das gleiche daraus gelernt wie ich — was ich jetzt so klar und deutlich fühle — nämlich in allen Umständen und Dingen, mit denen ich es zu tun habe, *erkenne* ich alte Bekannte wieder...

Du darfst mir nicht übelnehmen, daß ich so schreibe; ich bin ein bißchen übereilt hierhergefahren, und ich merke erst jetzt, was mir alles fehlt, und daß ich etwas unüberlegt gehandelt habe — aber was konnte ich anderes tun? Und ich bin so unerträglich schwermütig, wenn die Arbeit mir keine Ablenkung bietet, das wirst Du ja verstehen, und ich *muß* arbeiten und flott arbeiten und *mich selbst über der Arbeit vergessen*, sonst übermannt es mich.

330 Nieuw Amsterdam (Anfang Oktober 1883)

Diesmal schreibe ich Dir aus dem hintersten Winkel von Drenthe, wo ich nach einer ewig langen Fahrt mit dem Schleppboot durch die Heide angelangt bin.

Dir das Land zu beschreiben, wie es sich gehörte, sehe ich keine Möglichkeit, denn dafür fehlen mir die Worte, aber stelle Dir die Kanalufer vor wie Meilen und Meilen von Michels oder Th. Rousseaus, van Goyens oder Ph. de Konincks.

Ebene Landflächen oder -streifen von verschiedener Farbe, die schmaler und schmaler werden, je mehr sie sich dem Horizont nähern, ab und zu betont durch eine Sodenhütte oder ein kleines Bauerngehöft oder ein paar kümmerliche Birken, Pappeln, Eichen — überall Torfstapel, und immer wieder fährt man an Kähnen mit Torf oder Schilf aus den Mooren vorbei. Hie und da magere Kühe von feiner Farbe, häufig Schafe — Schweine. Die Gestalten, die ab und zu in der Ebene auftauchen, sind meist von ausgeprägter Eigenart, manchmal äußerst reizvoll; ich habe unter anderem eine Frau auf dem Schleppboot gezeichnet, die Krepp um die Haube trug, weil sie Trauer hatte, und später noch eine Mutter mit einem kleinen Kind; die hatte ein dunkellila Tuch um den Kopf. Es sind eine Menge Ostade-Typen darunter, Gesichter, die an Schweine oder Krähen erinnern, doch ab und zu wieder ein Figürchen, das wie eine Lilie unter Dornen ist. Nun, über diese Fahrt freue ich mich sehr, denn ich bin voll von allem, was ich gesehen habe. Heute abend war die Heide ungemein schön...

Donquichotehafte Windmühlen oder sonderbare Ungetüme von Aufziehbrücken zeichnen ihre wunderlichen Silhouetten gegen den flimmernden Abendhimmel. So ein Dorf am Abend mit dem Widerschein der hellen kleinen Fenster im Wasser oder im Moor und in Tümpeln ist oft sehr anheimelnd.

In Hoogeveen habe ich vor meiner Abreise noch einige Studien gemalt, unter anderem ein großes Bauerngehöft mit Moosdächern. Denn ich hatte mir von Furnée[8] Farbe kommen lassen, da ich dasselbe dachte, was Du in Deinem Brief sagst: wenn ich nur dafür sorge, daß ich mich in meine Arbeit vertiefen, mich sozusagen drin verlieren kann, dann wird sich auch meine Stimmung ändern; die ist denn auch schon viel besser geworden.

Doch zuzeiten — so wie Du daran denkst, nach Amerika zu gehen — denke ich dran, als Freiwilliger nach Ost-Indien zu gehen; das sind solche verfluchten düsteren Augenblicke, wenn einen die Dinge überwältigen, und ich wünschte Dir, Du sähest einmal diese stille Heide,

8 *Farbenhändler im Haag*

die ich hier aus dem Fenster sehe, denn so etwas beruhigt und verhilft einem zu größerem Vertrauen, zu Gelassenheit und ruhigem Arbeiten.

331   Nieuw Amsterdam
Ich sah eine Stimmung genau wie in Ruysdaels »Bleichereien von Overveen«. Vordergrund und hochgelegene Straße im Wolkenschatten, dann eine kahle kleine Wiese, auf die das Licht fiel, mit zwei Häusern (eins mit schiefergrauem, das andere mit rotem Dach) unten in der Tiefe. Dahinter ein Kanal und Torfstapel von verschiedener Größe, je nach der Entfernung, in der sie standen; ganz in der Ferne die Silhouette einer Reihe von Katen und eines Kirchturms, schwarze Figürchen, die Wäsche auf die Bleiche legten, hier und da ragte ein Bootsmast zwischen den Torfstapeln auf. Darüber grauer Himmel mit viel Bewegung drin. Nun, an van Goyen denke ich immer wieder an diesem nebligen Morgen, die Häuschen sind genauso wie seine, dieses wahrhaft Friedliche und Schlichte.

Ich glaube wirklich, ich habe meine Landschaft gefunden.

332   Nieuw Amsterdam (Um den 12. Oktober 1883)
Wir beide, Du ebenso wie ich, machen eine Zeit durch, in der wir uns in der Stille unmögliche Luftschlösser usw. ausmalen; und diese Bilder stehen in merkwürdiger Beziehung zum Sturm unserer Gedanken und Wünsche — vergeblicher Wünsche, weil niemand, der helfen könnte, sich darum kümmert (nur ein Maler könnte einem auf den rechten Weg helfen, und die haben andere Dinge im Kopf)... Diesen verzweifelten, ausweglosen Kampf, den kenne ich auch, und ich weiß, wie schrecklich er ist — mit aller Energie vermag man nichts auszurichten und findet sich selbst verrückt und was weiß ich sonst noch; was habe ich nicht in London am Thames Embankment[9] gestanden und gezeichnet, abends auf dem Heimweg aus der Southampton Street; und es sah nach gar nichts aus. Wäre damals jemand gekommen und hätte mir gesagt, was Perspektive ist...

Nimm es mir nicht übel, wenn ich Dir jetzt nun sage, daß Deine Seele gegenwärtig krank ist; es ist so, Du kannst es mir glauben; es ist nicht gut, daß Du nicht in der Natur drin bist, und nun, finde ich, wäre es das Wichtigste, daß Du das wieder in Ordnung brächtest.

Ich muß jetzt mal in meine eigene Vergangenheit zurückblicken, woran es denn gelegen hat, daß ich jahrelang in diesem steinernen, dürren Gemütszustand zugebracht habe; zwar habe ich versucht

[9] *Themse-Ufer*

herauszukommen, doch statt besser zu werden, wurde es nur immer schlimmer. Nicht nur fühlte ich mich der Natur gegenüber versteint statt empfindsam, sondern, was noch schlimmer war, auch den Menschen gegenüber.

Es hieß, ich wäre nicht richtig im Kopf, aber ich selbst fühlte, daß es nicht so war; denn ich spürte tief in meinem Innern mein eigenes Leiden und suchte es zu überwinden. Ich machte allerlei efforts de perdu[10], die zu nichts führten, zugegeben; aber wegen dieser fixen Idee, ich müsse wieder auf einen normalen Standpunkt kommen, habe ich doch nie mein eigenes verzweifeltes Tun und Lassen, Quälen und Mühen mit mir selbst verwechselt. Wenigstens habe ich stets gefühlt: »Ich will nur irgendwas tun, irgendwo sein, es *muß* wieder gut werden, ich werde wieder obenauf kommen, ich will Geduld haben, bis es wieder gut wird.« ...

Und ich sehe nicht ein, daß ich unter den gegebenen Umständen anders hätte sein *können*, als ich war.

Vergiß nicht, was für ein Boden mir unter den Füßen weggesunken ist, vergiß nicht, daß jeder Mensch, wer er auch sei, unglücklich werden muß, wenn ihm so der Boden wegsinkt. Ich war sechs Jahre lang bei G. & Co[11] gewesen, bei G. & Co war ich verwurzelt; ich dachte, auch wenn ich dort wegginge, könnte ich auf sechs Jahre ordentlicher Arbeit zurückblicken und mich, wenn ich mich irgendwo vorstellte, in aller Ruhe auf meine Vergangenheit berufen.

Keineswegs, alles geht in einer derartigen Eile vor sich, daß wenig nachgedacht, wenig gefragt oder geredet wird. Man geht nach höchst willkürlichen, höchst oberflächlichen Eindrücken vor. Und ist man mal bei G. & Co raus, so weiß niemand mehr, wer G. & Co ist. Es ist ein Name genau wie X. & Co, ohne Bedeutung, man ist also einfach »jemand ohne Stellung«. Auf einmal, plötzlich, unwiderruflich – überall, siehst Du ...

»Jemand ohne Stellung« – ich habe dich nicht mehr nötig, heißt es bald.

Siehst Du, jetzt ist man das je länger desto mehr: »jemand ohne Stellung«. Geh nach England, geh nach Amerika, das hilft alles nichts, überall bist Du ein entwurzelter Baum. G. & Co, wo Du von Jugend auf verwurzelt bist, G. & Co werden Dich, wenn auch indirekt, ins Elend bringen, weil sie für Dich in Deiner Jugend das Schönste, das Beste, das Großartigste auf der Welt waren; G. & Co, *falls* Du zu ihnen zurückgingst (ich habe das damals nicht getan, ich konnte es nicht,

10 *verzweifelte Anstrengungen*
11 *Goupil & Co*

mein Herz war zu voll, viel zu voll), G. & Co, sie würden Dir die kalte Schulter zeigen, ein »nous n'avons plus à nous en occuper«[12] oder so ähnlich. Und so ist man entwurzelt, und die Welt kehrt es um und sagt, Du hättest Dich selbst entwurzelt...

Nun, in meiner Stellung war es wieder was anderes als in Deiner, ich war einer der Letzten, Du bist einer der Ersten; aber was ich vom Entwurzeltsein sage, würde, fürchte ich, auch für Dich gelten, falls Du draußen wärst; also sieh auch *dem* kaltblütig entgegen, halte ihnen stand und laß Dich nicht hinauswerfen, ohne einigermaßen gewappnet zu sein gegen die schwierige Lage, wieder ganz von vorne anzufangen.

Und im äußersten Fall: geh *nicht* nach Amerika, denn es ist dort genau dasselbe wie in Paris. Nein, hüte Dich vor dem Punkt, wo man sagt: ich werde einfach verschwinden; ich selber war soweit; ich hoffe, daß Du nicht soweit kommst...

Theo, versteh mich jetzt recht: Pa, Ma, Wil[13], Marie[14] und vor allem ich werden von Dir unterstützt; Du hast die Vorstellung, daß Du um unsertwillen durchhalten mußt — glaube mir, daß ich das alles nachfühle, wenigstens sehr vieles davon. Denke nun einmal darüber nach. Was ist Dein Ziel — Dein eigenes und das von Pa, Ma, Wil, Marie und mir? Was wollen wir alle zusammen? Wir wollen weiterhin das Rechte tun und obenauf bleiben... Gut, was steht uns nun bevor? Wir stehen vor einem Mißgeschick, das, indem es Dich trifft, uns alle trifft. Gut. Ein Gewitter droht; wir sehen es drohen, der Blitz könnte uns wohl mal treffen. Gut — was tun wir jetzt?... Sind wir die Menschen, oder sind wir es nicht, die den Dingen ruhig ins Auge sehen? Das ist die Frage, und ich sehe keinen Grund, warum wir das nicht sein sollten...

Nun schreibe ich heute an Pa ohne viel Worte einfach folgendes: »Falls Theo es für ratsam hält, daß meine Unkosten auf ein Minimum gesenkt werden und ich eine Zeitlang zu Hause wohne, erhoffe ich von mir und ebenso von Dir, daß wir weise genug sind, die Dinge durch Uneinigkeit nicht zu erschweren, sondern das Vergangene stillschweigend hinzunehmen und uns in die gegebene Lage zu fügen.« Sonst über Dich oder über Geschäfte kein Wort, und falls ich zu Hause sein müßte, würde ich auch nur ganz im allgemeinen von Dir sprechen. Und über Marie zunächst überhaupt *nicht*.

Theo, als Du mir vor etwa einem Jahr sagtest, Du würdest bestimmt

12 *das geht uns nichts mehr an*
13 *Die jüngste Schwester Wilhelmina Jacoba (Willemien)*
14 *Theos Geliebte*

nicht Maler werden, würdest bestimmt Deinen jetzigen Beruf beibehalten, da mußte ich Dir recht geben; *jetzt* gebe ich Dir nicht mehr ganz recht: immer wieder finde ich in der Kunstgeschichte dieselbe Erscheinung, daß zwei Brüder Maler sind. Ich weiß, die Zukunft läßt sich nicht voraussagen, wenigstens erkläre ich Dir, daß ich nicht weiß, wie es kommen wird. Daß ich an Dich als Künstler glaube, steht aber fest und wird sogar durch manches in Deinem letzten Brief bestärkt.

Aber laß Dir gesagt sein: *eines* rate ich Dir, denn es ist dringend nötig. Paß auf Deine Nerven auf — wende jedes Mittel an, um Dein Nervensystem zu beruhigen. Sprich sogar, wenn das möglich ist, jeden Tag mit einem Arzt, nicht so sehr, weil ein Arzt alles Nötige dagegen tun könnte, sondern weil die Tatsache, daß Du mit einem Arzt darüber sprichst usw., Dir klar vor Augen halten wird: *dies* ist die Nervosität, *das* bin ich. Es ist hier eine Frage der Selbsterkenntnis, der ruhigen Gelassenheit trotz all der Streiche, welche die Nerven einem spielen *müssen*. Der ganze Gedanke, es *könne* darauf hinauslaufen, daß Du einfach verschwindest, ist meines Erachtens eine Nervensache. Halte auch Du es dafür, da tust Du klug und gut daran. Ich hoffe, Du wirst keinen großen Treffer machen, ich hoffe, Du wirst keine finanzielle Erfindung machen, ich hoffe, Du wirst Maler. Indem Du durch ruhiges Auftreten die Krise, die die Herren jetzt absichtlich herbeigeführt haben, kaltblütig an Dir abgleiten läßt und ihnen sagst: »So gehe ich bestimmt nicht weg, jetzt bestimmt nicht, auf diese Art *niemals*«—... Suche ihnen klarzumachen, daß Du ganz seelenruhig und gelassen bist und auch in Zukunft sein wirst; jedoch keinesfalls unbedingt bleiben willst, aber nicht weggehst, ehe Du einen günstigen Zeitpunkt für gekommen hältst...

Noch einmal: für Pa, Ma, Wil, Marie, mich — mit einem Wort für uns alle bist Du wichtiger als Dein Geld. Das Verschwinden-Wollen ist ganz bestimmt nur eine Nervensache.

Aber Deine Verbundenheit mit der Natur und den Menschen mußt Du wiederfinden, wiederzufinden *suchen*, auch wenn es nicht gleich auf einmal glückt. Und gelingt es auf keine andere Art, dann dadurch, daß Du Maler wirst.

Ich habe jetzt ein ziemlich großes Zimmer (es ist ein Ofen hineingesetzt worden), an dem zufällig ein kleiner Balkon ist, von dem aus ich den Blick auf die Heide mit den Katen habe; auch eine sehr sonderbare Aufziehbrücke sehe ich von da.

Unten ist die Gastwirtschaft und eine Bauernküche mit offenem Torffeuer, sehr gemütlich abends. An so einem Bauernkamin, neben dem eine Wiege steht, kann man sehr gut nachdenken. Wenn ich trübsinnig bin oder nicht ins Freie kann, gehe ich ein bißchen hinunter.

Ich kann Dir berichten, daß ich indirekt etwas von der Frau gehört habe. Ich konnte mir après tout gar nicht erklären, warum sie mir nicht einmal geschrieben hat.

Ich habe also an den Zimmermann neben uns geschrieben, ob die Frau nicht wegen der Adresse bei ihm gewesen wäre. Und der Schuft schreibt mir als Antwort: »O ja, Mijnheer, aber ich dachte, Sie würden gewiß nicht wollen, daß sie Ihre Adresse erführe, darum habe ich so getan, als ob ich sie selber nicht wüßte.« Eine verdammte Bande!

Ich habe nun direkt an sie geschrieben, obwohl das nicht so gut ist wie das, was wir ausdrücklich mit ihm und mit ihr abgemacht hatten; aber ich *will* mich *nun und nimmer* vor ihr verstecken oder zu verstecken haben ...

Du schreibst mir von Liebermann, sein Kolorit bestehe aus schiefergrauen Tönen, mit Übergängen ins Braune und vor allem ins Gelbgraue. Ich habe nie etwas von ihm gesehen, aber angesichts der hiesigen Natur begreife ich vollkommen, wie er vernünftigerweise dazu kommt.

Oft erinnern mich hier die Farben auch an Michel; Du weißt, der hat auch einen grauen Himmel (schiefergrau manchmal), einen braunen Grund mit gelbgrauen Tönen. Es ist vollkommen wahr und naturgetreu.

Es gibt hier Jules-Dupré-Stimmungen, bestimmt gibt es die, aber jetzt im Herbst ist es genauso, wie Du es von Liebermann schreibst. Und *wenn* ich finde, was ich suche — und warum soll ich es nicht finden —, dann werde ich es bestimmt auch oft in derselben Farbenskala machen.

Wohlgemerkt darf man dann nicht die lokale Farbe an sich betrachten, sondern muß sie im Zusammenhang mit dem Ton des Himmels sehen.

Dieser Himmel ist grau — dabei aber so leuchtend, daß unser *reines* Weiß es vielleicht nicht einmal herausbringen würde, nämlich *Licht* und Leuchten. Malt man nun aber den Himmel schon von vornherein grau, bleibt man also weit hinter der Kraft der Natur zurück, um wieviel mehr muß man dann, um konsequent zu bleiben, die braunen und gelbgrauen Töne des Bodens um einige Schattierungen dunkler nehmen! Wenn man es sich einmal auf diese Art klarmacht, dann ist es so selbstverständlich, daß man gar nicht begreift, wieso man es nicht immer so gesehen hat. Doch gerade die lokale Farbe eines grünen

Feldes oder einer rotbraunen Heide kann einen leicht irreführen, wenn man sie für sich betrachtet ...

Wie es heißt, soll Liebermann hier irgendwo in der Nähe sein. Ich würde ihn gern mal kennenlernen ... Ich las ein sehr schönes kleines Buch von Carlyle: »Heroes & Hero Worship«, sehr gute Sachen darin wie zum Beispiel: »We have the *duty* to be brave«[15], obzwar das meistens zu Unrecht als etwas Besonderes gilt.

333   (Mitte Oktober 1883)

Ich komme nicht davon los — ich stelle mir die Zukunft so vor, daß ich nicht allein bleibe, sondern daß Du und ich als Maler und als Kameraden gemeinsam hier in dieser Moorgegend arbeiten.

Der Gedanke erscheint mir ganz einfach. Die Sache müßte ohne viel Federlesens bewerkstelligt werden, ohne viel Hin und Her, wie »une révolution qui est, puisqu'il faut qu'elle soit«[16]. Mehr nicht — ich sage also nichts weiter, als daß ich mich gar nicht wundern würde, wenn wir nach einer Weile beisammen wären, und zwar *hier*. Ich sehe, daß es sein *könnte*, daß es ohne weiteres vor sich gehen könnte — so wie ein Torfbrocken von einem Fleck auf den andern rollt. Gleich darauf liegt er schon wieder totenstill da, und kein Mensch kümmert sich mehr drum.

Jedoch der Mensch hat seine Wurzeln, und Verpflanztwerden tut weh, auch wenn der Boden, in den er verpflanzt wird, besser für ihn ist.

Und ist er besser??? Was früher die Puritaner waren, so etwas Ähnliches sind in der heutigen Gesellschaft die Maler.

Es ist keine verrückte, keine verstiegene Frömmigkeit oder Schwärmerei, es ist etwas Einfaches, Gediegenes. Ich spreche jetzt besonders von den Leuten von Barbizon und der Richtung, die sich mit dem Bauernleben befaßt. In Dir als Menschen sehe ich etwas, das im Widerspruch zu Paris steht; ich weiß nicht, wie viele Jahre Paris darüber hingegangen sind — ja, es steckt ein Stück von Deinem Herzen drin — ich habe nichts dagegen, aber etwas — ein je ne sais quoi — ist noch vierge[17]. Das ist das Künstlerische. Jetzt ist es scheinbar schwach — doch der neue Sproß schießt auf und wird schnell wachsen ...

Meine Pläne sind so geartet, daß ich mich allein kaum daran wage — was sie bedeuten, wie sie zusammenhängen, würdest Du sehr bald merken. Ich bin äußerst empfindlich gegen das, was man von meiner

15 *Wir haben die Pflicht, tapfer zu sein*
16 *eine Revolution, welche ist, weil sie sein muß*
17 *jungfräulich*

Arbeit sagt, gegen die Art, wie man sich zu mir stellt, obgleich ich wünschte, es wäre anders. Wenn ich auf Unglauben stoße, wenn ich allein stehe, dann fehlt mir ein gewisses Etwas, und das nimmt mir häufig die Initiative. Nun wärst gerade Du der Mensch, das zu verstehen — ich verlange durchaus keine Schmeichelei oder daß man mir sagte, man fände es schön, wenn man es häßlich findet; nein, ich verlange eine intelligente Aufrichtigkeit, die an mißglückten Arbeiten keinen Anstoß nimmt. Die, wenn es mir sechsmal mißlingt, gerade wenn *mich* der Mut verläßt, zu mir sagen würde: jetzt mußt du es eben zum siebenten Male versuchen...

Millet jedoch ist der Typus eines *Glaubensmenschen*. Den Ausdruck »foi de charbonnier« gebrauchte er oft, und dieser Ausdruck ist schon uralt. Man darf kein Stadtmensch, sondern muß ein Naturmensch sein, auch wenn man noch so gebildet ist. Ich kann es nicht richtig ausdrücken. Es muß ein je ne sais quoi in jemandem sein, das ihm den Mund verschließt und ihn tätig macht — etwas Schweigendes, auch wenn er spricht — inwendig schweigend meine ich — etwas, das ihn zur Tat, zum Handeln treibt. Damit vollbringt man Großes: weil man ein gewisses »komme, was kommen mag« fühlt. Weil man arbeitet — et après[18]? Ich weiß es nicht.

Ich will Dich nicht drängen, ich will nur das eine sagen: arbeite der Natur nicht entgegen...

Ach, es ist hier so eigenartig und *so* still, *so* friedlich. Ich kann kein anderes Wort dafür finden als Frieden. Viel darüber reden, wenig darüber reden, es ist alles dasselbe, es tut nichts dazu und nimmt nichts weg. Es geht darum, etwas ganz Neues zu wollen, eine Art Neuschöpfung seiner selbst zu unternehmen, ganz einfach mit der fixen Idee: ça ira[19]... In Zukunft mußt Du Dich und mich als Maler sehen; mag es uns jämmerlich gehen, mögen Schwierigkeiten kommen, *aber sehen mußt Du es — Deine eigene Arbeit schon sehen*. Ein Stück Natur angucken, denken: *das* will *ich* malen. Dich ganz und gar der fixen Idee hingeben: Maler werden...

Nun bringt der Kunsthandel gewisse Vorurteile mit sich, die Dir möglicherweise noch anhaften, vor allem, daß Malen eine Begabung sei — nun ja, eine Begabung, doch nicht so, wie sie es darstellen; man muß die Hände ausstrecken und es *nehmen* — dieses Nehmen ist etwas Schwieriges — man darf nicht warten, bis es sich von selbst offenbart. Es ist schon was dran, aber es ist bestimmt nicht so, wie sie es darstellen. Durch das Arbeiten lernt man, durch das Malen wird man

18 und dann?
19 das wird gehen

37 Hütte in der Heide. Oktober 1883

Maler. Will man Maler werden, hat man Lust dazu, fühlt man, was Du fühlst, dann kann man es auch; aber dieses Können ist gepaart mit Mühe, Sorgen, Enttäuschungen, Zeiten von Niedergeschlagenheit und Ohnmacht und alledem – so denke ich darüber. Aber mir wird davon so wirr im Kopf, daß ich schnell mal eine kleine Skizze machen mußte, um diese Gedanken loszuwerden, nimm mir's nicht übel, ich will lieber nichts mehr darüber sagen, es lohnt nicht[20] ...

Was willst Du – Frieden – Ordnung – Handwerk – Kunst – gut – mach Schluß mit dem Schwindel, dem Kunsthandel – werde Maler. Es wäre vielleicht zu leichtsinnig, wenn G. & Cie jetzt noch wäre, was G. & Cie gewesen ist. Jetzt ist zuviel Schwindel dabei – ich bin nicht sehr neugierig, wie das alles ablaufen wird, und ich glaube, Du eigentlich auch nicht.

335 (Um den 1. November 1883)

Der Gedanke, Dir einen anderen Arbeitgeber zu suchen, scheint mir ein gesunder Gedanke. Darauf zu warten, bis die Herren zu anderen Einsichten gelangen, ist man erstens nicht verpflichtet, und zweitens, falls man sich dazu verpflichtet fühlte, könnte man bis in alle Ewigkeit

20 Im Original die Skizze einer Bäuerin in der Heide

warten; ein junger Angestellter muß entweder bezweifeln, daß es überhaupt soweit kommt, oder er ist, falls es soweit kommt, schon viel zu abgerackert, um die Geschichte wieder ins Lot zu bringen — und das alte Spekulantengesindel selber versteht sich schon gar nicht darauf; die wissen erst recht nicht, was tun, und Dekadenz ist Dekadenz: ein Geschäft, das gewisse verhängnisvolle Fehler macht, verdient eben, zugrunde zu gehen.

Ich sage nichts, wenn es durch Unbesonnenheit geschieht, wohl aber, wenn es herbeigeführt wird durch dieses gehässige, mutwillige, launenhafte, übermütige Verhalten von Leuten, die ihren Ruhm überlebt haben und sich darauf verlassen, daß alles eine Geldfrage ist und daß man alles kann und darf; wenn es auch viele Male glückt, einmal kommen sie schließlich doch ins Elend, und so ein administrateur général[21] ist der einzige, der im Augenblick gut dabei wegkommt.

Ach, es ist immer dieselbe Geschichte — aber natürlich, all diese verschiedenen Abteilungen, offiziöse und offizielle, diese ganze Buchhalterei, das ist doch alles Quatsch, *damit* macht man doch keine Geschäfte. Geschäftemachen ist gewiß auch eine *Betätigung*, ein Etwas-in-Angriff-Nehmen kraft persönlicher Einsicht und Energie. Aber das gilt jetzt nicht mehr — das wird unterdrückt — so daß Du klagst: es gibt nicht genug Bilder.

Suffit[22], meiner Meinung nach treibt die Firma G. & Co jetzt Windhandel, und wer Wind sät, wird Sturm ernten...

Aber wie dem auch sei; mir kommt es vor, als wäre der ganze Kunsthandel krank — und wenn ich ganz offen bin, so zweifle ich, ob die ungeheuerlichen Preise selbst für Meisterwerke bleiben werden.

Es ist ein je ne sais quoi darüber hingegangen, das alles abgekühlt hat — und die Begeisterung hat sich verflüchtigt. Macht das für die Künstler viel aus? Ach nein, denn die größten von ihnen haben in der letzten Zeit, als sie schon obenauf waren, persönlich von den enormen Preisen nur wenig profitiert, und sie — Millet und andere, Corot namentlich — würden nicht weniger und nicht weniger schön gemalt haben, wenn die beispiellose Hausse nicht stattgefunden hätte. Und wer etwas kann, was wert ist, gesehen zu werden — wie es auch mit dem Kunsthandel stehen mag —: eine Reihe von Jahren wird es wohl noch so bleiben, daß es immer gewisse Liebhaber geben wird, die einen so viel verdienen lassen, wie man zum Leben braucht. Ich hätte lieber hundertfünfzig Francs im Monat als Maler als fünfzehnhundert Francs im Monat als etwas anderes, selbst als Kunsthändler.

21 *Geschäftsführer*
22 *Genug davon*

Als Maler fühlt man sich als Mensch unter anderen Menschen, in höherem Grade, scheint mir, als in einem Leben, das mehr auf Spekulation beruht, in dem man auf Konventionen achten muß...

Mit dem dreißigsten Jahr beginnt eigentlich erst das Leben, nämlich der tätigste Teil.

Bei Freunden und Angehörigen gilt man dann für alt oder ich weiß nicht für wie oder was, doch das ändert nichts daran, daß man selber eine Erneuerung der Tatkraft verspürt.

Freilich gilt es dann, gut zu überlegen, bewußt zu wollen und wach zu sein. Doch eine Wandlung tut um diese Lebenszeit eigentlich not — man muß den ganzen Kram durcheinanderwirbeln und dann von neuem anfangen. *Gerade wie damals, als man als Junge anfing* — aber mit mehr Reife. Hinz und Kunz, die nur so dahinduseln, finden das verrückt und und sagen, das scheine ihnen bedenklich; gut, laß Hinz und Kunz ruhig bei ihrer Meinung, solange sie sich nicht mausig machen; sie sind genausowenig wach wie ein Schlafwandler. Man selber darf nicht zweifeln, das liegt in der Natur, und nur, indem man sich *nicht* wandelt, widersetzt man sich der Natur. Es gibt ein altes Wort: sie haben Ohren und hören nicht, sie haben Augen und sehen nicht, sie haben ein Herz, doch sie begreifen nicht damit; ihr Herz ist feist geworden, und Augen und Ohren haben sie verschlossen, weil sie *nicht hören* und *nicht sehen wollen*. Du und ich sind, glaube ich, après tout zu ehrlich, als daß wir fürchten müßten, unsere Augen aufzumachen und die Dinge damit zu betrachten, wie sie sind und sich darstellen. Das kleine alte Wort sagt so ungeheuer viel, sagt alles so genau, daß ich bei vielen, vielen Gelegenheiten immer wieder daran denken muß.

336 (4. November 1883)

Ich frage: was macht mich am meisten zum Menschen? Zola sagt: »moi artiste je veux vivre tout haut«[23] — veux vivre ohne Hintergedanken — naiv wie ein Kind, nein, nicht wie ein Kind, wie ein Künstler — mit gutem Willen, so wie das Leben sich darbietet, werde ich etwas darin finden, werde ich mein Bestes leisten.

Und dann all die vorher verabredeten Manieren, das Konventionelle, wie schrecklich schulmeisterlich ist das eigentlich, wie abgeschmackt: ein Mensch, der sich einbildet, er wüßte Bescheid und es ginge alles so, wie er sich's einbildet, als ob nicht immer in allen Dingen des Lebens ein je ne sais quoi des ungeheuer Guten und auch ein Element des Schlechten wäre, etwas, das unendlich hoch über uns, unendlich größer und mächtiger ist als wir.

23 *ich als Künstler will ganz kraftvoll leben*

Ein Mensch, der sich nicht klein fühlt, sich nicht bewußt ist, nur ein Stäubchen zu sein — wie sehr irrt er doch au fond[24]!

Verliert man etwas dabei, wenn man einige Begriffe abtut, die man uns als Kindern eingeprägt hat, Begriffe wie »Stand aufrechterhalten«, gewisse Formen als Nr. 1 betrachten? Ich für mein Teil denke nicht mal drüber nach...

Lebe — tu etwas — das macht mehr Spaß, das ist positiver, dabei kommt mehr heraus.

Kurz und gut — in gewissem Sinn die Gesellschaft bei ihrer Meinung lassen, aber sich selbst vollkommen frei fühlen, nicht an den eigenen Verstand glauben, sondern an »die Vernunft« — (mein Verstand ist menschlich, die Vernunft göttlich, aber es besteht ein Zusammenhang zwischen den beiden); glauben, daß mein eigenes Gewissen der Kompaß ist, der mir den Weg zeigt, wenn ich auch weiß, daß er nicht ganz sauber arbeitet.

Ich wollte darauf kommen, daß mir beim Zurückdenken an die frühere Malergeneration ein Ausspruch von Dir einfällt: »sie waren *erstaunlich* heiter«. Nun wollte ich sagen, wenn Du Maler wirst, so mußt Du etwas von derselben *erstaunlichen* Heiterkeit dazu mitbringen. Die hast Du nötig als contrepoids[25] gegen die trübseligen Aussichten, welche die Lage bietet. Damit vermagst Du mehr als mit irgend etwas anderem. Du mußt ein gewisses Genie haben, ich weiß kein anderes Wort für das genaue Gegenteil von dem, was man »schwerfällig« nennt. Komme mir nun nur ja nicht damit, daß weder ich noch Du das je würden haben können...

Du wirst sagen: kann man sich nicht auch in der Kunst Ideale bilden, die mit den bestehenden Zuständen nicht übereinstimmen? Nun, beantworte Dir das selbst; ich beantworte es mir auch, indem ich frage: ist Barbizon, ist die holländische Malerschule eine Tatsache, oder ist sie keine Tatsache?

Wie es auch stehen mag mit der Kunstwelt, eine faule Sache ist es nicht. Im Gegenteil, es ist besser und besser geworden; vielleicht ist der höchste Gipfel schon erreicht, aber jedenfalls sind wir ihm noch ganz nahe, und solange Du und ich leben, und werden wir hundert Jahre alt, wird es eine gewisse Begeisterung von der echten Art geben. Also, will einer malen — dann ran an die Arbeit! Wenn die Frau mitkäme, würde sie natürlich auch malen müssen.

Jeder würde hier malen müssen — die Frau von einem der van Eycks hat es auch gemußt...

24 *im tiefsten Grunde*
25 *Gegengewicht*

Mit soviel gutem Mut wie nur irgend möglich, mit Heiterkeit und Begeisterung müßte man anfangs sagen: keiner von uns allen kann etwas, und doch sind wir Maler. Unser *Wollen* ist eine *Tat*. Das scheint mir die richtige Auffassung. Wir leben — und wenn wir nicht arbeiten »comme plusieurs nègres«[26], dann müssen wir Hungers sterben und machen eine ganz lächerliche Figur. Aber das ist uns nun einmal schrecklich zuwider; wir haben eben das, was ich mal »erstaunliche Jugend« nennen will — und zugleich einen Ernst, der verdammt ernst ist.

Das — »y mettre sa peau«[27] ...

Von zwei Menschen kenne ich den Seelenkampf zwischen dem »ich bin Maler« und »ich bin kein Maler«.

Von Rappard und von mir selbst: gerade dieser Kampf — ein oft angstvoller Kampf — ist es, der den Unterschied ausmacht zwischen uns und gewissen anderen, die es weniger ernst nehmen. Wir sind oft jämmerlich dran — nach langer Schwermut ein wenig Licht, ein wenig Fortschritt; andere haben weniger zu kämpfen, arbeiten vielleicht leichter, doch der persönliche Charakter entwickelt sich auch weniger...[28] Man muß es mit Zuversicht anpacken, in dem sicheren Wissen, daß man etwas Vernünftiges tut, wie der Bauer seinen Pflug führt oder wie unser Freund auf meiner kleinen Skizze, der sich selbst vor seine Egge gespannt hat. Wenn man kein Pferd hat, ist man sein eigenes Pferd — so machen es hier viele Leute...

Ein Wort von Gustave Doré habe ich immer sehr schön gefunden: »j'ai la patience d'un bœuf«[29]; ich sehe etwas Gutes darin, eine gewisse resolute Ehrlichkeit, kurz, es liegt viel in diesem Ausspruch, es ist ein echtes Künstlerwort. Wenn man an Menschen denkt, denen so etwas aus dem Gemüt fließt, so werden Redensarten über »Begabung«, wie man sie im Kunsthandel nur allzuviel hört, zu einem greulichen Rabengekrächz, finde ich. »J'ai la patience« — wie still ist das, wie vornehm; und selbst das würden sie nicht einmal sagen, wenn nicht all das Rabengekrächz wäre. Ich bin kein Künstler — wie grob ist das — es auch nur von sich zu denken; sollte man keine Geduld haben, keine Geduld lernen von der Natur, Geduld lernen vom langsamen Aufsprießen des Korns, vom Wachsen der Dinge — sollte man sich selber für so ein heillos totes Ding halten, daß man nicht mehr zu wachsen glaubt?

26 *wie mehrere Neger (»wie zehn nackte Neger«)*
27 *Seine-Haut-Dransetzen*
28 *Im Original die Skizze eines Bauern, der eine Egge zieht*
29 *ich habe die Geduld eines Ochsen*

337

Sieh – was das Jetzt oder Niemals betrifft – sich davonmachen oder verschwinden – weder Du noch ich dürfen das *jemals* tun, sowenig wie Selbstmord begehen. Ich selber habe auch meine Augenblicke tiefer Niedergeschlagenheit, aber der Gedanke zu verschwinden, sich davonzumachen muß, ich wiederhole es, von mir und auch von Dir als unser unwürdig betrachtet werden.

Doch durchzuhalten, wenn man fühlt, es ist *unmöglich*, durchzuhalten mit dem verzweifelten Gefühl, daß es auf ein Verschwinden hinauslaufen muß, dagegen erhebt sich in unserem Gewissen ein »beware«[30]!!!

338 *(November 1883)*

Du hast mir seinerzeit einmal über eine gewisse Verschiedenheit unserer Gesichtszüge geschrieben. Gut. Und Du hast den Schluß gezogen, daß ich mehr Denker sei als Du. Was soll ich Dir darüber sagen? Zwar spüre ich gewiß ein Denken in mir, aber ich fühle es doch nicht als besonders in mir ausgeprägt. Ich fühle mich als etwas anderes denn als ausgesprochenen Denker. Wenn ich mir Dich vorstelle, so sehe ich Aktivität als kennzeichnend für Dein Wesen, que soit, doch steht dieser Wesenszug nicht gesondert für sich allein, sondern ist im Gegenteil mit so viel Gefühl und auch *Denken* gepaart, daß ich zu dem Schluß komme: zwischen Dir und mir gibt es mehr Übereinstimmendes als Unterscheidendes. Ich sage nicht, es bestünde überhaupt keine Verschiedenheit – doch da ich Dich in letzter Zeit besser kennengelernt habe, scheint mir die Verschiedenheit geringer zu sein, als ich in früheren Jahren eine Zeitlang gedacht habe.

Wenn ich unser Temperament und unseren Gesichtstypus genauer prüfe, finde ich Parallelen und ausgesprochene Übereinstimmungen zwischen uns selbst und z. B. den Puritanern, nämlich den Leuten ungefähr aus Cromwells Zeit, die, eine kleine Schar von Männern und Frauen, auf der »Mayflower« nach Amerika segelten, fort aus der alten Welt, und sich dort niederließen mit dem festen Entschluß, bei einem einfachen Leben zu bleiben.

Die Zeiten sind verschieden: sie haben Wälder gefällt – wir würden es im Malen suchen. Ich weiß, daß der Wagemut dieser an sich kleinen Schar – in der Geschichte Pilgrim Fathers genannt – doch große Folgen gehabt hat. Von uns möchte ich vor allem glauben, daß wir über große Folgen wenig philosophieren würden und nichts anderes suchen als einen Weg für uns selbst, um so rechtschaffen wie möglich

30 *hüte dich*

durchs Leben zu reisen. Über Folgen im voraus lange nachzudenken, entspricht unserer Gemütsart *nicht,* weder *Deiner noch meiner.*

Von den Pilgrim Fathers rede ich wegen der Physiognomie, um Dich darauf hinzuweisen, daß gewisse rothaarige Menschen mit viereckigen Stirnen weder nur Denker noch nur Männer der Tat sind, sondern beide Elemente in sich zu vereinen pflegen...

Pa hat sich manchmal in die Geschichte von Jakob und Esau vertieft im Hinblick auf Dich und mich — nicht ganz zu Unrecht —, doch glücklicherweise ist bei uns weniger Feindschaft, um nur einen Unterschied anzuführen; und in der Bibel finden sich genug Beispiele von besseren Beziehungen zwischen Brüdern, als zwischen den genannten ehrwürdigen Patriarchen bestanden.

Über das Denker-Sein habe ich manchmal selber nachgedacht, doch ich habe mehr und mehr erkannt, daß ich nicht dazu geboren bin; weil nun unglücklicherweise das Vorurteil besteht, daß jemand, der alles gründlich durchdenken will, *nicht* praktisch ist und unter die Träumer gehört, und weil dieses Vorurteil in der Gesellschaft sehr viel gilt, bin ich oft angeeckt, eben weil ich das alles nicht genug für mich behalten habe.

Aber seitdem hat gerade die Geschichte der Puritaner und die Geschichte Cromwells, wie z.B. Carlyle sie auffaßt, mich zu der Einsicht gebracht, daß Denken und Handeln einander keineswegs ausschließen und daß die scharfe Trennung, die heutzutage zwischen Denken und Handeln meist als Tatsache angenommen wird — als ob eines das andere ausschlösse —, tatsächlich nicht besteht. Der Zweifel an sich selbst, ob man Künstler ist oder nicht — diese Frage schwebt zu sehr im Begrifflichen. Ich habe nichts dagegen, trotzdem darüber nachzudenken, wenn ich nur gleichzeitig zeichnen und malen darf.

Und — *mein* Ziel in *meinem* Leben ist es, so viele und so gute Bilder und Zeichnungen zu machen, wie ich kann; wenn dann mein Leben aus ist, werde ich hoffentlich mit Liebe und Wehmut zurückblicken und denken: o ihr Bilder, die ich gemacht hätte! Doch das schließt das Machen des Möglichen nicht aus. Hast Du etwas dagegen einzuwenden im Hinblick auf mich oder auf Dich?...

Theo, von der armen Frau habe ich inzwischen ein paarmal gehört; sie scheint weiterzuarbeiten, für die Leute zu waschen, als Aushilfe im Haushalt zu arbeiten, kurz, sich große Mühe zu geben. Sie schreibt beinah unentzifferbar und unzusammenhängend, scheint manches von früher zu bereuen. Die Kinder sind wohl und gesund.

339 (November 1883)

Es kann mit mir anders werden, wenn ich auch jetzt trotz all meiner Schinderei noch nichts verkaufe — ich sage noch einmal: das kann anders werden.

Wir *müßten* haben, sagen wir als Minimum, 150 Francs im Monat, besser 200; dafür müßte Kredit gefunden werden, nicht ohne Bürgschaft, aber diese Bürgschaft wäre eben unsere Arbeit.

Nehmen wir nun an, daß wir noch zwei Jahre arbeiten müssen, ehe das Verdienen flott vor sich geht und mehr einbringt als die Ausgaben, so daß wir zurückzahlen können.

200 Francs im Monat für ein Jahr ist 12 × 200 Francs = 2 400 Francs. Also sagen wir mal 1 500 Gulden.

Dem steht als Bürgschaft gegenüber — ich spreche jetzt von Deiner und meiner gemeinsamen Arbeit —, daß wir schon selber viel hineingesteckt und eine gewisse Grundlage gelegt haben. Was ich kann, kann ich — vom Zeichnen, ja sogar vom Malen verstehe ich einiges —, und keineswegs zufällig, sondern infolge ehrlicher Arbeit. Ich sage, eine Bürgschaft mehr, daß wir keine Luftschlösser bauen...

Wir müßten 1 500 Gulden Kredit haben. Woher und wie man dazu kommen könnte, das weiß ich nicht.

Los, Junge, komm mit malen auf die Heide, aufs Kartoffelfeld, komm her und geh mal mit hinterm Pflug und hinterm Schäfer her — komm mit ins Feuer gucken — laß Dich durchwehen vom Sturm, der über die Heide weht!

Brich aus! Ich weiß nichts von der Zukunft, weiß nicht, wie die sein wird, ob alles gut ausgehen wird, aber ich kann doch nicht anders sprechen — suche es nicht in Paris, suche es nicht in Amerika, das ist alles dasselbe, genau und ewig dasselbe. Wandle Dich wirklich, suche es auf der Heide!

340 (9. November 1883)

Ich möchte nur eben mal von einem Ausflug nach Zweeloo erzählen, dem Dorf, wo Liebermann lange gewohnt und Studien für sein Bild für den »Salon« gemacht hat, für das mit den Waschfrauen. Wo auch Termeulen und Jules Bakhuyzen lange gewesen sind.

Stelle Dir eine Fahrt über die Heide vor, früh um drei, in einem offenen Bauernkarren (ich fuhr mit dem Mann, bei dem ich wohne, er mußte nach Assen auf den Markt). Auf einer Straße oder einem »Deich«, wie sie hier sagen, auf den man statt Sand Moorboden geschüttet hat, um ihn zu erhöhen. Es war sogar noch viel schöner als das Schleppboot.

Als es eben anfing, hell zu werden, krähten überall bei den über die Heide verstreuten Katen die Hähne, und da wurden die paar Häuschen, an denen wir vorbeikamen — umgeben von schütteren Pappeln, deren gelbe Blätter man fallen hörte — da wurde ein alter stumpfer Turm auf einem Kirchhof mit Erdwall und Buchenhecke — da wurden die flachen Landschaften der Heide und Kornfelder — da wurde alles, alles, alles ganz genauso wie die allerschönsten Corots. Eine Stille, ein Mysterium, ein Friede, wie er allein es gemalt hat.

Es war aber noch ziemlich dunkel, als wir in Zweeloo ankamen, früh um sechs, die eigentlichen Corots hatte ich noch früher am Morgen gesehen.

Das Einfahren ins Dorf war auch sehr schön. Riesenhafte Moosdächer auf Häusern, Ställen, Schafställen, Scheunen.

Hier stehen die Häuser sehr stattlich zwischen Eichenbäumen von einer herrlichen Bronzefarbe. Goldgrüne Töne im Moos, rötliche oder bläuliche oder gelbliche, dunkle lila-graue Töne im Boden, Töne von einer unsagbaren Reinheit im Grün der kleinen Kornfelder, schwarze Töne in den nassen Stämmen, scharf davon sich abhebend der goldene Regen der wirbelnden, flimmernden Herbstblätter, die in lockeren Perücken, als wären sie draufgeblasen, noch lose an Pappeln, Birken, Linden und Apfelbäumen hängen, und zwischendurch schimmert der Himmel.

Der Himmel eintönig hell, leuchtend, nicht weiß, sondern ein Lila, das nicht zu entziffern ist — Weiß, in dem man Rot, Blau, Gelb durcheinanderflimmern sieht, das alles reflektiert und das man überall über sich fühlt, das dunstig ist und sich mit dem dünnen Nebel unten vereint. Und alles in einer Skala von feinen grauen Tönen zusammenfaßt. In Zweeloo habe ich aber keinen einzigen Maler gefunden, *im Winter* kämen *nie* welche, sagten die Leute. Ich hoffe, *gerade* im Winter hier zu sein.

Weil keine Maler da waren, beschloß ich, statt die Rückkehr meines Hauswirts abzuwarten, zu Fuß zurückzugehen und unterwegs ein bißchen zu zeichnen. So fing ich eine Skizze von dem bewußten Apfelbaumgarten an, von dem Liebermann sein großes Bild gemacht hat. Und dann den Weg zurück, den wir in der Frühe gefahren waren. Die Gegend um Zweeloo ist im Augenblick lauter junges Korn — unabsehbar manchmal, das aller-, allerzarteste Grün, das ich kenne.

Darüber ein Himmel von einem feinen Lila-Weiß, das eine Stimmung gibt — ich glaube nicht, daß er zu malen wäre, aber für mich ist er der Grundton, den man kennen muß, um zu wissen, worauf die anderen Effekte beruhen.

Eine schwarze Erde, flach — unendlich — ein heller Himmel von feinem Lila-Weiß. Aus der Erde sprießt das junge Korn, mit diesem Korn ist sie wie mit Schimmel überzogen. Au fond sind *das* die guten fruchtbaren Landstriche von Drenthe; alles in einer dunstigen Atmosphäre.

Denk an »Le dernier jour de la création« von Brion; nun, gestern war mir, als hätte ich die Bedeutung dieses Bildes begriffen.

Der schlechte Boden von Drenthe ist ebenso — nur ist die schwarze Erde noch schwärzer, wie Ruß — kein Lila-Schwarz wie die Ackerfurchen, und trübselig bewachsen mit ewig verfaulender Heide und Torfmoos. Ich sehe überall *das*, die Zufälligkeiten auf diesem unendlichen Hintergrund, im Moor die Sodenhütten, in den fruchtbaren Gegenden höchst primitive Ungetüme von Bauerngehöften und Schafställen, mit niedrigen, ganz niedrigen Mäuerchen und riesenhaften Moosdächern. Ringsherum Eichen.

Wenn man stunden- und stundenlang durch die Gegend läuft, ist einem zumute, als gäbe es eigentlich weiter nichts als diese unendliche Erde, diesen Schimmelüberzug von Korn oder Heide, den unendlichen Himmel. Pferde, Menschen scheinen wie Flöhe so klein. Nichts fühlt man mehr, wenn es an sich auch noch so groß ist, man weiß nur, daß Erdboden da ist und Himmel. Doch in seiner Eigenschaft als Pünktchen, das andere Pünktchen aufmerksam beobachtet — vom Unendlichen ganz abgesehen —, findet man, daß jedes Pünktchen ein Millet ist.

Ich kam an einem alten Kirchlein vorbei, ganz genau, ganz genau »L'Eglise de Gréville« von Millets Bild im Luxembourg; statt des Bauern mit dem Spaten auf jenem Bild kam hier ein Hirte mit einer Schafherde die Hecke entlang. Im Hintergrund sah man nicht den Durchblick aufs Meer, sondern nur auf ein Meer von jungem Korn, das Meer der Furchen statt des Meeres der Wogen. Der »effet produit«[31] der gleiche.

Pflüger habe ich dann gesehen, eifrig bei der Arbeit — einen Sandkarren, Hirten, Straßenarbeiter, Mistkarren. In einer kleinen Schenke an der Straße hab ich ein altes Weiblein am Spinnrad gezeichnet, eine kleine dunkle Silhouette wie aus einem Märchen — eine dunkle Silhouette gegen ein helles Fenster, durch das man den hellen Himmel sah und einen kleinen Weg durch das feine Grün und ein paar Gänse, die Gras fraßen.

Und als nun die Abenddämmerung sich senkte — stelle Dir diese Stille vor, diesen Frieden! Stelle Dir einen kleinen Weg vor mit hohen

31 *Endeffekt*

Pappeln im Herbstlaub, eine breite Moraststraße, alles schwarzes Moor, rechts Heide bis ins Unendliche, links Heide bis ins Unendliche, ein paar schwarze, dreieckige Silhouetten von Sodenhütten, durch deren Fensterchen das rote Licht des Feuers scheint, ein paar Tümpel fauligen, gelblichen Wassers, in dem Baumstämme verfaulen und die den Himmel widerspiegeln; stelle Dir diese ganze Moorwelt abends in der Dämmerung vor mit dem weißlichen Himmel darüber, also alles schwarz gegen weiß. Und in dieser Moorwelt eine zottige Gestalt — der Schäfer —, ein Schar eiförmiger Gebilde, halb Wolle, halb Dreck, die einander stoßen und drängen — die Herde. Du siehst sie ankommen — du stehst mittendrin — du kehrst um und gehst ihnen nach. Mühsam und unwillig bewegen sie sich vorwärts auf der morastigen Straße. Aber dort in der Ferne der Bauernhof, ein paar Moosdächer, und Stroh- und Torfstapel zwischen den Pappeln.

Der Schafstall ist auch wieder eine dreieckige Silhouette — dunkel. Die Tür steht weit offen wie der Eingang zu einer dunklen Höhle. Durch die Ritzen der Bretter scheint von hinten der helle Himmel durch.

Die ganze Karawane von Woll- und Dreckgebilden verschwindet in dieser Höhle — der Schäfer und eine Frau mit einer Laterne machen die Türen hinter ihnen zu. Diese Heimkehr der Herde in der Dämmerung war das Finale der Symphonie, die ich gestern gehört habe.

Wie ein Traum ging der Tag vorüber; ich war in diese herzergreifende Musik den ganzen Tag über so vertieft, daß ich buchstäblich Essen und Trinken darüber vergessen hatte — ein Stück Bauernbrot und eine Tasse Kaffee hatte ich in der kleinen Wirtschaft zu mir genommen, wo ich das Spinnrad gezeichnet habe. Der Tag war um, und von der Morgendämmerung bis zur Abenddämmerung oder richtiger von der einen Nacht bis zur anderen Nacht hatte ich in dieser Symphonie mich selbst vergessen.

341 (Um den 10. November 1883)
Versteh mich recht — es hat vielleicht — nein *bestimmt* — sowohl zu Hause als auch in meinem eigenen Leben eine Krise gegeben, in der, glaube ich, unser aller Leben buchstäblich von Dir *gerettet* worden ist — der Ruin wurde abgewendet, weil Du uns gestärkt und beschützt hast; besonders mit mir stand es kritisch ...

Die keimende Saat darf nicht einem tödlich-kalten Wind ausgesetzt werden — so stand es mit mir, und anfangs, wenn Du nicht gewesen wärst, hätten Onkel Vincents Worte »ni fait ni à faire«[32], Worte von

[32] *nie geschafft noch je zu schaffen*

H. G. T.[33] und die Tatsache, daß sie mir den Rücken kehrten und die kalte Schulter zeigten, in einem kritischen Augenblick mir verhängnisvoll werden können, wie ein allzu kalter Wind dem aufkeimenden Korn. Doch wenn das Winterkorn eine Wurzel in der Erde hat, ist es schon ein wenig kräftiger, und so gut oder schlecht es eben geht, pflegt es durch den Winter zu kommen, jedenfalls *muß* es durch den Winter.

Und nun, Bruder, fände ich es jämmerlich von mir, wenn ich zu Dir sagte, das Geld von Dir *muß* ich weiter haben, und so dazu beitrüge, Dich zu stärken im Entschluß, bei G. & Co zu bleiben. Wenn das fest beschlossen wird, bin ich so entschieden dagegen, warne Dich so entschieden: der Kunsthandel verrät Dich am Ende – daß ich keinen Teil daran haben will, Dich zu einem solchen Entschluß zu drängen, weil ich selbst Hilfe nötig habe.

Und obwohl ich hoffe, daß wir ebenso gute Freunde bleiben und uns stets als Brüder fühlen werden, wiederhole ich: ich habe mir vorgenommen, Deine geldliche Hilfe abzulehnen, wenn Du Dich *fest* mit G. & Cie verbindest, denn ich bin der Meinung, daß Du einen solchen Entschluß am Ende bereuen und dadurch in eine Lage geraten wirst, von der Du vielleicht sagst: wäre ich doch nie hineingeraten, und dann wird Dir immer wieder der Gedanken kommen: warum haben mein Bruder, meine Eltern mich damals soweit gebracht? ...

Was ich dann anfangen würde? Nun, zum Beispiel versuchen, bei einer illustrierten Zeitschrift unterzukommen, oder schließlich das erste beste tun, n'importe quoi[34], – vielleicht wüßtest Du da irgend etwas, zum Beispiel eine Stelle beim Moniteur Universel, was mir sonst nicht als sehr wünschenswert erscheint.

Aber wenn ich ganz auf eigenen Füßen stünde, würde ich vielleicht einen Versuch in Paris oder London oder im Haag wagen, kurz, in einer Stadt an irgendeiner Druckerei oder illustrierten Zeitschrift; gleichzeitig würde ich versuchen, Zeichnungen oder Bilder zu machen und natürlich zu verkaufen, und dann würde ich sehen, wieder nach Drenthe zu kommen.

Doch ich fürchte, Du betrachtest alles, was ich sage, als ein Spiel meiner Phantasie, findest, ich rede grundloses Zeug ins Blaue hinein.

Und es ist ja auch höchst schwierig zu wissen, was man tun soll, das gebe ich zu. Das Geld spielt eine unverschämte Rolle in der Gesellschaft, das fühlst Du, und ich fühle es auch. Aber ich habe eine so lebhafte Hoffnung, daß gerade das Malen unsere eigentliche Arbeits-

---

33 *Tersteeg*
34 *egal was*

kraft frei machen und uns doch über Wasser halten wird, wenn auch die ersten Jahre sehr schwierig sein dürften.

Komme ich um, so komme ich um – das ist das einzige, was man dazu sagen kann.

342   (26. November 1883)

Obwohl meine Angelegenheiten von den Deinen abhängig sind, bin ich jetzt nicht deswegen beunruhigt, sondern meine Unruhe bezieht sich geradenwegs auf Dich – auf Dich als Mensch – als Mann – als rechtschaffenen, ehrlichen Mann. Und meine Frage: wirst Du nicht Schaden leiden, und wird es nicht abwärts mit Dir gehen – als Mensch? Wenn ich darauf komme, diese Frage zu stellen, so deshalb, weil Paris Paris ist...

Meine Worte mögen düster klingen – gut. Ich selber habe wohl Augenblicke, da meine eigenen Aussichten mir sehr trübe vorkommen – doch wie ich Dir schon schrieb, ich glaube nicht, daß mein Los von den Dingen abhängt, die jetzt gegen mich scheinen. Mag allerlei gegen mich sein, es *kann* etwas Mächtigeres sein als das, was ich drohen sehe. Ich gebrauchte das Wort Schicksal – in Ermangelung eines besseren Wortes; wer noch nicht fallen muß, wird auch nicht fallen – was mich betrifft, so überlasse ich es der Zukunft und tue, als sei nichts im Anzug.

Was Dich betrifft, wie gesagt – solange ich an Deine Aufrichtigkeit glaube (und jetzt glaube ich das Gegenteil noch nicht), glaube ich auch, daß Du, ungeachtet Glück oder Unglück, geborgen bist, und wäre es nur in dieser bewußten Wirklichkeit, die über dem Schein der Dinge schwebt.

Aber ich mußte lächeln über das, was sie von zu Hause mit einem einzigen allgemeinen Wort über einen »guten« Brief schrieben, von dem ich übrigens nichts weiß: es scheine, als hätten die Geschäfte wieder eine günstigere Wendung genommen. Ich dachte: gut – wenn ihr sagt, daß ihr beruhigt seid, dann seid beruhigt – mehr als das habe ich aber nicht gedacht.

In dem bewußten Brief endete der eine Satz über Dich: »Doch man erwartet, daß nächstes Jahr wichtige Ereignisse stattfinden werden, und wir hoffen nur, daß er (nämlich Du) dadurch keinen Schaden leiden wird«; es kam mir vor, als ob die fraglichen Ereignisse Dir als Mann weder so noch so viel anhaben werden, die Frage wird vielmehr sein: what shall he do with it[35] – mit seiner Charakteranlage – Seele in einem Wort –, eine Frage, die in meinen Augen bis heute noch

---

35 *was wird er damit tun*

unentschieden ist. Und zu einem höchst wichtigen Teil vom eigenen Nachdenken und vom eigenen Willen abhängt.

Aber laß Dir das eine sagen, Bruder: welche Wahl Du auch treffen, welchen Entschluß Du fassen oder nicht fassen wirst, ob Du nun in meinen Augen besser oder schlechter werden magst und ob in geldlicher oder geschäftlicher Hinsicht direkte Beziehungen mehr oder weniger zwischen uns bleiben werden oder nicht — *ich* werde es *nicht* so auffassen, als ob wir einander den Rücken kehrten. Verschiedenheit der Anschauungen, Verschiedenheit der Lebensauffassung, Verschiedenheit der Grundsätze — angenommen, die zeigte sich später — bis jetzt hat sie sich noch nicht deutlich gezeigt — ist für *mich* noch *kein* Grund zu leugnen, was Tatsache ist, nämlich daß wir Brüder sind und in vielen Punkten übereinstimmen.

Das möchte ich hier einmal ausdrücklich betonen, gerade zur beiderseitigen Beruhigung, wie ich hoffe, Du hast Deine Freiheit und ich habe meine Freiheit zu handeln, wie es uns am vernünftigsten scheint, nicht wahr?...

Und was das Kapital angeht, das von Dir und mir schon hineingesteckt worden ist — denn ich stecke ja meine Arbeit hinein, das heißt mich selbst mit Haut und Haar — was das eine und das andere betrifft, so hoffe ich noch immer ganz bestimmt, daß in der Zukunft alles ins Lot kommen wird — obschon, obschon wir uns — vielleicht nicht nur ich, sondern auch Du — in einigen Dingen geirrt haben, die jedoch noch nicht verhängnisvoll oder irreparabel sind und auf die ich jetzt nicht eingehen will... Und ja — es *muß* jetzt heraus — ich verlange nicht einmal eine Antwort — ich bitte Dich sogar, es nicht als Frage aufzufassen, sondern Du sollst nur vollkommen klarsehen, daß mich *in der* allgemeinen *Beunruhigung* etwas noch besonders *beunruhigt*. Um es kurz zu machen — die Frau von Dir, ist sie gut? Ist sie aufrichtig? Ist sie einfach, ist sie zufrieden mit dem Alltäglichen, oder wächst in ihrem Weizen ein Unkräutlein, nämlich eine etwas gefährliche Sucht nach — ich will es mal »Großartigkeit« nennen? Ich dachte an Lady Macbeth.

Macbeth war ein ehrlicher Mann, aber — aber er wurde verzaubert, und als er und sie wach wurden, war das angerichtete Übel größer und schlimmer, als in ihrer Absicht gelegen hatte. Und Macbeth fiel — aber mit einem *gewaltigen* Sturz.

343 1. Dezember 1883

Dein Brief macht mir Dein Schweigen verständlich. Du dachtest, daß ich *»aus dem Gefühl heraus, im Überfluß zu leben«* Dir ein

»*Ultimatum*« stelle, auf die Art etwa, wie es die Nihilisten vielleicht an den Zaren schicken ...

Du mußt aber wissen, Bruder, daß ich von der Außenwelt vollkommen abgeschlossen bin — abgesehen von Dir —, daß es für mich also *zum Verrücktwerden* war, als Dein Brief in einem Augenblick ausblieb, wo ich, weit entfernt, »im Überfluß« zu sein, arg in in der Klemme saß; freilich habe ich *darüber geschwiegen*, weil ich ein wenig über den Sorgen zu stehen glaube, dir mir die Leber wegfressen, denn ich betrachte diese Folter als verständlich, que soit, doch nicht als *verdient*. Und das »*ich würde nicht gedeihen mögen, wenn ein anderer deswegen verdorren müßte*«, der eigentliche Sinn der Worte, die Du als Ultimatum aufgefaßt hast — das würde ich, so hoffe ich wenigstens, nicht nur »im Überfluß«, sondern auch »in Todesnot« sagen.

Daß ich gesagt hätte, ich fühlte mich »im Überfluß«, war wohl ein etwas oberflächlicher und voreiliger Schluß von Dir, scheint mir; wenn es vielleicht auch aus meiner Ausdrucksweise zu entnehmen war, in meiner Stimmung hat es gewiß nicht gelegen.

Ich will Dir noch einmal sagen: seit ich hier bin, habe ich dafür sorgen müssen, daß meine Malsachen in Ordnung kamen, daß ich Farbe hatte, daß ich den Gasthof bezahlte, daß ich der Frau etwas schicken konnte, daß ich einige Schulden abbezahlte. Infolgedessen habe ich es immer *sehr knapp* gehabt, um es *milde* auszudrücken. Nimm noch diese seltsame Folter Einsamkeit dazu, dann wirst Du wirklich nicht länger denken *können*, daß ich mich fürs nächste jemals »im Überfluß« fühlen werde — oder damals gefühlt habe.

Einsamkeit sage ich und nicht einmal Stille, sondern *diese* Einsamkeit, die ein Maler erfährt, der in einer abgelegenen Gegend von Hinz und Kunz als verrückt angesehen wird, als Mörder, Landstreicher usw. usw.

Wirklich, es mag eine *petite* misère sein, aber misère ist es.

Ein Fremdling sein — doppelt fremd und unangenehm —, und sei das Land noch so anregend und schön.

Aber darin sehe ich im übrigen nichts weiter als eine schlimme Zeit, durch die man sich durchbeißen muß und woran man selber nur wenig ändern kann; an dem Verhalten der Menschen nämlich, die man so gern als Modell haben würde und nicht kriegen kann.

Jetzt hinterher sehe ich ganz deutlich, wie es zwischen Dir und mir zu einem Mißverständnis gekommen ist.

Es gab einen Augenblick, da Du sehr niedergeschlagen warst und mir folgendes schriebst: »Die Herren machen es mir beinah unmöglich, und ich glaube sogar, daß sie mich *lieber wegschicken würden, als daß ich von selber ginge*« (das Unterstrichene war seinerzeit genau mein Fall). Und Du hast allerlei über die Idee zu malen gesagt, daß sie Dir wenigstens nicht unangenehm wäre. Gut — ich habe Dir damals ganz offen alles gesagt, was ich über die Möglichkeit dachte, daß Du Maler würdest ... Was ich in dieser Hinsicht sagte, sage ich Dir auch, falls in Zukunft Unglück — ein Mißgeschick Dich träfe: was Dir *jetzt* fehlt zu einer »allumfassenden Erneuerung«, ist eben ein Unglück.

Wenn ein Mißgeschick Dich träfe, würdest Du als Mensch m.E. ein größerer Mensch dadurch werden mit — mit — mit — einer ewig schmerzenden Wunde zugleich ...

Aber daß ich Dir schrieb: »Falls Du bleibst, dann lehne ich Deine geldliche Unterstützung ab«, das bezog sich auf Deine Worte: »Laß mich nur dabeibleiben, denn ich muß für die zu Hause sorgen und (obwohl Du mich nicht angeführt hast) für mich selbst.« Zartgefühl von Dir, mich nicht zu nennen, das ich mit Zartgefühl meinerseits beantworten mußte — *das* will ich nicht, nämlich Aufopferung Deiner selbst, insofern als Du gegen Deinen Willen im Geschäft bleiben würdest, nur anderen zuliebe; das war es, was Du als »Ultimatum« aufgefaßt hattest. Wenn Du bleibst, weil Du »neue Freude daran« hast, so soll mir das von Herzen recht sein, und ich beglückwünsche Dich zu Deinem neu aufgetakelten Schiff, wenn ich selber auch nicht mehr danach zurückverlange.

Noch einmal: wenn ich unrecht habe, mögt Ihr mich alle auslachen, und ich will selber mit drüber lachen. *Wenn* meine Nerven es mir falsch vorspiegeln, nun, dann sind meine Nerven dran schuld· — aber ich fürchte, Du hast wirklich das Schicksal gegen Dich.

Von zu Hause werde ich Dir ruhiger schreiben können. In Drenthe gibt es sicherlich ein Arbeitsfeld für mich, aber ich müßte das Ganze von Anfang an noch etwas anders anpacken können und etwas mehr *Sicherheit* in geldlicher Hinsicht haben. Ich muß im kleinen rechnen; jetzt zum Beispiel (natürlich gebe ich zu, daß es das erste Mal ist, daß Du eine Sendung völlig überschlagen hast) werde ich durch den Ausfall von fünfundzwanzig Gulden vielleicht wieder auf sechs Wochen lahmgelegt. Ich will gern glauben, daß Du Dir das nicht vorstellen kannst — Du *kannst* nicht wissen, welche Schwierigkeiten, jede an sich winzig, immer und immer wieder etwas möglich oder unmöglich machen. So erhielt ich zum Beispiel vorige Woche einen Brief von meinem früheren Hauswirt, in dem er durchblicken läßt, daß er unter Umständen mal auf meine Sachen Beschlag legen könnte, die ich bei ihm gelassen habe (darunter sind alle meine Studien, Holzschnitte, Bücher, die ich nur schwer entbehren könnte), wenn ich ihm nicht die zehn Gulden schickte, die ich ihm versprochen habe als Entgelt für die Benutzung des Bodenkämmerchens, wo meine Sachen stehen, und dann noch einen Posten von ihr, von dem zweifelhaft war, ob er ihn zu Recht fordern konnte, doch ich sagte ja, unter der Bedingung, daß er meine Sachen aufhöbe. Zu Neujahr muß ich noch anderes bezahlen. Ich muß Rappard sein Geld zurückgeben, und ich habe schon gespart, was ich konnte. Kurz, es ist etwas anderes, als mich »im Überfluß« zu fühlen.

So wie es augenblicklich war, geht es nicht. Ich muß sehen, daß ich einen Ausweg finde.

Ich sage natürlich nicht, daß Du schuld daran bist, aber ich habe auch selbst im vorigen Jahr mich nicht mehr einschränken können, als ich getan habe. Und je mehr ich arbeite, um so ärger gerate ich in die Klemme. Wir sind jetzt an einem Punkt angelangt, wo ich sage: augenblicklich kann ich nicht weiter.

Anmerkungen

Die jeweils vorstehenden Ziffern bezeichnen die Seitenzahlen

13

Zu Brief 1 – Van Goghs Lebensdaten bis zum ersten Haager Aufenthalt von 1869–1873:

1853 30. März: Vincent Willem van Gogh als ältester Sohn des Theodorus van Gogh, Predigers der Niederländisch-Reformierten Gemeinde von Groot-Zundert (8. 2. 1822/26. 3. 1885), und seiner Ehefrau Anna Cornelia, geb. Carbentus (10. 9. 1819/1907), im elterlichen Pfarrhaus geboren (nach einem am 30. 3. 1852 totgeborenen Kind gleichen Namens). Die weiteren Geschwister waren: Anna Cornelia (geb. 17. 2. 1855), Theodorus (geb. 1. 5. 1857), Elisabeth-Huberta (geb. 16. 5. 1859), Wilhelmina Jacoba (geb. 16. 3. 1862) und Cornelis Vincent (geb. 17. 5. 1867).

1861 (Januar) bis 1864 (September): Besuch der Dorfschule von Zundert.

1864 1. Oktober: Einschulung in das Internat von Jan Provily in Zevenbergen.

1866 (10. September) bis (März) 1868: Besuch einer Internatsschule in Tilburg.

1868 14. März: Rückkehr nach Zundert.

1869 Frühjahr: Entscheidung für den Beruf des Kunsthändlers. 30. Juli: Dienstbeginn als jüngster Angestellter in der Haager Niederlassung der Kunsthandlung Goupil & Cie.

Oisterwijk – Nahe Helvoirt, wohin der Vater im Januar 1871 als Gemeindepfarrer berufen worden war.

fünfzig Gulden – Etwa 84 Goldmark (1 Gulden = 1,687 Goldmark).

ein so schönes Geschäft – Die von Adolphe Goupil 1827 gegründete Kunstanstalt vertrieb zu dieser Zeit über acht Niederlassungen in Europa und USA vornehmlich Reproduktionen nach Bildern alter und neuer Meister, die als Kupferstiche, als Photogravüren und später Chromotypien aus eigenen Werkstätten angeboten wurden; weiterhin wurden Mustervorlagen, Studienwerke und Unterrichtskurse für Maler und Zeichner verlegt. Ebenso wurden Originalwerke gehandelt.

14

Dazu gratuliere ich Dir – Nach holländischer Sitte wird bei einem Geburtstag innerhalb der Familie jedem nächsten Angehörigen gratuliert.

nach London – Die Dienstwilligkeit des jungen Vincent in seinen vier Haager Jahren gab der Leitung des Hauses Veranlassung, ihn in die Londoner Filiale zu versetzen; im Juni übersiedelt er nach London.

16

Tilburg – Vgl. in Anm. zu S. 13 (Van Goghs Lebensdaten).

im Louvre und im Luxembourg — Palais du Louvre; seit 1793 Nationalmuseum der Republik, die bedeutendste Kunstsammlung Frankreichs. — Palais du Luxembourg; beherbergt seit 1750, mit zeitlichen Unterbrechungen, eine staatliche Gemäldegalerie; dreizehn Jahre später, 1886, wird ihr in der Orangerie des Schlosses eine Abteilung für Werke der zeitgenössischen Kunst angeschlossen.

Das Geschäft in Paris — Die Firma Goupil hatte in Paris drei Niederlassungen: das Hauptbüro in der Rue Chaptal, die Gemäldegalerie auf dem Boulevard Montmartre, deren Leiter später Theo war, und ein Geschäft auf der Place de l'Opéra.

17

tüchtige Maler hier — John E. Millais (1829/1896), Historienmaler, Mitbegründer der englischen Präraffaeliten; George Henry Boughton (1833/1905), zu dessen Hauptwerken der »Kirchgang der Puritaner« zählte.

Galerie photographique — Die bei Goupil neben den Reproduktions-Stichen und -Lithographien zum Verkauf stehende Sammlung von Photogravüren nach Gemälden, die in einem photomechanischen Tiefdruckverfahren mit Kupferplatten ohne Raster vervielfältigt und als Einzelblätter gehandelt wurden.

Diaz und Daubigny — Die französischen Landschafter Narcisse Diaz de la Peña (1807/1876) und Charles-François Daubigny (1817/1878), Meister der Schule von Barbizon.

meine neue Wohnung — Bei Mrs. Loyer, der Witwe eines Kurates aus Südfrankreich, Mutter der Ursula Loyer, die in London eine Art Kindergarten unterhielt.

18

Deiner neuen Stellung — Theo war seit November in der Haager Filiale von Goupil & Cie tätig.

nouveautés — Neuigkeiten, Neuerscheinungen; hier auf dem Gebiet der Kunst-Reproduktionen.

Brochart — Der französische Maler Julien Brochart (1816/1899).

»Venus Anadyomene« — »Die dem Meer entstiegene Venus« (antiker Beiname der Liebesgöttin); Darstellung des französischen Klassizisten Jean-Auguste-Dominique Ingres (1780/1867).

épreuves d'artiste — In Kupferstich und Radierung ein Fall der sogenannten épreuves avant la lettre, der Probeabzüge vor Einsetzen der Schrift (der Signatur): Abzüge des Künstlers zwecks Überprüfung und Korrektur.

»Gazette des Beaux-Arts« — Führende illustrierte Kunstzeitschrift Frankreichs, 1858 von dem Kritiker Charles Blanc gegründet.

Bürger — Der französische Kunstschriftsteller Théophile Thoré (1807/1869), der als engagierter Demokrat das deutschsprachige Pseudonym W. Bürger führte.

Ich bin froh, daß Du Millet... liebst — Die französischen Maler Jean-François Millet (1814/1875), Charles E. Jacque, Radierer und Illustrator (1813/1894), Emile Lambinet (1815/1877) und der Deutsche Adolf Schreyer (1828/1899).

wie Mauve sagt... — Anton Mauves (1838/1888) jargonhafte Redewendung »dat is het« übernimmt Vincent van Gogh in der Folgezeit als stehenden Ausdruck seiner höchsten Bewunderung.

19
»L'Angélus du soir« — »Angelus« (1859), das Abendgebet, Abendläuten.

Zu Brief 17 — Geschrieben vor Antritt der Ferien, die van Gogh Anfang Juli im elterlichen Pfarrhaus von Helvoirt verbringt. Ehe er abreist, erfährt er in einer Aussprache mit Ursula Loyer von deren Verlobung.

20
im Michelet — Das Buch von Jules Michelet (1798/1874) »L'Amour« (»Die Liebe«, 1859), auf dessen Kapitel 5,IV und 5,V van Gogh nachfolgend besonders verweist. — »Die geistige Befreiung durch die wahre Liebe« ist das Hauptthema dieser Schrift, in der Michelet die grundlegende Bedeutung von Liebe und Ehe in der Entwicklung der bürgerlichen Gesellschaft Frankreichs dieser Zeit, von romantisch-idealistischer Position aus und mit deutlich erzieherischer Tendenz, proklamiert: »Diese Frage, die Frage der Liebe, liegt, dunkel und unendlich, unter den Tiefen des menschlichen Lebens; ja sie trägt die Grundfesten, auf denen das Leben ruht. Die Familie stützt sich auf die Liebe und die Gesellschaft auf die Familie. So ist die Liebe vor allem andern. Wie die Sitten, so der Staat. Die Freiheit wäre ein leerer Schall, wenn der Bürger Sklavensitten bewahrte. Wir suchen hier ein Ideal, aber ein Ideal, welches heute verwirklicht werden kann, nicht eins, das man für eine bessere Gesellschaft aufheben müßte. Es ist die Reform der Liebe und der Familie, die den anderen Reformen vorangehen muß und sie überhaupt erst möglich macht.« — Es ist kein Zufall, daß Vincents Ergriffensein von diesem Buch mit seiner unglücklichen Liebe zu Ursula Loyer zeitlich zusammenfällt.

»Ihr richtet nach dem Fleisch ...« — In diesen Zitaten aus dem Johannes-Evangelium spiegelt sich der Beginn von van Goghs jäher Wendung zu intensivem Bibelstudium (die Bibelzitate werden im folgenden nicht im einzelnen ausgewiesen).

»Marguerite à la fontaine« — »Gretchen am Brunnen«; Motiv nach Goethes »Faust«; Darstellung des niederländisch-französischen Malers Ary Scheffer (1795/1858), seit dem Pariser »Salon« von 1831 weithin als »Seelen-Maler« geschätzt.

Zu Brief 22 — Von dem vorangegangenen ersten Pariser Aufenthalt (Oktober bis Dezember 1874) sind keine Briefe erhalten.

21
alte englische Kunst — George Romney (1734/1802); John (»Old«) Crome (1768/1821).

»Poésies d'Edmond Roche« — »Gedichte von Edmond Roche«.

Crystal Palace — Der Londoner »Kristallpalast« (1851–1854), monumentale Glas- und Eisenkonstruktion mit Konzert-, Theater- und Ausstellungshallen.

Renan — Zitat aus der kritisch-vermenschlichenden Biographie »Leben Jesu«

(1863) des französischen Orientalisten und Religionsschriftstellers Ernest Renan (1823/1892).

22

»*Le jardin des oliviers*« — »Der Ölberg«, Bild des vorimpressionistischen Meisters Camille Corot (1796/1875).

de Nittis — Der italienische Maler und Stecher Giuseppe (Joseph) de Nittis (1846/1884), der sich den Impressionisten anschloß.

23

»*La nuit de décembre*« — »Die Dezembernacht«, Gedicht des französischen Romantikers Alfred de Musset (1810/1857).

»*Lecture de la bible*« — »Bibellesen«; die Reproduktion einer Darstellung, deren emotionellen Gehalt van Gogh zuvor schon so beschrieben hatte: »Eine große altholländische Stube, abends, eine Kerze auf dem Tisch, eine junge Mutter sitzt neben der Wiege ihres Kindes und liest in der Bibel; eine alte Frau sitzt dabei und hört zu, man denkt unwillkürlich an die Worte: ›Wahrlich, ich sage euch, wo zwei oder drei versammelt sind in meinem Namen, da bin ich mitten unter ihnen‹; es ist ein alter Kupferstich..., ganz herrlich.« (Brief 30)

v. Ostade — Familienbildnis (10 Personen) von 1654 des holländischen Malers Adriaen van Ostade (1610/1685).

»*Flügel, Flügel...*« — Zitat nach Friedrich Rückert (1788/1866), »Liebesfrühling« 7.

26

»*Le dimanche matin*« — »Der Sonntagmorgen«, Darstellung des französischen Malers Emile Breton (1831/1902).

»*L'ami Fritz*« — »Freund Fritz« (1864), einer der volkstümlichen Romane aus dem Elsaß-Lothringischen der französischen Autoren Emile Erckmann (1822/1899) und Alexandre Chatrian (1826/1890).

»*Les adieux*« — »Der Abschied«, Darstellung des französischen Genremalers elsässischer Themen Gustave Brion (1824/1877). — Augenscheinlich wendet van Gogh sich hier zugunsten einer schlichten, bürgerlich-ungebrochenen Gefühlswelt gegen Heines romantische Ironie.

Boussod — Adolphe Goupils Schwiegersöhne Boussod und Valadon hatten die Leitung des Hauses Goupil & Cie übernommen.

27

»*Seine Kinder werden suchen...*« — In Luthers Übersetzung (Hiob 20,10): »Seine Kinder werden betteln gehen.«

»*Scenes from Clerical Life*« — »Szenen aus dem Pfarrerleben« (1858), Novellen der unter dem Autorennamen George Eliot schreibenden Mary Ann Evans (1819/1880), deren Romane das Leben der englischen Provinz zur Darstellung brachten; darin auch die Novelle »Janets Reue«.

28

Michel — Der französische Maler Georges Michel (1763/1843), Vorläufer der Schule von Barbizon.

Durand-Ruel – Paul Durand-Ruel (1831/1922) übernahm 1865 die Pariser Galerie des Vaters und eröffnete 1867 seine Kunsthandlung in der Rue Laffitte 16; 1871 durch Pissarro mit der impressionistischen Malerei in Berührung gekommen, wird er in der Folge der führende Kunsthändler des Impressionismus.

Dupré – Jules Dupré (1811/1889), französischer Landschafter der Schule von Barbizon, Marinemaler.

30
»The Wide, Wide World« – »Die weite, weite Welt«, Roman der Amerikanerin Elizabeth Wetherell (d. i. Susan Warner, 1819/1885) von 1851; schildert die Entwicklung einer jungen Waise und kam zu seiner Zeit an Popularität Beecher-Stowes »Onkel Toms Hütte« gleich.

32
Welwyn – Stadt in Hertfordshire, wo van Gogh nach einem am 12. Juni begonnenen Fußmarsch die Schwester Anna besuchte, die hier in einer Privatschule als Hilfslehrerin tätig war.

34
London missionary – Missionar der 1795 gegründeten Londoner Missionsgesellschaft.

35
Hampton Court – Schloß der englischen Könige bei London mit namhafter Gemäldesammlung der englischen Krone.
Zu Brief 71 – Nach der Übersiedlung zu Reverend Jones.

37
»The Pilgrim's Progress« – »Des Pilgers Reise«; Motiv in Anlehnung an den gleichnamigen Roman von John Bunyan (vgl. Band 2, Anm. zu S. 180). Van Gogh interpretiert das Bild noch einmal in seiner erhaltenen Predigt vom Oktober 1876 (ein Auszug nachfolgend in Anm. zu S. 39).
»Traurig, aber allezeit fröhlich« – Eine frühe Devise van Goghs nach Paulus, 2. Kor. 6,10.
Does the road ... – Zitiert nach der englischen Lyrikerin Christina G. Rossetti (1830/1894).

39
Strand – Bedeutende Geschäftsstraße Londons.
Abschrift meiner Predigt – In der Predigt, der das Textwort Psalm 119,19 zugrunde liegt: »Ich bin ein Gast auf Erden; verbirg Deine Gebote nicht vor mir«, spricht van Gogh über ein Leitmotiv seines Lebens: »Wir sind Pilger auf Erden und Fremdlinge – wir kommen von weither, und wir gehen weit fort. Die Reise unseres Lebens führt von der liebevollen Brust unserer Mutter auf Erden in die Arme unseres Vaters im Himmel. Alles auf Erden wandelt sich – wir haben hier keine bleibende Stätte – das ist die Erfahrung eines jeden. Es ist Gottes Wille, daß wir scheiden müssen von dem, was uns das Liebste

auf Erden ist – wir selbst, wir wandeln uns in vieler Hinsicht, wir sind nicht, was wir einst waren, wir bleiben nicht, was wir jetzt sind. Aus Kindern werden wir zu Jungen und Mädchen – jungen Männern und jungen Frauen – und wenn Gott uns verschont und uns hilft, zu Gatten und Gattinnen. Väter und Mütter werden wir, und dann, langsam aber sicher, bekommt das Antlitz, auf dem einst der junge Tau des Morgens lag, seine Falten, die Augen, die einst vor Jugend und Freude glänzten, sprechen von einer aufrichtigen, tiefen und ernsten Traurigkeit, auch wenn sie das Feuer des Glaubens, der Hoffnung und Liebe behalten, auch wenn sie von Gottes Geist leuchten. Das Haar wird grau, oder wir verlieren es – ach – in der Tat, wir wandern nur über die Erde, wir wandern nur durch das Leben, wir sind Fremdlinge und Pilger auf Erden...« – Zu den Sprach- und Denkbildern van Goghs vgl. »Anrufung eines Menschenbildes«, Nachwort des Herausgebers in: Sämtliche Briefe, Bd. 6 (Berlin 1968/Zürich 1968), S. 315ff., sowie »Die Selbstbildnisse Vincent van Goghs«, Berlin 1970, S. 24ff.; S. 89ff. (Kat. z. Anhang).

41
Es war ein Herbsttag – Erinnerung an die Einschulung in Zevenbergen (1.10.1864).

43
Bilder aus London – Die Zeichnungen Dorés zu einem Text von Jerrold: »London, a pilgrimage by Gustave Doré and Blanchard Jerrold«, 1872, in denen sich Doré (1832/1883) als Begründer der modernen Bildreportage erweist.

ein Lehrer – P. C. Görlitz erinnert sich Ende 1890 an den jungen Vincent:
»Er war ein Mann, der vom gewöhnlichen Typus der Menschenkinder völlig abwich. Sein Gesicht war häßlich, sein Mund mehr oder weniger schief, überdies war sein Gesicht voll Sommersprossen, und seine Haarfarbe ging ins Rötliche. Wie gesagt, sein Gesicht war häßlich, aber wenn er über Religion und über Kunst sprach und dabei, was sehr schnell geschah, in Feuer geriet, dann leuchteten seine Augen, und seine Gesichtszüge machten auf mich wenigstens einen tiefen Eindruck; es war nicht mehr dasselbe Gesicht, es war schön geworden.

Da wir das gleiche Zimmer bewohnten, entging mir nichts von seinem Tun und Lassen. Wenn er abends um neun aus seinem Geschäft kam, steckte er sich ein kurzes Pfeifchen an, nahm eine große Bibel zur Hand und machte sich fleißig ans Lesen, Texte-Ausschreiben und Auswendiglernen; auch verfertigte er allerlei religiöse Aufsätze. Wenn ich dann zu ihm sagte: ›Junge, van Gogh, du strengst dich zu sehr an, ruh dich lieber etwas aus‹, dann antwortete er mit einem seltsamen Lächeln, das halb wehmütig, halb humoristisch war und seine häßlichen Züge so anziehend, so schön machte: ›Ach, Görlitz, die Bibel ist mein Trost, mein Stab im Leben. Es ist das herrlichste Buch, das ich kenne, und dem nachzufolgen, was Jesus die Menschen gelehrt hat, soll mein Ziel sein.‹ So saß er denn Abend für Abend da und las in seinem Folianten oder in einem kleinen englischen Testament oder in den ›Juweeltjes‹ von Pastor Spurgeon (die drei einzigen Bücher, in denen er las, solange ich ihn gekannt habe), und wenn er gegen ein Uhr zu Bett ging, dann las er sich mit der Bibel in Schlaf. Ich fand ihn dann frühmorgens auf seinem Bett liegen mit seinem Leibbuch auf dem Kissen und weckte ihn, damit er wieder gehen konnte, wohin seine Pflicht als Buchhalter ihn rief.

Er war in manchen Hinsichten sehr bescheiden, sehr schüchtern. Eines Tages — wir kannten einander seit einem Monat — bat er mich, wieder mit seinem unwiderstehlichen Lächeln: ›Görlitz, du kannst mir doch so einen schrecklich großen Gefallen tun, wenn du willst.‹ Ich antwortete: ›Womit denn, sag's nur.‹ ›Ach, das Zimmer ist ja eigentlich dein Zimmer, und nun hätte ich gern deine Erlaubnis, ein paar biblische Bilder auf die Tapete zu kleben.‹ Ich willigte natürlich sofort ein, und mit fieberhafter Eile ging er ans Werk. Nach einer Stunde war das ganze Zimmer mit biblischen Bildern und mit Ecce-homos ausgeschmückt, und unter jeden Christuskopf hatte van Gogh geschrieben: ›Stets traurig, aber allezeit fröhlich.‹

Dieses Bibelwort gab seine eigene Stimmung so deutlich wie nur möglich wieder. An einem der christlichen Feste, ich glaube, es war Ostern, hatte er jede Abbildung von Jesus mit Palmkätzchen umkränzt. Ich war kein frommer Mensch, aber *seine* Frömmigkeit fand ich doch ergreifend anzusehen.

Am Sonntag ging van Gogh dreimal zur Kirche, ob nun in die katholische, die protestantische oder die alt-katholische, im Volksmund Jansenistenkirche genannt. Wenn wir ihm gegenüber mal bemerkten: ›Aber van Gogh, wie kannst du nur in drei Kirchen mit so stark voneinander abweichenden Richtungen gehen?‹, dann sagte er: ›Nun, in jeder Kirche sehe ich Gott, und ob der Pastor predigt oder der katholische Pfarrer, das ist mir gleich, im Dogma steckt es nicht, sondern im Geist des Evangeliums, und diesen Geist finde ich in allen Kirchen.‹ ...

Van Gogh und böse werden! Nie und nimmer habe ich in seinem Charakter auch nur den geringsten Anflug einer schlechten Eigenschaft oder Neigung bemerkt. Er lebte wie ein Heiliger und war in allem mäßig wie ein Eremit. Mittags bei Tisch aßen wir drei mit einem Appetit wie hungrige Wölfe — er nicht, er aß kein Fleisch, nur sonntags ein kleines Stückchen auf langes Bitten unserer Wirtin. Vier Kartoffeln mit ein wenig Tunke und einem Bissen Gemüse, das war sein Mahl. Wenn wir ihm zuredeten, er solle doch tüchtig zulangen und Fleisch essen, gab er zur Antwort: ›Für den Menschen muß das körperliche Leben eine nichtige Nebensache sein; Pflanzennahrung genügt, das übrige ist Luxus.‹ ...

Obwohl aber der Mann mit eisernem Fleiß und so fröhlich wie möglich seine Pflicht zu tun versuchte, lastete diese Pflicht bleischwer auf ihm; der arme Kerl taugte nicht für seinen Beruf. Er schrieb oder las bei seinem Buchführen Predigten oder Psalmen und Bibelsprüche, er kämpfte dagegen an, aber es war zu stark in ihm. Auch war sonnenklar, daß er keinerlei Begabung für den Buchhandel hatte. Seine Aufgabe war nicht nur das Buchführen, sondern er mußte auch im Laden die Kunstblätter verkaufen. So riet er einmal ein paar Damen, lieber eine billigere Gravüre zu nehmen, auf deren künstlerischen Wert er aufmerksam machte, als eine teuerere, die seiner Meinung nach schlechter war, die aber den Damen besser gefiel. Er bekam Vorhaltungen wegen seiner Arbeitsweise zu hören, und das schmerzte ihn; eine Zeitlang noch schluckte er es hinunter, warum? Das erfuhr ich aus einem Gespräch mit ihm: Er sagte, er finde es so schön, seinen Eltern nicht mehr zur Last zu sein und nun sein Brot selber zu verdienen; das sei ihm früher in London und in Paris schwergefallen, wo er (wenn ich nicht irre) als Kunsthändler gelernt hatte. Im selben Gespräch sagte er auch mit großer Genugtuung: ›Ja, Görlitz, und ich verdiene ebensoviel wie mein Vorgänger hier.‹ Da täuschte er sich, denn er bekam 120 Gulden [20 Gulden?] weniger als sein Vorgänger, der gerissener gewesen war; aber zu seinem Glück war sein Arbeitgeber taktvoll genug, ihm diese Illusion zu lassen...

Eines Abends fragte er mich: ›An welcher Schule bist du?‹ — Ich antwortete: ›An einer Armenschule.‹ — ›Dann hast du eine prachtvolle Stellung; findest du es nicht wunderschön, diesen armen Kerlchen was Gutes beizubringen und sie aus dem Elend und dem Bösen emporzuheben? Ach, als ich in London war, habe ich zu meinem Vergnügen ein paar Abende in der Woche an einer Armenschule Unterricht gegeben. Die Zeit ist mir unvergeßlich; ein ehrwürdiger Mann mit langem weißem Bart war der Hauptlehrer, er hatte es besonders gut weg, diese Londoner Jungen aus den Armenvierteln durch seine Geschichten zu fesseln. Abends bei der spärlichen Beleuchtung des Raumes all die verschiedenen Gesichter und die malerische Gestalt dieses alten Mannes — das hat mir einen tiefen Eindruck gemacht; das waren herrliche, unvergeßliche Tage.‹

Es war an einem schwülen Sommerabend; auf der kleinen Straße, wo wir in unserm Zimmer oben saßen, fehlte es recht an frischer Luft; wir saßen zusammen auf einem flachen Zinkdach, mit dem Blick auf ein paar Gärten. ›Was fehlt dir, Görlitz, du sitzt da und grübelst, hast du Grillen im Kopf?‹ — ›Grillen nicht‹, antwortete ich, ›aber ich will es dir beichten, ich bin im Begriff, einen Sprung ins Dunkle zu tun. Ich denke dran zu heiraten, und das macht mich still, vieles spricht dafür und vieles dagegen.‹

Jetzt zeigte sich erst recht der Ernst seiner Lebensauffassung, sein religiöses Gefühl. Über anderthalb Stunden lang suchte er mich von dem Schritt abzuhalten, den ich vorhatte. Einer seiner Gründe ist mir noch in Erinnerung — dieser Beweggrund kennzeichnete den ganzen Mann, darum will ich ihn herschreiben.

›Heirate nicht, Görlitz, du bist noch zu jung, fünfundzwanzig Jahre, der Mensch soll nicht vor seinem vierzigsten Jahr oder so heiraten; erst müssen die Leidenschaften bezwungen sein, ehe man so eine ernste Sache unternimmt; man kann erst wirklich Mensch sein, wenn die Leidenschaft besiegt ist, denn erst dann kann man mit Gewinn danach streben, ein geistiges Wesen zu werden; das Tier muß raus, dann kommt der Engel herein.‹ So sprach er, bis es dunkel wurde und wir hineingingen.«

Cuyp — Der holländische Landschafter Aelbert Cuyp (1620/1691).

44
Rijken – Der Mehlhändler P. Rijken berichtet im Jahre 1914: »Ab und zu, ja, da war es, als wäre der Junge, offen gesagt, übergeschnappt. Und dann hab ich auch mal ein Donnerwetter losgelassen, denn wir waren wie Vater und Mutter gegen die Jungs – + Aber dieses Rumhocken in den Nächten! Und er hat selber Kerzen dafür mitgebracht, denn Sie können sich denken: So viel Licht kriegte er von mir nicht! Petroleum kostet auch Geld. Außerdem hatte ich Angst, er könnte mir das Haus überm Kopf anzünden – weil er so ein komischer Kauz war. Welcher junge Herr läuft denn in so 'nem blauen Kittel rum? Wie 'n Auswanderer sah er aus...«

Herr Braat – Einer seiner Söhne, D. Braat, erzählt 1914 von Vincent: »Besonderes Interesse für ihn, nein, das war nicht vorhanden. Er war kein anziehender junger Mensch, mit diesen dicht zusammengekniffenen kleinen Augen, und immer eigentlich ein bißchen menschenscheu. Ich erinnere mich auch, daß er am liebsten einen Zylinder trug – aber so einen, bei dem man Angst hatte, die Krempe würde abreißen, wenn man ihn anfaßt. Diese vornehme Sitte hatte er aus England mitgebracht. Und dann habe ich mir manchmal den Kopf darüber zerbrochen, wie alt er eigentlich war, aber ich kann zum Beispiel nicht sagen, ob er das Alter für die Miliz hatte... Nein, eigentlich hatte er so was an sich, als wäre er von allen verlassen, als wäre ihm unrecht geschehen. Wenn man den Jungen so gehen sah, mußte man Mitleid mit ihm haben.« – Fräulein Braat, die Schwester von Frans und D. Braat, bemerkt zur selben Zeit: »Ich habe nie gedacht, daß an ihm etwas wäre, an diesem van Gogh. Offen gestanden fand ich ihn einen richtigen Döskopp – – Und weil er nachts immerfort über der Bibel saß, sagte Pa: ›Von dem Jungen hab ich nichts, denn tagsüber ist er verschlafen und dusselig‹.«

46
»Light of the World« – »Das Licht der Welt«, gemalt von Holman Hunt (1827/1910), Mitbegründer der Präraffaeliten: eine Christus-Darstellung (1854).

47
Bodmer – Der Schweizer Maler und Zeichner Karl Bodmer (1809/1893).

nach Zundert auf den Kirchhof – Hier, nahe der Kirche, lag das Grab des um ein Jahr älteren, totgeborenen Bruders, dessen Namen auch der überlebende Vincent trug.

49
Jules Breton – Der französische Maler idyllischer Szenen des Bauernlebens (1827/1906), der auch einen Gedichtband, »Die Felder und das Meer« (1875), publiziert hatte.

Bosboom – Der holländische Maler Johannes Bosboom (1817/1891).

51
Machpela – In der Luther-Bibel: »Mamre«. (1. Mose 23,17 f.)

52

Maris — Hier wahrscheinlich der Landschafter und Figurenmaler Mathijs (»Thijs«) Maris (1839/1917); van Gogh verehrte ebenso dessen Maler-Brüder Jacob (»Jaap«) Maris (1837/1899) und Willem Maris (1844/1910), beide Meister der Haager Schule.

daß Du nach London gehst — Bezieht sich auf Erwägungen über Theos weitere Arbeit im Hause Goupil.

53

Mendes — Dr. M. B. Mendes da Costa veröffentlichte 1910 »Persönliche Erinnerungen« an van Goghs Amsterdamer Zeit:

»Die erste, für das Verhältnis von Lehrer und Schüler so wichtige Bekanntschaft verlief sehr angenehm. Der scheinbar so querköpfige junge Mann — der Altersunterschied zwischen uns war gering, ich war damals sechsundzwanzig, er bestimmt auch schon über zwanzig — fühlte sich gleich wohl und ungezwungen, und sein Äußeres schien mir, trotz dem schlichten, rotblonden Haar und den vielen Sommersprossen, keineswegs unsympathisch. Beiläufig sei bemerkt, daß ich einfach nicht verstehe, wie seine Schwester von ›seinem mehr oder weniger groben Äußeren‹ sprechen kann; möglicherweise hat seine äußere Erscheinung, seit ich ihn nicht mehr gesehen habe, infolge seiner Unordentlichkeit, vielleicht weil er sich den Bart hat wachsen lassen, etwas von der früheren, höchst anziehenden Seltsamkeit verloren, aber grob ist sie sicher nie gewesen, weder seine nervösen Hände noch das wohl häßliche, aber doch so viel sagende und noch viel mehr verbergende Gesicht.

Sehr bald gelang es mir, was in diesem Falle so hochnötig war, sein Vertrauen und seine Freundschaft zu gewinnen, und da er von den besten Vorsätzen beseelt an die Arbeit ging, kamen wir im Anfang ziemlich schnell vorwärts, so daß ich ihn bald einen leichten lateinischen Schriftsteller übersetzen lassen konnte. Unnötig zu sagen, daß er mit seiner damals so schwärmerischen Natur das bißchen Kenntnis des Lateinischen sofort dazu verwendete, Thomas a Kempis in der Originalsprache zu lesen.

Soweit ging alles gut, auch mit der Mathematik, die er inzwischen bei einem anderen Lehrer in Angriff genommen hatte; aber die griechischen Verben wuchsen ihm bald über den Kopf. Wie ich es auch anstellte, was für Mittel ich auch anwandte, um das Lernen der Verben möglichst wenig langweilig zu machen, es wollte nicht gelingen. ›Mendes‹, sagte er — wir nannten einander du —, ›Mendes, glaubst du denn wirklich, daß solche Scheußlichkeiten nötig sind für jemand, der will, was ich will: arme Geschöpfe mit ihrem Dasein auf Erden aussöhnen?‹ Und ich, der als sein Lehrer ihm natürlich nicht recht geben durfte, aber im Grunde meines Herzens fand, daß er — wohlgemerkt, ich sage: er, Vincent van Gogh — vollkommen recht hatte, ich habe mich so geschickt wie möglich dagegen gewehrt; aber es nützte nichts.

›John Bunyan's The Pilgrim's Progress ist viel nützlicher für mich und Thomas a Kempis und eine Übersetzung der Bibel; und mehr habe ich nicht nötig.‹ Wie oft er mir das gesagt hat, weiß ich nicht mehr, und ebensowenig, wie oft ich bei Pfarrer Stricker gewesen bin, um mit ihm über Vincent zu sprechen: worauf dann immer wieder beschlossen wurde, er sollte es doch noch einmal versuchen.

Aber bald war es wieder das alte Lied, und morgens kam er wieder mit der mir so wohlbekannten Mitteilung: ›Mendes, ich habe heute nacht wieder den Knüppel angewendet‹, oder: ›Mendes, ich habe mich heute nacht wieder aussperren lassen.‹

Das war nämlich eine Art Selbstkasteiung, wenn er fand, daß er seine Pflicht versäumt habe. Er wohnte damals ja bei seinem Onkel, dem Konteradmiral J. van Gogh, Direktor und Kommandant der Marine zu Amsterdam, in dem großen Gebäude an der Marinewerft. Fand Vincent nun, daß seine Gedanken zu weit abirrten von dem, was er für gut hielt, so nahm er einen Knüppel mit ins Bett und bearbeitete seinen Rücken damit, und meinte er, er habe sich des Vorrechts beraubt, die Nacht in seinem Bett zu schlafen, dann schlich er sich abends unbemerkt aus dem Hause, und wenn er dann spät wiederkam und die Tür mit dem Nachtschloß verschlossen fand, sah er sich genötigt, in einem hölzernen Schuppen auf dem Boden zu schlafen, ohne Bett, ohne Decke. Mit Vorliebe tat er das im Winter, damit die Strafe, die für ihn vermutlich ein geistiger Masochismus war, um so härter ausfiele.

Er wußte sehr gut, daß mir eine solche Mitteilung von ihm höchst unangenehm war, und um mich einigermaßen zufriedenzustellen, pflegte er entweder vor der Mitteilung oder am Tage darauf in früher Morgenstunde auf den damaligen Ostfriedhof zu gehen, einen seiner Lieblingsorte, und dort, am liebsten unter dem Schnee hervor, Schneeglöckchen für mich zu pflücken. Noch sehe ich ihn – ich wohnte damals auf dem Jonas-Daniel-Meyer-Platz und hatte mein Arbeitszimmer im dritten Stock – von der Brücke über die Neue Herrengracht her den weiten Platz überqueren, ohne Mantel, auch eine Art Selbstkasteiung, die Bücher unterm rechten Arm fest an den Leib gepreßt, und in der linken Hand vor der Brust die Schneeglöckchen festhaltend, den Kopf ein wenig rechts vornüberhängend, während auf seinem Gesicht durch das Herabziehen der Mundwinkel ein nicht zu beschreibender Hauch trüber Verzweiflung lag. Und wenn er oben war, erklang es dann wieder in diesem eigenartigen, tief-melancholischen Ton: ›Mendes, sei mir nicht böse; ich hab wieder ein paar Blumen für dich mitgebracht, weil du so gut zu mir bist.‹ ...

Da ich zu jener Zeit nicht allzuviel zu tun hatte, blieb er nach der Stunde oft noch eine Weile zum Plaudern da, und natürlich sprachen wir dann häufig über seinen früheren Beruf, den Kunsthandel. Er besaß aus jenen Tagen noch eine ganze Menge Bilder, Lithographien nach Gemälden und ähnliches. Oft hat er mir eins davon mitgebracht, aber immer völlig verdorben, weil er die weißen Ränder buchstäblich vollkritzelte mit Zitaten aus Thomas a Kempis und aus der Bibel, die mehr oder weniger Bezug auf das Dargestellte hatten. Einmal hat er mir sogar ein Exemplar von ›De imitatione Christi‹ geschenkt, aber durchaus nicht in der stillen Nebenabsicht, mich zu bekehren; er wollte mich nur auf das Menschliche darin hinweisen.

Keineswegs konnte ich, sowenig übrigens wie jeder andere und auch er selbst, in jener Zeit ahnen, daß im tiefsten seiner Seele der Kern des zukünftigen Farben-Visionärs lag.

Auch erinnere ich mich an folgendes: Voll Stolz, daß ich es mir mit meinen selbstverdienten Groschen leisten konnte, hatte ich in meinem Zimmer einen mindestens fünfzig Jahre alten, völlig abgetretenen Perserteppich durch einen ganz bescheidenen, aber neuen Kuhhaarteppich ersetzen lassen. ›Mendes‹, sagte Vincent, als er das sah, ›das hätte ich aber nicht von dir gedacht! Findest du das nun wirklich schöner als diese früheren verschossenen Farben, wo so viel drin lag?‹ Und Mendes schämte sich; er fühlte, daß dieser wunderliche Junge recht hatte.«

55
Baarn — Hier hatte der Onkel Cornelis Marinus ein Landhaus.

56
»Jünger von Emmaus« — Wohl Rembrandts Gemälde »Christus in Emmaus« (1648) im Pariser Louvre.

»Imitation de Jésus Christ« — Die französische Übersetzung von »De imitatione Christi« (»Von der Nachfolge Christi«), vor 1420, das dem Thomas von Kempen (1380/1471) zugeschriebene Andachtsbuch, das als Anweisung zu friedfertigem, gottgefälligem Leben und werktätigem Christentum die dem Praktischen zugewandte Richtung der mittelalterlichen Mystik vertritt.

Ruyperez — Der spanische Genre- und Historienmaler Luis Ruipérez, Schüler Meissoniers (1832/1867), dessen Bild zur »Nachfolge Christi« van Gogh sehr schätzte.

»Oraisons funèbres« — Die »Leichenreden« des französischen Bischofs und katholischen Historikers Jacques Bénigne Bossuet (1627/1704), als führender Theologe und Kanzelredner am Hof Ludwigs XIV. berühmt.

Thomas a Kempis — Thomas von Kempen, vgl. in Anm. oben.

de Groux — Der belgische Genremaler Charles de Groux (1825/1870).

57
»French Revolution« — »Die Französische Revolution« (1837) des englischen Historikers und Kulturphilosophen Thomas Carlyle (1795/1881).

Taine — Der französische Kritiker und Historiker Hippolyte Taine (1828/1893); veröffentlichte 1875 den ersten Band seiner »Ursprünge des modernen Frankreich«.

Motley — Die Arbeiten des amerikanischen Historikers John Lothrop Motley (1814/1877) »Der Aufstieg der Niederländischen Republik« (1856) und vor allem »Geschichte der Vereinigten Niederlande« (1860).

58
Geschichte des achtzigjährigen Krieges — Der Kampf der Niederlande um die nationale Unabhängigkeit zwischen 1568 (Schlacht bei Heiligerlee) und 1648 (Friede von Münster: endgültige Anerkennung der Unabhängigkeit).

»Un tonnelier« — »Ein Böttcher«, Darstellung des französischen Genremalers und Graphikers Edouard Frère (1819/1886).

59
»L'œuvre gravé de Ch. Daubigny« – »Das graphische Werk Ch. Daubignys«.

60
Sprüner-Menke – Eine dem »Historisch-geographischen Schulatlas« (1856) des Historikers und Geographen Karl Spruner von Merz (1803/1892) verpflichtete Edition.
Stieler – Vermutlich der »Schulatlas der Alten Welt« (1823) des Kartographen Adolf Stieler (1775/1836).

61
»Les grandes chênes« – »Die großen Eichen«.

62
»Phryne« – Die berühmte griechische Hetäre, die für Praxiteles und Apelles Modell stand; hier Motiv einer Darstellung des zeitberühmten Akademikers und Historienmalers Jean Léon Gérôme (1824/1904) von 1861.
Israels – Der holländische Maler gefühlsstarker Volksgestalten Jozef Israels (1824/1911).
Parker – Vielleicht Matthew Parker (1504/1575), Erzbischof von Canterbury unter Elisabeth I., dessen Wahlspruch »Die Welt vergeht und das Verlangen nach ihr« gleichfalls das Leben als Pilgerfahrt bezeugte; vielleicht der nordamerikanische kritische Theologe, Prediger und Sozialreformer Theodore Parker (1810/1860); »Werke«, London (1863/71).
Meissonier – Der französische, von van Gogh zeitlebens hochgeschätzte Genre- und Historienmaler Ernest Meissonier (1815/1891).

63
mission évangélique – Evangelische Missionsveranstaltung.

66
»sursum corda« – »Empor die Herzen«; ein Responsorium in der katholischen Messe.
eine hübsche Gegend, in der Du wohnst – Theo war auf einige Zeit in die Pariser Goupil-Filiale versetzt worden.

68
Pastor Pietersen – Wie Pastor de Jonge Mitglied des Synodal-Komitees für Evangelisation der Union der Protestantischen Kirchen Belgiens.
»L'Illustration« – Illustrierte französische Wochenschrift, die die aktuellen Geschehnisse im Bilde darstellte (Graphiken, später Photographien); begründet 1843, eingestellt 1944.
»Un jeune citoyen de l'an V« – »Ein junger Bürger aus dem Jahre V« (Das Jahr V des republikanischen Kalenders umschließt den Zeitraum vom September 1796 bis zum September 1797.) Nach dem Gemälde (im Pariser »Salon« von 1873) des französischen Genremalers Jules Adolphe Goupil (1839/1883).

69
Laeken – Vorort von Brüssel.

Aquatinta — Abart der Radierung zur Erzielung toniger Flächen.
»*La vie d'un cheval*« — »Ein Pferdeleben«.

70
»*Banc des pauvres*« — »Bank der Armen«.
»*Au charbonnage*« — »Zur Kohlenhalde«.

71
Folgendes fand ich ... in einem kleinen Geographiebuch — Die Bilderbuch-Idylle jener nachfolgend zitierten Darstellung kontrastiert ganz und gar zu den Realitäten, wie sie Louis Piérard, der schon 1913 den Spuren Vincents im Borinage nachgegangen war, nach einer im Auszug mitgeteilten zeitgenössischen Quelle bekannt machte: »Das Borinage zählte zu dieser Zeit 30000 Bergarbeiter und einige Tausend Hüttenarbeiter und Glasmacher: im Bergwerk arbeiteten zweitausend Mädchen und zweitausendfünfhundert Knaben unter 14 Jahren; tausend Mädchen und zweitausend Jungen zwischen 14 und 16 Jahren; dreitausend Frauen über 16 Jahren und zwanzigtausend Männer. Der durchschnittliche Arbeitstag hat zwölf Stunden. Der Arbeiter steigt gegen drei Uhr morgens hinab und kehrt erst gegen drei oder vier Uhr nachmittags zurück. Die hygienischen Voraussetzungen lassen zu wünschen übrig. Die Belüftung ist unzureichend; die Stollen sind nur unter dauernden Gefahren zugänglich. Zahlreich sind die Opfer dieser Arbeit. Die Liste wird regelrecht jeden Tag länger. Am 16. Dezember und 16. April 1879 finden in ein und demselben Schacht, l'Agrappe in Frameries, Explosionen schlagender Wetter statt. Etwas später im Schacht la Boule in Quaregnon. Es gibt Hunderte von Toten. Diese Katastrophen erregen die Öffentlichkeit. Man fordert Maßnahmen. Aber die Verbesserung, die in der Ausbeutung der Grube durchzuführen wäre, verlangt Ausgaben, die im gleichen Maße die Gewinne schmälern. Und da vor allem Gewinne gemacht werden müssen, verbessert man nichts. Man organisiert Hilfeleistungen, man appelliert an die öffentliche Mildtätigkeit ... Die angeordneten Untersuchungen werden nicht durchgeführt, und die Arbeiten gehen unter abscheulichen Bedingungen weiter, welche neue Katastrophen nach sich ziehen und neue Opfer fordern ... Über die Gewinnverteilung hier das Beispiel des Jahres 1873 (Borinage): 100 Francs geförderter Kohle bringen nach Abzug aller Unkosten den Arbeitern einen Lohn von 60 Francs 90, den Aktionären einen Gewinn von 39 Francs 10.« (In: Louis Piérard, La vie tragique de Vincent van Gogh, Paris MCMXXIV, S. 64ff.)

Probezeit — Einer der Mitschüler, Pastor J. Chrispeels, überlieferte 1927 diese Erinnerungen an van Goghs Schulaufenthalt: »Wenn wir zum Beispiel Unterricht im Niederländischen hatten, und der Lehrer stellte ihm eine Frage wie die folgende: ›Van Gogh, steht dieses Wort im Nominativ oder Akkusativ?‹, so lautete die Antwort: ›Ach, Herr Lehrer, das ist mir wirklich ganz gleichgültig.‹ ... Einmal habe ich ihn wütend vor Entrüstung gesehen. In einer französischen Stunde war das Wort ›falaise‹ (Steilküste) vorgekommen. Der Lehrer erklärte es uns, doch van Gogh fragte: ›Herr Lehrer, darf ich mal eine falaise an die Tafel zeichnen?‹ Aber der Lehrer hielt das nicht für nötig. Doch kaum war die Stunde aus und der Lehrer weg, so ging van Gogh an die Wandtafel und begann eine falaise zu zeichnen. Ein jüngerer Schüler zog van Gogh aus Neckerei hinten am Rock. Da drehte van Gogh sich um mit einem Gesicht, das ich nie vergessen werde, und gab dem Neckteufel einen solchen Faustschlag, daß der genug davon hatte. Oh, dieses vor Entrüstung und Zorn flammende Gesicht!«

72
Lehrer Bokma — Leiter der Vorbereitungsschule.

73
Bauern-Bruegel — Pieter Bruegel d. Ä. (1525/1569), dessen Darstellungen die Welt der Bauern erschlossen.

»*Le chevalier et la mort*« — »Der Ritter und der Tod«: der Kupferstich »Ritter, Tod und Teufel«.

74
daß Pa hier gewesen ist — »Bald jedoch verfällt er wieder in die alte Übertreibung, er sucht die Lehre Christi *buchstäblich* in die Praxis umzusetzen, verschenkt alles, sein Geld, seine Kleider, sein Bett, verläßt die gute Unterkunft und Verpflegung bei Denis in Wasmes und zieht allein in eine armselige kleine Hütte, wo es am Nötigsten fehlt. Schon hat man seinen Eltern davon berichtet, und als dann Ende Februar Pastor Rochelieu aus Brüssel zur Inspektion kommt, platzt die Bombe, denn so viel Eifer ist zu viel für die Herren, und jemand, der sich derartig vernachlässigt, kann anderen nicht als Vorbild dienen. Der Kirchenrat von Wasmes hält seinetwegen eine Sitzung ab, und wenn er nicht auf guten Rat hört, soll er entlassen werden ... Wieder fährt der Vater zu ihm, wieder versteht er es, den Sturm zu beschwichtigen, er bringt ihn wieder in die frühere Unterkunft und ermahnt ihn, es nicht so zu übertreiben; eine Weile geht wieder alles gut ...« (Johanna van Gogh-Bonger, 1913, in: Verzamelde Brieven van Vincent van Gogh, Bd. I, Amsterdam/Antwerpen 1952, Inleiding)

75
bei Denis — Dessen Sohn, der Bäcker Denis, gab (mitgeteilt von Louis Piérard, 1924) folgenden Bericht:

»Es war ein schöner Frühlingstag, als ich unsern jungen Freund Vincent van Gogh reich gekleidet ankommen sah; unsere Augen konnten sich nicht satt an ihm sehen; am nächsten Tag machte er Herrn Pastor Bonte einen Besuch. Sobald er sich in die Arbeiterklasse eingereiht hatte, verfiel unser Freund in die größte Erniedrigung und zögerte nicht, alle seine Kleider zu verschenken.

Als es so weit war, daß er kein Hemd mehr hatte und keine Socken am Fuß, haben wir gesehen, daß er sich Hemden aus Packleinwand machte. Ich war damals noch klein.

Meine gute Mutter sagte zu ihm: ›Herr Vincent, warum geben Sie denn alle Ihre Kleider weg. Sie sind doch aus einer feinen holländischen Pastorsfamilie.‹

Er antwortete: ›Ich bin der Freund der Armen, wie es der Herr Jesus war.‹ Sie antwortete: ›Sie sind nicht mehr normal.‹

Im selben Jahr war eine Explosion schlagender Wetter im Schacht Nr. 1 des belgischen Kohlenbergwerks, bei der mehrere Arbeiter verbrannt wurden. Unser Freund Vincent ruhte nicht Tag noch Nacht und zerschnitt den Rest seiner Wäsche und machte große Binden mit Wachs und Olivenöl und brachte sie denen, die bei dem Unglück Brandwunden davongetragen hatten.

Die Menschenliebe unseres Freundes wuchs von Tag zu Tag, trotzdem man ihn ständig mehr und mehr belästigte. Die Beleidigungen und Schmähungen der Mitglieder des Konsistoriums nahmen kein Ende, doch er verharrte in tiefster Demütigung. Eines Tages kam er nach Hause und spuckte auf die Grundmauer des Hauses. Das war zu viel Luxus für ihn, er hätte seiner Meinung nach in einer Hütte wohnen müssen. Sein Essen war Reis und Melasse-Sirup, keine Butter auf seinem Brot ... Und eines Tages, als es sehr heiß war, entlud sich ein heftiges Gewitter über unserer Gegend. Was tat unser Freund, er stellte sich mitten aufs Feld, um diese großen Wunder Gottes zu betrachten, und kam durchnäßt bis auf die Knochen nach Hause. So geschah es, daß unser Freund von seiner vorgesetzten Behörde fortgejagt wurde, er reiste nach Paris, und wir haben nichts mehr von ihm gehört. Und wie er so am Wegrand hinging, lieber Freund Herr Piérard, davon wüßte ich Ihnen weiter nichts zu sagen, ich war damals erst vierzehn Jahre alt.«

76

veine tailles à plat — Bezeichnet die flachen Flöz-Vortriebe im Gegensatz zu den aufrecht geführten Vortrieben (tailles à droit).

Vorstellung von den Zuständen — Im gleichen April ereigneten sich jene beiden Grubenkatastrophen, die einen Streik zur Folge hatten; über van Goghs mutmaßliche Aktivitäten in dieser Zeit - vgl. auch in Brief 238, S. 187, sowie Brief 392, Bd. 2, S. 42 — bemerkt Louis Piérard: »Die erwähnte Grubenkatastrophe, bei der Vincent sich mit allen Kräften einsetzte ..., war eine jener Explosionen schlagender Wetter, die im Jahre 1879 im Schacht l'Agrappe in Frameries bei Wasmes in rascher Folge stattfanden. Es gab Hunderte von Opfern. Die meisten der Bergleute wurden auf der Stelle durch die Explosion getötet. Andere aber, Verunglückte, hatten — vermutlich durch die Entzündung des Kohlenstaubes — Brandwunden davongetragen. Vincent suchte die entsetzlichen Leiden dieser Unglücklichen zu lindern, indem er auf das verbrannte Fleisch Umschläge mit Olivenöl legte. Diese häufigen Grubenkatastrophen ... lösten schließlich unter der Bergarbeiterbevölkerung eine jähe Welle des Zorns und der Empörung aus. Man war der Meinung, daß die Grubenaufsicht nicht so gehandhabt würde, daß die Bergarbeiter hinreichend geschützt wären, daß ihre Sicherheit nicht gewährleistet sei. Man erlebte also, wie infolge echter Verzweiflung Streiks ausbrachen. Die Streikenden neigten dazu, Gewaltakte und Zerstörungen zu begehen. Man hatte die Gendarmerie und sogar die Armee mobilisiert, um die Ordnung aufrechtzuerhalten. Es ist sehr wahrscheinlich, daß Vincent, um Blutvergießen zu vermeiden, sich mit der großen moralischen Autorität, die er besaß, ins Mittel legte und die Arbeiter zu beruhigen versuchte.« (In einem Brief an V. W. van Gogh vom Jahre 1951, in: Verzamelde Brieven, Bd. I, S. 229)

78

»Onkel Toms Hütte« — Der volkstümliche Roman von Harriet Beecher-Stowe (1812/1896) gegen die Sklaverei in den USA (1852).

Definition für das Wort Kunst — Von Francis Bacon (1561/1626): »Ars est homo, additus naturae« (»Die Kunst ist der Mensch, hinzugefügt zur Natur«); in: »Novum Organum« (1620).

79

»Le Liseur« — »Der Leser«.

Zu Brief 131 — Nach dem Fußmarsch zu Pastor Pietersen in Brüssel, von dem der entlassene van Gogh sich Rat erhoffte. — Im 23. Bericht des Synodal-Komitees für Evangelisation (1879/1880) findet sich unter dem Stichwort »Wasmes« folgende Eintragung:

»Probeweise wurden die Dienste eines jungen Holländers, des Herrn Vincent van Gogh, angenommen, der sich berufen glaubte, im Borinage das Evangelium zu predigen; dieser Versuch hat nicht zu den erwarteten Ergebnissen geführt. Wenn sich zu den bewundernswerten Eigenschaften, die er bei Kranken und Verunglückten bewies, zu der Hingabe und dem Opfergeist, davon er viele Proben ablegte, indem er ihnen seine Nachtruhe opferte und ihnen den besten Teil seiner Kleider und seiner Wäsche schenkte, auch die Gabe des Wortes gesellt hätte, die unentbehrlich ist für einen jeden, der an der Spitze einer Gemeinde steht, so wäre Herr van Gogh gewiß ein vollkommener Evangelist gewesen.

Zweifellos wäre es unvernünftig, außergewöhnliche Gaben zu verlangen. Jedoch steht fest, daß der Mangel an gewissen Fähigkeiten die Ausübung des Hauptamtes eines Evangelisten völlig unzulänglich machen kann.

Das war unglücklicherweise bei Herrn van Gogh der Fall. So hat man nach der Probezeit — einigen Monaten — darauf verzichten müssen, ihn länger zu beschäftigen.«

Art von Schelfhout... — Die holländischen Landschafter Andreas Schelfhout (1787/1858) und Johannes Franciscus Hoppenbrouwers (1819/1866).

Als ich Dich wiedersah — Theos Besuch auf der Durchreise zum Dienstantritt in Paris.

82

fünfzig Francs — Etwa 40 Goldmark (1 Francs = 0,81 Goldmark).

ins Borinage zurückgekehrt — Nämlich nach einem Frühjahrsaufenthalt im Pfarrhaus von Etten.

87

»Kohlestudien« — »Übungen im Kohlezeichnen« von Charles Bargue (gest. 1883), Vorlagenwerk in der mehrteiligen Edition seines »Zeichenkursus« bei Goupil & Cie (1871).

Größe eines Blattes — Etwa 60×50 cm.
»Das Abendgebet« — Millets »Angelus« (1859).

88

Barbizon — Die Schule von Barbizon, so genannt nach dem Künstlerdorf bei Fontainebleau, wo um 1850 Th. Rousseau, Daubigny, Dupré u. a. die »paysage intime«, die empfindungsgetönte Darstellung einfacher Natur und Landschaft, entwickelten.
Courrières — Geburts- und Wohnort des Malers Jules Breton.

93

Ingres-Papier — Nach dem Maler und Zeichner Ingres benanntes Zeichenpapier.
»Esquisses anatomiques à l'usage des artistes« — »Anatomische Skizzen für den Gebrauch der Künstler«.

94

Lançon — Der französische Graphiker, Maler und Bildhauer Auguste Lançon (1836/1886).

diese Sittenstudien — Von den französischen Graphikern und Illustratoren Paul Gavarni (H. G. S. Chevalier, 1804/1866), Henri Monnier (1805/1877), Honoré Daumier (1808/1879), F. Aimé de Lemud (1816/1887), Théophile Schuler (1821/1878), Edmond Morin (1824/1882), von dem Engländer Charles Henry Pille (1844/1897) und dem Belgier Félicien Rops (1833/1898).

98

»Traité d'aquarelle« — »Abriß über das Aquarell«, von Armand Cassagne (1823/1907).

107

Als ich jünger war — Spielt auf Ursula Loyer an.

108

in seinem zwanzigsten Jahr — Im Juni 1874, als er von der Verlobung Ursula Loyers erfuhr, war van Gogh einundzwanzig Jahre alt.

109

auf ein Mädchen verzichtet — Eben Ursula Loyer.
auf dem großen Fest — Die bevorstehende Silberhochzeit im Hause Stricker.

111

»La femme« — »Die Frau« (1860).

113

in Form eines eingeschriebenen Briefes — Ein entschiedener Brief an den Onkel J. P. Stricker.

117

Arti — Die Amsterdamer Künstlervereinigung Arti et amicitiae (»Für Kunst und Freundschaft«).

118

»La femme, la réligion et le prêtre« — Michelets im Sinne einer »Nationalerziehungs-Lehre« entworfene Schrift »Vom Priester, von der Frau, von der Familie« (1845).

120

Toute, à tout âge... — Wie schon des öfteren ein frei variiertes Zitat aus Michelets »Die Liebe«.

Feyen-Perrin — Nach dem französischen Graphiker und Maler F. N. Auguste Feyen-Perrin (1826/1888).

121

mit meinem gelehrten professoralen Vetter — Bezieht sich vom Gesamtzusammenhang her eindeutig auf den Onkel Stricker (Vetter = Verwandter).

mit einer lila Jacke und einem schwarzen Rock — Nimmt Bezug auf die holländische Konvention, wonach die aus einer Stoffart zusammenhängend gearbeiteten Kleider üblicherweise nur von Frauen und Mädchen der bürgerlichen Kreise getragen wurden; die Proletarierinnen trugen gewöhnlich Rock und Jacke (die Bäuerinnen ihrerseits Tracht).

122

Multatuli — Autorenname des holländischen Schriftstellers Eduard Douwes Dekker (1820/1887), schrieb den antikolonialistischen Roman »Max Havelaar« (1860).

126

Zu Brief 169 — Antwort (unter jeweils wörtlicher Bezugnahme) auf ein Schreiben Theos vom 5. Januar, vgl. den Auszug im Vortext zum Kapitel *Den Haag*, S. 124.

»Graphic« — »The Graphic. An illustrated weekly newspaper«; bedeutende Londoner illustrierte Wochenschrift, die von allen aktuellen Geschehnissen in der Welt durch bildliche Darstellung berichtete; gegründet 1869.

127

Zeichnungen von Herkomer... — Die englischen Graphiker, Maler und Illustratoren Hubert Herkomer (bayerischer Abstammung; 1849/1914), Frank (Francis Montague) Holl (1845/1888), Frederick Walker (1840/1875).

»London News« — »The Illustrated London News«, illustrierte englische Zeitschrift, gegründet 1842.

»Houseless and Homeless« — »Ohne Haus und Heim« vom englischen Graphiker und Maler Luke Fildes (1844/1927).

»Irish Emigrants« — »Irische Auswanderer«.

»Old Gate« — »Altes Tor«.

129

Rochussen — Der niederländische Maler und Graphiker Charles Rochussen (1824/1894).

132
Reichstaler — Im Wert von 2,5 Gulden = 4,25 Goldmark.

134
nicht Ribera ... — Der naturalistisch geprägte spanische Maler Jusepe de Ribera (1590/1652); der italienische Maler Salvator Rosa (1615/1673).
Salomos Wort — Prediger Salomo, Kap. 1,2; Kap. 12,8.

135
»Guide de l'Abc du dessin« — »Leitfaden zum Abc des Zeichnens«.
Pulchri — Pulchri studio (»Aus Liebe zum Schönen«), die Künstlervereinigung im Haag.

136
So eine kleine Zeichnung ... — Aktskizze zu dem sozialkritischen Gedicht »Lied vom Hemde« (1843) von Thomas Hood (1799/1845).
eine Zeichnung an Dich — Eine der drei gleichzeitigen Versionen der Aktstudie »Sorrow« (»Sorge, Leid«); vgl. Abb. 14.
»La Bergère« — »Die Schäferin«; wohl nach dem Gemälde (1864).

141
»Punch« — »Punch or the London Charivari«, das führende satirische Wochenblatt Englands in dieser Jahrhunderthälfte, gegründet 1841.
»Les racines« — »Die Wurzeln«.

142
unter den Modernen — Der Schweizer Radierer und Maler Alexandre Calame (1810/1864), der belgische Zeichner Willem Roelofs (1822/1897).

143
eine schwangere Frau — Nämlich Clasina Maria Hoornik, die im folgenden als Christien oder Sien in Erscheinung tritt. Geboren am 22. 2. 1850 im Haag — so die Ermittlungen Jan Hulskers —, fristete die um drei Jahre Ältere ihr Leben als Prostituierte; sie stand unter dem negativen Einfluß ihrer Mutter und ihres jüngeren Bruders Carolus Ernestus Jacobus Hoornik. Clasina Maria war Mutter einer vierjährigen Tochter (Maria Wilhelmina, geb. 1877) und ging mit einem Kinde schwanger, das am 2. 7. 1882 geboren wurde (der Sohn Willem); zwei weitere Kinder waren zuvor im Säuglingsalter gestorben.

145
»The Deserter« — »Der Deserteur«.

149
hundert Francs — Im Wert von 81 Goldmark.

153
Wasser- und Feuerfrau — Kramladen-Händlerin, die glühende Kohlen und heißes Wasser verkauft.
»L'Ange de la Passion« — »Der Passionsengel« des französischen Genre- und Historienmalers Charles Landelle (1821/1908).

156

Gheel – Dorf mit Pflegestellen für Geisteskranke in der Provinz Antwerpen. Gegen eine staatlich festgesetzte Entschädigung wohnen die Kranken bei den Bauern und arbeiten in den Familien der Pfleger.

162

»Une page d'amour« – »Ein Blatt Liebe«, Roman der Rougon-Macquart-Reihe (1878).

»Ce que je veux« – »Was ich will«.

»eigenen Herd« – Wortspiel mit Bezug auf das illustrierte Volksblatt »Eigener Herd«, Haarlem, gegründet 1875.

166

Umzugstrubel – Der Umzug nach Nuenen, im Anschluß an die Berufung des Vaters, wo die Familie im September Wohnung nahm.

169

»Le ventre de Paris« – »Der Bauch von Paris«; Roman der Pariser Markthallen in der Rougon-Macquart-Reihe (1874).

»Nana« – Der Kurtisanen-Roman der Rougon-Macquart-Reihe (1880).

bis Sedan – Kapitulation der französischen Armee und Gefangennahme Napoleons III. (2. 9. 1870).

Madame François – Gestalt aus »Der Bauch von Paris«.

170

Plaats – Am Plaats 14 befand sich die Haager Niederlassung von Goupil.

179

Bilders – Der holländische Landschafter Gerard Bilders (1838/1865).

Th. Rousseau – Der französische Landschafter Théodore Rousseau (1812/1867), Meister der Schule von Barbizon.

Sensier über Millet – Die Biographie Alfred Sensiers »Leben und Werk von J.-F. Millet«, Paris 1881.

182

»Harper's Monthly Magazine« – Amerikanische Monatsschrift, gegr. 1850.

184

Hofje – Kleinstwohnung hinter den Häusern einer Straße, durch einen schmalen Gang oder ein Tor erreichbar; auch Altersheim.

186

»Une grève de charbonniers« – »Ein Bergarbeiter-Streik«, Gemälde von 1880 des französischen Malers Alfred Philippe Roll (1847/1919).

Knaus oder Vautier – Die deutschen bzw. deutsch-schweizerischen Genremaler Ludwig Knaus (1829/1910) und Benjamin Vautier (1829/1898).

187

Emslie – Der englische Graphiker und Maler John Philipps Emslie (1839/1913).

»Radeau de la Méduse« — »Das Floß der Medusa« (1819); Théodore Géricaults (1791/1824) realistisch-dramatisches Hauptwerk im Anschluß an den Untergang des französischen Schiffes »Méduse«.

Munkácsy — Der ungarische Maler Mihály Munkácsy (1844/1909).

192

daß der Ofen steht — Holländische Sitte, die (meist eisernen) Öfen im Frühjahr zu entfernen und erst im Herbst wieder aufzustellen.

193

»Les cinq âges d'un buveur« — »Die fünf Lebensalter eines Trinkers«. — Tatsächlich dargestellt sind: »Die vier Lebensalter der Trinker«.

»Art Journal« — Londoner Monatsschrift für die bildenden Künste, gegründet 1839.

195

Woodville — Der englische (Kriegs-)Maler und Illustrator Richard Caton Woodville II (1856/1926).

»Help the Helpers« — »Helft den Helfern« vom englischen Maler und Illustrator Charles Joseph Staniland (geb. 1838).

»Christmas in the Workhouse« — »Weihnachten im Armenhaus«.

Bertall — Der französische Illustrator und Zeichner Charles-Albert d'Arnoux, gen. Bertall (1820/1883).

»Vie élégante« — »Das elegante Leben. Chronik und Kurzbericht aus der eleganten Welt«, Pariser Zeitschrift, gegründet 1859.

Troyon — Der Französische Landschafter und Tiermaler Constantin Troyon (1810/1865).

Leys — Der belgische Genre- wie Historienmaler und Radierer Baron Hendrik (Henri) Leys (1815/1869).

196

»Le Nabab« — »Der Nabob« (1878), die tragikomische Geschichte eines provenzalischen Parvenus von Alphonse Daudet (1840/1897).

»La Révolution« — »Der Aufstand« (1848); erste Fassung der »Familie auf der Barrikade«.

Denis Dussoubs — Barrikadenkämpfer, der in Vertretung seines Bruders, Mitglieds der Nationalversammlung, die Soldaten des putschenden Louis-Napoléon für die Republik gewinnen will und fällt.

»Histoire d'un crime« — »Geschichte eines Verbrechens« (der Staatsstreich Louis-Napoléons vom 2.12.1851), 1877.

197

Waisenmännern — Wie »Waisenfrauen« umgangssprachliche Bezeichnung für die Insassen der Altersheime.

199

autographischer Tinte — Fetthaltige Tinte zur Herstellung von Auto(litho)graphien auf Stein- oder Metallplatten.

200

Whatman — Englisches Zeichenpapier, nach dem Fabrikanten benannt.
»Vie moderne« — »Modernes Leben«; Pariser Wochenschrift »Von Menschen und Dingen des Tages«, gegründet 1879.

202

»Pot-Bouille« — »Am häuslichen Herde«, Roman der Rougon-Macquart-Reihe (1882).

203

»Les buveurs d'eau« — »Die Wassertrinker«, Erzählung von Henri Murger (1822/1861), des Autors der »Szenen aus dem Leben der Boheme«.
wie z. B. in den Zeichnungen — Die französischen Graphiker, Illustratoren und Maler Célestin Nanteuil (1813/1873), H. C. Antoine Baron (1816/1885), Camille Roqueplan (1800/1855) und Tony Johannot (1803/1852).
Claude Lantier — Gestalt in: »Der Bauch von Paris«; später der Held des Romans »Das Werk« (1886), aus der Rougon-Macquart-Reihe, worin Zola den »Kampf des Künstlers gegen die Natur« wie zugleich den »Kampf des Weibes gegen das Werk« zeigen will. Den Maler Claude Lantier, der am Versagen seiner künstlerischen Kraft zugrunde geht und sich erhängt, zeichnete Zola nach der Gestalt Paul Cézannes.
Impressionisten — Früheste Erwähnung der impressionistischen Malerei durch Vincent, die sich mit einer ersten Kollektivausstellung schon 1874 öffentlich etabliert hatte.
Bonnat — Der französische Maler Léon J. Bonnat (1833/1923).
kleiner General von 93 — Darstellung Napoleon Bonapartes (der im Dezember 1793, nach der Erstürmung Toulons, zum General ernannt worden war).

204

Lithographie — Vgl. Brief 247, S. 200 f.; einer der Abzüge trägt die (spätere) Aufschrift »An der Schwelle der Ewigkeit«. Als Gemälde noch einmal im Mai 1890 wiederholt.

206

Menschen von 1793 — Im Anschluß an Victor Hugos Revolutionsroman »Dreiundneunzig« (1874).

209

»Little Dorrit« — »Klein Dorrit« (1855/57).

212

»Homeless and Hungry« — »Heimatlos und hungrig«; vgl. in Anm. zu S. 127.
»Edwin Drood« — »Das Geheimnis des Edwin Drood« (1870, unvollendet).
»The Empty Chair« — »Der leere Stuhl«.
William Small — Englischer Maler und Illustrator (geb. 1843).

214

Ridley — Der englische Maler und Radierer Matthew White Ridley (1837/1888).

Chromos — Chromotypien: Farbdrucke.

Swain — Der englische Holzschneider (Mitarbeiter des »Punch«) Joseph Swain (1820/1909).

Household Edition — Illustrierte Dickens-Ausgabe für Haus und Familie.

218
was Du schreibst — Theo hatte in Paris eine kranke junge Frau, »Marie«, kennengelernt und sich ihrer angenommen.

221
Ecce homo — »Sehet, welch ein Mensch!«; Ausruf des Pilatus vor dem mit Dornenkrone und Spottmantel verhöhnten Christus (Joh. 19,5). In der Malerei die Darstellung Christi mit den angegebenen Attributen.

Black & White — Nämlich die englische Graphik.

223
»Hille Bobbe« — Das Bildnis der »Trunkenen Babbe«, der ›Hexe von Haarlem‹ (um 1635).

224
»Barrikade« — Vgl. Anm. zu S. 196

Lhermitte — Der französische Bauernmaler und Graphiker Léon Augustin Lhermitte (1844/1925); von Vincent auch »Millet II.« genannt.

Menzel — Der deutsche Maler und Zeichner Adolph Menzel (1815/1905), dessen Illustrationen zu Kuglers »Geschichte Friedrichs des Großen« (1839/42) Vincent sehr schätzte.

»Père Goriot« — »Vater Goriot« (1835).

226
Geest — Sandiger, oft heidebewachsener Landstrich an der Nordsee.

Josserand — Gestalt aus: »Am häuslichen Herde«; vgl. S. 202.

232
»Felix Holt« — »Felix Holt der Radikale«, Roman von George Eliot (1866), der vor dem Hintergrund einer englischen Industriestadt das Wirken bürgerlicher Radikaler schildert.

235
»Eigener Herd« — Vgl. in Anm. zu S. 162.

237
Régamey — Der französische Zeichner Félix Régamey (1844/1907), der sich nach 1873 in Japan aufgehalten hatte. Vgl. Anm. zu S. 285.

238
»Les Misérables« — »Die Elenden« (1862).

242
»Last Muster Sunday at Chelsea« — »Der letzte Sonntags-Appell im Invalidenheim von Chelsea« (Alte Seeleute beim Gottesdienst), Gemälde von 1875.

243
Edelfeldt – Der schwedische Maler Albert Edelfelt (1854/1915).
Wilhelm Leibl – Van Gogh hält Leibl irrtümlich für einen Schweden.
Reproduktion eines Bildes – »Die drei Frauen in der Kirche« (1881), von van Gogh mit den alten Niederländern Hans Memling (1435/1494) bzw. Quinten Massys (1466/1530) verglichen.

246
ein paar Skizzen – »Wintermärchen«; »Vorübergleitende Schatten«.

254
Und wer sein Leben in Harmonie ... regelt – Der Einfluß Michelets äußert sich an dieser Stelle in nahezu indirektem Zitieren; vgl. in Anm. zu S. 20.

256
clair-obscur – Hell-Dunkel. »Die Malerei an sich ... schließt den Begriff der Farbe als eine notwendige Grundlage in sich ein, ebenso wie das Helldunkel und die Proportion und die Perspektive. Die Proportion gehört zur Bildhauerei wie zur Malerei; die Perspektive bestimmt den Kontur; das Helldunkel modelliert die Figuren durch die Verteilung der in Beziehung zum Hintergrund gesetzten Lichter und Schatten; die Farbe gibt den Anschein des Lebens usw. ...« Eugène Delacroix, »Journal«, 23. 2. 1852.

259
repoussoir – Dunkel schattierte ›Gegenstellung‹ eines Bildobjekts im Bildvordergrund zur Steigerung der Tiefenwirkung.

260
Lemonnier – Der naturalistische belgische Schriftsteller Camille Lemonnier (1845/1913).

261
Buch über Gavarni – »Gavarni, der Mann und das Werk« (1870), geschrieben von den Brüdern Goncourt.

262
»*Les Cent chefs-d'œuvre*« – »Die hundert Meisterwerke«, offenbar eine aktuelle Pariser Ausstellung.
Legros – »Carlyle in seinem Arbeitszimmer«, von dem englischen Graphiker und Maler französischer Abstammung Alphonse Legros (1837/1911).

264
»*the everlasting no*« – Zitiert nach Carlyle (Aus: »Sartor Resartus«, 1833/34).
»*The Pictorial News*« – »The Pictorial Missionary News«, englische illustrierte Zeitschrift, gegründet 1865.

265
»*Mes haines*« – »Was ich hasse« (1866); Sammlung kritischer Aufsätze, worin Zola vor allem für Manet und den Impressionismus eintritt.

267
Hoffmann und Edgar Poe — Der deutsche Romantiker E. T. A. Hoffmann (1776/1822) und die »Phantastischen Erzählungen« sowie das Gedicht »Der Rabe« von E. A. Poe (1809/1849).

273
zehn oder zwölf Zeichnungen — Einige seiner letzten Arbeiten, deren Photographien van Gogh dem Bruder geschickt hatte.

274
Sache mit H. v. G. — Theo hatte dem Vetter Hendrik Geld geliehen.

281
»Buisson« — »Das Gehölz«; Landschaft im Pariser Louvre.

285
Guillaume Régamey — Guillaume Urbain Régamey (1837/1875), der Bruder des durch seine japanischen Szenen bekannten Félix, wurde tatsächlich nur 38 Jahre alt; ein weiterer Bruder war Fréderic Régamey.

287
Green — Der englische Maler und Illustrator Charles Green (1840/1898).

288
unheilvollen Geschehnisse — Die Vorgänge um seine Liebe zu Kee Vos.

290
fiat voluntas — Nach dem Paternoster: fiat voluntas tua, Dein Wille geschehe.

293
Mater Dolorosa — »Schmerzensreiche Mutter«, »Schmerzensmutter«: Maria, die Muttergottes, im Schmerz um den Sohn dargestellt.

297
»L'assommoir« — »Der Totschläger«, Roman des Alkoholismus in der Rougon-Macquart-Reihe (1877).

298
daß ich ins Wasser gehe — Nach der Trennung von Vincent gab Clasina Maria Hoornik die beiden Kinder in die Obhut ihrer Verwandten; Maria Wilhelmina kam zur Großmutter, Willem zu Clasinas Bruder Pieter Anthonie Hoornik. Um dem Knaben den Makel der Illegitimität zu nehmen, bemühte sich Pieter um eine Heirat seiner Schwester. Clasina, die in den folgenden Jahren ruhelos zwischen Delft, Antwerpen, Den Haag und Rotterdam gewechselt hatte, heiratete schließlich 1901 einen gewissen A. F. van Wijk in Rotterdam. Sie blieb jedoch unglücklich und krank; am 12. 11. 1904 nahm sie sich in der Maas zu Rotterdam das Leben. Ihr Sohn Willem, in Rotterdam als untergeordneter Hafenbeamter tätig, starb kurz vor Vollendung seines achtzigsten Lebensjahres in einem südholländischen Altersheim.

301
»Paradou« — In Zolas Roman »Die Sünde des Abbé Mouret« (1875) ein verwilderter Park, stellvertretend für das Paradies.

304
George Sand — Die Schriftstellerin (1804/1876) hatte 1833 auf einer Italienreise mit Musset gebrochen.

307
»Four communal« — »Gemeinde-Backofen in den Landes« (im Südosten Frankreichs).

310
Sache mit C. M. — Der Onkel Cornelis Marinus hatte auf Briefe Theos nicht geantwortet und auch eine Studiensendung Vincents nicht bestätigt.
Das war eine Flause — Vgl. aber im Gegenteil S. 50 (Vortext), 58, 59, 60.

311
»O femme ...« — Aus Michelet: »Die Liebe«.

312
Père Lachaise — Der berühmte Friedhof im Pariser Nordosten (seit 1804).
Geliebten Bérangers — Des führenden französischen Liederdichters Pierre Jean de Béranger (1780/1857).

320
Liebermann — Max Liebermann (1847/1935) malte schon Anfang der siebziger Jahre, seit 1880 dann regelmäßig in Holland.

321
»Heroes & Hero Worship« — »Helden und Heldenverehrung« (»On heroes, hero-worship and the heroic in history«, 1841); vertritt nachdrücklich die These, die Weltgeschichte sei das Werk der großen Männer.
die Puritaner — Die Anhänger der vorrevolutionären kirchlich-politischen Reformbewegung in England zwischen 1560 und 1660. Der Puritanismus, sich wandelnd von einem streng verstandenen Protestantismus zu einer politischen Partei, nahm als Interessenvertretung des englischen Bürgertums gegen Feudalabsolutismus und Staatskirchentum Stellung und wurde bis zur bürgerlichen Revolution (1640/1649) unterdrückt.

328
Pilgrim Fathers — »Pilgerväter«; die ersten, 1620 auf der »Mayflower« nach Nordamerika (Massachusetts) ausgewanderten englischen Puritaner.

329
die Geschichte Cromwells ... — Carlyles »Briefe und Reden Oliver Cromwells« (1599/1658) von 1845/46.

330
»Salon« — Die alljährliche, jeweils am 1. Mai eröffnete Ausstellung der »Société

des Artistes français« im Palais de l'Industrie, die den herrschenden Zeitgeschmack dokumentierte und ihn auch allen fortschrittlichen künstlerischen Strömungen gegenüber zu bewahren suchte.

Wo auch Termeulen... — Die holländischen Maler und Zeichner Frans Pieter Ter Meulen (1843/1927) und Julius (Jules) van de Sande Bakhuyzen (geb. 1835), mit Vincent persönlich bekannt.

332
»*Le dernier jour de la création*« — »Der letzte Schöpfungstag«.
»*L'Eglise de Gréville*« — »Die Kirche von Gréville«.

334
Moniteur Universel — Pariser Kunsthandlung; vgl. Bd. 2, S. 6.

337
»*Ultimatum*« — Van Gogh bezieht sich im folgenden auf seine Briefe 342 wie 341.

die Nihilisten — Van Gogh spielt an auf die terroristische Aktivität der russischen Anarchisten: am 13. 3. 1881 war Zar Alexander II. einem Attentat der sozialrevolutionären Partei Narodnaja Wolja zum Opfer gefallen.

Inhaltsverzeichnis

Band 1

Vorwort *5*

Brieftexte aus
Den Haag (1872/1873) *13*
London (1873/1875) *16*
Paris (1875/1876) *22*
Ramsgate und Isleworth (1876) *29*
Dordrecht (1877) *43*
Amsterdam (1877/1878) *50*
Etten/Brüssel (1878) *67*
Borinage (1878/1880) *73*
Brüssel (1880/1881) *92*
Etten (1881) *97*
Den Haag (1881/1883) *124*
Drenthe (1883) *306*

Anmerkungen *341*

Band 2

Brieftexte aus
Nuenen (1883/1885) *5*
Antwerpen (1885/1886) *88*
Paris (1886/1888) *122*
Arles (1888/1889) *127*
Saint-Rémy (1889/1890) *261*
Auvers-sur-Oise (1890) *310*

Anmerkungen *325*
Verzeichnis der Abbildungen *370*
Nachwort *379*